Le contentieux des marchés publics au Cameroun

Hortence NGUEDIA MEIKEU

Le contentieux des marchés publics au Cameroun

Préface d'Éric Marcel NGANGO YOUMBI

L'Harmattan
Cameroun

5-7, rue de l'Ecole-Polytechnique, 75005 Paris

http://www.editions-harmattan.fr

ISBN : 978-2-336-42353-1
EAN : 9782336423531

À mes enfants

NGUEDIA AMANG Michel Kabrel

BEGNI EGOUME Divine Gloria

REMERCIEMENTS

Nous voulons adresser nos sincères remerciements :

Au professeur Magloire ONDOA qui, malgré ses multiples occupations, a sacrifié de son temps pour diriger nos travaux scientifiques. Qu'il trouve dans cet ouvrage, l'expression de notre reconnaissance éternelle ;

Au professeur Éric Marcel NGANGO YOUMBI, pour sa disponibilité, les échanges constructifs et la relecture de ce travail. Veuillez trouver, ici, l'expression de ma profonde gratitude, préfacier du présent ouvrage, recevez, monsieur le professeur, toute notre reconnaissance éternelle ;

Au professeur BEGNI BAGAGNA qui, au milieu de ses innombrables responsabilités, n'a pas hésité à manifester une disponibilité infaillible pour les échanges constructifs et les conseils avisés. Sa patience, sa courtoisie, sa générosité, son humanisme exceptionnel, sa rigueur, son sens du détail et sa sagesse ont œuvré pour la réalisation de cet ouvrage. Trouvez, professeur, dans cette œuvre, l'expression de notre reconnaissance éternelle ;

Aux docteurs MASSOKA Yves et Martin Raymond Willy Mbog Ibock pour les échanges et la relecture de ce travail ;

Aux étudiants de Master I de l'Université de Douala, notamment NZEUSSEU NGUENANG Epiphanie et TAMBA Steve Pagnol pour la lecture minutieuse de l'index alphabétique ;

Aux familles BAGAGNA et NGUEDIA pour la patience, l'amour et l'attention ;

À madame Phélicie TICHE qui s'est toujours rendue disponible pour le secrétariat de cette œuvre scientifique ;

Qu'il me soit en définitive permis de remercier autrement, et de façon anonyme, tous ceux qui m'ont encouragée à la réalisation de cet ouvrage.

SOMMAIRE

ABRÉVIATIONS, SIGLES ET ACRONYMES

AJDA	: Actualité juridique droit administratif
AL	: Alinéa
AP	: Assemblée plénière
Art	: Article
CDBF	: Conseil de discipline budgétaire et financière
CF	: Confère
CMP	: Code des marchés publics
DAO	: Dossier d'appel d'offres
Éd	: Édition
EDLK	: Les éditions le Kilimandjaro
Ibid. (Ibidem)	: Au même endroit
J.O.	: Journal officiel
JCA	: JurisClasseur de droit administratif
LGDJ	: Librairie générale de droit et de jurisprudence
M.O	: Maître d'ouvrage
MINMAP	: Ministre des marchés publics
MOD	: Maître d'ouvrage délégué
Op. cit. : (opus citatum)	: Ouvrage déjà cité
P.	: Page
PNG	: Programme national de gouvernance
V.	: Voir
RRJ	: Revue de la recherche juridique

PRÉFACE

Si j'ignorais le respect et l'affection fraternelle que madame la docteure Hortence Nguedia me porte, j'aurais été tenté de voir dans son choix délibéré de me proposer la rédaction de la préface de son magnifique manuel du contentieux des marchés publics un motif de plastronner plaisamment et me faire ainsi l'associé d'un certain orgueil qui (loué soit le ciel !) m'a jusqu'ici épargné.

Je fis la connaissance de l'auteure en 2010 au domicile de son maître, le professeur Magloire Ondoa (sis à Santa Barbara), au détour d'un voyage me menant de Paris à Yaoundé, à l'effet de glaner la jurisprudence administrative nécessaire à la finalisation de ma thèse. Elle était comme ses condisciples (Patrick Assiene Ngon, Aimé Mballa Eloundou, Mathieu Owona et bien d'autres) occupée, sous la férule du maître, à relire la gargantuesque compilation des « textes et documents du Cameroun » et à rédiger sa thèse sur « le juge et les critères du contrat administratif au Cameroun », qu'elle soutint finalement en 2015 à l'Université de Yaoundé II. Un bref échange me fit déceler en elle une intelligence vive et une curiosité scientifique, augurant une forte personnalité et un avenir prometteur. Eh bien, nous y voilà ! De son mémoire sur « Les formes de l'acte administratif en droit camerounais » soutenu dans la même université en 2009 à son nouvel ouvrage, Hortence Nguedia marche à pas feutrés vers une réputation de grande spécialiste des contrats administratifs.

Lorsqu'elle me sollicita il y a quelques jours, je fus partagé entre l'enthousiasme d'introduire une étude dans un domaine (le droit administratif) qui, comme la femme de ma jeunesse, continue d'exercer secrètement sur moi un attrait et une étrange fascination et l'inquiétude quant à ma légitimité, ayant convolé en justes noces devant Dieu et devant les hommes avec la belle au bois dormant « dame droit constitutionnel ». Plusieurs collègues et compatriotes sont en effet tous désignés, tant par leurs aptitudes scientifiques que leur proximité à l'auteure, pour introduire cet ouvrage à l'intersection du contentieux administratif et du droit public des affaires. À commencer par le professeur Magloire Ondoa, excellent administrativiste ; le professeur Jacques Biakan, grand spécialiste du droit public des affaires, qui publia il y a plus d'une dizaine d'années, un manuel sur les marchés publics devenu une étude de référence par la force des choses ; non des moindres, le professeur Begni Bagagna (l'heureux époux de l'auteure), habile financier, qui me précède d'une session au Concours africain d'agrégation.

Le manuel de Hortence Nguedia est un coup d'audace ,et on laissera le temps aux spécialistes de la matière et aux praticiens d'en juger s'il est ou pas réussi. Il est d'un intérêt certain par le sujet abordé. Levier d'action de l'État pour promouvoir le développement, la pratique des marchés publics ne comble pas comme l'affirme Jacques Biakan, les attentes de l'État, encore moins celles des populations. Les dérives de plusieurs genres innervent le processus de passation des marchés au mépris des principes censés guider ce processus, à savoir la liberté d'accès à la commande publique, l'égalité de traitement des candidats et la transparence des procédures. Le rapport annuel de la Commission nationale anticorruption (CONAC) 2018 relève pour le condamner plusieurs dysfonctionnements et dérives observés au niveau de la passation des marchés au Cameroun. Les marchés publics sont donc un vivier du contentieux administratif et l'auteure est de ce point vue, méritoire de les appréhender sous l'aspect processuel. Il faut également lui reconnaître d'avoir relevé le défi de l'intelligibilité dans un domaine caractérisé par une inflation normative donnant l'image d'une « toile d'araignée pour une grosse bête noire », pour reprendre l'expression de Sohnle. Le droit des marchés publics au seul plan interne est en effet constitué de normes éparses parmi lesquelles la Constitution (règles de répartition des compétences entre le législateur et le pouvoir règlementaire en matière de marchés publics) ; les lois relatives à la concurrence, la consommation, les finances, les affaires pénales ; les règlements (code des marchés publics et actes règlementaires d'exécution) ; la jurisprudence spécifique à ces différents domaines qui n'est pas toujours d'accès aisé.

Le livre de notre collègue et amie adopte une structuration classique faite de deux parties : une première partie intitulée « la réalité du contrôle de la procédure de passation des marchés publics » qui passe en revue le contrôle non juridictionnel et le contrôle juridictionnel des marchés publics ; et une seconde partie moins descriptive, qui met en exergue les difficultés du contrôle de la procédure des marchés publics en les identifiant et proposant des solutions prospectives sous la forme de recommandations destinées à améliorer les structures organiques et fonctionnelles du système de contrôle des marchés publics, ainsi que les sanctions pénales y afférentes. L'auteure est précise, pédagogique, explicative, mêlant de façon exceptionnelle les discussions théoriques à la systématisation des énoncés et décisions de justice, tout en restant accessible. Toutefois, l'ouvrage n'est pas à une interrogation près.

L'on peut se demander s'il était pertinent d'exclure de l'étude, les marchés publics internationaux, au regard de grands chantiers qui font l'actualité au Cameroun et impliquent des acteurs étrangers (chantiers de la CAN, construction des barrages et autoroutes, fourniture du matériel dans le cadre de la lutte contre la covid-19). Ces opérations comportent en effet un ou plusieurs éléments d'extranéité, en réalisant par exemple un transfert de personnel, de matériel, de technologie et de fonds de l'étranger vers le Cameroun qu'il eut été nécessaire d'explorer de long en large.

Il faut également déplorer le peu de référence au droit étranger (français) nourri à la sève des directives européennes, notamment la directive recours n°2007/66/CE du 11 décembre 2007 relative à l'amélioration de l'efficacité des recours en matière des marchés publics (transposée en droit français par l'ordonnance du 7 mai 2009 complétée par le décret du 27 novembre 2009) qui optimise le référé précontractuel et introduit un nouveau référé contractuel. Il pourrait tracer des sillons en bien de points pour notre pays en quête d'un système perfectionné de contrôle des marchés publics. De ce point de vue, l'on peut enfin déplorer que dans la partie introductive l'auteure n'ose pas, à la suite d'une Catherine Bergeal, une mise en lumière des spécifications du contentieux des marchés publics par rapport au contentieux administratif classique, dans la perspective de la construction d'une discipline scientifique autonome.

Ce sont là quelques interrogations qui n'enlèvent en rien la valeur scientifique et pédagogique de l'ouvrage. Il sera d'une utilité certaine pour les collègues du Cameroun et d'ailleurs, leur permettant de perfectionner leurs cours de droit des marchés publics et pour les praticiens un élément de maîtrise des procédures de résolutions des litiges liés aux marchés publics. Il ne nous reste plus qu'à souhaiter bonne chance à l'ouvrage.

Éric M. NGANGO YOUMBI
Professeur agrégé des Facultés de Droit
Membre de l'Association internationale de droit constitutionnel
Vice-Doyen chargé de la Recherche et de la Coopération à la Faculté de sciences juridiques et politiques de l'Université de Garoua (Cameroun)

INTRODUCTION GÉNÉRALE

En droit administratif, le contrat[1] est l'un des moyens d'action dont dispose l'administration. Si les moyens d'action unilatéraux ont un emploi plus généralisé, pour les expropriations, les réquisitions, les nominations, les injonctions, l'organisation et le fonctionnement des services publics, il est à noter que de tels avantages ne rendent pas cependant inutile le recours au procédé contractuel. S'il est des domaines où les autorités administratives n'agissent que par la voie des actes unilatéraux exécutoires, notons que le recours de l'administration à la technique contractuelle connaît de nombreuses évolutions.

En abordant la dynamique mutationnelle antérieure, ONDOA Magloire affirme que *« le contrat est sans doute le chapitre le plus désolant du droit administratif camerounais »*[2]. Cette affirmation est convaincante dans la mesure où le juge camerounais s'est heurté à des pesanteurs tout au long des périodes les plus difficiles pendant lesquelles il fallait construire l'originalité du droit du contentieux des contrats administratifs. C'est l'idée chère à RIVERO qui affirmera d'ailleurs qu'*« un État, ancien ou nouveau peut, soit perfectionner son système de droit administratif, soit pour le second le créer. Il peut certes innover et inventer des solutions originales adaptées à sa situation. Mais il peut aussi, et c'est la démarche la plus fréquente, recherchée dans un autre État, les institutions et les règles qui lui paraissent répondre aux données de son problème »*[3]. C'est donc à travers ce processus que le juge camerounais, dans sa participation effective à la construction du droit, a contribué à la consolidation des règles en matière contractuelle. Dans le contentieux juridictionnel, les acquis sont préservés et les réformes sont

---

[1] Du latin *contractus* dérivé de *contrahere* qui lui-même signifie rassembler, réunir, conclure ; la notion contemporaine de contrat est le résultat d'une histoire longue et inachevée. Ce fut seulement au début de notre ère que le vocable *contractus* a été usité pour désigner l'accord de volontés créateur d'obligations, exclusivement dans les cas précis fixés par le droit et, la plupart du temps, soumis à un formalisme plus ou moins rigide (parole, écrit ou remise de la chose). Seuls quatre procédés contractuels étaient dits « consensuels » : vente, louage, mandat et société. V. MALAURIE (Ph.), AYNES (L.), STOFFEL-MUNCK (Ph.), *Droit civil des obligations*, Paris, *LGDJ,* 6e éd., 848 p., spéc., p. 203.

[2] ONDOA (M), *L'économie des deniers publics dans l'administration camerounaise*, Thèse de 3e cycle en droit public, Université de Yaoundé, 1989, p. 111-155.

[3] RIVERO (J), *« Les phénomènes d'imitation des modèles étrangers en droit administratif »* in De LAUBADRE (A), MATHIOT (A), RIVERO (J), VEDEL (G), Les pages de doctrine, Paris, LGDJ, tome I, 1re édit., 1980, p.459.

enclenchées. On peut par conséquent se rendre à l'implacable évidence que ces changements constituent des phénomènes nouveaux qui renforcent le contentieux contractuel et les mutations dans le domaine des contrats publics[4]. Il est utile de souligner que l'intervention du juge judiciaire (civil et pénal) dans le champ contractuel concerne la définition des critères du contrat administratif[5], la reconnaissance à l'administration contractante des pouvoirs[6] et les garanties des droits des cocontractants.

Les récentes mutations du droit administratif contractuel permettent d'affirmer la pensée de François GENY selon laquelle le droit est la synthèse d'un *« donné »* et d'un *« construit »*[7] et d'après RIPERT *« chaque science doit chercher son progrès elle-même par l'effort de l'homme qui prend une plus claire conscience de la valeur qu'elle représente et des moyens de l'assurer. Le droit progresse dans la mesure où il réalise plus parfaitement son objet (...) le véritable progrès du droit consiste à régler l'organisation de la société de telle façon que chaque homme puisse vivre et agir en sécurité, en étant obligé de reconnaître ce qu'il doit, mais en pouvant exiger aussi l'accomplissement de ce qu'ils lui doivent »*[8]. La mutation récente du droit des contrats se greffe à l'évolution du système normatif, institutionnel et contractuel vers le libéralisme. En droit administratif camerounais, au lendemain de la libéralisation, on observe une majoration *« du droit administratif des procédés d'intervention de l'administration »*[9]. La priorité de l'État était fondée sur *« l'idéologie de la construction nationale »*[10], conçue à l'époque coloniale[11], maintenue et revitalisée au lendemain des indépendances sous le concept de l'administration développementaliste. *« La*

---

[4] La notion de contrat public s'entend de la qualification d'un contrat dont en principe l'une des parties est une personne publique, et donc la nature juridique des règles applicables peut être de droit public ou de droit privé en fonction de l'instrument contractuel concerné. Pour une appréhension plus complète de la notion de contrat public, lire utilement MASSOUKA (J-Y.), *Le contentieux des contrats publics au Cameroun*, Thèse de Doctorat en droit public (2 tomes), Université de Douala, 2019-2020, pp. 83-84.

[5] CCA, arrêt n° 81 du 22 décembre 1951, RENUCCI c/ Administration du Territoire.

[6] CS/CA jugement n° 50/84-85 du 1er février 1985, TAMEGHI Boniface (AMSECOM c/ État du Cameroun).

[7] LEBRETTON (G), *« Y a-t-il un progrès du droit ? »*, recueil Dalloz, Sirey 1991, chronique, 14e cahier, p.99.

[8] RIPERT (G), Les forces créatrices du droit, Paris, LGDJ, 1955, p.64-65.

[9] OWONA (S.M), *Les mutations récentes du droit administratif camerounais*, thèse de doctorat en droit public, Université de Yaoundé II (Soa), 2015, 670p.

[10] KAMTO (M), *Pouvoir et droit en Afrique. Essai sur les fondements du constitutionnalisme dans les États d'Afrique noire francophone* (bibliographie africaine et malgache), Paris, LGDJ, 1987, p.327.

[11] ONDOA (M), *Le droit de la responsabilité publique dans les États en développement, contribution à l'étude de l'originalité des droits africains*, thèse de Doctorat d'État, Université de Yaoundé II (Soa), 1997, tome 1, pp.62 et suiv.

conditionnalité »[12] était l'exigence posée par les bailleurs de fonds étrangers pour bénéficier de l'aide financière. Le recul de l'État développeur[13] et l'avènement d'un droit libéral favorable à l'évolution du droit et contentieux des contrats permettront de développer les marchés publics dans une perspective de régulation des rapports contractuels. Le constat qui se dégage est le suivant : les marchés publics ont l'avantage de préserver les susceptibilités nationales en ceci que la collaboration du partenaire étranger à la durée de la prestation a l'avantage d'une réalisation comportant une contrepartie, à savoir le prix[14]. Il y a là l'idée que cette rémunération du cocontractant au moyen d'une somme d'argent favorise la transformation du potentiel financier d'un pays en infrastructures et équipements[15]. Selon les termes de Laure MARCUS, l'expression "contrat administratif" s'est élargie en adoptant concomitamment l'appellation nouvelle de contrats publics et est assimilée comme la conséquence de la soumission des contrats au droit public [16]ou plus rarement encore utilisée pour désigner tous les contrats des personnes publiques[17]. Les contrats conclus dans le champ public sont nombreux, aussi est-il opportun de clarifier les notions suivantes.

- **Contrat public et contrat administratif :**

Il est difficile de distinguer le contrat public du contrat administratif. Pour IZORCHE Marie Laure, « distinguer permet de rassembler des objets qui, du point de vue des critères existants, sont semblables, et de sélectionner ces objets, de les particulariser au sein de l'univers plus vaste qui les contient »[18]. Pour mettre de l'ordre dans l'opération de distinction, il faut d'abord identifier et opérer le travail de classification en fonction des critères, ensuite identifier le critère permanent (qui peut résulter du jeu de l'application des régimes textuels), enfin son indépendance vis-à-vis de la notion à distinguer ; ce qui rendrait difficile la recherche d'une définition autonome de la notion de contrat public à celle de contrat administratif.

La doctrine française fait une démarcation même si cette hypothèse est difficilement soutenable dans le droit administratif des contrats au Cameroun. Benoît PLESSIX précise que par contrat public, on peut entendre dans une

---

[12] ONDOA (M), *« Ajustement structurel et réforme du fondement théorique des droits africains post coloniaux, le cas du Cameroun »*, *RASJ*, Vol 2, N° 1, 2001, pp. 80-81.
[13] ONDOA (M), *op. cit.* p.62.
[14] NGUEDIA MEIKEU (H), *Le juge et les critères du contrat administratif au Cameroun*, thèse pour le Doctorat/Ph.D en droit public, Université de Yaoundé II Soa 2015, p.2.
[15] *Ibid.*
[16] MARCUS (L), *L'unité des contrats publics*, Paris, Dalloz, 2010, p. XII.
[17] LICHERE (F), *Droit des contrats publics*, Paris, Dalloz, coll. *« Mémentos »*, 2005, p.6.
[18] IZORCHE (M.L), *« Réflexions sur la distinction »*, Mélanges en l'honneur de MOULY (C), Litec, tome 1, Paris, 1998, p.54

première approximation, tout accord de volontés générateur de droits et d'obligations juridiques et conclu *« dans le secteur public »*[19]. Michel GUIBAL se départit également de la synonymie entre les notions de contrat public et contrat administratif. Il professe que la première citée indique seulement que « le contrat est passé par une personne publique ». Il semble permis, sous ce rapport, de dire que, conformément au dualisme juridique français, tout contrat public n'est pas pour autant un contrat administratif : seuls relèvent de la compétence de la juridiction administrative et de l'application du droit administratif *stricto sensu* les contrats publics qui répondent aux critères traditionnels de la puissance publique, de la gestion publique, du service public ou de la volonté du législateur[20]. L'administration conclut donc et fréquemment des contrats privés. Si le droit administratif s'intéresse exclusivement aux contrats administratifs, il est toutefois utile de les situer avant tout dans la famille plus vaste des contrats publics[21].

Dans le contexte camerounais, la dévolution textuelle de la compétence du juge administratif est appréhendée comme moyen d'assimilation des notions de contrat public et de droit administratif : la définition des critères du contrat ne peut être déduite que des textes et de la jurisprudence. À cela, il faut noter qu'une catégorie de contrats conclus par la personne publique soit qualifiée de contrat administratif par un texte normatif à l'instar d'une loi, d'un règlement. Il s'agit des contrats par détermination de la loi. Pour postuler ainsi qu'il peut également advenir en l'absence de texte. À cet effet, le juge saisi à l'occasion d'un litige se prononce sur la qualification d'un contrat en tant que contrat administratif ou non afin d'en tirer les conséquences.

Sur le fondement textuel, l'article 40 de la loi constitutionnelle du 18 janvier 1996 dispose que : « la chambre administrative connaît de l'ensemble du contentieux administratif de l'État et des autres collectivités publiques (...). Elle statue souverainement sur les décisions rendues en dernier ressort par les juridictions inférieures en matière de contentieux administratif »[22]. Cette disposition du corpus constitutionnel permet de soumettre les litiges survenus lors de la formation, de l'exécution et l'extinction des contrats administratifs à la juridiction administrative. L'imprécision de cette disposition constitutionnelle sur la consistance du contentieux de la matière contractuelle oblige à s'en tenir à l'article 9 de l'ordonnance de 1972[23] modifiée par la loi de 1976 et repris par la loi de 2006 en son article 2 alinéa 2[24], « les tribunaux

---

[19] PLESSIX (B), *Droit administratif général*, Paris, LEXIS NEXIS, 2018, p. 1150.

[20] *Ibid.*, p. 1151.

[21] *Ibid.*

[22] V. L'article 40 de la loi constitutionnelle n° 96/06 du 18 janvier 1996 portant révision de la Constitution du 2 juin 1972 modifié et complété par la loi n° 2008/001 du 14 avril 2008.

[23] V. L'article 9 de l'ordonnance n° 72/6 du 26 août 1972 fixant l'organisation de la Cour suprême modifiée par la loi n° 79/28 du 14 décembre 1976.

[24] La loi n° 2006/022 fixant l'organisation et le fonctionnement des tribunaux administratifs.

administratifs connaissent en premier ressort du contentieux des élections régionales et municipales et en dernier ressort, de l'ensemble du contentieux administratif concernant l'État, les collectivités publiques territoriales décentralisées et les établissements publics » et l'alinéa 3 du même article précise que « le contentieux administratif comprend : (...) c) les litiges concernant les contrats (à l'exception de ceux conclus même implicitement sous l'empire du droit privé) ou les concessions de services publics » . On peut déduire à la lecture de cet article un fondement principal de la compétence de la juridiction administrative à connaître des litiges concernant les contrats publics, notamment les concessions de services publics et de manière substantielle, que relèvent du contentieux judiciaire, les contrats des personnes publiques conclus sous « l'empire du droit privé » et du contentieux administratif des contrats conclus sous l'empire du droit public. La qualification du contrat administratif est indirecte, car le législateur détermine le juge compétent. L'intervention du législateur est libre, car la compétence de la juridiction administrative est constitutionnellement protégée. Sous réserve de ne pas méconnaître les règles de forme et de fond issues de la constitution, le législateur est libre de transférer à l'autorité judiciaire les contrats qui relèvent de sa compétence, ainsi, « l'implicite privé » traduit cette déduction. Le législateur est également libre de qualifier un contrat par détermination textuelle comme c'est le cas principalement des marchés publics et contrat de concessions de services publics. Les contrats de partenariat dans la formation du contrat de la commande publique peinent à « se déshabiller »[25] de leur unilatéralité. Cependant, l'administration collabore avec des procédés conventionnels qui font appel aux personnes privées ou publiques dans le cadre du fonctionnement du service public. Ce contrat de la commande publique nécessite d'être identifié par le biais de ses critères. Aussi, le juge n'est-il pas épargné par cette qualification ?

- **L'assimilation du contrat administratif au contrat public tirée des critères jurisprudentiels :**

Le juge camerounais identifie des critères organiques liés à la qualité des cocontractants et les critères matériels tenant à l'objet, aux clauses exorbitantes du droit commun. Comme critère tenant à l'objet : l'exécution même du service public doit être affirmée. Ainsi :

- Le contrat doit avoir pour but la satisfaction de l'intérêt général comme l'illustre le juge camerounais dans l'affaire UM NTJAM[26] ;

[25] BATOUM-BA-NGOUE (Samuel Théophile), *« La commande publique en droit camerounais »*, *RAMRES*, n° 1, 2020, p. 301.

[26] CS/CA, jugement n° 44 du 31 août 2004, UM NTJAM François c/État du Cameroun.

- Il faut que le cocontractant de l'administration se voie confier l'exécution même du service public[27] comme dans l'affaire Renucci ;
- Le contrat doit constituer l'une des modalités de l'exécution même du service public[28]. Plusieurs jurisprudences camerounaises illustrent le cadre de la formulation du service public[29]. Le juge civil reprend *in extenso* l'expression utilisée par le juge administratif dans l'affaire Époux Bertin,[30] car l'objet du contrat vise *« l'exécution même du service public »*.

Comme critères tenant aux modalités du contrat, il s'agit des clauses exorbitantes du droit commun[31]. Si la jurisprudence française s'est prononcée en faveur du caractère alternatif des critères matériels, la jurisprudence camerounaise opte quant à elle pour leur caractère cumulatif[32].

- **La prise en compte du contrat comme instrument d'analyse de la politique économique, budgétaire et financière :**

Le contrat se positionne comme l'un des principaux vecteurs d'échange[33], assurant un développement économique au niveau national. Ce nouveau paysage institutionnel de la gestion économique a quelque peu modifié les comportements en matière d'action économique[34]. L'achat public[35] a été pendant très longtemps, cantonné dans une approche micro-économique, approche suffisante en période d'abondance de fonds dans un schéma

---

[27] CCA arrêt n° 83 du 22 décembre 1951 Renucci c/Administration du TERRITOIRE. V. C.E 23 avril 1956 époux Bertin.

[28] CCA, arrêt n° 364/A du 3 septembre 1955, EBONGOM Philippe ; V. CE 20 avril 1956, consorts Grimouard.

[29] CCA, décision n° 2010 du 5 décembre 1952 COMECA c/ BOURDIN et CHAUSSÉE ; CCA, arrêt n° 83 du 22 décembre 1951 Renucci ; CS/CA jugement n° 44 du 31 août 2004, UM NTJAM.

[30] Jugement civil n° 277 du 9 février 2004, affaire société Forestière Petra.

[31] C.E, 20 octobre 1950, l'arrêt Stein ; l'arrêt UM NTJAM, *op. cit.*

[32] NGUEDIA MEIKEU (H), *Le juge et les critères du contrat administratif au Cameroun*, thèse pour le Doctorat/Ph. D en Droit public, Université de Yaoundé II, Soa, 2015 ; MOHAMED SALAH (Ben Aïssa), *« L'identification du contrat administratif »*, *Contrats publics*, n° 17, 2011, pp. 31-34.

[33] BOY (V.L), « Les *« utilités »* du contrat », LPA 10 Sept. 1997, n° 109, p.3 et S. ; FABRE-MAGRAN (M), *Droit des obligations*. 1- contrat et engagement unilatéral, Paris, PUF, 2e éd., 2010, p. 89 et S. Adee ; FAGES (B), *Droit des obligations*, Paris, LGDJ, 3e éd., 2011, n° 20, cité par PALVADEAU (E), *Le contrat en droit pénal*, Thèse Université Montesquieu, 2011, version électronique, p.13.

[34] DE GAUDUSSON (JDB), *Droit administratif (II)*, Paris, Librairie Montaigne, Bordeaux, 1999, 2000, p. 246.

[35] Sur la problématique de l'achat public, lire utilement JONCOUR (Y.) et PENAUD (P.), *L'achat public : optimiser la fonction achat-approvisionnement dans le secteur public*, Paris, Éd d'Organisation, Collection service public de la mission au métier, mars 2000, 311 p.

centralisateur[36], seul était pris en compte le meilleur rapport qualité-prix. À l'heure actuelle, cette perspective n'est plus suffisante. Une approche macroéconomique de l'achat public situant celui-ci dans un contexte économique élargi est nécessaire bien au-delà du simple échange bien-monnaie[37]. En effet, cette approche facilite les données du gouvernement camerounais mettant sur pied un plan d'urgence triennal pour l'accélération de la croissance[38]. La santé financière des entreprises est nettement améliorée par le paiement de la généralisation des acomptes par le préfinancement des commandes et l'accès facile au crédit. En cette période, l'allocation optimisée des ressources est une préoccupation majeure, pour preuve, le plan d'urgence spécial pour la jeunesse et la levée de fond par des mécanismes d'emprunt rénovés offrent concrètement aux personnes publiques, des options supplémentaires de financement de leurs interventions[39].

La programmation budgétaire des marchés publics doit tenir compte des crédits disponibles et des spécificités de chaque administration publique. L'exécution du budget doit être amenée à l'année budgétaire pour une véritable synergie des décideurs au sein de l'État. Pour mener à bien ces enjeux, la sanction du juge et la régulation de l'activité contractuelle s'avèrent importantes.

- **La matière contractuelle propice à la bonne gouvernance :**

Sous cette configuration, la notion de *« bonne gouvernance »*[40] se veut dynamique et transversale, car elle se construit autour de tous les éléments susceptibles de contribuer à améliorer une gestion politique, économique, financière et sociale des affaires publiques, à un moment et dans un contexte donné.

---

[36] *Idem.*

[37] *Idem.*

[38] Plan mis en place en 2014, il bénéficie d'un financement à hauteur de 343 milliards de FCFA. Source : http://www.minepat.gov.cam/index.php/fr/modules-menu/doc.download/245-plan-d-urgence-pour-l-acceleration-de-la- croissance - au- Cameroun, (Consulté, le 20 janvier 2023).

[39] L'emprunt public rénové au Cameroun par le mécanisme de l'emprunt obligatoire et les partenariats public-privé dont les modèles sont expérimentés sur l'emprunt obligatoire V. NKAKE EKONGOLO (D-B), *« Emprunt obligataire de l'État et théorie du droit au Cameroun »*, *Revue africaine de droit et de science politique,* vol. II, n° 4 juillet-décembre 2014, Éd. Le Kilimandjaro, pp. 107-125 ; V. KONTCHOU JOUNANG, *Le partenariat public-privé au Cameroun, cas des contrats de partenariats public-privé au Cameroun. Cas des contrats de partenariat*, thèse pour le Doctorat/Ph. D en droit public, Université de Yaoundé II (Soa), 2017-2018.

[40] MESSENGUE AVOM (B), *La gouvernance des marchés publics au Cameroun*, Yaoundé, Éd. Le Kilimandjaro 2013, p.24.

Le constat dévoile au moins deux considérations importantes, au regard de leur influence sur la problématique des marchés publics au Cameroun[41]. Tout d'abord, la bonne gouvernance *« postule la rectitude, la qualité et la satisfaction de la demande publique, elle transcende le seul aspect juridique »*[42]. Et par la suite, elle se situe diamétralement dans le temps, mais surtout dans l'espace[43]. La bonne gouvernance dénonce les dysfonctionnements imputables aux décideurs et gestionnaires de l'État dans leurs rapports à la gestion des contrats notamment : les marchés publics.

Identification des principaux contrats publics.

Les contrats conclus dans la sphère publique sont nombreux certes, mais l'art juridique recommande de les regrouper pour une classification. Le droit positif camerounais met en exergue l'application des régimes textuels, ce qui contribue en réalité à ce que de nombreux contrats publics soient nommés et déterminés par la loi et allège le travail de classification opéré par le juge en fonction de certains critères[44]. L'identification et la classification des types de contrats publics tiennent compte à cet effet, soit des régimes textuels soit des critères de classification. On cite à cet effet :

- **Les baux emphytéotiques administratifs**

Ils sont dits *''contrats complexes''*, car ces contrats ont en commun de mêler plusieurs objets y compris la délégation de la gestion d'un service public local qui peut être, selon les cas, un objet indispensable ou accessoire[45]. Le décret n° 66/8DF/274 du 17 juin 1996 crée au Cameroun et au bénéfice des fonctionnaires et agents de l'État une indemnité de logement non soumise à l'impôt dont le montant est de 20% en considération du traitement de base indiciaire brut au bénéfice des agents non logés. Les difficultés liées à la spéculation immobilière rendent impossibles lesdits logements pour tous les fonctionnaires, ainsi que les difficultés de trésorerie. Cette conscience de

---

41 *Idem.*

42 *Idem.*

43 *Ibid.*

44 NGUEDIA MEIKEU (H), *Le juge et les critères du contrat administratif au Cameroun … op. cit.*p.123.

45 DURAND (G), « Les modes de gestion des services publics locaux et la comptabilité publique » in Mélanges en l'Honneur GUIBAL (M), *Contrats publics*, Montpellier, Presse de la Faculté de Montpellier, 2006, p. 614 ; voir TERNEYRE (P), « Les montages contractuels complexes », *AJDA*, 1994, chroniques, p.43 et suiv. Par définition, les montages complexes ne peuvent être « *catégorisés* » puisqu'ils sont le résultat de la libre négociation qu'ont conduit les parties contractantes. Il s'agit des montages qui s'appuient soit sur les procédures classiques de droit public redécouvert ou adapté aux besoins publics nouveaux soit sur des procédures empruntées au droit privé contemporain des affaires, voire au droit international.

l'État va se matérialiser au plan règlementaire par la prise du décret n° 91/324 du 9 juillet 1991 fixant les conditions d'attribution et d'occupation des logements administratifs. L'article 11 dispose que : *« tous les baux administratifs signés au nom de l'État seront résiliés d'office le 31 août à l'exception de ceux relatifs aux immeubles de bureaux et aux logements :*

- *des membres du gouvernement ;*
- *des personnels régis par les conventions internationales ;*
- *des chefs des missions diplomatiques et consulaires à l'étranger ;*
- *des personnels du commandement et de la magistrature ;*
- *des personnels de sécurité, de maintien de l'ordre et de la défense, régis par des textes particuliers ».*

Le bail emphytéotique constitue une modalité d'occupation d'un espace public. Les personnels de l'administration publique nommés sont des bénéficiaires des logements administratifs ou propriétés administratives. *« Par lui-même, le bail emphytéotique constitue une modalité d'occupation du domaine public, il ne peut devenir un mode de gestion du service public qu'en raison de l'objet de la convention qui lui est attachée »*[46]. Cette convention d'exploitation fixe les conditions de gestion du service public qui sera considéré comme délégué si le preneur substantiellement est rémunéré par les résultats de l'exploitation du service public qu'il gère[47].

Le bail est une catégorie de contrat *« par lequel le propriétaire d'un bien en confie la jouissance à une personne appelée preneur en contrepartie d'un loyer et pour un temps déterminé »*[48]. DURAND opère la distinction entre la gestion du domaine public et la gestion éventuelle du service public[49]. Concernant le domaine public, l'emphytéote paie un loyer qui correspond à une redevance d'occupation de longue durée du domaine public[50]. Le bail emphytéotique présente une durée (entre 18 et 99 ans)[51]. Ainsi, ce bail de droit public confère au preneur privé un droit réel sur une dépendance du domaine public local (bail intervenu pour permettre aux collectivités territoriales et à leurs établissements publics de conclure avec des personnes privées des baux emphytéotiques sur les dépendances domaniales publiques), un droit réel qu'il ne pourra céder, avec l'agrément de la collectivité territoriale, qu'à une personne subrogée dans ses droits et obligations découlant du bail[52]. Surtout,

---

[46] *Ibid.*
[47] *Ibid.*
[48] BIDJA NKOTTO (T), *Les contrats de l'administration au Cameroun*, thèse pour le Doctorat/Ph. D en Droit public, Université Paris I-Panthéon-Sorbonne, 2000, p.78.
[49] DURAND (G), *op.cit.*, p. 614.
[50] *Ibid.*
[51] TERNEYRE (P), Les montages contractuels complexes, *op. cit.* p.43 et suiv.
[52] *Ibid.*

ce droit réel permettra au preneur d'être propriétaire des ouvrages construits sur le domaine public droit réel et propriété de l'ouvrage qu'il pourra hypothéquer après approbation de la collectivité territoriale, mais uniquement pour la garantie des emprunts qu'il a contractés en vue de financer la réalisation ou l'amélioration des ouvrages situés sur le bien loué[53].

Concernant le service public géré, l'emphytéote devenu délégataire paie en plus une redevance dont les modalités de calcul et de versement sont fixées par la convention dite *« non détachable »* du bail[54], cette redevance est versée au moins une fois par an dans la caisse du comptable public. De ce point de vue, le bail emphytéotique avec la délégation de service public peut s'assimiler à un contrat d'affermage puisque les ouvrages sont la propriété de la collectivité même si le preneur se voit conférer un droit susceptible d'hypothèque[55]. C'est la convention conclue à côté du bail emphytéotique qui est susceptible de recevoir la qualification soit de contrat de délégation de service public, soit de marché de prestation de service selon les cas[56]. Le bail emphytéotique est différent du bail emphytéotique de droit commun[57]. L'institution du régime des baux du domaine privé résulte du décret n° 76/167 du 27 avril 1976 dont l'article 17 dispose que *« l'attribution en jouissance des dépendances du domaine privé a eu lieu par voie de baux ordinaires ou emphytéotiques »*. Le bail ordinaire confère au preneur une jouissance qui ne peut excéder dix-huit ans tandis que le bail emphytéotique est conclu pour une durée minimum dix-huit ans et quatre-vingt-dix-neuf ans maximum et comme le précise l'article 23 dudit décret, il confère au preneur *« un droit réel susceptible d'hypothèque »*. Les trois éléments qui font l'essence du bail emphytéotique administratif sont : la longue durée, l'existence d'un droit réel, la possibilité d'hypothéquer ce droit[58]. C'est également ce qui ressort de l'article 206 de la loi de 2009/019 du 15 décembre 2009 portant fiscalité locale.

- **Bail emphytéotique et clause de résiliation :**

Le Conseil d'État a admis la compatibilité d'une clause de résiliation unilatérale et du bail emphytéotique, mais il s'agissait de résiliation pour

[53] *Ibid.*

[54] DURAND (G), *op.cit.*, p.6146.

[55] *Ibid.*

[56] Avis du Conseil d'État du 16 juin 1994, EDCE 1994, n° 46, p.397 cité par RICHER (L), *Droit des contrats administratifs*, Paris, LGDJ, 6e édition, 2008, p. 557.

[57] LE MASSON (J.M), *« Redécouvrir le bail emphytéotique »*, petites affiches 1992, p.7 ; lire KAMANI TCHAWA (C), La gestion domaniale des collectivités territoriales décentralisées au Cameroun, Mémoire Master 2 Recherche en droit public, Université de Douala, 2019, 2020, p.49, 59.

[58] RICHER (L), *Droit des contrats administratifs*, Paris, LGDJ, 1995, p.486.

faute[59]. Lorsqu'elle s'applique, la règle générale applicable aux contrats administratifs a pour effet de prohiber des clauses de renonciation du pouvoir de résiliation, mais il reste possible aux cocontractants d'apporter des aménagements importants aux conditions d'exercice du pouvoir de résiliation notamment du point de vue de la compétence et de l'indemnisation[60].

Le bail emphytéotique conclu sur le domaine public dont l'ouvrage est destiné à être affecté soit à l'usage direct du public, soit aux nécessités d'un service public confère aux tribunaux administratifs la compétence pour en connaître des litiges[61] ; dans l'affaire GUINNESS contre État du Cameroun, la Chambre administrative s'est déclarée incompétente pour connaître d'une demande en indemnisation du sieur MELINGUI pour résiliation unilatérale du contrat de bail le liant à l'État en affirmant que : *« le contrat de location d'immeuble conclu par les parties l'a été sans nul doute sous l'empire du droit privé ; qu'il y a lieu dès lors pour la juridiction administrative saisie du présent litige de se déclarer incompétente »*. Cette convention de location est conclue sur la base de *« l'implicite privé »* qui entraîne la compétence des tribunaux judiciaires, termes consacrés par le législateur. Le critère de l'objet du bail emphytéotique administratif est mis en exergue, car les personnes bailleresses l'utilisent, soit pour confier l'exécution d'une mission de service public à un tiers, soit pour effectuer une commande publique en rémunérant le preneur par un prix ou alors sa rémunération provient des résultats d'une exploitation.

- **Contrat et autorisation d'occupation du domaine public :**

Il faut tenir compte d'une évolution du droit positif qui a conduit à un rapprochement marqué des techniques contractuelles et des autorisations d'exploitation. Pour qu'un sous-contrat ou une exploitation soit fait sur le domaine public, il faut une autorisation. Pour illustration, l'article 8 du décret n° 75-588 du 20 août 1975 relatif à la police et à la sécurité des chemins de fer dispose : *« Aucun porteur, aucun crieur, vendeur ou distributeur d'objets*

---

[59] L'arrêt du 25 février 1994, Soc S.O.F.A P Marignan, RFDA, 1994, 510, concl. Arrighi. De Casanova ; D1994, 536, note LOMBARD ; CJEG 1984, 569, article E. Fatôme et Ph. Terneyré cité par RICHER (L), *op. cit*, p.186.

[60] *Ibid.*

[61] CS/CA, jugement n° 41/83-84 du 14 juin 1984, MELINGUI Benoît c/État du Cameroun ; CS/CA jugement n° 26/84-85 du 31 janvier 1985, EBOKO Jacques c/État du Cameroun ; dans l'affaire Société GUINNESS Cameroun c/la commune d'arrondissement de Douala IVe (tribunal administratif du Littoral, jugement n ° 212/QD/18 du 5 juillet 2018, GUINNESS Cameroun c/ Commune d'Arrondissement de Douala IVe portant annulation de taxe de titre de créance) la société GUINNESS Cameroun a reçu un avis de mise en demeure en date du 12 octobre 2016 valant commandement de payer la somme de dix-huit millions prétendument au titre de droit d'occupation irrégulière de la voie publique. La société saisit le tribunal aux fins d'annulation de la créance.

ou gérant d'exploitation, ne peut être admis à pénétrer ou à exercer sa profession dans les trains, cours, bâtiments de gares et autres dépendances des chemins de fer qu'en vertu d'une autorisation spéciale du chef de l'administration exploitante »[62]. Les litiges relatifs aux autorisations sur le domaine public relèvent de la compétence des juridictions judiciaires.

L'article 6 alinéa 5 du cahier de charges de l'ex-Régifercam[63] prévoit que *« les litiges relatifs aux permis d'occupation sont de la compétence des tribunaux de droit commun »*. Mais la confusion ne doit pas être entretenue entre autorisations unilatérales accordées par les directeurs desdits établissements et le contrat d'occupation du domaine public. Malgré les problèmes épineux soulevés par le contrat d'occupation du domaine public, la compétence de la juridiction administrative s'impose dès lors que ledit contrat est identifié. S'agissant des litiges nés de la formation ou de l'exécution de ces contrats, l'article 2 de la loi de 2006 énumère les matières qui relèvent du contentieux administratif, y figurent en l'alinéa a *« les litiges intéressant le domaine public »*[64]. La précarité des occupations et les occupations illégales sont incompatibles avec le régime juridique de la domanialité publique.

- **Caractère et portée du contrat portant occupation du domaine public :**

L'arrêt RENUCCI posait : « Considérant que le conseil est compétent pour interpréter un contrat passé par une administration publique, en vue de participer au fonctionnement d'un service public et qui, par les clauses exorbitantes de droit commun qu'il renferme, présente le caractère d'un contrat administratif »[65]. La jurisprudence antérieure retient trois critères pour la qualification des contrats administratifs :

- Le contrat doit être passé par une personne publique,
- Le cocontractant doit participer au fonctionnement d'un service public.
- Le contrat doit comporter des clauses exorbitantes de droit commun[66]

Le décret portant réorganisation du Port autonome de Douala[67] prévoit que les dépendances domaniales affectées aux services publics peuvent être

[62] JORUC du 1er septembre 1975, pp.1040-1046.

[63] Selon l'article 2 alinéa 1 de la décision n° 2005/190/MINEFI/CTPL/P du 23 janvier 2006 fixant les modalités de clôture de certaines liquidations des entreprises du secteur public et parapublic les liquidations de l'ex-Régifercam ont été formellement clôturées.

[64] V. l'article 2, loi n° 2006/022 du 29 décembre 2006 fixant l'organisation et le fonctionnement des tribunaux administratifs.

[65] CCA, arrêt n° 81 du 22 décembre 1951, RENUCCI c/ Administration du territoire.

[66] L'article 2 alinéa 2 du décret n° 72-DF-201 du 17 avril 1972 relatif à l'organisation et au fonctionnement de l'Office national des ports du Cameroun.

[67] Décret n° 2019/034 du 24 janvier 2019 portant réorganisation du Port autonome de Douala

exploitées par des contrats portant occupation du domaine public. Ainsi, les contrats comportant occupation du domaine public peuvent être identifiés grâce à trois éléments :

- **Que l'acte d'occupation soit un contrat :**

- L'occupation doit s'appliquer au domaine public
- Le contrat doit être constitutif d'une occupation c'est-à-dire d'une utilisation privative comportant une certaine emprise sur le domaine[68]. Outre la qualification des contrats d'occupation domaniale par la loi, la qualification jurisprudentielle opérée par le juge s'applique aux contrats domaniaux. Ainsi, les contrats domaniaux obéissent au régime de droit public, l'utilisation ou l'exploitation est affectée à l'usage direct du public, aux services publics et l'occupation est subordonnée au paiement d'une redevance.

- **Types de contrats d'occupation du domaine public :**

Le domaine public est en principe exploité dans un but d'intérêt général. Le service public portuaire de Douala/Bonabéri permet de mettre en exergue les installations publiques et privées sur le domaine public portuaire. Comme tous les contrats d'occupation du domaine public, de tels contrats ne sont légaux que s'ils sont compatibles avec l'affectation du domaine public, mais le principal problème qu'ils posent est celui de la concurrence[69]. Les installations publiques et l'exploitation des biens sont affectées aux services publics dans un but d'intérêt général. L'office national des Ports du Cameroun est créé par la loi n° 71/LF5 du 4 juin 1971, son organisation et son fonctionnement sont fixés par décret n° 72/DF/201 du 17 avril 1972[70].

L'article 1er de ce texte dispose que : *« l'ONPC est un établissement à caractère industriel et commercial ayant pour objet d'assurer la gestion de l'ensemble des ports du Cameroun. Il est chargé, à l'intérieur de la circonscription de chaque port et dans les conditions définies par le présent décret :*

- *Des travaux d'équipement, d'exécution, d'amélioration, de renouvellement et de reconstruction des ports et de l'aménagement des zones industrielles portuaires ;*

---

68 AUBY (J.M) *« Les contrats comportant occupation du domaine public »*. D. Chr. XIX, 1953, pp. 99-100.

69 RICHER (L), *op. cit.*, p. 604.

70 Voir JORF du 15 avril 1972, p.879. Lire également la loi n° 98/021 du 24 décembre 1998 modifiée par celle n° 2001/004 du 14 avril 2001 relative au secteur portuaire.

- *Des opérations d'exploitation (pilotage, manage, remorquage, acconage et stockage) avec la possibilité, si les circonstances le justifient, de concéder avec ou sans sa participation à des sociétés nationales, privées d'économie mixte, certaines de ces activités ainsi que l'exploitation de l'outillage public dans des conditions définies par un cahier des charges fixé par arrêté du ministre des Transports pris après avis du Conseil d'administration ;*
- *De l'entretien et de la police des ports et de leurs dépendances, ainsi que la gestion du domaine qui leur est affecté ;*
- *De services publics tels que : éclairage, balisage, dispositifs d'aide à la navigation à l'intérieur du port ou pour ses accès, services d'incendie ».*

L'exploitation du domaine public portuaire est conclue avec l'État par le biais d'une concession après Appel public à manifestation d'intérêt (APMI)[71]. L'objet d'une concession d'outillage public est à la fois d'autoriser l'occupation du port et de confier la gestion du service public industriel et commercial que constitue l'exploitation de l'outillage public[72]. En pratique, c'est l'exploitation même qui est concédée[73]. Le concessionnaire assure l'entretien et le fonctionnement des installations, réalise un programme d'équipement sous le contrôle de l'État et perçoit en contrepartie des redevances sur les usagers. À la fin du contrat, l'ensemble des équipements revient à l'État, ceci en application de l'ordonnance n° 90/004 du 22 juin 1990 relative à la privatisation des entreprises publiques et parapubliques, et son décret d'application n° 90/1257 du 30 août 1990 en son article 4 (1) *« lorsqu'il ne désire pas céder la propriété (...), mais souhaite uniquement en confier l'exploitation, l'État peut confier la gestion de l'entreprise ou de ses actifs à une personne physique ou morale de droit privé ».* La gestion de la sauvegarde des actifs résiduels de l'ex ONPC et de l'ex-REGIFERCAM est au Cameroun au Cabinet Conseil ATOU[74].

- Les concessions d'outillage aéroportuaire ont pour objet de confier l'exploitation des aérodromes, ce qui constitue une mission de service public. L'article 85 alinéa 2 dispose que : *« l'État peut concéder*

---

[71] Lire par exemple l'appel public international à manifestation d'intérêt n° 2018/001/AP/MIPAD du 2 janvier 2018 en vue de la concession des activités de rénovation, de modernisation, d'exploitation et de maintenance du terminal à conteneurs du port de Douala Bonabéri. Lire également : l'Appel public international à manifestation d'intérêt aux investisseurs n° 001/PAD/DG/2022 du 2 novembre 2022 pour la réalisation de certains projets de développement du Port de Douala.

[72] RICHER (L), *op. cit.*, p. 607.

[73] *Ibid.*

[74] Cabinet-conseil ATOU dont le siège se trouve à Douala.

l'exploitation et la gestion des aérodromes relevant de son portefeuille à des organismes spécialisés »[75].

- Concessions minières : la loi n° 91/018 du 12 décembre 1991[76] met en exergue les activités de recherche et d'exploitation menées dans le bassin de Douala, l'article 3 de ladite loi prévoit la possibilité de passer avec le gouvernement camerounais des concessions minières.

L'occupant du domaine public est par ailleurs délégataire du service public. Dès lors qu'un bien public est affecté à l'usage de tous ou à un service public, il échappe au régime ordinaire de la domanialité privée et est alors soumis aux contraintes singulières de la domanialité publique (imprescriptibilité, inaliénabilité, insaisissabilité, affectation, protection administrative, voire répressive, etc.)[77] Au regard de l'enjeu économique, le domaine public peut être occupé par des particuliers.

- **Utilisation du domaine public dans un but d'intérêt privé**

Il y a utilisation ou occupation privative du domaine public, *« lorsqu'une portion de celui-ci est soustraite à l'usage commun au profit d'un particulier déterminé »*[78]. Il reste que certains particuliers ou entreprises peuvent avoir besoin d'occuper une dépendance domaniale pour leurs propres activités. Il se peut que même la collectivité publique propriétaire voie d'un bon œil l'occupation privative de son domaine public pour mieux le faire fructifier[79]. Aussi, la pratique administrative a-t-elle toujours admis que les dépendances du domaine public, bien qu'affectées normalement à l'usage de tous, puissent n'être occupées que par certains, afin que des personnes privées moyennant redevance puissent bénéficier d'un droit personnel de jouissance sur de tels biens pour y exercer leurs propres activités[80]. Ces utilisations correspondent à leur destination légale comme à titre d'exemple les comptoirs dans les marchés, d'autres utilisations sont plutôt conformes à l'affectation du bien et nécessitent la délivrance d'une autorisation et donnent lieu à une redevance[81]. Les titres juridiques d'autorisations aux particuliers sont : le permis de stationnement, la permission de voirie et la convention de concessions[82]. Les

---

[75] Loi n° 2013/010 du 24 juillet 2013 portant régime de l'Aviation civile au Cameroun.
[76] Source : marchés tropicaux et méditerranéens du 2 février 1990, pp. 333-334.
[77] Lire à cet effet, la loi n° 2019/024 du 24 décembre 2019 portant Code général des collectivités territoriales décentralisées.
[78] DUFAU (J), *Le domaine public 2 tomes*, Paris, Éd. du moniteur, 1993, p. 500.
[79] PLESSIX (B), *op. cit*, p. 1165.
[80] *Ibid.*
[81] MPESSA (A), *Essai sur la notion et le régime juridique des biens domaniaux au Cameroun*, thèse de Doctorat, Université Panthéon-Sorbonne, tome 2, 1998, p.501.
[82] Lire la loi n° 2019/024 du 24 décembre 2019 portant code général des collectivités territoriales décentralisées.

autorisations d'occupation du domaine public communal sont accordées par les maires soumis à l'approbation du représentant de l'État compétent[83]. Ici, lorsqu'il y a des atteintes, le juge judiciaire intervient pour les sanctionner. Les contraventions de voirie routières sont sanctionnées[84] tout comme les contraventions de grande voirie[85].

- **Les contrats de partenariat :**

Origine : le contrat de partenariat naît aux États-Unis dans les années 70-80 dans la mise en œuvre des opérations d'urbanisme sous la dénomination anglaise de *« public-private-partnership »*, dans un cadre de *« collaboration entre les leaders sociaux ou des dirigeants d'entreprise et des responsables gouvernementaux locaux en vue d'améliorer le cadre de vie urbain »*[86]. L'expression est reprise au Royaume-Uni pour remettre à niveau les équipements de services publics de base comme ceux de la santé ou de l'éducation lancés en 1992 par le gouvernement major. Un programme dit « PFI » (Private Finance Initiative), qui a été repris en 1997 par le gouvernement Blair et a permis d'améliorer le fonctionnement des services publics concernés à travers la conclusion des contrats par lesquels le secteur privé apporte le financement et est intéressé au bon déroulement de l'opération puisque la personne publique ne commence à payer qu'une fois les travaux achevés et module ses paiements en fonction des résultats[87]. C'est cette conception qui va se répandre dans le monde, en Afrique et au Cameroun en particulier.

Le développement du partenariat public-privé selon l'expression employé par le rapport du Fonds monétaire international en mars 2004 est un phénomène mondial *« après un départ modeste, une vague de partenariat public-privé est en train de submerger le monde »*[88].

- **Généralités sur le contrat de partenariat public-privé :**

Deux contrats sont considérés comme le type de partenariat public-privé : la concession et le contrat de DBFO (design-build-fund-operate : concevoir-construire-financer-exploiter)[89]. Les spécialistes de la Banque mondiale ont

---

[83] Lire les articles 29, 30 et suivants, la loi n° 2019/024 *op. cit.*
[84] V. les articles 78, 79, 105 et suiv. de la loi n° 2009, *op.cit.* et article 230 de la loi n° 2016/007 DU 12 juillet 2016 portant code pénal.
[85] V. article 230 code pénal *op. cit.*
[86] SAVAS (E.S), Privatisation et partenariats public-privé, nouveaux horizons, 2002, p.118.
[87] RICHER (L), *op. cit.* p. 656.
[88] V. l'article 100 alinéa 2 de l'ordonnance n° 95/003 du 17 août 1995 portant statut général des entreprises du secteur public et parapublic.
[89] RICHER (L), *op. cit*, p.653.

plutôt tendance à considérer que les contrats de partenariat public-privé sont des variantes de la concession, alors que les spécialistes du FMI voient plutôt dans la concession une forme de partenariat public-privé[90]. Nous identifions deux groupes de partenariat public-privé : ceux qui ont une forme contractuelle et ceux qui ont une forme non contractuelle[91].

- **La forme non contractuelle du partenariat public-privé :**

Le droit positif camerounais, introduit le modèle français de la société d'économie mixte par la loi n° 68/LF/9 du 11 juin 1968 et la loi n° 2017/011 du 12 juillet 2017 portant statut général des entreprises publiques et parapubliques. À titre illustratif, l'on cite la Société nationale d'électricité (SONEL) du secteur, société à capital public devenue AES SONEL en 2001 (à l'issue de la cession partielle d'actifs détenus par le secteur public au profit de la société américaine AES Corporation) et devenue ENEO en 2014 à l'issue d'une cession de la totalité des actions du groupe AES Corporation, a un fonds d'investissement anglais[92]. L'article 2 (1) de la loi n° 2010/023 du 21 décembre 2010 fixant le statut du groupement d'intérêt public précise que le groupement d'intérêt public est une personne morale de droit public constituée entre l'État ou une collectivité territoriale décentralisée et de l'autre côté, d'autres personnes morales de droit public (tout type d'établissement public) ou des personnes privées (entreprises, associations, société d'économie mixte, sociétés à capital public).

- **Les formes contractuelles de partenariat :**

En Afrique notamment, l'appellation a été réceptionnée avec au Maroc la gestion déléguée des services publics[93] et en Algérie les contrats de concessions ou de cessions de terrains[94].

Au Cameroun, sont également identifiés comme contrats de partenariats publics privés les contrats de délégations de services publics qui comprennent

---

[90] *Ibid.*

[91] KONTCHOU JOUNANG (A.M.F), Le partenariat public-privé au Cameroun : cas des contrats de partenariat, thèse de doctorat Ph. D en droit public, Université de Yaoundé II, Soa, p.5.

[92] V. l'article 100 alinéa 2 de l'ordonnance n° 95/003 du 17 août 1995 portant statut général des entreprises du secteur public et parapublic.

[93] DAHIR n° 1/06/15 du 15 Moharrem 1427 (14 février 2006) portant promulgation de la loi n° 54/05 relative à la gestion déléguée des services publics ; au Sénégal le contrat de PPP est prévu à l'article 10, nouveau du code des obligations.

[94] Lire à cet effet : l'ordonnance n° 06/11 du 30 août 2006 fixant les conditions et modalités de concession et de cession des terrains relevant du domaine privé de l'État destinés à la réalisation des projets d'investissement.

entre autres modalités la concession et l'affermage[95]. Le fondement juridique des contrats de partenariat découle de la loi n° 2006/012 du 29 décembre 2006 fixant le régime général des contrats de partenariat ; les modalités d'application de cette loi sont fixées par le décret n° 2008/0115/PM du 24 janvier 2008. Le régime fiscal, financier et comptable applicable aux contrats de partenariat est fixé par le décret n° 2008/009 du 16 juillet 2008 et le conseil d'appui à la réalisation des contrats de partenariat en abrégé *« CARPAS »*, est un organisme chargé de l'évaluation des projets éligibles aux contrats de partenariat, régi par le décret n° 2008/035 du 23 janvier 2008 modifié et complété par le décret n° 2012/148 du 21 mars 2012.

Aux termes de l'article 2 (2) de la loi n° 2006/012, *« le contrat de partenariat est un contrat par lequel l'État ou l'un de ses démembrements confie à un tiers, pour une période déterminée, en fonction de la durée d'amortissement des investissements ou des modalités de financement retenues, la responsabilité de tout ou partie des phases suivantes d'un projet d'investissement :*

- *La conception des ouvrages ou équipements nécessaires au service public ;*
- *Le financement ;*
- *La construction ;*
- *La transformation des ouvrages ou des équipements ;*
- *L'entretien ou la maintenance ;*
- *L'exploitation ou la gestion.*

Le cas échéant, d'autres prestations de services concourant à l'exercice, par la personne publique, de la mission de service public dont elle est chargée, peuvent également être confiées à un tiers dans le cadre d'un contrat de partenariat ». Le législateur camerounais met en exergue des relations de partenariat avec l'idée de partage de responsabilité dans le cadre des projets d'une « grande envergure technique et financière » ; les relations de partenariat entre les personnes publiques et une ou plusieurs personnes publiques ; les personnes publiques et une ou plusieurs personnes privées.

- **Les contrats de partenariat sont-ils au Cameroun des contrats administratifs ?**

La consolidation des critères du contrat administratif dans l'affaire UM NTJAM[96]. En l'espèce, sieur UM NTJAM François Désiré, directeur des

[95] BIAKAN (J), Le secteur public camerounais à l'épreuve des contraintes de l'ajustement structurel, travaux en vue de l'habilitation à diriger les recherches en droit, 2010, p. 9.
[96] CS/CA jugement n° 147/04-05/ADD du 31 août 2005, UM NTJAM François c/État du Cameroun (MINEF).

Établissements Francis NTJAM et fils, s'est engagé le 7 mai 1999 dans une convention signée entre l'ADEFROC (Association pour le développement et la promotion de la culture camerounaise) représentée par sieur UM NTJAM François Désiré et le Ministère de l'Environnement et des Forêts représenté par le coordonnateur du Projet Information Center on Environnement (ICE) le nommé SIDA Amédée. L'engagement de l'ADEPROC consistait suivant l'article 1er de cette convention, à s'occuper de l'animation culturelle de la célébration de la journée mondiale de l'environnement du 4 au 5 juin 1999, conformément à l'article 2 de la convention, il s'engageait à aller en mission à travers le Cameroun pour négocier et signer les précontrats des artistes, musiciens, groupes de danses traditionnelles, scolaires et universitaires, la rémunération de ceux-ci devant se faire directement avec la coordination du projet. En retour de ces prestations, l'article 5 de cette même convention prévoit que le représentant du MINEF de son côté s'engageait à conclure un contrat forfaitaire d'un montant de 1 400 000 francs après la clôture de la soirée de gala sous réserve de l'exécution des stipulations contractuelles ci-dessus exprimées.

Sieur UM NTJAM Désiré, à la suite de l'inexécution du contrat par l'État du Cameroun notamment le non-paiement de la créance, saisit la Chambre administrative de la Cour Suprême d'une requête en date du 17 juillet 2002. La question posée à la cour est celle de savoir si la chambre administrative est compétente pour connaître du contentieux en responsabilité et en indemnité né de l'inexécution du contrat verbal conclu entre une association, personne privée et l'État, personne publique lui confiant l'organisation de la journée mondiale de l'environnement. Pour trancher cette question, la Chambre administrative saisie retient sa compétence, rend un arrêt avant dire droit tout en présentant un exposé sur les critères d'identification en ces termes :

> *« (...)Il faut la participation du cocontractant à l'exécution même du service public ; qu'il en est ainsi d'un contrat même verbal par lequel des participations assureront directement la nourriture des ressortissants d'un centre de rapatriement, la nourriture étant ici l'un des objets du service public ; que de même, pour qu'un contrat soit administratif, il faut qu'il ait pour objet même l'exécution du service public ; qu'en d'autres termes que l'exécution du contrat ait pour but la satisfaction de l'intérêt général ;qu'il en résulte que tous les contrats conclus par l'administration dans un tel but sont des contrats administratifs ».*

Le juge combine le critère du service et la présence de la clause exorbitante en posant en ces termes :

> *« Attendu enfin que le contrat administratif doit contenir des clauses exorbitantes du droit commun qui sont des stipulations ayant pour objet de conférer aux parties des droits ou de mettre à leur charge des obligations étrangères par leur nature à ceux qui sont susceptibles d'être librement*

consentis par quiconque dans le cadre des lois civiles ou commerciales ; qu'il s'agit en d'autres termes des clauses qui diffèrent par leur nature de celles qui peuvent être inscrites dans le contrat analogue de droit privé ; que de telles clauses relèvent que les parties se sont placées sous un régime de puissance publique et une seule d'entre elles suffit à comprimer au contrat le caractère administratif ».

En l'absence de la qualification textuelle, on peut se référer à une qualification jurisprudentielle du contrat administratif. Il s'agit des critères indispensables au cas par cas. La détermination du contrat de partenariat comme contrat administratif est importante au regard de l'attribution du contentieux à la compétence du juge administratif. Les contrats de partenariat présentent essentiellement les critères du contrat administratif[97]. Afin de conclure à leur caractère administratif, il faut procéder à la vérification de trois critères : le service public, la clause exorbitante de droit commun et la présence de la personne publique[98].

Le critère de la présence d'une personne publique se vérifie, car le contrat de partenariat[99] est conclu entre une ou plusieurs personnes publiques. Les critères du service public et de la clause exorbitante se vérifient également, car le contrat de partenariat est soumis aux règles de droit public. L'article 5 de la loi n° 2006/012 portant régime général des contrats de partenariat dispose que : *« le contrat de partenariat comporte nécessairement des clauses relatives :*

- *(...) aux conditions dans lesquelles il peut être procédé, par avenant ou, faute d'accord, par une décision unilatérale de la personne publique, à la modification de certains aspects du contrat ou à sa résiliation, notamment pour tenir compte de l'évolution des besoins de la personne publique, d'innovations technologiques ou de modifications dans les conditions de financement obtenues par le cocontractant ».*

- Aux termes de l'article 18 (la personne publique détient aussi le pouvoir de sanction), « la personne publique est fondée à prendre des sanctions à l'encontre du cocontractant fautif, sans préjudice des poursuites judiciaires (...) ».

Les deux options du service public : à savoir la participation du cocontractant à l'exécution même du service public ne se vérifie pas, mais la participation indirecte se vérifie. C'est le cas du cocontractant qui met en œuvre son concours à l'exercice par la personne d'autres points importants de la mission du service public dont elle est chargée. Dans le second aspect, il s'agit de l'objet même du contrat. Le contrat de partenariat envisage un service

---

[97] KONTCHOU JOUNANG (A.M.F), *op. cit.*, p. 29.

[98] *Ibid.*

[99] Lire l'affaire UM NTJAM pour confirmation et l'article 2(1) loi n° 2006/012 du 29 décembre 2006.

public dans l'activité de construction, d'entretien, exploitation des ouvrages ou équipements indispensables au service public[100].

Les critères jurisprudentiels du contrat administratif[101] se vérifient en matière de contrat de partenariat. Il a été démontré par la doctrine camerounaise[102] que le contrat de partenariat est un contrat administratif au regard de son élaboration par des moyens administratifs et à travers l'affiliation des contrats de partenariat à l'activité administrative.

- **Le contrat de partenariat est un contrat complexe, mêlé de plusieurs objets comme la délégation de la gestion à un service public local :**

La coopération décentralisée permet aux communes et régions de signer des contrats de partenariat[103]. Selon Stéphane BRACONNIER, *« du fait de leur économie générale, les contrats de partenariat locaux ont un faible espace à occuper entre le modèle concessionnaire et les techniques contractuelles fondées sur des autorisations d'occupation domaniales telles que le BEA... »*[104]. Au Cameroun, le programme national de gouvernance *« vise de façon globale à assainir l'environnement des affaires et renforcer la confiance des investisseurs sans qui une économie ne peut prospérer, la décision d'investissement surtout au niveau des investisseurs étranges reste toujours soumise à une préoccupation fondamentale : l'état de la gouvernance dans une économie »*[105]. Ainsi, le contrat de partenariat public-privé permet aux investisseurs privés de s'associer à l'État pour l'édification de grands ouvrages publics[106].

Si le service public est bien l'objet principal de ces contrats, la délégation de sa gestion ne constitue pas un élément déterminant ; la collectivité publique

---

[100] V. les articles 2, 5 de la loi n° 2006/012 portant régime général des contrats de partenariat.

[101] NGUEDIA MEIKEU (H), *op. cit.*

[102] KONTCHOU JOUNANG (A.M.F), *op. cit.*

[103] BASSAMAGNE MOUGNOK (C), La coopération décentralisée entre la France et le Cameroun : un véritable partenariat ? Mémoire Master 2 recherche en science politique, Université de Yaoundé II/Soa), 2007, p.14.

[104] BRACONNIER (S), *« Les contrats de partenariat et les collectivités locales entre mythe ou réalités »* BJCP n° 36-2004, p. 340 et suiv.

[105] SANGUE FOTSO (R), *L'efficacité de la structure de contrôle des entreprises camerounaises*, thèse de Doctorat en sciences de gestion, Université de Franche-Comté, 2011, p.19-20.

[106] TONGA (D), Les politiques française et camerounaise face au défi de la mondialisation : une analyse comparée de la période 2007-2010, Master en affaires publiques ENA/Paris Dauphine, 2011, p.14.

restera le plus souvent responsable dudit service public auquel la personne privée sera associée ou appelée à concourir à la bonne exécution[107].

- **Distinction contrat de partenariat et délégation de service public :**

D'un côté, le délégataire dispose d'une rémunération *« substantiellement liée aux résultats de l'exploitation du service »;* de l'autre, le partenaire *« fait l'objet d'un paiement par la personne publique pendant toute la durée du contrat »*[108], ce qui suppose le versement régulier d'un prix par la personne publique, le cas échéant, corrigé en fonction des objectifs de performance prévus au contrat.

Dans cette logique, se situant à califourchon entre la délégation de service public et le marché public, le partenaire rend des services à la collectivité[109]. Partenariat et prérogatives exorbitantes : les mesures fiscales dérogatoires les plus emblématiques adoptées au Cameroun depuis l'atteinte du point d'achèvement de l'initiative PPTE vont dans le sens du soutien à l'investissement[110]. La dépense à la charge de la collectivité constitue à l'évidence une dépense juridique soumise aux règles de la comptabilité publique[111], ce qui confirme implicitement la réserve d'interprétation du Conseil constitutionnel concernant en France l'article 6 de loi d'habilitation du 2 juillet 2009, *« ... la généralisation de telles dérogations au droit commun de la commande publique seront susceptibles de priver de garanties légales les exigences constitutionnelles inhérentes à l'égalité devant la commande publique, à la protection des propriétés publiques et au bon usage des deniers publics »*[112].

Au Cameroun, la réalisation des ouvrages publics est soumise à des prérogatives exorbitantes. Au terme de l'article 2 (1) de l'arrêté portant création d'une brigade de contrôle de l'exécution physico-financière des projets PPTE, la brigade est chargé *« d'élaborer en liaison avec la cellule opérationnelle du comité technique de suivi des programmes économiques, un calendrier des descentes sur le terrain aux fins de vérifier l'effectivité des*

---

107 DURANG (G), *op. cit.*, p. 615.
108 *Ibid.*
109 *Ibid.*
110 TONGA (D), *op. cit.*, p. 60.
111 CCC 2003-473, DC du 26 juin 2003 LINDITCH (F), *« les partenariats public-privés et le Conseil constitutionnel »*, JCP d et CT n° 41 2003-1990 cité par DURAND (G), *op. cit.*, pp. 615-616. Lire aussi l'article 460 et suivants de la loi n° 2019/024 du 24 décembre 2019 portant code général des collectivités territoriales décentralisées.
112 V. l'article 2 alinéa 1 de l'arrêté n° 156/PM du 30 décembre 2005 portant création d'une brigade de contrôle de l'exécution physico-financière des projets PPTE d'établir lorsque les écarts sont constatés, les responsabilités des différents intervenants dans la réalisation des projets.

réalisations aux plans technique et financier, ainsi que leur conformité aux marchés et autres documents contractuels et techniques passés et/ou rédigés en vue de l'exécution de ces projets ».

- **Les délégations de services publics :**

La puissance publique dispose des moyens juridiques de gestion des services publics[113]. Elle peut décider de la mise en mouvement de la gestion en régie ou de la gestion déléguée de ses services publics[114]. La gestion en régie ou la gestion directe consiste pour une collectivité territoriale à gérer directement le service[115]. La gestion déléguée quant à elle se fait par l'intermédiaire de personnes auxquelles cette exploitation est déléguée par la collectivité publique[116]. La délégation de service public implique à proprement parler le transfert d'une activité de l'autorité délégante au délégataire[117]. Ce transfert n'a rien à voir avec les hypothèses classiques de délégation de compétence ou de signature[118], ne serait-ce que parce que l'autorité délégante ne se dessaisit que des droits d'exploitation[119]. Cette logique n'est pas étrangère à la convention de concession de service public. Un examen attentif sera porté sur l'origine, les éléments spécifiques de la concession, les techniques de gestion et exemple à l'appui, le régime de la concession.

L'origine et l'évolution de la gestion déléguée : L'essor contemporain de la concession (mode de gestion déléguée) remonte à la seconde moitié du XIXe siècle avec les chemins de fer, le gaz puis l'électricité[120]. La technique permettait de concilier l'État-gendarme et le libéralisme qui tendait alors à réserver aux particuliers, l'essentiel des activités économiques[121]. L'examen de la jurisprudence administrative française présente la réalité de l'expansion du critère du service public comme en témoigne la définition classique de la concession telle que posée par le commissaire du gouvernement CHARDENET sous l'arrêt gaz de Bordeaux de 1916 ainsi que l'avait d'ailleurs fait le commissaire du gouvernement Catherine BERGEAL, dans

[113] NGUEDIA MEIKEU (H), *op. cit.*, p.306 et suiv.
[114] *Ibid.*
[115] Article 81 de la loi n° 2009/011 du 10 juillet 2009 portant régime financier des collectivités territoriales décentralisées.
[116] BIAKAN (J), *« La délégation des services publics en droit camerounais »*, *RAJS*, Vol.7, n° 1, 2010, p.219.
[117] NGUEDIA MEIKEU (H), *op. cit.*, p. 316 et suiv.
[118] GROHENS (J.C), *« La délégation administrative des compétences »* D1958, chr. P.9.197 ; PUISOYER (J), *« Les délégations de signatures »* A.J. 1960, I. P.69.
[119] BIAKAN (J), *op. cit.*, p.226.
[120] BIDJA NKOTTO (T), *op. cit.*, p .40.
[121] *Ibid.*

ses conclusions sous l'arrêt d'assemblée : syndicat mixte du traitement des ordures ménagères centre-Ouest Seine – et – Marnais (Smitorn) du 30 juin 1999 (AJDA 199, p.714)[122]. Selon cette définition : *« la concession est le contrat qui charge un particulier ou une société d'exécuter un ouvrage public ou d'assumer un service public, à ses frais, avec ou sans subvention, avec ou sans garantie d'intérêt, et que l'on rémunère en lui confiant l'exploitation de l'ouvrage public ou l'exécution du service public avec le droit de percevoir des redevances, sur les usagers de l'ouvrage ou sur ceux qui bénéficient du service public »*[123]. Dans le paysage de la délégation de service public au Cameroun, l'exploitation des chemins de fer est l'émanation primitive du domaine même de la concession. Ainsi, l'ancienne[124] Régie nationale des chemins de fer du Cameroun, privatisée en 1998, était un établissement public industriel et commercial, terrain d'élection de la concession (sous le contrôle de tutelle) chargé de la gestion et de l'exploitation de l'ensemble des voies ferrées selon les termes de l'article 3 du décret du 6 septembre 1985, *« la régie est placée sous la tutelle du ministre des Transports »*[125]. Les entreprises privées paraissaient naturellement adaptées à réaliser les activités correspondant à l'aspect industriel et commercial. *« L'exploitation de l'activité ferroviaire s'effectue aux frais et risques et périls du concessionnaire »*[126]. Le volet financier mis en exergue permet à l'entreprise privée de financer le service tout en lui permettant d'être rémunérée par les redevances perçues au cours de l'exploitation. L'évolution de la concession a été affectée par la responsabilité du concessionnaire qui exploite pour son propre compte et à ses *« risques et périls »*.

Les éléments spécifiques de la concession : LLORENS[127] caractérise la concession par six éléments constitutifs :

---

[122] PEYRICAL (J.P) *« Régime de passation des contrats publics : le droit des délégations comme modèle »* : Actualité juridique de droit administratif, chronique, 2004 p.2136.

[123] *Ibid.*

[124] La politique de privatisation des entreprises publiques et parapubliques décidée par l'ordonnance n° 90/004 du 22 juin 1990 relative à la privatisation des entreprises publiques et parapubliques et résultant du décret n° 90/1257 du 30 août 1990 portant application de ladite ordonnance et plus particulièrement du décret présidentiel n° 94/125 du 14 juillet 1994 qui soumet à la procédure de privatisation, la Régie nationale des chemins de fer.

[125] V. l'article 3 décret n° 85/1208 du 6 septembre 1985 fixant l'organisation et le fonctionnement de la Régie.

[126] L'article 3 de la convention de concession de l'activité ferroviaire au Cameroun, CAF, 03 DOC, 19 janvier 1999, 11 :27.

[127] LLORENS (F), « La définition actuelle de la concession de services publics en droit interne », pp.15-58 in BRECHON MOULENES (C) et autres, La concession de service public face au droit communautaire, Paris, Sirey, 1992, p. 45.

- L'existence d'un contrat ;
- L'exécution d'un service public comme objet du contrat ;
- Le transfert de la responsabilité du service public au concessionnaire qui l'exploite en principe à ses risques et périls :
- Le concessionnaire tire directement sa rémunération des redevances perçues sur l'usager ;
- Le concessionnaire supporte sur ses fonds propres les frais d'établissement du service. ;
- La durée du contrat doit lui permettre de recouvrer les fonds investis. Cette conception a été dénaturée par rapport à la conception retenue à la seconde moitié du XIXe siècle en France ;
- La concession a pour objet de confier à une entité extérieure l'exploitation du service public. Une activité constitue un service public quand elle est assurée ou assumée par une personne publique[128].

Au Cameroun, les concessionnaires sont des personnes privées, sous la forme de société d'économie mixte, des établissements à caractère administratif (et leur érection en personnes morales de droit public, gestion des autoroutes, concessions hospitalières…) à caractère industriel et commercial, les sociétés par actions pour ne citer que ces quelques exemples.

Les concessions de services publics sont une *« forme de délégation de services publics »*. On distinguait plusieurs types de délégations de service au Cameroun issues à la fois de l'ancien code des marchés publics (décret n° 2004/275 du 24 septembre 2004) qui a été remplacé par le nouveau code des marchés publics issu du décret n° 2018/366 du 20 juin 2018 qui supprime du code des marchés publics les dispositions relatives aux délégations de services publics telles que c'était le cas dans l'ancien code des articles 41 à 44 qui leur étaient consacrés.

Au terme de l'article 41, les délégations sont de 4 types :

- Les régies ;
- Les affermages ;
- Les opérations de réseaux ;
- Les concessions de services publics.

Ce texte ayant été abrogé, la loi n° 2009/011 du 10 juillet 2009 portant régime financier des collectivités territoriales décentralisées toujours en

[128] CHAPUS (R), *Droit administratif général*, Paris, Montchrestien, 15e éd., tome I, édition, 2001, p.43.

vigueur dispose en son article 82 : *« Les modes de gestion déléguée sont au niveau régional et communal :*

- *la concession ;*
- *l'affermage ;*
- *la régie intéressée ;*
- *la gérance ;*
- *les sociétés d'économie mixte ».*

De LAUBADERE[129] retient trois éléments de la concession :

- **La conclusion d'une convention :**

Un accord marque le point des relations entre les deux parties : l'une des deux parties doit être une personne publique ; la concession est l'un des procédés permettant de confier à une personne privée une mission de service public ; mais d'une part, elle ne se limite pas aux personnes privées ; d'autre part, les personnes privées peuvent être chargées d'une mission de service public en dehors de la concession.

- **La mission du cocontractant :**

Elle se caractérise par l'objet de la concession et par sa nature. L'objet ici est le service public et la nature doit être précisée. La délégation donne au cocontractant la charge même du service public dont il doit assurer la responsabilité.

- **La rémunération du cocontractant :**

Elle est considérée comme une caractéristique essentielle de la concession.

Le support normatif de la concession au Cameroun : les délégations des services publics étaient encadrées par le décret n° 2004/275 du 24 septembre 2004 portant code des marchés publics abrogé. Désormais, le code nouveau issu du décret n° 2018/366 du 20 juin 2018 se cantonne exclusivement aux marchés publics. La gestion du service public local trouve un terrain favorable à la délégation contractuelle. Ainsi, l'article 46 (1) de la loi portant code général des collectivités territoriales décentralisées dispose que : *« la gestion déléguée consiste, pour une collectivité territoriale, à confier la gestion d'un service public à une autre personne morale »*[130] et aux termes de l'article 49 *« les entreprises exploitant des services publics en régie intéressée sont soumises pour tout ce qui concerne l'exploitation et les travaux de premier*

---

129 DE LAUBADERE (A), MODERNE (F), DELVOVE (P), *Traité des contrats administratifs*, Paris, LGDJ, tome 1, 2e éd. 1983.

130 L'article 46 (1) loi n° 2019/024 du 24 décembre 2019 portant code général des collectivités territoriales décentralisées.

établissement qu'elles peuvent être amenées à faire pour le compte de l'autorité concédante à toutes mesures de contrôle et à la production de toutes les justifications conformément à la règlementation en vigueur »[131].

Pourtant, l'élément important n'est pas le rattachement organique, mais l'activité d'exploitation d'ouvrage public ou d'exécution du service public. C'est sur ce fondement que les délégations de service public demeurent des contrats administratifs.

Le juge administratif camerounais s'est particulièrement intéressé aux modalités de contrôle de la convention de concession de service public. Le juge administratif affirme que : *« considérant au demeurant que le souci implicite de contrôler l'exploitation de la plantation donnée en concession à la compagnie Forestière SANGHA OUBANGUI justifiait l'intervention de cette convention »*[132], la convention de concession obéit donc à la logique des pouvoirs de l'administration pendant l'exécution du contrat caractéristique des contrats administratifs et obéit particulièrement à la logique des contrats de gestion déléguée. À ce sujet, le juge administratif affirme : *« Attendu que même en considérant la convention de bail qui est la loi des parties, celle-ci ne leur est opposable (aux parties) que si elle (la concession) est légalement formée (article 1134 du Code civil) »*[133], l'appel d'offres (la convention de concession obéit à la logique de formation des contrats administratifs) est importante dans la procédure d'adjudication raison pour laquelle il indique : *« Attendu que SOFOPETRA acceptait de se soumettre à l'ensemble de cette législation ;*

Attendu que l'article 63 du décret n° 95/531 du 23 août indique que toute attribution d'une concession forestière est au préalable précédée d'un avis d'appel d'offres au public »[134].

Il se trouve en effet que les textes, notamment l'article 2(3)[135] de la loi 2006, procède à une énumération de compétence en précisant que *: « (...) le contentieux administratif comprend (...) : - les litiges concernant les contrats (...) ou des concessions de services publics »*. C'est donc la nature administrative de la convention de concession qui a permis au juge administratif de se prononcer en faveur de l'annulation de l'arrêté n° 004693/A/MFP/DP/SDPF/T du 14 juillet 1980 dans toutes ses dispositions

---

[131] V. L'article 49 loi, *op. cit.*

[132] Arrêt n° 82/A du 9 octobre 2008, État du Cameroun (ministère de la Fonction publique) c/ Compagnie Forestière SANGHA OUBANGUI (CFSO).

[133] *Ibid.*

[134] Jugement n° 21/2001-2002 du 31 janvier 2002, Société Forestière PETRA c/État du Cameroun (MINEF), Société Cameroon United (CUF) (Intervention volontaire).

[135] Cf. L'article 2(3) de la loi n° 2006/022.

contraires à la convention du 20 juin 1980[136]. La concession est certes un contrat administratif par qualification textuelle, mais le critère jurisprudentiel de la clause exorbitante s'y vérifie.

- **Les modes de gestion des services publics :**

Sont inclus dans la catégorie modes de gestion déléguée, au sens de l'article 46(2) de la loi portant code :

- la concession[137] ;
- l'affermage ;
- la régie intéressée ;
- la gérance.
- Les sociétés d'économie mixte et aux termes de l'article 5 *« l'opération de réseaux »*[138].
- La concession de travaux publics.

L'affermage est défini comme *« une convention par laquelle une personne publique chargée d'un service public confie à une autre personne qui en assure l'exploitation sous sa responsabilité grâce aux ouvrages qui lui sont remis et verse en contrepartie des redevances à la personne publique contractante »*[139]. Trois éléments paraissent ainsi caractériser[140] l'affermage sur la base de la convention qui le détermine :

- l'attribution au cocontractant de l'exploitation du service public,
- l'attribution à ce même cocontractant des ouvrages qui doivent lui permettre d'assurer cette exploitation,
- le versement de redevances par le cocontractant à la personne publique qui lui a confié service et ouvrages. Si l'affermage est assimilable à la concession, il n'en constitue qu'une variante. Ce qui les distingue ce sont les cahiers des charges imposés qui n'ont pas les mêmes contenus que ceux qui s'appliquent aux concessions et la particularité de l'affermage est qu'il a une durée beaucoup plus courte que la concession. Comme principales catégories d'affermage, nous avons la distribution publique d'eau potable par la Camerounaise des eaux, l'assainissement des villes.

---

[136] Lire l'arrêt n° 82/A du 9 octobre 2008, État du Cameroun (ministère de la Fonction publique c/Compagnie Forestière SANGHA OUBANGUI (CFSO).
[137] La concession qui a déjà été étudiée plus haut.
[138] V. l'article 46(2) de la loi portant code des collectivités territoriales décentralisées.
[139] DE LAUBADERE (A) et autres, *op. cit.*, p.317.
[140] *Ibid.*

La régie intéressée consiste pour une personne publique à déléguer à une personne privée dite *« régisseur »* la gestion d'un service public, et faire dépendre la rémunération qu'elle lui verse des résultats de sa gestion : économies réalisées, gains de productivité, ou encore amélioration de la qualité du service. L'intéressement résulte de ce que le régisseur perçoit une part du résultat. La rémunération de l'entreprise consistant dans le *« partage[141] des excédents de recettes après prélèvement d'une somme fixe à son profit »*. Le caractère de *« régie »* tient à ce que la personne privée agit *« pour le compte »* de la collectivité publique, à la différence du concessionnaire[142] ; comme exemple, nous avons la gestion de certains marchés communaux.

La gérance correspond à une situation dans laquelle le gérant à la différence du concessionnaire ou du fermier n'assure pas la gestion à ses risques et périls, mais reçoit une rémunération qui est entièrement portée au compte d'exploitation du service. La collectivité publique prend en charge l'intégralité des pertes éventuelles, mais elle peut quant à elle conserver les bénéfices issus de l'exploitation. Les clauses financières permettent de distinguer ces modes de délégation. L'opération de réseaux comprend les opérations téléphoniques et électroniques[143] pour câbles, par fibres optiques ; les opérations satellitaires.

Le droit camerounais ne fait pas exception d'application du régime juridique des contrats administratifs aux conventions de délégation de service public dont le régime de la formation de l'exécution et de l'extinction s'applique. Les délégations de service public naissent, vivent et meurent, mais il n'est pas question d'étudier tout ce régime, mais de l'identifier comme contrat administratif par détermination de la loi.

- **Les contrats entre personnes publiques :**

L'administration peut par contrat organiser le service public, soit en confiant l'exécution à une autre personne publique, soit, et ce procédé tend à se développer, en s'accordant avec d'autres collectivités publiques pour l'exercice de leurs compétences. Ainsi, au terme de l'article 29(1)[144] de la loi portant code des collectivités territoriales, *« l'État peut céder aux collectivités territoriales tout ou partie de ses biens meubles ou immeubles relevant de son domaine privé, ou passer avec elles des conventions portant sur l'utilisation de ces biens »,* la loi autorise les collectivités à passer des conventions avec l'État sur l'utilisation des biens relevant du domaine privé de l'État. Dans le cadre de l'application des lois de la décentralisation, de nombreuses

141 RICHER (L), *op. cit.*, p.554.
142 *Ibid.*
143 V. l'article 5 (n° 33) loi n° 2010/013, *op. cit.*
144 V. l'article 29 alinéa (1) de la loi portant code des collectivités territoriales.

conventions sont souvent passées entre l'État et les collectivités territoriales. C'est le cas de conventions pour la mise à disposition des personnels de l'État auprès des collectivités territoriales décentralisées.

Les contrats de ville[145] ont pour but d'assurer le renouvellement urbain des quartiers *« sensibles »* ou des grandes agglomérations urbaines (cas des communautés urbaines au Cameroun, celles de Douala et Yaoundé). Le contrat de ville de Yaoundé 2006-2011 comprend 26 articles, 6 annexes et son article 16 dispose : *« Le présent contrat de ville s'exécute conformément aux procédures des marchés publics en vigueur au Cameroun »*[146]. Au terme de l'article 97 (1) de la loi portant code des collectivités territoriales, *« les collectivités territoriales peuvent, en tant que de besoin, s'associer sous forme contractuelle pour la réalisation d'objectifs ou de projets d'utilité publique avec :*

- *l'État ;*
- *une ou plusieurs personne(s) morale(s) de droit public créées sous l'autorité ou moyennant la participation de l'État ;*
- *une ou plusieurs personne(s) morale(s) de droit privé ;*
- *une ou plusieurs organisation(s) de la société civile »*[147].

Les collectivités territoriales décentralisées peuvent formaliser avec l'État les rapports de partenariats pour le financement des programmes d'actions de développement prioritaires. La méthode contractuelle est au cœur du dispositif de tels contrats. Puisque le code des collectivités prévoit que les collectivités territoriales peuvent *« s'associer sous la forme contractuelle »*, ce qui signifie que les règles posées par la théorie générale des contrats publics telles que la formation, l'exécution et l'extinction s'appliquent. Le champ d'action des communes varie, elles peuvent contracter dans les domaines administratifs, économiques (voiries, transports en commun, zones industrielles…) et socioculturels (habitations, hôpitaux)[148]. Les contrats de plan État-Région ou État-Commune sont conclus pour l'amélioration de l'espace régional ou communal, tant sur les plans économique, social, culturel qu'infrastructurel et d'aménagement du territoire régional ou communal dans le respect de leurs missions[149]. Les contrats de plan État-entreprises et établissements publics fixent les grands axes de la politique à mener par ces derniers en définissant

---

[145] Voir la déclaration stratégique urbaine du gouvernement approuvée par le Premier ministre par lettre n°B7/CAB/PM du 17 novembre 1999.

[146] V. L'article 16 contrat de ville de Yaoundé 2006-2011 entre l'État d'une part et la Communauté urbaine de Yaoundé d'autre part.

[147] Cf. L'article 97(1) de la loi portant code.

[148] BRAIBANT (G) et STIRN (B), *Le droit administratif français*, Paris, Dalloz, 2002, 640p.

[149] V. L'article 55(2) de la loi constitutionnelle n° 96/06 du 18 janvier 1996 modifiée et complétée par la loi n° 2008/001 du 14 avril 2008.

des objectifs plus ou moins précis et des engagements financiers dans la limite. Cependant, des dotations sont ouvertes chaque année par la loi de finances comme l'illustrent les contrats conclus par l'État avec des établissements publics tels que les Universités d'État.

Les contrats conclus entre personnes publiques bénéficient d'une présomption d'administrativité et l'accent est mis sur la prééminence de la détermination légale. Selon l'article 2(2) de la loi de 2006 *« les tribunaux administratifs connaissent en premier ressort du contentieux(...) et en dernier ressort, de l'ensemble du contentieux administratif concernant l'État, les collectivités territoriales décentralisées, les établissements publics administratifs (...) »*[150]. Cette disposition législative apparaît comme le fondement de la clause générale de la compétence de la juridiction administrative à connaître des litiges impliquant les personnes publiques. Les personnes publiques sont *« l'État ou un de ses démembrements »*[151]. Ces démembrements sur leur aspect pratique peuvent être les établissements publics sous les formes de groupements d'intérêt public, entreprises publiques créées par l'État dans lesquelles il est actionnaire unique, groupements mixtes…

On observe de plus en plus le développement entre collectivités publiques, de conventions ayant pour finalité une rationalisation administrative, en vue d'un exercice optimum des pouvoirs et des compétences[152]. En ces temps de réduction de dépenses et de quête d'économie d'échelle, la mutualisation des services et des personnels apparaît comme une technique privilégiée du management public contemporain[153]. Les collectivités publiques sont présumées agir selon les modes de la gestion publique ; aussi leurs engagements réciproques doivent-ils également être présumés avoir un caractère administratif[154]. Cette solution valorise le critère organique. La loi[155] prévoit que cette présomption d'administrativité doit pouvoir être renversée si les rapports contractuels découlent de *« l'implicite privé »* : le juge administratif fait application de ce critère organique. Les caractères cumulatifs des critères matériels définis par le juge camerounais[156] sont présents dans les contrats passés entre personnes publiques. Ce type de contrat passé entre personnes publiques est relatif à l'exécution même d'un service public et contient des clauses dérogatoires du droit commun. Tel est le cas de

---

[150] Sur ce point, lire l'article 2 alinéa 2 de la loi n° 2006/022.

[151] Cf. L'article 2 alinéa 2 de la loi du 29 décembre 2006 fixant le régime général des contrats de partenariat.

[152] PLESSIX (B), *op. cit.*, p.1176.

[153] *Ibid.*

[154] LAGRANGE (P), La qualification des contrats entre personnes publiques : Dr Adm. 2000 étude.

[155] La loi de 2006 notamment l'article 2 précité.

[156] Cf. Les affaires RENUCCI et UM NTJAM précitées.

l'exécution du service public communal pour un développement économique et aménagement du territoire. L'inscription au contrat entre personnes publiques des clauses relève la volonté de la puissance publique d'échapper aux clauses usuelles dans les contrats passés entre personnes privées. De la jurisprudence, il en découle que le contrat administratif[157] est soumis à la compétence du juge administratif. Étant donné que les contrats administratifs sont variés ; que l'étude ne porte pas sur cette diversité, il est nécessaire d'aborder le point focal de l'étude.

- **La limitation de l'étude aux marchés publics :**

La nature juridique des contrats ne dépend pas de la volonté des parties, mais de l'objet des conventions formées. Les marchés publics sont étudiés sous diverses dénominations. Les travaux d'organes internationaux ont parlé d'*«achats gouvernementaux »* de *« marchés publics étrangers ou de marchés publics internationaux »*[158]. Les marchés publics sont conclus au niveau interne comme international.

Les marchés publics internes et internationaux constituent une modalité et un objet de l'interventionnisme étatique : cocontractant, l'État engage par le biais d'un marché[159]. En substance, l'on ne doit pas méconnaître qu'à chaque catégorie, les enjeux diffèrent. Ceux liés aux adjectifs *« étranger ou international »* mettent en relief l'élément d'extranéité et renvoient au droit international privé et public[160]. Il est dès lors concevable que leurs contentieux de passation et d'exécution soulèvent inlassablement plusieurs débats et polémiques : les publicistes de droit interne s'intéressent aux atteintes de ces accords à l'unité de l'État et à ses démembrements, de même que sur la capacité de ceux-ci dans leur conclusion (...). Les internationalistes proprement dits examinent l'appartenance de ces marchés au droit des gens originairement conçus seuls aux rapports étatiques. Les spécialistes du droit international privé se trouvent directement concernés par ces accords et par leurs problèmes spécifiques. Ces controverses sont liées à la filiation de chaque spécialiste à un aspect qui est le sien. S'intéresser aux marchés publics internationaux c'est envisager leur lien avec les grands investissements.

[157] Cf. Les décisions RENUCCI et U NTJAM précitées.

[158] BARBANT (A), Marchés publics étrangers, Guide et pratique, Centre français du Commerce extérieur (CFCE), 1988, T1, A, n° 2 ; WESTRING GÖISTA, Marchés publics internationaux, CCI (CNUCED/GATT), Institut des Nations unies pour la formation et la recherche (UNITAR), et Banque internationale pour la reconstruction et le développement économique, 1985 cité par MOHAMED EL-BEHERRY (IR), *Théorie des contrats administratifs et marchés publics internationaux*, thèse pour le Doctorat en droit public, Université de Nice Sophia-Antipotis, 2004, p. 10.

[159] MOHAMED EL BEHERRY (I), *op. cit.*, p. 20.

[160] CITAG (G*), « Le renouvellement du rôle de l'État »*, *op. cit.* OPCI 1996, p.196 cité par MOHAMED EL-BEHERRY (IR) théorie des contrats administratifs et marchés publics internationaux, *op. cit.* p.10

L'État conclue des marchés importants, spontanés à long ou à court terme. La théorie des contrats administratifs et les marchés publics internationaux n'ont pas une différence fondamentale, car certains principes, concepts et techniques se retrouvent ici et là. Ces accords conclus révèlent les mêmes modes d'accès et les solutions adoptées impliquent une personne publique, les objectifs communs. Les marchés publics internationaux connaissent des formes *« nommées »* ou *« innomées »*, riches en quantité, en concurrence, en ambiguïtés. Ils peuvent revêtir des formes[161] nouvelles ou classiques : accords de ressources naturelles (concessions pétrolières, contrats de participation ou de partage de production), marchés de services et de travaux publics (notamment le groupement de contrats, les marchés Build, Operate, Transfer B.O.TT (le marché Build, Transfer, Operate réalise un ouvrage dont la propriété sera transférée à l'État, mais l'exploitation restera au constructeur dans un certain délai)[162], conventions de transfert technologie[163] contrats clés en main[164], les accords de coopération décentralisée encore appelés contrats ou actions paradiplomatiques[165].

Notion de marchés publics internationaux : ce sont des accords par lesquels *« le pouvoir public s'accorde avec des entreprises privées, dans le cadre d'une économie concertée, en vue d'obtenir leurs concours à la planification ou à d'autres tâches de la politique économique »*[166]. Ils sont des contrats semi-publics entre un État ou une organisation gouvernementale et une personne étrangère ; *« ils portent sur la construction de complexes industriels et s'accompagnent d'accords d'assistance technique, dont fait partie la commercialisation de ressources naturelles. Ces contrats tentent de régler l'ensemble des rapports susceptibles de naître entre les deux contractants. Ils se présentent sous forme juridique standardisée, marquée*

---

161 FEUER (G), Contrats nord-sud et transfert de technologie, in *« Les contrats internationaux et pays en voie de développement »*, sous la (dir) de CASSAN, Paris, 1989, pp. 137-158 ; ELLAINGAN (H), les nouvelles formes d'investissement dans les pays d'Afrique zone franche, thèse, Nice, 1998 ; MOUANGUE KOBILA (J), *Le Cameroun face à l'évolution du droit international des investissements*, thèse de doctorat en droit public, Université de Yaoundé II, 2004, 674p.

162 LUU VAN DAT, *« Investissements étrangers en B.O.T »* Rev. Int. Dr. comparé, n°4, 1997, pp.869 et S, spéc. P.870.

163 KAHN (Ph), Typologie du contrat de transfert de technologie, in transfert de technologie et développement, 1977, pp.435-465.

164 ELLAINGAN (H), Aspects juridiques des nouvelles formes d'investissements dans les pays d'Afrique zone franche, thèse Nice 1998, pp.111 et suiv.

165 LUCHAIRE (Y), « Le cadre inter français et l'action extérieure des collectivités territoriales » in *Le droit de coopération interrégionale en Europe*, ouvrage collectif sur la direction de la commission de l'Union européenne et l'assemblée des régions d'Europe, Paris, LGDJ, 1995, p. 178.

166 FONTAINE (M), *Le contrat économique international : stabilité et évolution*, Bruxelles, 1975, p. 21.

par la présence des clauses financières, économiques et juridiques et permettent l'usage de divers droits et privilèges exorbitants inhabituels »[167].

En pratique, si les contrats d'État sont soumis dans leur très grande majorité à un droit interne, le droit national le plus souvent désigné est celui de l'État contractant[168]. La convention de Washington pour le règlement des différends relatifs aux investissements entre États et ressortissants d'autres États du 18 mars 1965 se prononce d'ailleurs en ce sens. Son article 42 prévoit que *« le tribunal statue sur le différend conformément aux règles adoptées par les parties. À défaut d'accord, le tribunal applique le droit de l'État contractant, y compris les règles de conflits de lois et les principes du droit international en la matière*[169]*. Si les contrats d'État exigent la présence de celui-ci, tout contrat d'État n'est pas forcément un marché public international »*[170].

Pour mieux cerner la notion de marchés publics internationaux, il convient de voir dans quelle mesure, les critères des contrats administratifs s'y appliquent. *« Pour qu'il ait contrat administratif ou marché public international, il faut généralement la présence d'une personne publique. Dans l'ordre national ou international, l'État doit s'occuper d'activités étrangères à ses prérogatives de puissance publique »*[171]. Ici, on ne saurait percevoir l'envahissement du droit privé par le droit public. Il y a eu publication du droit du seul fait de la participation de l'État aux opérations économiques[172]. L'État reste le principal investisseur commerçant et le seul opérateur économique[173]. Mais l'assimilation de l'État aux particuliers ne domine pas. Sa tendance à la privatisation progressive est le résultat des enjeux de la mondialisation.

La qualité souveraine doit être recherchée au moment de la conclusion de l'accord afin de s'assurer de son engagement en tant que tel ou en tant que particulier[174]. Toute intervention au détriment de ces accords doit être réduite

---

167 REGLI (J.P), *Contrats entre État et personnes privées étrangères*, thèse, Lausanne 1989, p.19.

168 LEBEN (CH), '*'Retour sur la notion de contrat d'État et sur le droit applicable à celui-ci*'', in Mélanges offerts à Thierry (H) Pédone, 1998, p.247, spéc. P.251-252 : Les contrats d'État '*'se présentent comme des contrats internationaux au sens du droit international privé, avec une clause de droit applicable (...) qui très souvent désigne le droit national de l'État contractant...*'', cité par LEMAIRE (S), les contrats internationaux de l'administration, Paris, LGDJ, 2005, p.62.

169 *Ibid.*

170 LEBEN (Ch.), *« Retour sur la notion de contrat d'État et sur le droit applicable à celui-ci »*, in Mélanges HUBERT (T), Paris, Ed. Pédone, 1998, p. 248 et suiv.

171 MOHAMED EL BEHERRY (IR), *op. cit.*, p. 29.

172 MEZGHANI (A), *« Débats, souveraineté d'État et participation à l'arbitrage »*, Rev. Arb. 1985, p. 565.

173 *Ibid.*

174 BERLIN (D), *Le régime juridique international des accords conclus entre États et ressortissants d'autres États*, thèse, Paris, 1981.

à l'hypothèse d'utilité publique et au versement d'une véritable indemnité[175]. Ce régime est justifié par la protection de son intérêt public. On peut parler d'un État contractant lorsqu'il dispose de ses éléments constitutifs et conclut des marchés par l'intermédiaire de ses agents[176]. Les marchés publics internationaux se distinguent des contrats administratifs par la présence nécessaire d'un élément d'extranéité qui attribue à tout contrat d'État son internationalité[177]. Cet élément revêt une importance considérable en cas de différends[178].

Le critère objectif des marchés publics internationaux et des contrats administratifs, le service public (but du contrat administratif) relève de l'intérêt général. L'investissement étranger dans les marchés publics internationaux s'incruste dans les programmes de développement. Les marchés publics internationaux répondent à l'intérêt national. Les arbitres[179] et auteurs[180] ont mis en relief ce but prépondérant. Les clauses de stabilisation spécifiées dans les marchés publics internationaux sont l'expression même des clauses exorbitantes. Si l'on affirme que l'État est le seul à pouvoir geler ses lois impératives, on doit admettre la nature inusuelle des clauses de stabilisation[181].

- **Marchés publics internationaux et marchés publics internes, quelques aspects de similitudes :**

Qu'ils soient internes ou internationaux, l'État intervient dans les marchés publics par son pouvoir de contrôle ou de sanction et peut résilier un engagement passé avec les investisseurs étrangers, ces accords s'ouvrent à la transparence et à la non-discrimination, des principes règlementés par certains codes[182] ou législations.

Les règles internationales ou communautaires ne dérogent pas à l'exigence de la publicité, car les marchés internes connaissent cette exigence, même si

---

[175] JACQUET (J.M), *« Le contrat d'État »*, Ed. J-C, Dr Int., 1998, pp.33-35.
[176] RICHER (L), *Droit des contrats administratifs*, Paris, LGDJ, 1999, p.345.
[177] KADDI(K), Les contrats internationaux des travaux publics en droit libyen, thèse Dijon, 1978, p.74.
[178] *Ibid.*
[179] Cf. La sentence CCI, affaire n° 7105 de 1993, CLUNET, 2000, pp.1062-1069, obs., V.D ; cour d'arbitrage de la CCI, sentence rendue le 16 février 1983, *Rev. Arb.*, 1986, pp.105 et suiv.
[180] LUU VAN DAT, *« Investissements étrangers en B.O.T »*, Rev. Ent. Dr comparé, n° 4, 1997, pp.869 et s. spéc. P.870, NGUYEN DINH (AI), *« Mode de financement de projets contrat de construction-opération-transfert de technologies (B.O.T) »*, Rev. Int. Dr comparé, 1987, pp.883 et S.
[181] MOHAMED EL BEHERRY (IR), *op. cit*, p. 155.
[182] Lire les articles 75 et suivants du décret n° 2018/366 du 20 juin 2018 portant code des marchés publics. En droit égyptien, on parle de la loi sur les appels d'offres et adjudication et ses modifications remplissant la même fonction.

des discriminations liées à la préférence nationale[183] ou régionale sont constitutives d'une rupture de l'égalité concurrentielle. Les négociations du Tokyo ROUND (GATT) ont abouti sur l'accord des marchés publics visant à assurer une concurrence internationale accrue sur les achats publics, l'accord de Marrakech du 15 avril 1994 sur l'Organisation mondiale du Commerce entrée en vigueur en 1996 fixe les règles précises sur les procédures de l'adjudication.

À titre illustratif dans l'affaire États-Unis contre la Corée du Nord[184], une plainte a été présentée par les USA à l'OMC contre la Corée contestant les comportements du pouvoir adjudicateur coréen lors de la passation d'un marché de construction d'un aéroport international. L'examen de cette plainte a soulevé deux interrogations :

1- Dans quelles mesures les pratiques contestées étaient-elles incompatibles avec les obligations de la Corée au titre de l'accord évoqué ?
2- Ces pratiques pouvaient-elles annuler ou compromettre des avantages que les États-Unis tenaient de cet accord international ?

La Corée soutenait l'application de cet accord à un champ défini par les listes engageant chaque État et les entités visées étaient absentes des listes officielles. C'est cet accord qui permettait à l'État la fixation en cinq annexes, de la liste de ses entités centrales ou sous-centrales. Ces allégations ont été approuvées et la plainte déposée a été rejetée par le groupe spécial ; les pouvoirs adjudicateurs ne figuraient ni sur l'appendice concernant la Corée ni dans les engagements coréens au titre de l'AMP, ni même dans l'historique des négociations effectuées avec ce pays[185].

L'erreur imputable à la Corée et le défaut de preuve convaincante n'ont pas suffi au groupe qui s'est inspiré du droit des traités pour enraciner juridiquement la décision retenue. Ceci étant, le groupe s'est inspiré des principes de la bonne foi, du pacta sunt servanda et du respect de la parole donnée. À supposer la possibilité d'une erreur lors de la négociation, il a considéré que *« l'erreur n'est dans ces conditions plus excusable alors que seule une erreur excusable peut être considérée comme une erreur pouvant vicier le consentement à être lié par un accord »*[186] décrit comme *« assez cohérent, voire convaincant »*. Parce que considérant *« le règlement des différends de l'OMC, peu usité du droit international général, peut prendre vie »*[187].

---

[183] Lire à ce sujet : l'article 106 du décret portant code des marchés publics précité.
[184] États-Unis/Corée, passation des marchés publics première affaire de l'OMC c/ Groupe Spécial), 1er mai 2000, chroniques, Clunet, 2001, pp.912 et suiv.
[185] *Ibid.*
[186] *Ibid.*
[187] *Ibid.*

La réalité des normes internationales découle de leur caractère non impératif. Ainsi, les États de la communauté européenne et la juridiction communautaire ont affirmé l'inopposabilité de l'Accord de l'OMC et de ses annexes tant au droit communautaire qu'aux lois internes[188]. Les traits tels que les modes d'accès en phase de passation mettent en exergue les liens existant entre marchés publics internationaux et marchés publics nationaux.

- **L'internationalisation des marchés publics :**

Elle met en relief la problématique de l'application du droit interne de la norme internationale. La norme internationale désigne toute norme juridique incluant un élément d'extranéité organique. Et partant d'une norme qui n'émane pas de la volonté unilatérale des autorités nationales, mais résulte d'une négociation, puis d'un accord de volonté entre ces autorités et celles d'un ou de plusieurs autres États ou organisations internationales. Élaborée dans l'ordre international, elle peut être écrite ou non. Au rang des normes non écrites figurent les principes généraux[189] de droit international et la coutume internationale. Les normes internationales écrites quand elles sont constituées des textes directement pour l'administration (le droit communautaire parle d'effet direct) et ceux qui doivent d'abord faire l'objet d'une réception dans l'ordre interne avant d'être appliqués par l'administration (Traités internationaux). Cette internationalisation des marchés publics qui sous-tend l'idée de globalisation desdits marchés nous situe au cœur des préoccupations relatives à la place de la norme internationale au sein de la hiérarchie des normes telle que proposée par Hans Kelsen[190] comme principe de discipline et de police juridique. En effet dans l'ordre international et communautaire, la primauté de ces ordres sur les ordres internes trouve son fondement dans les articles 26 et 27 de la convention de Vienne du 23 mai 1969 sur le droit des traités. Les ordres juridiques communautaires prévoient expressément la primauté interne du droit sécrété par ces institutions.

Ainsi, l'article 45 de la Constitution camerounaise prévoit que *« si le Conseil constitutionnel a déclaré qu'un traité ou un accord international comporte une clause contraire à la Constitution, l'approbation en forme législative ou la ratification de ce traité ou de cet accord ne peut intervenir qu'après la révision de la Constitution »*. Si l'idée de la primauté des traités et accords régulièrement approuvés sur la législation nationale inférieure à la

---

[188] BRACONNIER (S), *« Les marchés publics ; dix ans de jurisprudence »*, éd. J-C, Dr Ad, 1999, p.441, n° 101.

[189] Les principes généraux intègrent l'ordre juridique international par la voie des traités, de la pratique internationale ou de la jurisprudence ». Cf : CIJ, Affaire du détroit de Corfou Rec, 1949, p.22 ; CPJI affaire de la Fonderie du Trail, sentence, arbitrale du 16 avril 1938 et 11 mars 1941.

[190] KELSEN (H), *Théorie pure du droit*, Paris, Bruylant, LGDJ, 1999, p. 58.

constitution est proclamée, cette disposition ouvre le débat sur la primauté de la norme internationale sur la constitution.

Le système moniste souscrit par le Cameroun reconnaît l'existence d'un seul ordre juridique composé à la fois par les normes internes et les normes internationales. Le juge administratif camerounais a fait sienne cette position dans l'affaire Compagnie commerciale et immobilière africaine des chargeurs réunis en affirmant *« (...) que les conventions internationales constituent des sources de droit interne »*[191]. Il est constitutionnel que le code des marchés publics cède face aux conventions internationales[192]. L'approbation des directives par un État déterminé conduit à leur incorporation dans son ordre juridique et rend caducs[193] les textes contraires. Ainsi l'article 4 du code des marchés publics dispose que *« (...) le présent décret ne s'applique*[194] *qu'aux marchés conclus dans le cadre des conventions internationales ou de financements signés par l'État avec les partenaires techniques et financiers qu'en ses dispositions non contraires auxdites conventions »*, l'internationalité d'un accord dépend de la détermination de sa loi applicable et du juge compétent[195].

L'internationalité d'un accord peut être liée à des éléments juridiques. Un contrat serait international *« quand, par les actes concernant sa conclusion ou son exécution, ou la situation des parties quant à leur nationalité ou leur domicile, ou la localisation de son objet, il a des liens avec plus d'un système juridique »*[196]. La qualification de l'élément d'extranéité est liée à la nationalité différente des parties, le lieu de l'exécution de l'accord, la résidence des parties. L'existence d'un ou de plusieurs éléments d'extranéité à l'intérieur d'un même rapport de droit suscite la question des points de rattachement. L'élément économique de l'internationalité d'un accord prend en compte *« le contrat qui met en cause les intérêts du commerce international »*[197]. Un marché public serait international dès lors qu'il remplit les critères de cette appellation. Un contrat ne devient généralement

---

[191] Cf. L'arrêt n° 163/A/CFJ/CAY du 8 juin 1971, Compagnie commerciale et immobilière africaine des Chargeurs réunis c/ État du Cameroun.

[192] Lire l'article 45 de la Constitution du Cameroun.

[193] TREMEAU (J), *« La caducité des lois incompatibles avec la constitution »*, AIJPC, vol. VI, 1990, pp. 219-316.

[194] L'article 4 du décret n° 2018.

[195] LALIVE (J-F), *« Les contrats entre États ou opérateurs étatiques et opérateurs privés étrangers ; développements récents »*, *R.C. A.D.I*, vol. III, 1983, pp. 14 et suiv.

[196] JACQUET (J.M), *Le contrat international, connaissance du droit*, Paris, Dalloz, 1999, p. 1.

[197] Cassation 18 mai 1971, Rev. Arb. 1972, p.62, note KAHN (Ph) ; Cour d'appel de Paris, 26 avril 1985. La Cour de cassation a approuvé l'arrêt d'une Cour d'appel ayant attribué le caractère international à un accord d'exportation à des sociétés italiennes en Italie d'orages de Brasserie vendue par une société française ayant en France, son siège social. Par cette internationalité, la haute cour a justifié l'autonomie de la clause compromissoire insérée et la compétente d'un tribunal arbitral.

international que s'il s'exécute à l'étranger et réalise un transfert de personnel, de matériel, de technologie et de fonds de la France vers le Cameroun, s'inscrit dans un processus de transfert de génie civil à l'étranger. *« On pouvait donc douter que ce contrat mette en cause le commerce international »*[198]. Le marché public peut être un contrat administratif à caractère international. *« Le caractère administratif d'un contrat n'est pas incompatible avec l'objet du commerce international comme l'affirme monsieur Laurent RICHER »*[199].

- **Coexistence entre caractère public et international**

En matière transnationale, il n'existe pas de marchés publics internationaux par détermination de la loi,[200] car aucun texte ne procède de cette qualification. Il arrive que, dans certaines conventions, les parties au contrat choisissent le droit public ou privé, l'hypothèse de la convention germano-hollandaise précise que les coopérations formées par ces entités avaient la faculté d'être fondues *« sur la base du droit public interne »*[201]. De même, l'État contractant peut choisir souverainement de renoncer à l'applicabilité de son droit public[202]. Le dogme de l'autonomie de la volonté permet de déterminer la loi applicable et garantir aux parties la sécurité juridique complète, en précisant initialement quelle loi s'appliquera à leur marché[203].

Le règlement du différend et le droit applicable : les marchés publics peuvent être régis par le droit de l'État. Le tribunal de CIRDI dans l'affaire de la Soabi c/Sénégal s'est référé aux règles de rattachement, en apportant des précisions que le droit applicable *« ne peut être le droit sénégalais »*[204] et précisément le code des obligations de l'administration. Le régime juridique de l'État d'accueil influence plusieurs marchés publics suivant les règles de rattachement. Lorsqu'un arbitre est saisi, il peut appliquer ou non les règles de rattachement, ou s'en tenir à la loi ou à la règle la plus appropriée.

---

[198] Cour d'appel de Paris (1er Ch. Sect. Urgences), le 27 janvier 1993, société TAYLOR WOODROW-PROJECTS France (TWPF) c/ Société atelier Perrault Frères Rev. Arb. 1995, pp. 561 et s.

[199] RICHER (L), *Droit des contrats administratifs*, Paris, LGDJ, 1995, p.257.

[200] Comme analysé plus haut, le législateur en droit interne, soit le législateur attribue la compétence au juge administratif ou judiciaire en fonction de la nature du marché soumis soit au droit public, soit soumis au droit privé, soit il attribue directement le caractère de contrat administratif à une catégorie de contrat.

[201] La convention franco-italienne du 26 novembre 1993 reconnaît la compétence des collectivités transfrontalières dans la passation des accords soumis au droit français ou au droit italien.

[202] AUDIT (M), *Les conventions transnationales entre pers*onnes publiques, Paris, LGDJ, 2002, p. 319.

[203] *Ibid.*, p. 319.

[204] Lire la sentence du 4 et 9 février 1988, Clunet 1990, p. 193, obs. GAILLARD (E), Extrait in documents, Rev. Arb., 1994, n°1, p.193 et S.

En matière transnationale, la compétence exclusive du juge administratif a été abandonnée et la nature administrative ne dépend plus strictement du critère du service public, mais aussi du choix du droit administratif, conséquence du choix des parties, donc de l'administration[205].

- **La limitation de l'étude aux marchés publics nationaux :**

L'étude se propose d'ouvrir ces marchés publics à la concurrence nationale même si les textes internationaux ou communautaires ratifiés par le Cameroun ont pour objectif d'ouvrir les marchés publics à une concurrence internationale. NIBOYET assignait au droit administratif français un caractère *« rigoureusement territorial »*[206]. L'affirmation de la nature administrative du contrat et de la compétence du juge administratif a paru impliquer sa soumission au seul droit français[207], position du Conseil d'État qui a par la suite évolué. Aussi par l'arrêt Tegos, le Conseil d'État a décidé que *« le juge administratif français n'est pas compétent pour connaître d'un litige né de l'exécution d'un contrat qui n'est en aucune façon régi par le droit français »*[208]. La question des incidences de l'internationalisation des marchés publics trouve sa source à laquelle puiser les règles pertinentes pour régir les marchés publics ; car le code des marchés publics s'applique *« (...) qu'en ses dispositions non contraires auxdites conventions »*[209]. Ainsi les marchés publics s'abreuvent aux sources externes et aux sources internes. Aux normes d'origine externe, le Cameroun a ratifié les accords de Marrakech et l'annexe spéciale applicable aux marchés publics reconnaît qu'*« aucun[210] cadre multilatéral efficace de droits et d'obligations concernant les lois, règlements, procédures et pratiques en matière de marchés publics n'est nécessaire en vue de réaliser l'expansion et une libération plus large du commerce mondial et d'améliorer le cadre international qui régit le commerce mondial ».* L'institution d'une commission spéciale mettant en œuvre les financements de l'Union européenne[211], les normes de l'organisation pour l'harmonisation

---

[205] AUDIT (M), *« Les contrats de travail conclus par l'administration à l'étranger »*, Rev. Crit. Dr Int. Priv., 2002, pp. 39 et S.

[206] NIBOYET (J.P), note sous civ., 31 mai 1932 État français c/ veuve caracthéodory, Rev, crét. Dr Int. Pr, 1934, p.909-9-13 spéc. 912 cité par LAAZOUZI (M), *Les contrats administratifs à caractère international*, Paris, économica, 2008, p. 6.

[207] C.E, 11 janvier 1952, Sieur HABIB BECHARA, Leb, p. 30 : concl. Barbet, Rev. Jr. et politique de l'Union française, 1952, p.292-298. *Ibid.*

[208] CE, Sect., 19 novembre 199, Tegos, Leb. P.356 ; JDI, 2000, p.742-750, note J.F. FLAUSS ; Rev. Crit. Dr Int. Pr 2000, p.409-433, concl. J. Arrighi de Cajanova, note S. Lemaire ; JCP Lemaire ; JCP, 2000, IV 1439, obs. M.C ROUNAULT, Rev. Dr Publ. 2000, p.378-381, obs. ch. Guettier cité par LAAZOUZI (M), *op. cit.*, p.7.

[209] V. L'article 4 (infine) du décret portant code des marchés publics.

[210] Cf. L'accord de Marrakech du 15 avril 1994 instituant l'organisation mondiale du commerce (OMC) ratifié par le Cameroun par le décret n° 5/194 du 26 septembre 1995. Lire annexe 4B (articles 1-XII).

[211] La commission spéciale est créée par le décret n° 93/200 du 22 juillet 1993.

en Afrique du droit des affaires, la convention régissant l'Union économique et monétaire de l'Afrique centrale (UEAC), les principes dégagés par le règlement n° 17/99/CEMAC/020/CM/03 relatif à la charte des investissements de la CEMAC, la directive n° 1/99/CEMAC/028/CM/03 portant harmonisation des législations des États membres en matière de taxe sur la valeur ajoutée (TVA) pour ne citer que ces textes. Aux normes d'origine interne, on mentionne la constitution[212] et la réparation des compétences entre lois et règlements en matière de marchés publics.

Les règles législatives du droit de la concurrence[213] ou du droit de la consommation[214] à caractère financier[215], le Code pénal[216].

Les règlements[217] : soulignons qu'au Cameroun, les acheteurs publics tels que l'État, les collectivités territoriales décentralisées, les établissements publics peuvent indiquer dans les documents de la consultation la restriction de leurs marchés aux seuls fournisseurs ou prestataires de ces États. Ainsi aux termes de l'article 74(1) *« l'appel d'offres*[218] *peut être :*

a- national, lorsqu'il s'adresse aux personnes physiques ou morales ayant le domicile ou leur siège social au Cameroun ;
b- *international, lorsqu'il s'adresse aux personnes physiques ou morales ayant leur domicile ou leur siège social à l'intérieur ou à l'extérieur du territoire national ».*

L'étude se propose d'étudier les marchés publics nationaux, mais l'appui du droit des marchés publics internationaux reste ouvert à l'étude. Pour mener à bien cette recherche, les éléments de l'introduction s'articulent autour du cadre de l'étude (section 1), de l'objet et de la méthode (section 2).

Section 1. Le cadre d'étude

Toute recherche scientifique a vocation à être située. Par cette opération, il s'agit de préciser le fondement, mais aussi le sens des concepts qui constituent les éléments de base du sujet. Pour cela, l'on s'appuie sur une conception de Charles EISENMANN selon laquelle *« il faut nécessairement commencer par résoudre clairement le problème de fixation des concepts qui forment*

---

[212] Cf. Les articles 26 et 27 de la constitution de 1996.
[213] Lire la loi n° 98/013 du 14 juillet 1998 relative à la concurrence.
[214] La loi n° 90/031 du 10 août 1990 régissant l'activité commerciale au Cameroun.
[215] La loi n°2018/012 du 11 juillet 2018 portant régime financier de l'État et des autres entités publiques.
[216] La loi n° 65/LF/24 du 12 novembre 1965 et loi n° 67, LF. 1 du 12 juin 1967.
[217] Le décret n° 2018 portant code des marchés publics op. cit.
[218] V. L'article 74(1) du CMP.

l'armature d'un thème, sinon on discuterait dans l'obscurité et en vain »[219]. Autrement dit, l'étude impose une clarification des notions nécessaires à la compréhension du sujet de réflexion, à leur orientation, mais aussi en fonction de leur contexte, ceci pour éviter les débordements. Pour la réalisation de cette opération, notre sujet d'étude s'articule autour de la restitution du cadre contextuel (paragraphe 1), du cadre conceptuel (paragraphe 2), du cadre spatio-temporel (paragraphe 3) et du cadre matériel (paragraphe 4).

Paragraphe 1. Le cadre contextuel de l'étude

Le contentieux des marchés publics au Cameroun est le fruit de l'évolution de la croissance du secteur public. Cette croissance qui va favoriser l'émergence d'un marché public comme principal contrat administratif et l'attribution de son contentieux à une juridiction spécialisée. Les sources normatives règlementaires accordées aux marchés publics et la majorité des contentieux des marchés publics soumis au juge administratif ont favorisé l'étude consacrée aux contentieux des marchés publics. Cet indicateur important du paramètre juridique permet de décliner les ressorts historiques de la présente recherche en indiquant le contexte historique (A) et le contexte actuel (B).

A. Le contexte historique

Les marchés publics permettent la transformation du potentiel financier d'un pays en infrastructures et équipements. Le développement économique du Cameroun est tributaire du potentiel de son système des marchés publics. Pour mieux saisir la configuration actuelle des marchés publics, le retour aux sources s'avère important. D'où la nécessité d'évoquer la base historique des marchés publics et de son contentieux.

1. Les bases textuelles des marchés publics

En droit interne, la règlementation des marchés publics est ancienne. L'historique permet de rendre compte de ce qu'au Cameroun, sous la période du mandat de Société des Nations, les marchés publics sont régis par l'arrêté du 23 avril 1927 promulguant les décrets des 2 avril 1927 et 23 août 1927 relatif aux marchés de gré à gré. Raymond PONCARE, ministre des Finances de la République française de l'époque adressait un rapport au Président de la République française justifiant la révision à la hausse du seuil du marché par voie de gré à gré, par la nécessité « d'éviter les délais qu'entraînent les formalités de l'adjudication » et à demander à cet effet d'*« autoriser l'administration à employer dans une plus large mesure la procédure du*

[219] Dans ce sens, c'est la reprise par la doctrine camerounaise de la pensée de Charles EISENMANN in ABA'A OYONO (JC), « Les mutations de la justice à la lumière du développement constitutionnel de 1996 », *Afrilex,* n° 1, 2000, p.2.

marché de gré à gré ». C'est ainsi que le seuil des dépenses des marchés de gré à gré qui n'excédait pas 40 000 FCFA sera porté à 80 000 FCFA[220], la promulgation des décrets des 2 avril et 23 août 1927 outre plusieurs textes sont édictés de façon éparse et régissent des domaines particuliers du régime des marchés publics[221]. Ces normes d'origine règlementaire régissant les marchés publics avaient pour but de gagner en lisibilité.

---

[220] ONDOA (M), Textes et documents du Cameroun (1815-2012) vol. XLII : marchés publics, Tome CLXVIII, Yaoundé, éd. Le Kilimandjaro, 2013, pp. 10-11.

[221] L'arrêté du 2 janvier 1930 relatif aux conditions générales et particulières imposées aux fournitures de liants hydrauliques ;

- Le décret du 14 avril 1932 relatif au paiement d'acomptes à des entrepreneurs de travaux promulgué par arrêté du 21 mai 1932 ;
- L'arrêté du 13 décembre 1934 fixant les conditions d'exécution des travaux de bâtiment dans les territoires du Cameroun ;
- L'arrêté du 12 décembre 1935 portant promulgation du décret du 30 octobre 1935 instituant une taxe sur les marchés passés avec diverses collectivités publiques ;
- L'arrêté du 21 novembre 1936 promulguant le décret du 14 octobre 1936 relatif aux engagements par contrat ;
- L'arrêté du 30 juillet 1937 portant modification des clauses et conditions générales imposées aux entrepreneurs de travaux publics ;
- La circulaire du 18 mai 1938 relative à la révision des marchés publics ;
- Décret du 21 juin 1938 étendant aux marchés passés dans la métropole et dans les territoires sous mandat les dispositions du décret du 12 décembre 1936 concernant le financement des marchés de l'État et des collectivités publiques, promulgué par arrêté du 19 août 1938 ;
- Le décret du 6 septembre 1938 relatif au financement des marchés de l'État et des collectivités publiques passés dans les colonies autres que les Antilles et la Réunion, dans les pays de protectorat et territoires sous mandant du Togo et du Cameroun, promulgué par arrêté du 12 octobre 1938 ;
- L'arrêté du 17 mars 1939 promulguant l'arrêté ministériel du 30 juillet 1937 portant modification des clauses et conditions générales imposées aux entrepreneurs de travaux publics ;
- Décret du 19 décembre 1939 étendant aux colonies et pays de protection les dispositions de l'article 1er du décret du 19 octobre 1939, relatives aux marchés publics, promulgué par arrêté du 10 janvier 1940 ;
- Le décret du 9 avril 1940 relatif au régime disciplinaire et pénal des prestataires, étendu au Cameroun par décret du 14 avril 1944 ;
- L'arrêté du 25 avril 1940 promulguant le décret du 7 avril 1940 relatif aux marchés publics passés par les territoires d'outre-mer relevant du ministère des colonies ;
- Le décret du 15 avril 1941 modifiant le décret du 18 novembre 1882 relatif aux adjudications et marchés passés au nom de l'État ;
- L'arrêté du 28 juin 1948 précisant les conditions d'octroi et de remboursement des acomptes et avance sur approvisionnement et matériels qui peuvent être consenties aux entreprises titulaires des marchés de travaux publics ;
- Le décret du 11 avril 1979 portant application, pour les territoires relevant du Ministère de la France d'outre-mer du décret du 6 avril 1942 relatif aux marchés passés au nom de l'État ;
- Le décret n° 50-1052 du 17 août 1950 relatif aux marchés passés par les territoires relevant du Ministère de la France d'outre-mer sur le régime financier ;
- Le décret du 21 novembre 1952 relatif aux marchés passés au nom de l'État, exécutés dans les territoires relevant du Ministère de la France d'outre-mer et dans les États associés, modifiant et complétant le décret du 11 avril 1949 ;

Les marchés des collectivités publiques et des établissements publics étaient soumis au régime des marchés publics de l'État. En vertu du principe de la spécialité législative posé par une lettre de cachet du Roi, les textes métropolitains n'étaient pas automatiquement applicables dans les possessions coloniales : l'extension de leur champ d'application aux colonies étant suspendue à une autorisation du Roi[222].

Au demeurant, l'accession du Cameroun à l'autonomie interne par le décret n° 57/501 du 16 avril 1957 portant statut du Cameroun à la suite de la loi n° 56/619 du 23 juin 1956 autorisant le gouvernement à mettre en œuvre les réformes s'est traduite dans le secteur des marchés publics par l'édiction de deux principaux textes[223] qui ne s'éloignent pas de la logique des textes précédents, car caractérisés par des règles éparses, focalisés sur les marchés de travaux publics, de fournitures et services.

L'autonomie interne élargie[224] est matérialisée par l'extension de la règlementation des marchés publics de l'État à ceux des collectivités locales autorisées par deux textes[225] d'une part, le décret n° 59/144 du 14 août 1959 qui fixe les règles applicables aux marchés passés au nom de l'État et des établissements publics nationaux non soumis aux lois et usages du commerce. D'autre part le décret n° 59/161 du 19 septembre 1959 qui régit les marchés passés par des communes, des syndicats de communes et établissements publics communaux de bienfaisance ou d'assistance dans l'État du Cameroun. Ces textes trouvent leur limite à partir des dysfonctionnements constatés tels que l'absence de transparence des procédures et les aspects techniques et financiers conditionnés.

- Le décret du 11 mai 1953 relatif au règlement des marchés de l'État et des établissements publics nationaux non soumis aux lois et usages du commerce ;
- L'arrêté du 24 février 1954 portant : 1) Promulgation de l'arrêt interministériel du 8 avril 1953 approuvant le cahier de clauses et conditions générales applicables aux marchés de fournitures et services de toute espèce passés par le ministre de la France d'outre-mer et le ministre des Relations avec les États associés ou pour leur compte ;

2) Application des dispositions du présent cahier des clauses et conditions générales aux fournitures et services de toutes espèces à exécuter sur place au compte des finances locales et des programmes d'exécution des plans d'action d'outre-mer in ONDOA (M), *op. cit.*

[222] ONDOA (M) et ABANE ENGOLO (P.E) (Dir), *op. cit.*, p.38.

[223] 1) L'arrêté n° 289 du 5 mars 1958 promulguant le décret n° 58-15 du 5 janvier 1958 relatif au règlement des marchés de l'État et des établissements publics nationaux non soumis aux lois et usages du commerce passés ou exécutés dans les territoires d'outre-mer ;

2) L'arrêté n° 243 du 26 juin 1958 portant modification des arrêtés n° 193 du 3 juin 1947 et n° 89 du 26 mars 1952 fixant l'organisation et le fonctionnement de la direction des travaux publics et des transferts.

[224] V. L'ordonnance n° 58/1375 du 30 décembre 1958 portant statut du Cameroun promulgué par l'arrêté n° 1808 du 31 décembre 1958.

[225] Son entrée est vigueur est différé au 1er janvier 1960.

Au crépuscule de la Fédération et pour mettre fin à la construction des règles dans des documents éparses, le Président de la République bras séculier de l'exécutif, décide d'unifier les textes organisant les marchés publics à travers le décret n° 70/DF/530 du 29 octobre 1970 portant règlementation des marchés publics, texte qui connaît huit refontes[226].

Dans l'organisation structurelle originelle, il apparaît que le Président de la République est l'autorité des marchés publics. Cette affirmation trouve son fondement dans le décret n° 78/487 du 9 novembre 1978 portant création au Secrétariat général de la Présidence de la République d'une direction technique dénommée direction centrale des marchés publics. Cette concentration trouve sa justification dans l'idéologie de la construction nationale.

Cette consolidation de l'idéologie de la construction nationale a pour socle privilégié le marché public. À cette période, la centralisation du pouvoir est appliquée comme règle générale à laquelle le régime de la liberté apparaissait comme une dérogation marginale[227]. Le droit public camerounais est ancré dans des tendances autoritaires et l'importance accordée au marché public témoigne l'intérêt de l'administration publique camerounaise à faire de lui un contrat administratif presque privilégié à côté d'autres variantes contractuelles. Le marché public est un moyen juridique d'expression d'un *« droit de privilège »*[228], l'intérêt général ne peut être mieux satisfait que par le biais des prérogatives exorbitantes dont le marché public se dote. Le volume impressionnant les textes règlementaires justifie l'évanescence des pouvoirs de l'administration.

La déconcentration organique progressive est marquée par le décret n° 84/29 du 5 février 1984 portant organisation du gouvernement qui crée le Ministère de l'Information et des marchés publics. Pour la suite, la déconcentration amorcée en 1984, va se poursuivre en 1988 avec la création de la Direction générale de grands travaux du Cameroun (DGTC) par le décret n° 88/1671 du 8 novembre 1988, texte modifié par décret n° 93/307 du 18 novembre 1993 portant réorganisation de la direction générale des grands

---

[226] - Le décret n° 75/513 DU 5 juillet 1975 portant règlementation des marchés publics ;
- Le décret n° 79/035 du 2 février 1979 portant règlementation des marchés publics ;
- Le décret n° 89/903 du 18 juillet 1986 portant règlementation des marchés publics ;
- Le décret n° 95/101 du 9 juin 1995 portant règlementation des marchés publics ;
- Le décret n° 2000/155 du 30 juin 2000 portant règlementation des marchés publics ;
- Le décret n° 2004/275 du 24 septembre 2004 portant code des marchés publics ;
- Le décret n° 2018/366 du 20 juin 2018 portant code des marchés publics ;

[227] PEKASSA NDAM (G.M), *« La consolidation de l'idéologie libérale dans le domaine des services publics au Cameroun »*, in ONDOA (M) et ABANE ENGOLO (P), *op. cit.*, p. 166.

[228] CHEVALIER (J), *« Le droit administratif, droits de privilège ? »*, *Pouvoirs*, n° 46, 1988, p. 57.

travaux[229]. Parmi ses missions, elle assure la direction et le contrôle des grands projets et travaux exécutés pour le compte de l'État[230].

Certes, l'affermissement de l'unité nationale et la quête des meilleures solutions pour le développement ne semblent pas avoir disparu dans la politique des pouvoirs publics[231]. Fort de ce constat, un revirement important d'orientation idéologique du droit s'est glissé de manière subtile depuis la fin des années 80 au Cameroun et dans bon nombre d'États africains, entraînant par conséquent des changements politiques et constitutionnels inspirés des standards étrangers de démocratie[232]. Ce changement est perceptible, dès lors qu'est introduite une déconcentration progressive. L'État pouvait dès lors confier la gestion de ses grands projets et travaux à une institution. Cette ouverture autorisée par la puissance publique dénote d'une certaine *« idéologie libérale »*[233].

À l'aurore du XXIe siècle, les articles 30, 31 et 32 du décret n° 201/048 du 23 février 2001 portant création, organisation et fonctionnement de l'Agence de régulation des marchés publics, abroge le décret n° 93/307 du 18 novembre 1993 portant réorganisation de la Direction générale des grands travaux du Cameroun[234].

Les mutations subies par les textes règlementaires ne sont que le reflet d'une situation politique établie. Les moyens utilisés par l'administration subissent des transformations au fil du temps. La régulation des règles en matière des marchés publics est confiée à l'Agence de régulation des marchés publics, même si parfois certaines règles juridiques consacrées et la mise en application de celles-ci sont quelquefois entachées d'une rémanence[235] autoritaire. Notons que le droit des marchés publics s'arrime aux fonts baptismaux fondamentalement *« textuels »*[236] du droit administratif camerounais. L'évolution politique a provoqué la révolution des textes règlementant les marchés publics. Si la prolifération des textes règlementaires

[229] MESSENGUE AVOM (B), *op. cit.*, p. 47.
[230] *Ibid.*
[231] PEKASSA NDAM (GM), *op. cit.*, p. 167.
[232] JACQUEMOT (F), *Le standard européen de société démocratique*, Université de Montpellier 1, 2006, 713p.
[233] PEKASSA NDAM (G.M), *op. cit.*
[234] MESSENGUE AVOM (B), op. cit., pp. 47-48.
[235] ATEBA EYONG (A.R), *Le juge administratif et la création du droit : essai sur l'élaboration jurisprudentielle du droit administratif camerounais*, thèse de doctorat/Ph. D, Université de Yaoundé II, 2014, pp. 253-254.
[236] BIPOUM WOUM (J.M), *« Recherches sur les aspects actuels de la réception du droit administratif dans les États d'Afrique noire d'expression française : le cas du Cameroun »*, RJPIC, n° 3, juillet-septembre 1972, p.362.

régissant les marchés publics est courante depuis la période préautonomie, elle n'empêche pas l'ascension que développe la jurisprudence en cette matière.

2. Les bases jurisprudentielles des marchés publics

Les sources textuelles des marchés publics subies par l'évolution politique sont complétées par les sources jurisprudentielles. Le juge administratif[237] camerounais, juge principal des contestations relatives aux marchés publics, confirme son indépendance[238] et par ce fait, il consolide le droit camerounais et marque sa désolidarisation du droit camerounais par rapport au droit de l'ex-métropole[239].

De sa consécration règlementaire, le régime juridique des marchés publics reçut une construction jurisprudentielle. Si l'on peut admettre que depuis la création des juridictions administratives que le Cameroun a connues, le juge n'a pas souvent examiné de façon récurrente la matière des marchés publics, notons toutefois que cette *« carence du droit jurisprudentiel »*[240] n'exclut pas que la jurisprudence administrative se dote de quelques décisions en la matière. Les bases jurisprudentielles des marchés publics au Cameroun sont tributaires des bases de la justice administrative.

Le Conseil du contentieux administratif créé par le décret du 14 avril 1920 était *« juge de droit commun du contentieux local à l'exception des recours pour excès de pouvoir qui devraient être portés directement devant le Conseil d'État »*[241]. Cette juridiction connaissait des litiges concernant les marchés publics et les dommages de travaux publics[242]. Les règles construites par le juge administratif dans le domaine des marchés publics s'appliquent par extension aux marchés de travaux publics, aux ouvrages publics ou à l'entretien des ouvrages publics et de façon globale aux contrats

---

[237] Car le juge administratif est le juge naturel de l'action administrative. Car il est le juge de l'identification même de la nature administrative du contrat. Même s'il n'est pas le seul, est tout de même le premier à connaître de cette matière. Selon le dictionnaire Petit Larousse, est naturel ce qui coule de source, ce qui va évidemment de soi, ce qui n'est pas affecté V. Petit Larousse, édition électronique, 2010.

[238] V. Le cas de l'identification du contrat administratif dans l'affaire RENUCCI.

[239] CS/AP, arrêt n° 1 du 23 décembre 2000, ONDO OYONO c/ État du Cameroun, le juge camerounais s'est détaché de la position élaborée par la loi du 31 décembre 1959 qui confie ce contentieux au juge judiciaire. Le juge administratif camerounais se déclare compétent pour connaître d'une demande de réparation des préjudices subis par un agent public en service avec le véhicule administratif, des suites d'un accident de circulation et ordonner l'indemnisation.

[240] ABA'A OYONO (J.C), *La compétence de la juridiction administrative en droit camerounais*, Thèse de Doctorat en droit public, Université de Nantes, 1994, p.159.

[241] JACQUOT (H), *« Le contentieux administratif au Cameroun »*, *RDC*, n° 7, janvier-juin 1975, pp. 9-139.

[242] *Ibid.* Les concessions de terres, d'eau, de mines, les contestations domaniales, l'application du statut des fonctionnaires locaux, le contentieux électoral, la comptabilité publique et les contributions. Cette juridiction était également *« juge d'attribution pour les recourras dirigés contre l'État français »*.

administratifs. Les marchés publics sont effectués en vue de la réalisation d'une mission de service public. Cette première juridiction a marqué une contribution fondamentale sur la question des marchés publics. ROUAULT Marie Christine dégage les caractères de la règle jurisprudentielle en précisant :

> *« La règle jurisprudentielle est souple. Dans ce cas, le juge réserve la possibilité de tenir compte des particularismes de chaque espèce et définit seulement des standards. Elle poursuit un souci d'équité, de conciliation entre les nécessités de l'action administrative et des droits et libertés des citoyens. Elle est relativement hermétique, pour la comprendre, il importe de se familiariser avec le langage du juge. Elle est interprétative, s'inspire de l'esprit de notre système juridique, caractéristique qui se décerne le plus fréquemment à celles des conclusions des rapporteurs publics. Elle est supplétive et comble le silence de la loi. Elle est évolutive, peut être modifiée par la succession des jugements rendus à propos d'espèces analogues, et est susceptible de brusque remise en cause par un revirement de jurisprudence. Enfin, elle est permanente. La permanence et l'ancienneté de la règle permettent de discerner son existence, ce qui ne fit pas obstacle à ce que la persévérance des plaideurs convainc le juge de la nécessité de la modifier »*[243].

Le Conseil du contentieux administratif offre la possibilité de recenser dix[244] décisions à ses débuts marquant la référence explicite aux règles applicables aux marchés publics en particulier et aux contrats administratifs en général. La jurisprudence camerounaise utilisait le concept de *« marché administratif »*[245] avant d'adopter définitivement le concept de marché public. L'avènement du Tribunal d'État qui fut créé par le décret n° 59/83 du 4 juin 1959 portant réforme du contentieux administratif et organisation du Tribunal d'État mettra fin à cette première juridiction. Ces règles construites sous le

---

243 CE ass, 24 novembre 1961, LETISSERAND : Rec. 661 réparant le préjudice moral in ROUALT (M.C), *Droit administratif*, Paris, Gualino, 5e édition 2009, p. 40.

244 1) CCA, arrêt n° 83/A du 22 décembre 1951 Renucci c/administration du territoire
2) CCA, décision n° 72 décembre 1951, Michel CARRERE c/ Administration du Territoire.
3) CCA, décision n° 70, du 28 décembre 1952, Société de Commerce et de Transport Est-Cameroun c/ Administration du Territoire.
4) CCA, décision n° 224 du 27 mars 1953, Dame Civra c/ Administration du Territoire.
5) CCA arrêt n° 273/A du 27 janvier 1954, Société des Batignolles c/ Administration du Territoire.
6) CCA, décision n° 584 du 27 mars 1954 TOKO Joseph c/ Administration du Territoire.
7) CCA, décision n° 310 du 3 septembre 1954, VITTORI Pierre c/ Administration du Territoire. EVINA Max c/ Administration du Territoire.
8) CCA arrêt n° 327/A du 10 décembre 1954, CFAO C/ Administration du Territoire.
9) CCA, arrêt n° 364/A du 3 septembre 1955 EBONGAM Philippe c/Administration du Territoire.
10) CCA affaire n° 1090 du 3 septembre 1958, EVINA Max c/ Administration du Territoire.

245 V. décision n° 70/Société Commerce et Transport Est-Cameroun op. cit.

Conseil du contentieux n'ont pas connu de postérité, on constate une éclipse totale sous le Tribunal d'État.

Les compétences matérielles du Tribunal d'État sont construites sur les cendres du Conseil du contentieux administratif. Et, l'article 1er du décret de juin 1959 fait de ce juge, le juge du contentieux, en premier et dernier ressort et la création *« d'un Tribunal d'État souverain »*[246]. Ce changement est visible sur les décisions juridictionnelles. Par la consécration de l'expression État du Cameroun, cette juridiction fonctionnera jusqu'en 1965. Sous le Tribunal d'État, on recense deux décisions[247] qui traitent de la matière contractuelle.

Du passage de l'État de l'autonomie interne à la souveraineté, est créé la Cour Suprême par la loi n° 61/12 du 20 juin 1961. Cette loi précise en son article 2 que *« la Cour Suprême connaît des pouvoirs en annulation formés contre les arrêts du Tribunal d'État... »*. Sous la Fédération, l'article 33 de la constitution fédérale du 1er septembre 1961 institue ladite cour et son alinéa 3 la charge de *« statuer sur les recours en indemnités et en excès de pouvoir diriger contre les actes administratifs des autorités fédérales »*. Cette juridiction constitutionnelle consacrée ne connut pas de mouvement dans le domaine des marchés publics ou alors dans la matière contractuelle. On recense alors quatre décisions[248] qui forment à ce jour le droit jurisprudentiel des dommages des marchés de travaux publics ou d'ouvrages publics.

À l'instauration d'un État unitaire[249], une nouvelle Cour Suprême est créée au détriment de l'Ex Cour Fédérale de Justice. Et selon l'article 10 (nouveau) de l'ordonnance n° 72/6 du 26 août 1972 : *« la Cour Suprême, exclusivement pour l'exercice des compétences énumérées dans l'article 9 ci-dessus, comprend une Assemblée plénière jugeant en appel et une chambre administrative en premier ressort »*. L'inactivisme constaté sous la Cour Fédérale de justice perd du terrain sous la nouvelle Cour Suprême. Une floraison de contestations relatives aux contrats administratifs et aux marchés publics est examinée par la Cour Suprême statuant en matière de contentieux administratif[250]. On peut alors conclure que la rareté des recours est à exclure.

---

[246] V. Le *Journal officiel du Cameroun*, 1959, p. 832.

[247] T. E, arrêt n° 107/A du 29 avril 1960, Sieur Gleigal Michel c/ Marie de Douala. T. E, affaire n° 153 du 9 juin 1961, Durisotti Attilio c/ État du Cameroun.

[248] 1) CFJ/AP, arrêt n° 15 du 16 mars 1967, Dame Ferrière Marie c/ République fédérale du Cameroun ;
2) CFJ/SCAY, arrêt n° 25 du 15 novembre 1969, Sieur TCHANY Jean Pierre c/État du Cameroun Oriental vidé par le juge n°113 du 2 décembre 1970.
3) CFJ/CAY, arrêt du 26 janvier 1971, Société SHELL c/État du Cameroun.
4) CFJ/CAY, arrêt n° 212 du 18 août 1972, NTSAMA Michel c/État du Cameroun.

[249] La forme unitaire de l'État est consacrée par la Constitution du 2 juin 1972.

[250] 1) CS/CA, jugement n° 72, 1988-1989 du 29 juin 1989, FOUDA ETAMA, c/État du Cameroun.

2) CS/CA, jugement du 28 décembre 1978, Société camerounaise du matériel industriel SOCONI c/État du Cameroun.
3) CS/CA, jugement n° 26/1976-1977, du 3 février 1977, MOLUH SEIDOU c/État du Cameroun.
4) CS/CA jugement n° 50/84-85 du 1er février 1985, TAMEGHI Boniface (AMSECOM-AMSECONCOM) c/État du Cameroun.
5) CS/CA, jugement n° 85/ASS, 1985-86 du 26 juin 1986, ANSECOM-ANSECONCOM c/État du Cameroun.
6) CS/CA, jugement n° 44/89-90 du 28 juin 1990, entreprise Camerounaise AMSECOM c/État du Cameroun.
7) CS/CA, jugement n° 55/ADD/85-86 du 26 juin 1986, ANMSECOM-AMSECONCOM.
8) CS/CA, jugement n° 110/90-91 du 30 mai 1991, entreprise ANSECOM-ANSECONCOM (TAMEGHI Boniface) c/État du Cameroun.
9) CS/CA, jugement 28/91-22 du 26 mars 1992, AMSECOM-AMSECONCOM c/État du Cameroun (MINFI).
10) CS/CA, jugement n° 86/ADD, 85-86 du 26 juin 1986, AMSECOM-AMSECONCOM c/État du Cameroun.
11) CS/CA, jugement n° 53/87-88 du 31 mars 1988, Groupement d'entreprises dragages-Satom c/État du Cameroun.
12) CS/CA, jugement n° 01/92-93 du 31 décembre 1992, Société intercontinental Business c/État du Cameroun.
13) CS/CA, jugement n° 24/1989-1990 du 22 février 1990, Société VIANINI LAVORI c/État du Cameroun.
14) CS/CA, jugement n° 65/90-91 du 27 décembre 1990, Société FILLGER c/État du Cameroun.
15) CS/CA, jugement n° 93/88-89 du 2 août 1989 Société ECGT (DELMACAM) c/État du Cameroun.
16) CS/CA, jugement n° 79/96-97 du 31 juillet 1997, Société SOCANI c/État du Cameroun.
17) CS/CA, jugement n° 43/96-97, Société SOCANI c/État du Cameroun du 26 décembre 1996.
18) CS/CA, 86/87 jugement du 13 juillet 1987, OSSONGO ETEME François c/État du Cameroun.
19) CS/CA, jugement n° 62, 1994/1995 DU 8 juin 1995, Big Brother Trading Company (BBTC) c/État du Cameroun.
20) CS/CA, jugement n° 41/1991-1992, du 30 avril 1992, Building Business Compagny c/État du Cameroun.
21) CS/CA, jugement n° 28/1991-1992 du 26 mars 1992, CHAUSCAM c/État du Cameroun.
22) CS/CA, jugement n° 70/1990-1991 du 27 septembre 1990, Entreprise ENCO c/Société régionale des zones d'action prioritaires (ZAPI).
23) CS/CA, jugement n° 46/2004-2005, du 2 novembre 2005 Établissements CENADIET c/État du Cameroun.
24) CS/CA, jugement n° 28/1993-1994 du 28 février 1994 Entreprise Fougerolle c/État du Cameroun.
25/CS/CA, jugement n° 51/2004-2005 du 23 mars 2005 Établissements LIPA Sport c/État du Cameroun.
26) CS/CA, jugement n° 27) CS-CA, ordonnance des référés, n° 012/CAB/PCA du 23 janvier 2003, ministère des Travaux publics c/Entreprise SOCAF TBF.
28) CS/CA, jugement n° 41/1996-1997, du 5 décembre 1996, NDZONGANG Albert c/État du Cameroun.
29) CS/CA, jugement n° 19, 1993-1994, du 24 février 1994, AMOUGOU Fidèle c/État du Cameroun (Société immobilière du Cameroun).
30) CS/CA, jugement n° 10, 1997-1998 du 24 février 1998, Agence de gardiennage et de sécurité c/Communauté urbaine de Yaoundé.

On peut constater dans l'œuvre de construction du juge camerounais en matière contractuelle *« l'orientation libérale du droit substantiel »*[251]. La consolidation du contrôle juridictionnel en matière contractuelle est montée en intensité avec la loi constitutionnelle du 18 Janvier 1996 qui crée des juridictions inférieures en *matière de contentieux administratif à côté de la chambre administrative de la Cour Suprême : « la Chambre connaît de l'ensemble du contentieux administratif de l'État et des autres collectivités publiques (...). Elle statue souverainement sur les décisions rendues en dernier ressort par les juridictions inférieures en matière de contentieux administratif »*. Ce repère normatif irrigue une part considérable de la production des règles par le juge en matière contractuelle. Le préambule de la constitution prévoit que *« la liberté et la sécurité sont garanties à chaque individu... »* et le juge préserve la liberté et la sécurité des individus en préservant et respectant des droits fondamentaux des citoyens. *« Le droit de se faire rendre justice »* est garanti par le préambule de la Constitution, laquelle justice *« est rendue au nom du peuple camerounais »* par les instances contentieuses en toute *« indépendance »* selon l'article 37(1) de la Constitution du 18 janvier 1996. L'activation du mécanisme processuel de la saisine du juge finit par projeter une image enrichie de la jurisprudence administrative en matière des marchés publics. C'est dans cette perspective nouvelle d'attribution des compétences qu'il convient d'étudier le contexte actuel.

B. Le contexte actuel

Les précisions historiques susévoquées permettent de comprendre les dynamiques, passions et enjeux autour du contentieux des marchés publics. Ce contexte actuel se décline donc sur le plan politico-économique (1) et juridique (2).

---

31) CS/CA, jugement n° 69/96-97 du 27 avril 1997, Société les Galeries de l'Habitat c/État du Cameroun.

32) CS/CA, jugement n° 139, 2004-2005 du 27 juillet 2005, Société SOTRACOME c/État du Cameroun.

33) CS/CA, jugement n° 30, 1996/1997 du 5 décembre 1996, TCHAKOUNTE MBAKOP c/État du Cameroun.

34) CS/CA, jugement n° 84/85-86 du 26 juin 1986 KOUNTCHOU Levi-Bord c/État du Cameroun.

35) CS/CA, 27 juillet 2000 : Les Établissements le Paysan c/État du Cameroun.

36) CS/CA, jugement n° 147/04-05/ADD du 31 août 2005 UM TJAM François c/État du Cameroun (MINEP).

[251] GUESSELE ISSEME (L.P), *L'apport de la Cour Suprême au droit administratif camerounais*, thèse pour l'obtention du Doctorat Ph. D en droit public, Université de Yaoundé II-Soa, 2010, pp. 322-324.

1. Le contexte politico-économique

La mission développementaliste[252] de l'État se traduit par une recherche des stratégies politiques performantes. S'appesantir sur les marchés publics en négligeant les contraintes politiques et économiques c'est voiler la réalité du système des marchés publics au Cameroun. Les marchés publics s'inscrivent dans la satisfaction d'une réponse aux demandes de son milieu d'accueil, de sa qualité. Pour cela, elle transcende le seul aspect juridique.

Aussi, le contexte politique de cette étude oblige à considérer les documents de stratégie des politiques publiques en particulier, le plan triennal pour l'accélération de la croissance[253], les DSRP et DSCE sous l'angle de leur force contraignante. Non seulement ils sont considérés comme des outils de cadrage des politiques publiques, mais aussi comme des outils qui orientent au quotidien les normes règlementaires et les clauses contractuelles des marchés publics. En bonne logique, leur application devrait procéder de leur traduction préalable en termes juridiques, à travers des actes juridiques formels, afin d'affirmer la force obligatoire de leurs dispositions. Mais il n'est pas rare qu'elles inspirent directement des orientations ou instructions administratives et politiques des décideurs[254]. De manière positive en effet, elles contribuent incontestablement à donner corps à ces dernières, car bien que non consacrées par des textes juridiques formels, elles contraignent le décideur politique et administratif qu'est le maître d'ouvrage[255]. Cette recherche de la stratégie politique performante peut prendre source dans des documents officiels[256] et émane soit de l'administration, soit des revendications communautaires des pressions internes et internationales. La législation des politiques publiques trouve son ascendance et sa crédibilité sur l'orientation qu'en font les gouvernants. On peut considérer ces documents de politiques publiques comme étant des sources d'inspiration du droit des marchés publics. Cette normalisation sous le prisme des trois points de vue en l'occurrence, la consolidation de la légalité, le renforcement ou l'amélioration

---

252 PONDI (E), Peut-on être en voie de développement pendant soixante ans ? Leçon inaugurale, 22 octobre 2021, AMPHI théâtre du Campus de l'IPD-AC Douala-Ndogsimbi.

253 V. Le Plan mis en place en 2014.

254 MESSENGUE AVOM (B), *op. cit*, p. 26.

255 *Ibid.*

256 Au plan national, notons la vision 2035 mise en œuvre par le document de stratégie pour la croissance et l'emploi (DSCE), le plan d'urgence triennal pour l'accélération de la croissance (PLANUT) et le programme de facilité élargie de crédit avec le FMI pour le Cameroun. Le DSCE a été remplacé en janvier 2020 par la stratégie nationale de développement 2020-2030, V. République du Cameroun, Stratégie nationale de Développement (SND) 2020-2030, pour la transformation structurelle de développement inclusif, 2020, 243p. Au plan communautaire on peut relever la vision CEMAC 2025 incarnée par son programme économique régional.

du principe représentatif au sein de l'administration et la consécration de la bonne gouvernance[257].

Le principe de la légalité est consolidé par ces documents stratégiques. La stratégie nationale de développement 2020-2023 procède à une transformation structurelle du développement inclusif. À partir de ce document, on peut déduire des principes constitutionnels consacrés tels que *« tous les hommes sont égaux en droits et en devoirs. L'État assure à tous les citoyens les conditions nécessaires à leur développement »*. L'égalité ici posée est applicable dans les procédures de passation des marchés publics, et il consolide un principe constitutionnellement établi mis en œuvre par la stratégie du développement inclusif.

Le document de stratégie est inclusif c'est-à-dire, il vise à intégrer toutes les couches sociales à ce propos, le maître d'ouvrage doit intégrer toutes les couches dans les appels d'offres. Ces documents stratégiques sont axés sur la bonne gouvernance, ce qui postule la qualité en vue de satisfaire la demande publique. Ces documents stratégiques encadrent de manière efficiente les marchés publics.

L'actualité économique au sein de l'État n'est pas quant à elle sans implications sur les marchés publics. L'avènement de la COVID 19[258] entraîne une réduction importante des ressources budgétaires. Cette rareté et diminution des ressources ralentissent l'activité économique et les marchés publics en pâtissent puisque selon le code des marchés publics, le maître d'ouvrage est tenu de s'assurer de la disponibilité du financement avant le lancement de la consultation[259]. Sous cette configuration, la gestion économique des affaires publiques est marquée par la crise sanitaire qui influence la problématique des marchés publics. Pourtant, des potentialités d'un développement économique équilibré dépendent également l'équilibre et le développement des marchés publics.

En effet, *« nous sommes dans un monde où le vecteur de la gouvernance s'appelle mondialisation marquée par le libéralisme économique très poussé avec une lutte acharnée de positionnement »*[260]. Cette internationalisation de l'économie interpelle de nouvelles stratégies et avancées pour équilibrer la réalisation des

---

[257] ABA'A OYONO (J-C), Les fondements constitutionnels du droit administratif : de sa vertueuse origine française à sa graduelle transposition vicieuse dans des États stables et instables de l'Afrique francophone in ONDOA (M) et ABANE ENGOLO (P.E), *op. cit*, p.84.
[258] Lire la stratégie de riposte gouvernementale face à la maladie à coronavirus rendue publique par le PM le 18 mars 2020.
[259] V. l'article 60 du décret n° 2018/366 portant code des marchés publics.
[260] OUEDRAGO (S), Les compétences nationales en matière fiscale et la communautarisation des règles dans l'espace ouest africain, thèse pour le Doctorat en droit, Université de Bordeaux, 2015, p.1.

marchés et la protection de la santé des parties contractantes. Si le Président de la République sur ce plan a cité environ treize mesures[261], il s'agit des mesures certes difficiles, mais nécessaires pour garantir la protection de tous et de chacun et limite la propagation de cette pandémie. Et, nous pouvons procéder comme en France : le maître d'ouvrage doit désigner dès la phase de la conception de l'ouvrage un coordonnateur sécurité et protection de la santé[262] pour, au lieu de ralentir, activer le vecteur économique des marchés publics. Cette croissance économique est également accompagnée d'un arsenal juridique.

2. Le contexte juridique de l'étude

Sous l'angle juridique, l'étude évoque les outils juridiques nouveaux. Au plan textuel, les articles 37, 38, 39, 40, 41, 42, garantissent l'existence du pouvoir judiciaire[263]. L'existence des chambres à savoir judiciaire, administrative et des comptes permet de conclure que le contentieux des marchés publics à une base constitutionnelle et l'article 42(2) précise que *« l'organisation, le fonctionnement, la composition, les attributions des cours d'appel, des tribunaux administratifs et les juridictions inférieures des comptes ainsi que les conditions de saisine et la procédure suivie devant eux sont fixés par la loi »*. La loi de 2006/016 notamment en son article 7(1) prévoit que : *« la Cour Suprême comprend :*

- *une chambre judiciaire ;*
- *une chambre administrative ;*
- *une chambre des comptes ;*
- *une formation des chambres réunies ;*
- *une Assemblée générale ;*
- *un bureau ;*
- *un secrétaire général ;*
- *un greffe ».*

L'article 40[264] dispose in fine que la chambre administrative *« connaît de tout autre litige qui lui est expressément attribué par la loi ».* Sur le fondement constitutionnel, la loi de 2006/022 précise que la chambre administrative comprend plusieurs sections dont « *une section du contentieux des contrats administratifs* », la création de cette section traduit une attention particulière

---

[261] Lire la stratégie de riposte gouvernementale face à la maladie à coronavirus rendue publique par le PM le 18 mars 2020.
[262] GRELIER WYCHOFF (P), *Le mémento des marchés publics*, Paris, Groupe Eyrolles 2007, p.43
[263] Lire articles 37, 38, 39, 40, 41 de la loi constitutionnelle du 18 Janvier1996.
[264] V. L'article 40 de la loi constitutionnelle du 18 janvier 1996.

accordée au contentieux des contrats administratifs en général et aux marchés publics en particulier dans le bloc constitué par le contentieux administratif. Chaque section connaît des appels et pourvois en cassation dans chaque domaine de compétence. Les jalons posés par la compétence du juge administratif en matière contractuelle découlent de l'article 2 de la loi de 2006[265].

Outre les lois, les textes règlementaires en l'occurrence le code nouveau de 2018 sont une source de règlement des contentieux en matière de marché public. À cet effet, l'article 124 dispose que *« tout marché doit contenir au moins les mentions suivantes :*

(q) les modalités de règlement des litiges

(s) la juridiction compétence et le droit applicable » et tout le titre V[266] de ce décret est consacré aux contentieux et sanctions.

Les cahiers de clauses administratives générales applicables aux marchés publics (travaux, fournitures, services, prestations intellectuelles) prévoient les modes de règlements des différends[267]. Ainsi, le contentieux des marchés publics peut trouver une issue favorable auprès des tribunaux administratifs, judiciaires et financiers. Aussi, le contentieux des marchés publics peut trouver la résolution des litiges par le biais des recours administratifs, des modes alternatifs en l'occurrence l'amiable, la transaction, l'arbitrage pour ne citer que ceux-ci.

Au plan jurisprudentiel, on peut observer que la Cour Suprême comme les juridictions administratives qui l'ont précédée, s'inscrit dans la continuation des constructions engagées par ses prédécesseurs.

---

[265] V. L'article 2 loi 2006.

[266] Le titre V commence avec l'article 170 et s'achève à l'article 200 du décret de 2018 portant CMP, *op. cit.*

[267] L'arrêté 033/CAB/PM du 13 février 2007.

Plusieurs décisions ont été tranchées en matière de contentieux des marchés publics[268]. Les décisions rendues par les tribunaux administratifs[269]

---

[268] 1) Jugement n° 022/ca/17 du 26 janvier 2017 rendu par le tribunal administratif, MONTHE Lucas c/Commune d'arrondissement de Mbanga.
2) Ordonnance de sursis à exécution n° 49/OSE/CCA/2010, Établissement MOURING et Compagnie c/État du Cameroun.
3) CS/CA, jugement n° 20/2006-2007 du 17 octobre 2006, Société TESI c/État du Cameroun (PM).
4) Arrêt n° 85/A du 9 octobre 2008, État du Cameroun et SIC c/ASECOM-AMSECONCOM.
5) CS/CA, jugement n° 144/2012 DU 12 septembre 2012, Société CARMCO c/État du Cameroun (MINDCAF).
6) CS/CA, jugement n° 145/2012 du 12 septembre 2012, Société CARMCO c/État du Cameroun.
7) CS/CA, jugement n° 55/2001-2002 du 29 août 2002, Établissement le Paysan c/État du Cameroun (MINEDUC).
8) TA-Yaoundé, jugement n° 101/2015 DU 11 août 2015 AMBASSA MBARGA Luc c/État du Cameroun (MINMAP).
9) CS/CA, jugement n° 132/04-05 du 27 juillet 2005 Entreprise camerounaise de construction et de nettoyage (ECCN) c/État du Cameroun (MINMAP).
10) CS/CA, jugement n° 262/2010 du 22 septembre 2010 groupe Technicam Sarl c/État du Cameroun (MINADER).
11) CS/CA, Jugement n° 112/2009 du 3 juin 2009, Société Équatorial Business et Marketing SARL (EBM), c/État du Cameroun (MINREST).
12) CS/CA, jugement n° 17/2010 du 3 février 2010, ATANGANA Pascal c/État du Cameroun (MINFIB).
13) TA-YDE, jugement n° 291/2016 du 20 septembre 2016, CTT Cameroun c/État du Cameroun-FONADER-MINADER (MINAGRI).
14) Ordonnance de référé n° 12/OR/2009 CS/CA du 17 juillet 2009, entreprise de Travaux publics et génie civil Sarl, (E.T.P.G.C) c/État du Cameroun (MINTP).
15) Ordonnance n° 29/REF/ADD du 28 octobre 2016, Société Construccionnes Galdiano S.A c/Caisse autonome d'amortissement.
16) TAL/DLA, jugement n° 066/CA du 16 février 2017, Société TRACTAFRIC MOTORS Cameroun S.A c/ Université de Douala.
17) CS/CA, arrêt n° 04/A/2013 État du Cameroun (MINTP) c/La société CARMCO Sarl.
18) Ordonnance n° 159/C du 4 mars 2014 et n° 160/C du 4 mars 2014, KETCH SARL c/État du Cameroun (MINTP).
19) Cour d'appel du centre, section civile et commerciale, arrêts n° 262/DE du 5 septembre 2014 et 128/DE du 7 août 2015.
20) Jugement n° 258/Civ du 8 mars 2012, la Commercial Bank Cameroon S.A c/Le Ministère des Travaux publics (MINTP).
21) TCS, arrêt n° 014/CRIM du 14 juin 2013, MP et État du Cameroun (ministère de la Santé publique) c/OLAN GUENG OWONO Urbain, 29e rôle.
22) TCS, arrêt n° 022/CRIM du 30 août 2013 MP et État du Cameroun (Aéroports du Cameroun) c/NTONGO ONGUENE Roger, MONTI EKANI Gallus, 18e rôle.
23) TGI du Mfoundi, jugement n° 680/CRIM du 27 septembre 2007, MP et Société immobilière du Cameroun (SIC) c/BELINGA Gilles Roger et autres.
24) TGI du Mfoundi, jugement n° 270/CRIM du 12 juillet 2008, MP et crédit foncier du Cameroun (CFC) c/BOOTO A NGON, EDOU Joseph, 22e rôle.

[269] Aux termes de l'article 1er du décret n° 2012/119 du 15 mars 2012 portant ouverture des tribunaux administratifs *« sont ouverts, dans les régions ci-dessous indiquées les tribunaux administratifs suivants :*

- *Région de l'Adamaoua : Tribunal administratif de Ngaoundéré.*

(matérialisées par la récente réforme du contentieux administratif par l'ouverture en 2012 des juridictions administratives inférieures), les tribunaux judiciaires, les tribunaux des comptes confirment le caractère éclaté du contentieux des marchés publics et le respect de la triple structure de la Cour Suprême telle que posée par l'article 38 de la Constitution du 18 janvier 1996.

Les litiges résultant des marchés publics peuvent trouver résolution par la voie juridictionnelle, notons toutefois que le contentieux des marchés publics est ouvert aux modes alternatifs de résolutions des litiges comme au mode administratif. Ainsi, il est indiqué d'approfondir la compréhension de la recherche à travers la définition des notions.

Paragraphe 2. Le cadre conceptuel de l'étude

CORNU précise qu'*« on entre dans le droit par la connaissance du sens juridique des mots et la maîtrise des cours du droit »*[270]. En droit spécifiquement, la précision des concepts est utile, car *« ne pourra pas être considérée comme juridique une notion qui ne sera pas susceptible d'être définie avec précision »*[271]. Au regard de ces raisonnements précités, seront clarifiés les concepts de contentieux (A), de marché public (B) et de modes de règlement du contentieux (C).

A. Le concept contentieux

Le contentieux désigne l'ensemble des méthodes et des procédés techniques grâce auxquels le juge exerce sa mission[272]. Ainsi, il convient d'en donner un aperçu sur les généralités de la notion de contentieux (1) et la classification du contentieux et la spécificité du contentieux des marchés publics (2).

- *Région du Centre : Tribunal administratif de Yaoundé.*
- *Région de l'Est : Tribunal administratif de Bertoua*
- *Région de l'Extrême-Nord : tribunal administratif de Maroua*
- *Région du Littoral : tribunal administratif de Douala*
- *Région du Nord : tribunal administratif de Garoua.*
- *Région du Nord-Ouest : Tribunal administratif de Bamenda.*
- *Région de l'Ouest : Tribunal administratif de Bafoussam.*
- *Région du Sud : Tribunal administratif d'Ebolowa.*
- *Région du Sud-Ouest : Tribunal administratif de Buéa ».*

[270] CORNU (G), *Linguistique juridique*, Paris, Montchrestien, 2e édition, 2000, p. 67.

[271] VENEZIA (J.C), « Sur le degré d'originalité du contentieux économique », in Mélanges Stassinopoulos, Paris, LGDJ, 1974, p.148 cité par GOHIN (O), *La contradiction dans la procédure administrative contentieuse*, Paris, LGDJ, 1988, p.116.

[272] ODENT (R), *Contentieux administratif*, Paris, Dalloz, Tome 1, 2007, p.58.

1. Les généralités sur le concept de « *contentieux* »

Le contentieux est lié à l'activité humaine en général et il s'agit donc typiquement d'une notion de droit processuel commun aux procédures civile, commerciale, sociale, pénale ou administrative[273]. En droit, le contentieux s'attache au traitement du litige auquel il importe, pour le rétablissement de la paix sociale, de trouver une solution définitive, c'est-à-dire acceptée par les parties en cause pour correspondre à la vérité légale[274]. Ainsi, le terme contentieux est ainsi rapproché de litige.

Mais la notion de contentieux évoque aussi, et plus précisément celle de litige porté devant une juridiction[275]. Dans ce sens, le contentieux doit être entendu comme tout ce qui est susceptible d'être mis en discussion devant une juridiction. C'est le litige, le procès ou même la querelle[276]. Il n'existe pas une correspondance parfaite entre contentieux et juridiction parce qu'il existe bien un contentieux porté devant une juridiction et une résolution contentieuse non juridictionnelle.

Ainsi, un contentieux juridictionnel peut être un contentieux administratif, il « sera donc défini comme l'ensemble des règles juridiques qui régissent la solution par voie juridictionnelle des litiges administratifs[277]. Sur cet ordre d'idées, le contentieux administratif au Cameroun a fait l'objet des études variées[278]. La spécificité du contentieux des marchés publics est marquée par la détermination de sa qualification règlementaire[279] et l'identification de la

---

273 MOTULSKY (H), *Droit processuel*, Paris, Montchrestien, 1973 cité par GOHIN (O), *Contentieux administratif*, Paris, Lexis Nexis, 2007, p.2.

274 GOHIN (O), *op. cit.*, p. 2.

275 *Ibid.*

276 AUBERT (S), *« La notion de litige distinct dans le contentieux de l'exécution des marchés publics », AJDA*, 2014, 9.1757.

277 BRAIBANT (G), *Traité de contentieux administratif*, Paris, LGDJ, Tome 1, 1984, p. 10.

278 OWONA (J), *Le contentieux administratif de la République du Cameroun*, Paris, L'Harmattan, 2011 ; 230 p. ; SIETCHOUA DJUITCHOKO (C), L'appel dans le contentieux administratif au Cameroun : *« Contribution à l'étude de la juridiction administrative »*, thèse de doctorat en droit public (N-R), Université de droit, économie et des sciences d'Aix-Marseille, juin 2001, 471p. ; ABA'A OYONO (J.C), la compétence de la juridiction administrative en droit camerounais, thèse de Doctorat *op. cit*, 510p. KEUTCHA TCHAPNGNA (C), *Précis de contentieux administratif au Cameroun, aspects de l'évolution récente*. Yaoundé, L'Harmattan, 2014, 264p. ; BINYOUM (J) et NGOLE NGWESE (Ph), Éléments de contentieux administratif camerounais, Harmattan, 2010, 264p. ; MBOME (F), Grands arrêts de la jurisprudence administrative camerounaise, Yaoundé, Pâques 1986, 342p. BINYOUM (J), Les grands arrêts de la jurisprudence camerounaise, éd., Edicef, 2008, 281p. KEUTCHA TCHAPNGA (C), Les grandes décisions annotées de la juridiction administrative au Cameroun, Cameroun coll. Harmattan, 2017, 734p. GUESSELE ISSEME (L.P), L'Apport de la Cour Suprême au droit administratif camerounais, thèse Doctorat Ph. D en droit public, Université de Yaoundé II (SOA), 2010, 702p.

279 V. Le décret portant code des marchés publics.

base constitutionnelle[280] de la compétence du juge administratif pour connaître de son contentieux. La chambre administrative conformément à l'article 40 est juge du contentieux administratif de l'État et des autres collectivités publiques. Le contentieux des marchés publics concerne bien le contentieux de la responsabilité contractuelle, précontractuelle, de la validité du contrat.

Si la primauté de la détermination légale de la juridiction administrative s'impose, notons aussi que le contentieux des marchés publics est étendu. Ainsi, le contentieux des marchés publics peut être juridictionnel sans s'appesantir sur le contentieux administratif. Par conséquent, la *« pénalisation »* des marchés publics consacrée par le code des marchés publics[281] trouve une jurisprudence abondance en la matière auprès du juge répressif[282].

Le juge civil peut intervenir incidemment dans le contentieux des marchés publics lorsque l'exécution du contrat sous-traité met en cause l'emprise ou la voie de fait[283]. La Chambre des comptes est une juridiction financière qui intervient[284] dans le contentieux des marchés publics. Il s'agit d'un contentieux juridictionnel des marchés publics en dehors de la compétence du juge administratif ou du juge judiciaire. Le contrôle a posteriori opéré par la Chambre des comptes vise à déceler les irrégularités portées sur l'ensemble des comptes des comptables des marchés publics. Sa saisine s'opère d'office en vertu de l'obligation de rendre compte que la loi impose à tout comptable. Le contentieux permet de *« préserver l'ordre juridique en imposant l'application exacte de la règle de droit et en réprimant les atteintes qui lui sont portées »*[285]. Le contentieux des comptes s'exerce sur les comptables des deniers publics. La règlementation des marchés publics au Cameroun prévoit que tout marché public peut être financé ou cofinancé par le budget de l'État,

---

[280] V. L'article 40, Constitution précitée.

[281] V. L'article 188 du décret portant code des marchés publics.

[282] Exemples illustratifs : TGI du Mfoundi, jugement n° 371/CRIM du 27 juin 2007, ministère public et FEICOM c/ONDO ONDONG Emmanuel et co-accusés ; TGI du Mfoundi, jugement n° 270/CRIM du 11 juillet 2008, ministère public et Crédit foncier du Cameroun c/BOOYO A NGON André (libre) et co-accusés ; TGI du Mfoundi, jugement n° 115/CRIM du 16 mars 2010, ministère public et État du Cameroun (MINFI, MINUH, SRC) c/Albert PAGBE NDOUGA.

[283] CS/CC, arrêt n° 26 du 23 octobre 1980 NJI MBOUE MBOUE Simon c/Société ITINERA, RCD, n° 25, p.36.

[284] La Chambre des comptes de la Cour Suprême instituée par la loi n° 2003/005 du 21 avril 2003 fixant les attributions, l'organisation et le fonctionnement de la Chambre des comptes de la Cour Suprême dont l'exercice de son office en 2006 par le biais de deux textes :

- L'ordonnance n° 002/CDC/CSC du 20 février 2006 portant détermination des matières dont connaissent les différentes formations de la Chambre des comptes.
- L'ordonnance n° 001/CDC/CSC du 30 décembre 2005 portant répartition des Magistrats dans diverses sections de la Chambre des comptes.

[285] BRAIBAND (G), *op. cit*, p.14.

sur emprunt avalisé par l'État, par le budget d'un établissement public ou d'une collectivité territoriale décentralisée[286]. Le budget étant constitué de fonds publics doit nécessairement faire l'objet d'un contrôle juridictionnel.

L'arbitrage dans les marchés publics intervient après l'échec du règlement à l'amiable. Ainsi, *« l'acceptation des clauses d'arbitrage des marchés publics par l'État camerounais amplifie les corpus des règles dérogatoires au principe d'interdiction de l'arbitrage des personnes publiques »*[287]. Concernant le marché relatif à la réalisation des marchés de travaux publics de réhabilitation du pont sur le Wouri[288], l'article 58 de ce marché dispose que *« tout litige survenant entre le maître d'ouvrage et l'entrepreneur dans le cadre de l'exécution du présent marché fera l'objet d'une tentative d'arrangement à l'amiable. En cas d'échec de cet arrangement, le différend sera tranché par la Chambre internationale de Commerce de Paris »*. Le règlement à l'arbitrage est prévu pour la résolution du contentieux des marchés publics. Tout comme l'amiable[289], la transaction[290], la conciliation et la médiation.

Les recours administratifs permettent également la résolution des contentieux relatifs aux marchés publics. Si la notion de contentieux met en exergue l'idée prévalente de litige, de juridiction, l'idée subséquente met en valeur le procédé de résolution du litige. Ainsi quelle classification peut-on obtenir dans le contentieux ?

2. La classification des contentieux et la spécificité du contentieux des marchés publics

La classification formelle de recours contentieux a été proposée par Édouard LAFERRIÈRE[291]. Cette classification est fondée sur l'étendue des

---

[286] Lire l'article 3 du code des marchés publics de 2018.

[287] NKAKE EKONGOLO (D.B), Le *régime juridique des travaux publics au Cameroun*, thèse de Doctorat/Ph. D en droit public, Université de Yaoundé II (Soa), 2 tomes, 2015, p.737.

[288] V. marché n° 000203/M/MINMAP/CCPM-AI/2014 du 14 avril 2014 passé après appel d'offres international ouvert n° 364/A010/MINMAP/CCPM-AI/2013 du 9 septembre 2013. Voir Cameroon Tribune du 17 septembre 2010, p.16, in NGUEDIA MEIKEU (H), *op. cit*, p. 5.

[289] V- protocole d'accord de règlement à l'amiable ayant pour objet l'exécution des travaux de construction de la route Zoétélé-Nkolyop (274km) du marché n° 0465/M/MINTP/CPM-TN/2005 passé de gré à gré suivant autorisation n°B68/d/CAB/PM du 5 août 2005 avec SOGEA SATOM Cameroun S.A

[290] Arrêté n° 033/CAB/PM du 13 février 2007 portant cahier de clauses administratives générales applicables aux marchés publics de travaux de fournitures, de services et des prestations intellectuelles, notamment les articles 31 et 32.

[291] LAFERRIÈRE (E), Traité de la juridiction administrative et des recours contentieux, Paris, Berger-Levrault et Cie, 2e édition 1896, P. XVII. Il fut vice-président du Conseil d'État.

pouvoirs du juge administratif. Sont ainsi distinguées en quatre catégories de contentieux[292] :

- **Le contentieux de pleine juridiction** : le juge statue en fait et en droit et exerce des pouvoirs de contrôle, de reformation, de condamnation.
- **Le contentieux de l'annulation** : la juridiction administrative ne se prononce qu'en droit, avec le pouvoir d'annuler, mais non de réformer les décisions attaquées. Le recours pour excès de pouvoir se rattache à ce contentieux, tendant à l'annulation des actes administratifs contraires à la loi.
- **Le contentieux de l'interprétation** : la juridiction intervient pour interpeller les actes administratifs obscurs ou pour apprécier leur validité. Cette intervention se prononce souvent au cours d'instances judiciaires. Elle résulte du renvoi des questions préjudicielles que les tribunaux sont tenus de résumer à l'autorité administrative, lorsque des questions de son ressort se trouvent mêlées à des litiges judiciaires.
- **Le contentieux de la répression** : Cette dernière division correspond aux attributions spéciales qui ont été données à la juridiction administrative, pour reconnaître, réprimer et réparer les empiètements commis sur le domaine public et les atteintes portées à sa destination légale.

La classification matérielle qui s'attache au Doyen Léon DUGUIT[293] repose sur la prise en compte de la nature de la question que le requérant pose au juge, selon que cette question relève du droit subjectif ou objectif.

- **Il y a question de droit subjectif** toutes les fois que le juge administratif est appelé à résoudre à titre principal une question qui se pose à un administré tendant à reconnaître un droit à réparation : le contentieux subjectif correspond au contentieux de la responsabilité, au contentieux contractuel et de façon générale au contentieux pécuniaire.
- **Il y a question de droit objectif** en revanche toutes les fois que le juge administratif est appelé à reconnaître la conformité d'un acte quelconque juridique ou matériel au droit préétabli. Il correspond alors et surtout au contentieux de l'excès de pouvoir, mais aussi au recours en appréciation de la validité.

On retiendra au regard de ces systématisations que le contentieux des marchés publics porté devant le juge administratif concerne les litiges liés à la passation. Ce qui obéit au contentieux de l'annulation des actes détachables qui correspond au contentieux de l'annulation dégagé par Édouard

---

[292] *Ibid.*

[293] DUGUIT (L), *Traité de droit constitutionnel*, Paris, De Boccard, T. II, 3e éd. 1928, pp. 458-478.

LEFERRIERE. Le contentieux de l'exécution des marchés publics obéit au contentieux de pleine juridiction selon la classification formelle de LAFERRIÈRE ou au contentieux subjectif selon celle de Léon DUGUIT. Le contentieux de la répression en matière des marchés publics relève des attributions spéciales accordées à la juridiction administrative et rentre dans les pouvoirs étendus du juge en matière contractuelle comme celui du contentieux de l'interprétation.

Si l'étude porte spécifiquement sur le contentieux des marchés publics, il est question d'appréhender ladite notion.

3. La notion de marchés publics

Aux termes de l'article 5 (w) du décret portant code des marchés publics, un marché public est un *« contrat écrit, passé conformément aux dispositions du présent code par lequel un entrepreneur, un fournisseur ou un prestataire de service s'engage envers l'État, une collectivité territoriale décentralisée ou un établissement public, soit à réaliser des travaux, soit à fournir des biens ou des services moyennant un prix »*[294]. À la lecture de cette définition issue du décret, on perçoit trois éléments essentiels de la notion de marché public. L'élément organique, déjà évoqué, l'objet du marché, le prix du marché.

- **L'objet du marché** : les marchés publics sont des contrats administratifs[295] répondant aux besoins de la commande publique. Ces besoins sont préexistants au contrat et supposent le recours à un tiers pour répondre au besoin exprimé. Pour déterminer la catégorie des marchés publics dans laquelle se situe le contrat, le pouvoir règlementaire a donné les éléments d'identification des marchés publics : il s'agit des marchés publics qui portent sur

- les travaux,[296]
- les fournitures[297]
- et les services.[298]

L'objet du marché peut être double ; à cela, la cour de justice rappelle que *« l'élément déterminant aux fins de qualification d'un marché [...] est l'objet*

[294] V. L'article 5(w) du décret n° 2018 portant code des marchés publics au Cameroun.
[295] Lire les critères du contrat administratif dégagés par la jurisprudence plus haut.
[296] Selon l'article 5 (bb) du code, ce sont des marchés conclus avec les entrepreneurs en vue de la réalisation des opérations de construction, reconstruction, démolition, réparation, rénovation de tout bâtiment ou ouvrage, y compris la préparation du chantier, les travaux de terrassement, l'installation d'équipements ou de matériels, la décoration et la finition, ainsi que les services accessoires aux travaux si la valeur de ces services ne dépasse pas celle des travaux eux-mêmes.
[297] Marchés de fournitures, marchés conclus avec des fournisseurs pour l'achat, la prise en crédit-bail ou la location-vente de produit ou de matériel V. l'article 5(v) code.
[298] Marchés de services : marchés conclus avec des prestataires de services pour la réalisation des prestations immatérielles dont l'élément prédominant est, soit quantifiable, soit non quantifiable

principal de celui-ci et non le montant de la rémunération de l'entrepreneur ou les modalités de règlement de celle-ci »[299].

- **Le prix du marché** : Le marché public donne lieu à un mode de rémunération qu'est le paiement du prix par la personne publique. Le code impose que le contrat soit conclu « **moyennant prix** ». Mais le code pouvait aussi songer aux rémunérations en nature. C'est le cas en 2009 en France, à propos d'une rémunération résidente dans le droit d'exploiter un gisement de granulats en ne rétribuant la commune que partiellement au titre du droit de fortage[300]. En contrepartie de cet abandon, l'entreprise s'engageait à acquérir les terrains et à les dépolluer, en vue d'y développer des espaces paysagers et d'y installer le centre d'entraînement d'un club sportif[301]. L'accentuation du critère prix du marché peut s'atténuer au regard du recadrage du coût du marché, le critère objet est évident pour les marchés publics, car mener un raisonnement de droit administratif suppose selon Didier TRUCHET *« de classer l'objet étudié dans la bonne catégorie »*[302].

4. La typologie des marchés publics

Le marché public est une variété de contrats administratifs dont les parties se réfèrent à une règlementation, raison *« pour laquelle le régime de conclusion offre le plus de particularisme »*[303]. Selon les textes règlementaires préexistants, les marchés publics ont toujours été classés en fonction de l'objet sur lequel ils portent à savoir la réalisation des travaux, la fourniture de services. La règlementation met en exergue le régime procédural au travers des mécanismes du choix du cocontractant de l'administration. Ce choix s'appuie sur des procédures formalisées mettant en exergue une concurrence : les marchés sur appel d'offres ; les marchés de gré à gré qui bénéficient des procédures particulières. La réflexion sera axée sur la typologie textuelle préexistante (a) et l'institution textuelle des nouvelles topologies (b).

a. La typologie textuelle préexistante

Aux termes du décret n° 80/272 modifiant et complétant le décret n° 79/35 du 2 février 1979, portant règlementation des marchés, il est précisé qu'*« un marché public est un contrat écrit... par lequel une personne de droit public ou de droit privé s'engage envers une collectivité publique, ou un établissement public, ou un organisme parapublic à participation majoritaire des intérêts publics, à réaliser un ouvrage pour leur compte ou sous leur*

---

[299] CJCE, 29 Oct. 2009, commission c/Allemagne, C-536/07, Rex. 2009, PI-10355, 61.
[300] LANGELIER (E), *L'office du juge administratif et le contrat administratif*, Paris, PUJP, 2012, p. 70.
[301] *Ibid.*, p. 70. C.E, 3 juin 2009, Cne de Saint-Germain-en-Laye, C. n° 311798.
[302] TRUCHET (D), *Droit administratif*, Paris, PUF, 5e édition, 2013, p. 66.
[303] GAUDEMET (Y), *Traité de droit administratif*, Paris, LGDJ, Tome 1, 2001, p. 684.

surveillance, ou à leur fournir des biens et des services moyennant un prix ». Même si cette norme règlementaire est abrogée, elle a institué les marchés publics en fonction de leur objet, catégorie qui existe jusqu'à nos jours[304].

- Pour justifier l'objet du marché identifié par ce décret, il pose que l'objet à travers la prestation soit entendu comme tous ouvrages, toutes fournitures ou services. Le nouveau code des marchés publics reprend explicitement cette catégorie de marchés sauf que le terme *''ouvrage''* est déjà substitué par le terme *''travaux''* et maintient les marchés de fournitures et services. L'objet du marché dans la définition du marché public n'a véritablement pas changé depuis le texte initial du 2 février 1979. Selon le décret n° 95/101 du 9 juin 1995 portant règlementation des marchés publics, l'objet du marché vise *« (...) soit à réaliser un ouvrage ou des travaux de quelque nature que ce soit sous leur surveillance, soit à leur fournir des biens ou des services moyennant un prix ».* Ce sont ces types de marchés qui existent encore sous le nouveau code avec l'appellation marchés des travaux : ce sont des marchés conclus avec des entrepreneurs en vue de la réalisation des opérations de construction, reconstruction, démolition, réparation, rénovation de tout bâtiment ou ouvrage, y compris la préparation du chantier, les travaux de terrassement, l'installation d'équipements ou de matériels, la décoration et la finition, ainsi que les services accessoires aux travaux si la valeur de ces services ne dépasse pas celle des travaux eux-mêmes[305].

Dans un marché, l'entrepreneur s'engage vis-à-vis du maître d'ouvrage bénéficiant d'un financement à construire, démolir, rénover ou entretenir un ouvrage, moyennant un prix que le maître d'ouvrage doit lui payer. La mission de l'entreprise suppose toujours l'exécution des ordres de service, avec une obligation de résultat impliquant le respect des règles de l'art et un devoir de conseil, dans le respect des délais contractuels, et devant supporter les risques jusqu'à la réception des travaux[306]. La formule marché de travaux englobe l'ensemble des travaux pouvant être réalisés par les personnes soumis au code des marchés publics. Ainsi, le travail public couvre l'opération matérielle effectuée sur un bien immobilier destiné à l'utilité générale et réalisée pour le compte d'une personne publique ou d'un service public[307]. Le marché public de travaux est effectué soit par une personne morale de droit public, soit pour son compte[308]. Presque tous les travaux pour le compte d'une personne

---

[304] V. L'article 5 du décret n° 2018 portant code.

[305] Cf. L'article 5(bb) du décret portant code de 2018.

[306] GRELIER WYCKOFF (P), *Le mémento des marchés publics de travaux*, Paris, Eyrolles, 2007, 9.145.

[307] BIDJA NKOTTO (T), *op. cit.*, p. 33.

[308] TC. 28 mars 1955, EFFIMIEFF, Leb, p. 617, *AJDA*, 1955 II. 332.

publique sont des travaux publics, qu'ils soient réalisés directement par la collectivité publique (en régie) ou le plus souvent par un entrepreneur ou un concessionnaire[309]. Les rares cas où les travaux effectués pour des personnes publiques ne sont pas des travaux publics sont des travaux effectués sur le domaine privé[310]. On peut avoir des marchés publics de travaux privés si le maître d'ouvrage privé quoique bénéficiant d'un financement public réalise un ouvrage non destiné à l'utilité générale[311]. Cependant, même des travaux sur le domaine privé peuvent être des travaux publics s'ils sont effectués dans un but d'intérêt général[312].

La jurisprudence française a dégagé la notion de travaux publics à partir d'un critère obligatoire et deux critères alternatifs[313] : le critère obligatoire tient nécessairement compte de ce que *« les travaux publics sont nécessairement des travaux immobiliers »*, c'est-à-dire qui portent sur un immeuble au sens juridique du terme. Deux critères alternatifs : le travail public est un travail immobilier exécuté pour le compte d'une personne publique, ou le travail immobilier exécuté pour le compte d'une personne privée dans le cadre d'une mission de service public. Le tribunal des conflits a tranché en faveur de la compétence administrative dans l'arrêt Effimieff.

Dans l'affaire ONDOUA ATANGANA, le requérant avait saisi la chambre administrative d'un recours en indemnisation du préjudice subi du fait que le mur du Lycée d'Anguissa s'était affaissé sur sa propriété. Le juge administratif fonde sa compétence au motif suivant : *« Attendu qu'il s'agit bel et bien de l'exécution des travaux publics dont la connaissance relève de la compétence du juge administratif »*[314]. Le juge camerounais se défait de la confusion qu'il avait établie dans les affaires TCHAMY et DZIETHAM[315] entre dommages de travaux publics et domaine public. On attend par dommages de travaux publics toute atteinte portée à des personnes, à des biens ou à des droits par l'exécution d'un travail public, la présence d'un ouvrage[316] public ou le fonctionnement de cet ouvrage[317]. Pour rapprocher les deux

---

309 GRELIER WYCKOFF (P), *op. cit*, p. 90.

310 *Ibid.*

311 T.C 17 janvier 1972, SNCF c/Entreprise SOLON et BARRAULT, *AJDA* 1972, p.353, note DUFEAU (J).

312 GRELIER WYCKOFF (P), *op. cit.*, p. 90.

313 *Ibid.*

314 CS/CA, jugement n° 26/91-92 du 28 février 1992, ONDOUA ATANGANA c/État du Cameroun.

315 CFJ/CAY, arrêt ADD n° 25 du 15 novembre 1969 DZIETHAM Pierre c/État du Cameroun ; CFJ/CAY arrêt ADD n° 25 du 15 novembre 1969, TCHANY Jean Pierre c/État du Cameroun cité par ABA'A OYONO (J.C), la compétence … thèse *op. cit.*, p.218-219.

316 DE LAUBADERE (A), VENEZIA, GAUDEMET, *Traité de droit administratif*, Paris, LGDJ, 1992, tome 2, p. 476.

317 CFJ/16 mars 1962, Dame FERRIERE Marie c/État du Cameroun.

notions, l'ouvrage public est intégré dans le domaine public et sa construction est constitutive de travaux publics. Dès lors, la compétence du juge administratif est constante depuis l'affaire EBONGOM Philippe concernant un litige relatif à la construction d'un ouvrage public, le juge administratif affirme que *« considérant qu'aux termes d'une jurisprudence constante et unanime (...), les litiges relatifs aux dommages causés aux tiers par l'entrepreneur d'ouvrage public à l'occasion de la construction de cet ouvrage sont incontestablement du ressort des tribunaux administratifs ; considérant qu'il échet en conséquence de décider que le présent recours en contentieux de pleine juridiction, relatif aux travaux publics et portant sur un litige né entre un concessionnaire et un tiers victime de dommage causé lors de la construction d'un ouvrage public, rentre dans les attributions du conseil »*[318]. Le régime de la domanialité publique vise la constitution, la protection du patrimoine des personnes publiques et *« font partie du domaine public, tous biens meubles et immeubles qui par nature ou par destination, sont affectés soit à l'usage direct du public ; soit au service public »*[319]. Le domaine public intègre parfois certains aspects du travail public, mais si la jurisprudence camerounaise n'a pas établi les limites sous-traitables[320], le tribunal des conflits relève que *« la notion de travail public est indépendante de la domanialité publique »*[321]. Il appartient au juge administratif de discerner la nature du contentieux qui lui est soumis.

- **Les marchés de fournitures :**

Ce sont des marchés[322] conclus avec des fournisseurs pour l'achat, la prise en crédit-bail ou la location-vente de produit ou de matériel. Comme le marché de travaux, le marché de fournitures fait au Cameroun l'objet d'un cahier de clauses administratives générales adoptées par arrêté n° 033/CAB/PM du 13 février 2007. Il n'est pas exclu des marchés de fournitures la location d'un bien mobilier. Le code des marchés publics est clair à ce sujet, puisqu'il prévoit expressément que location, location-vente ou crédit-bail constituent des marchés de fournitures.

- **Les marchés de services :**

Sont des marchés conclus avec des prestataires de services pour la réalisation de prestations immatérielles dont l'élément prédominant est, soit

---

[318] CCA, arrêt n° 364/A du 3 septembre 1955, EBNGOM Philippe, c/Administration du Territoire.

[319] Lire l'ordonnance n° 74/2 du 6 juillet 1974 fixant le régime domanial ; Lire KAMANI THAWA (C), *op. cit*, p. 6.

[320] ABA'A OYONO (J.C), *op. cit.*, p. 219.

[321] TC, 24 octobre 1972, Préfet des Bouches-du-Rhône, S.M. p.10.

[322] V. l'article 5(v) du code de 2018.

quantifiable, soit non quantifiable[323]. Le marché de services est diversifié compte tenu du développement de nouveaux services développés par le code. On considère qu'un marché de services est non quantifiable[324] lorsque ses services concernent entre autres la délégation des services publics, la publicité, l'assurance maladie... ; et quantifiable lorsqu'il s'agit des prestations concernant le nettoyage, l'entretien, l'équipement des bureaux... de ces listes dont le marché de services est largement conçu.

- **Les marchés de prestations intellectuelles[325] :**

La prestation a un caractère intellectuel et dont l'élément prédominant n'est pas physiquement quantifiable ou consomptible ; le marché des prestations intellectuelles se démarque du mariage que lui impose le cahier de clauses administratives générales de 2007 qui l'unit au marché de services. Le code des marchés de 2018 rapproche les prestations intellectuelles des marchés de services non quantifiables[326].

- **Les marchés spéciaux :**

Sont des marchés publics qui ne répondent pas, pour tout ou partie, aux dispositions relatives aux marchés sur appel d'offres ou aux marchés de gré à gré[327]. Ils comprennent essentiellement les marchés relatifs à la défense nationale, à la sécurité et aux intérêts stratégiques de l'État. Ces marchés sont spéciaux en raison de leur objet, car l'impératif ici étant la défense nationale. Les clauses sont secrètes pour des raisons de sécurité et d'intérêt stratégiques de l'État. Ces marchés concernent les acquisitions liées à la défense nationale. Ils sont spéciaux également parce qu'ils échappent à la mise en concurrence, et sont passés après autorisation du Président de la République.

- **Les marchés de gré à gré :**

Un marché est dit de gré à gré lorsqu'il est passé sans appel d'offres, après autorisation de l'autorité chargée des marchés publics et selon la procédure de gré à gré[328].

b. L'institution textuelle de nouvelles typologies de marchés publics

Il s'agit des marchés pour la conception des ouvrages. C'est le cas des marchés publics de conception-réalisation, les accords, les cadres, les marchés pluriannuels.

---

[323] V. l'article 5(y) *Ibid.*
[324] *Ibid.*
[325] V. L'article 5(x) CMP.
[326] V. L'article 63 CMP.
[327] V. L'article 71(1) décret portant CMP.
[328] V. Les articles 108-111 du code.

- **Les marchés de conception-réalisation :**

Le recours à ce type de contrat global se manifeste dans le secteur public de l'eau, de l'électricité, du transport et des travaux publics[329]. Aux termes de l'article 64 du code des marchés publics, *« un marché de conception-réalisation est un marché de travaux qui permet au maître d'ouvrage de confier à un groupement d'opérateurs économiques ou, pour les seuls ouvrages d'infrastructures, à un seul opérateur économique, une mission portant à la fois sur la réalisation des études et l'exécution des travaux »*[330]. Ainsi, il porte sur un besoin unique[331] exprimé par l'administration et sur un objet unique certes, mais plusieurs prestations se greffent pour son accomplissement. Ce contrat concerne les projets. Ces projets sont les bâtiments publics et édifices publics[332], les infrastructures routières et ferroviaires[333], les infrastructures portuaires, aéroportuaires, ferroviaires et fluviales[334] ; les infrastructures énergétiques et environnementales[335].

- **Les accords-cadres :**

Ce sont des marchés conclus par un ou plusieurs maîtres d'ouvrage avec un ou plusieurs prestataires ayant pour objet d'établir les règles relatives aux bons de commande à émettre, ou les dispositions régissant les marchés à commandes subséquents à passer au cours d'une période donnée, notamment en ce qui concerne les prix, et le cas échéant, les quantités envisagées[336]. Le recours aux accords-cadres ne s'applique qu'aux fournitures ou services courants et aux travaux de maintenance et de rénovation.

- **Les marchés pluriannuels :**

Le code prévoit que lorsque l'intégralité du financement nécessaire pour la réalisation d'un projet ne peut être mobilisée au cours d'un seul exercice budgétaire et que les prestations peuvent s'étaler sur plusieurs années ou s'exécuter en plusieurs phases comprenant une tranche ferme et une ou plusieurs tranches conditionnelles, le maître d'ouvrage doit programmer les dépenses liées à chaque exercice[337].

---

[329] ABDOULRAHIM OUMAROU, *Recherches sur l'ensemble contractuel administratif au Cameroun*, thèse de doctorat en droit public Ph. D, Université de Douala, 2019-2020, p.41.
[330] V. l'article 64 CMP.
[331] ABDOULRAHIM OUMAROU, *op. cit.*, p.43-45.
[332] V. L'article 7 du décret n° 2014/3863/PM du 21 novembre 2014 portant organisation de la maîtrise d'œuvre technique dans la réalisation des projets d'infrastructures.
[333] V. L'article 2 du décret n° 2014/3863 PM du 31 novembre 2014, *Ibid.*
[334] V. L'article 9.
[335] V. L'article 10 du décret.
[336] V. L'article 65 CMP.
[337] V. l'article 68 du CMP.

B. Les modes de règlement du contentieux

En matière contractuelle, il peut y avoir un certain nombre de bonnes raisons de ne pas recourir au juge[338]. À cela, on peut ajouter, selon les circonstances, la volonté des parties à un litige de ne pas donner une trop grande publicité à leur différend ou encore d'éviter qu'un procès n'ait pour le cocontractant de l'administration des conséquences néfastes en termes d'image auprès d'autres collectivités publiques[339]. Ainsi, pour éviter aux parties d'arriver à un procès auprès du juge, diverses procédures ont été mises en place. Le règlement non juridictionnel est un mode de règlement du contentieux des marchés publics. Mais d'autres voies s'offrent pour la résolution des litiges. Ce sont multipliées des procédures empruntant le règlement des litiges par la voie juridictionnelle, suivant donc le mode de règlement des contentieux en matière des marchés publics, on distingue le mode de règlement non juridictionnel et le mode de règlement juridictionnel.

Paragraphe 3. Le cadre spatial de l'étude

L'étude sur les modes de résolution du contentieux des marchés publics n'est pas une préoccupation nouvelle, elle alimente régulièrement les débats aussi bien dans la doctrine que dans les instances concernées. Le recours aux marchés publics ne cesse de gagner du terrain dans le monde, d'où la nécessité d'évoquer les études des marchés publics dans un espace ouvert (A) avant de s'appesantir sur l'espace spécifique qui est le Cameroun, cadre spatial de l'étude (B).

A. L'étude des modes de résolution du contentieux des marchés publics dans un espace global

L'ambition de cette étude d'analyser le contentieux des marchés publics dans un cadre global permet de justifier les enjeux évolutifs de la matière contractuelle. Un regard centré sur le cadre global conduit à envisager la nécessité de développer et vulgariser les modes de règlement des litiges relatifs aux marchés publics. Envisager le contentieux dans un espace ouvert justifie également la place qui est accordée à la matière contractuelle lorsqu'on se rend compte que nous sommes dans un contexte marqué par les politiques publiques de désengagement de l'État[340]. La place de la matière contractuelle est largement redéfinie aux termes du rapport public du Conseil d'État de 2008

[338] GUETTIER (C), *Droit des contrats administratifs*, Paris, PUF, 2011, 3e édition, p. 495.
[339] *Ibid.*
[340] FISETTE (J) et SALMI (M), *« Le désengagement de l'État en Afrique et les initiatives locales : la naissance de nouvelles formes de partenariat »,* cahiers de géographie du Québec, vol. 35, n° 95, 1991, pp.349-368.

intitulé « *le contrat, mode d'action publique et de production des normes* »[341]. La réserve autrefois faite à la matière contractuelle[342] a cédé le pas à l'engouement, voire l'exaltation. Ce changement de paradigme s'explique par la volonté de faire face à l'augmentation du contentieux. Les études sur le contentieux en matière contractuelle apparaissent alors comme remède à la résolution croissante des conflits et remède à la préservation de la fortune publique. Les voies qui s'offrent pour la résolution des litiges ne sont pas neuves, car l'expérience globale des modes de résolution est riche et diversifiée. GAUDEMET[343] y a envisagé le « précontentieux » dans la résolution des conflits relatifs aux marchés publics ; RICHER[344] a établi le lien entre les modes alternatifs et le droit administratif ; GUETTIER dans son ouvrage intitulé Droit des contrats administratifs[345] a consacré un chapitre aux modes de règlement du contentieux des contrats administratifs ; [346] dans un de ses ouvrages, DE LAUBADERE a consacré un livre au contentieux des contrats ; FROGER Charles a commis un article sur la médiation administrative[347] ; DUBREUIL a développé le référé-provision en matière contractuelle[348]. Le débat sur le contentieux est également développé dans les instances[349]. Ces études soulignent des solutions originales et s'appuient sur des canevas juridiques pour enrichir le contentieux contractuel. La mondialisation des normes et pratiques juridiques va grandissante de nos jours, raison pour laquelle il faut s'intéresser à la généralisation des phénomènes juridiques au-delà des aspects nationaux.

---

341 C.E le contrat, mode d'action publique et de production des normes. EDCE, n° 59 2008 ; RICHER (L), *« constitution contrats et commande publique »*, nouveaux cahiers du Conseil constitutionnel, octobre 2012 C.E. Section des rapports et des études, guide des outils d'action économique, 2017.

342 Voir contexte historique étudié.

343 GAUDEMET (Y), *« Précontentieux »* : le règlement non juridictionnel des conflits dans les marchés publics, numéro spécial annuel, actualité des marchés publics AJDA, 1994, p.84 ; GIACVZZO (J.F), *« Un ensemble contractuel à la croisée des jurisprudences, ATLAR, BEZIERS I et II »*, AJDA, 2013, p.2275.

344 RICHER (L), *« Les modes alternatifs de règlement des litiges et le droit administratif »*, AJDA, 1997, p.3.

345 GUETTIER (C), Droit des contrats administratifs, *op. cit.*

346 DE LAUBADERE (A), Traité théorique et pratique des contrats administratifs, Paris, LGDJ, 1956, p.273-285.

347 FROGER (C), *« La médiation administrative : mérites et limites »*, AJDA, 2021, p.495.

348 DUBREUIL (C.A), « Le référé provisoire en matière contractuelle », *RFDA*, 2021, p. 672. CHABANOL (D), *« Modes alternatifs de règlements des conflits : vertus et limites, contrats publics »*, n° 100, 2010, p.95.

349 Études du Conseil d'État, régler autrement les conflits, la Doc. Fr., 1993, p.49 ; EDCE, 1980, n° 32, p.99 ; ERSTEIN (L) avec la coll. FRIEDRICH (C), Chronique des jugements de tribunaux administratifs, décisions de septembre 2020 à mars 2021. Spéc.2-contrats/commande publique, p. 2198.

En Afrique, la matière contractuelle alimente également les débats au sein de la doctrine. MOHAMED EL-BEHERRY a développé l'aspect du contentieux des marchés publics internationaux[350] ; BADARA FALL a mené une réflexion sur quelques procédés non juridictionnels de règlement des litiges administratifs[351] ; MOHAMET SALAH a procédé à *« l'identification du contrat administratif »*[352] ; DEMBA SY a consacré dans son ouvrage de droit administratif un chapitre sur la fin et le contentieux des contrats administratifs[353]. Le lien entre ce cadre global et spécifique se justifie par le caractère international du contentieux des marchés publics. De plus, le contentieux des marchés publics au Cameron peut être nourri par les expériences étrangères et inspiré des impulsions nouvelles et décisions pour la construction et l'amélioration du contentieux en matière contractuelle. Toutefois, l'étude se déroule dans un espace spécifique qu'est le Cameroun.

B. L'étude des modes de résolution du contentieux des marchés publics au Cameroun

Comme précisé plus haut, si l'expérience camerounaise du contentieux administratif est variée[354], notons que les études camerounaises consacrées aux modes de résolution du contentieux des marchés publics sont également denses. On peut recenser quelques écrits sur la question ou alors un aspect de la question. BIDJA NKOTTO a consacré le titre 3 de sa thèse sur la résolution des litiges contractuels[355], NGUEDIA MEIKEU a abordé dans sa thèse la responsabilité contractuelle dans l'extension de la compétence du juge administratif[356] ; dans son précis, BIAKAN Jacques a traité du contentieux des contrats publics au Cameroun[357]. Plusieurs thèses et mémoires camerounais abordent de près ou de loin le contentieux en matière contractuelle[358]. S'il existe effectivement un contentieux des contrats publics,

---

[350] MOHAMED EL-BEHERY (I.R), *op. cit.*

[351] BADARA FALL (A), *« Réflexion sur quelques procédés non juridictionnels de règlement des litiges administratifs »*, in la création du droit en Afrique, pp. 241-441.

[352] MOHAMET SALAH (B.A), *« L'identification du contrat administratif »*, contrats publics n° 17, 2011, PP.31-34, voir également BENADALLAH (MA), *« Du critère du contrat administratif », Revue marocaine d'administration locale et de développement* (REMALD), n° 18, 1997, pp. 9-18.

[353] DEMBA (S), Droit administratif, Sénégal, l'Harmattan 2014, 2e édition, pp. 348-349.

[354] Voir généralités sur le concept de contentieux étudié plus haut.

[355] BIDJA NKOTTO (T), *op. cit.*, p.456.

[356] NGUEDIA MEIKEU (H), *op. cit*, p. 354 et suiv.

[357] BIAKAN (J), Précis de contentieux des contrats publics au Cameroun, *op. cit.*

[358] MASSOUKA (J.Y), *op. cit.* ; ABDOULRAHIM OUMAROU, *op. cit.*; NZALI (S.Y), *La responsabilité du fait des dommages de travaux publics en droit camerounais*, thèse Doctorat, Université de Yaoundé II, 2017 ; AKONO OMGBA (S), Les modes de résolution des litiges relatifs aux marchés publics au Cameroun, mémoire DEA, Université de Yaoundé II, 2006 ;

notre réflexion vise uniquement les marchés publics qui sont un contrat public parmi tant d'autres. Le contentieux des marchés publics au Cameroun est spécifique en raison de la diversité des recours qu'il convient de systématiser pour en garantir la sécurité juridique.

Paragraphe 4. Le cadre matériel de l'étude

Au plan matériel, il convient de préciser la matière étudiée ainsi que les volets qui seront situés au cœur de l'étude. L'étude des modes de résolution du contentieux des marchés publics au Cameroun met essentiellement en exergue la partie processuelle du droit administratif qui regorge de nombreux développements enrichissants. Au regard de l'internationalisation[359] et de la constitutionnalisation du droit administratif, notons qu'il est un droit ayant un caractère composite. L'homogénéisation de la matière justifie l'élargissement du champ matériel de l'étude. Si le droit administratif affirme son objet et son identité en tant que branche autonome au sein du droit public, notons que son caractère hétérogène fait en sorte qu'il est pluridisciplinaire et s'ouvre aux disciples comme le droit international, le droit constitutionnel, les finances publiques, le droit public des affaires, le droit civil : il est de ce fait une discipline carrefour du droit public. Ceci est un signe certain de sa richesse substantielle, mais qui peut être un facteur de dislocation de la matière. Cependant, le caractère souverain du droit administratif en général et du contentieux des marchés publics en particulier permet de sélectionner librement les normes et principes qui intègrent la présente étude et les marchés publics se situent précisément dans le droit administratif spécial[360]. Cette analyse ambitionne de ressortir un modeste compte rendu de l'ensemble des mutations jurisprudentielles en matière des marchés publics sans oublier les procédés particuliers de solutions des contentieux qui ne nécessitent pas obligatoirement l'intervention d'un juge.

KAMAMEN NZEGOUE (C), « Le contentieux des marchés publics au Cameroun, mémoire de Master en contentieux et arbitrage des affaires », Université catholique d'Afrique centrale, 2008 ; MVE EBANG (F.R), *L'urgence dans les marchés publics au Cameroun*, Université de Douala, thèse Doctorat, 2020, p. 45.

[359] Lire les développements faits sur les bases des marchés publics.

[360] OWONA (J), *Droit administratif spécial de la République du Cameroun*, Yaoundé, Edicef, 1985, p. 34.

Section 2. L'objet de l'étude

Dans notre contexte comme ailleurs, faire de la recherche a pour but ultime de développer la capacité à produire des connaissances nouvelles[361]. Pour y parvenir, des précisions doivent être faites sur la formulation de la problématique (I), les référents méthodiques (II).

Paragraphe 1. La formulation de la problématique

L'objet de l'étude repose sur la nécessité de construire une problématique. C'est à la suite de la formulation de la question de l'étude (A) que l'hypothèse sera émise (B).

A. La formulation de la question de l'étude

La formulation du sujet nécessite une orientation qui ne doit pas se faire au hasard. Il s'agit de s'appesantir sur les modes de résolution du contentieux si l'on met en exergue la formule retenue. Dans ce sens, la problématique ou la question principale est celle de savoir : **quels sont les modes de résolution du contentieux des marchés publics au Cameroun** ? À cet effet, notre option qui porte sur l'identification des modes de résolution des litiges relatifs aux marchés publics vise à faire ressortir l'opérationnalité des règles complexes de la matière contractuelle et du caractère mouvant de ladite matière. Ainsi, l'expression *''modes de résolution''* est le fil d'Ariane de notre problématique. À cet effet, la raison même d'être de la problématique se justifie par la détermination de son intérêt. Il peut être perçu aussi bien sur le plan théorique que pratique.

Au plan théorique, les modes de résolution des contentieux des marchés publics tiennent leur importance de la pluralité des voies de contestation. Plusieurs juridictions interviennent dans le régime du contentieux des marchés publics et l'action engagée peut porter sur la résiliation, l'indemnisation, les sanctions, les nullités. Ainsi divers recours sont rendus possibles devant le juge et le litige peut être résolu au travers des recours administratifs ou des recours contractuels, pour ne citer que ces cas. Si des études sont consacrées en dehors du contexte camerounais[362] et dans le contexte camerounais, ils ne portent pas sur des aspects récents.

---

[361] *« Réussir votre projet de recherche, motivation, méthodologie et guide pratique »*, document réalisé par un groupe de chercheurs de la Faculté pluridisciplinaire d'Errachidia Université Moulay Ismaï, Maroc, avril 2016, p. 21.

[362] Comme étudiées plus haut. Voir également STAUB (M), l'indivisibilité en droit administratif, Paris, L.G.D.J, 1999, p. 199 ; BITAN (H), Droit et expertise des contrats informatiques dans l'administration camerounaise. ONDOA (M), l'économie des deniers publics ; GATSI (J), Le contrat-cadre, thèse de doctorat en droit privé, Université de Paris, V,

La complexité à cerner le droit des contrats publics provient de son évolution, raison pour laquelle systématiser les modes de résolution du contentieux des marchés publics en s'appuyant sur les aspects récents permettra de mieux percevoir et de maîtriser l'opérationnalité des aspects complexes de la matière.

La matière contractuelle n'est pas indépendante des réalités sociales, raison pour laquelle elle répond à la maxime *ubi societas ibi jus*. Si l'étude revêt une importance au plan théorique, elle n'est pas détachée de sa valeur pratique. La justification de cet intérêt passe par les réformes opérées en matière de pratique du contentieux. La matière contractuelle prend de l'ampleur tant sur la question de l'accès au juge que sur celles qui n'arrivent pas au procès proprement dit en cas de différends. C'est ce qui conduit à l'étude d'une activité croissante de la résolution des contentieux dans le domaine des marchés publics. Les évolutions profondes visent à assurer une meilleure conciliation entre d'une part, la protection du principe de l'égalité qui régit l'action administrative et qui implique en la matière, notamment le respect de la liberté d'accès à la commande publique, de l'égalité de traitement des candidats et de la transparence des procédures ; et d'autre part, l'objectif de stabilité des relations contractuelles[363]. La formulation de la question de l'étude laisse ressortir l'hypothèse.

B. L'hypothèse de l'étude

« La science du droit appartient au groupe des sciences empiriques et elle a pour fonction de décrire son objet par des propositions vraies »[364]. Ainsi, l'hypothèse de recherche est l'idée directrice de la présente recherche. En guise de réponse à la problématique susmentionnée, il est admis dans cette recherche que les modes de règlement du contentieux des marchés publics sont variés. En d'autres termes, pour régler un contentieux en matière des marchés publics, les parties peuvent solliciter soit le juge, par la voie juridictionnelle, soit la voie administrative par la voie des recours non juridictionnels. Ainsi l'hypothèse de recherche est *« une réponse anticipée que l'on formule à la suite de la question spécifique de recherche »*[365]. L'ensemble de la démonstration scientifique s'adosse sur cette hypothèse. La multiplication des voies disparates de résolution des litiges concourt à la simplification des méthodes de résolution des contentieux qui est considérée comme corollaire de l'efficacité dans les marchés publics. La présentation de

---

1996, 430p ; NLEP (R. G) ; L'administration publique camerounaise : contribution à l'étude des systèmes africains d'administration publique, Paris, LGDJ, 1986.

363 BIAKAN (J), *op. cit.*, pp. 23-24.

364 TROPER (M), *Pour une théorie juridique de l'État*, Paris, PUF, 1994, p. 40.

365 MAGE (G), *Guide de l'élaboration d'un projet de recherche en sciences sociales*, Laval, P.U.L, 2000, p.24.

l'objet de l'étude à travers la préoccupation principale et la présentation des résultats laisse ressortir une liaison avec la méthode de recherche.

Paragraphe 2. Les référents méthodiques de l'étude

Le souci est de savoir comment restituer une analyse faite sur les modes de règlement du contentieux des marchés publics au Cameroun ou de procéder à sa démonstration. Il ne suffit pas de procéder à l'identification des modes de règlement, tout dépend de la méthode qui doit être considérée comme *« l'ensemble des opérations intellectuelles par lesquelles une discipline cherche à atteindre les vérités qu'elle poursuit, les démontre, les vérifie »*[366]. Il s'agit également d'intégrer subtilement des analyses évolutives, comparatives d'avec certains modèles étrangers[367], notamment français. Ces interprétations et commentaires vont constituer l'essentiel de la méthode adoptée. L'étude fera recours principalement à la méthode juridique (A). À cette première méthode, seront adjointes les méthodes additionnelles (B) et les techniques de travail (C).

A. L'adoption de la méthode juridique comme méthode principale

Il faut admettre à la suite de Jean-Louis BERGEL que *« le raisonnement juridique n'est ni une démonstration mathématique ni de la simple rhétorique. Il est fait de controverses, de dialectique au sens aristotélicien du terme, mais il a aussi recours à la logique formelle. Il s'inspire à la fois des principes abstraits et des réalités concrètes, avec un va-et-vient constant du droit aux faits »*[368]. Ainsi, la recherche des modes de règlement se fera essentiellement à partir des outils du droit positif. Cette méthode juridique s'articulera autour de la dogmatique et de la casuistique.

La dogmatique est l'étude juridique fondée sur l'interprétation des textes et qui postule la détermination et la restitution du droit en vigueur. L'explication des textes correspond à l'exégèse et pour Louis BERGEL, *« faire l'exégèse des textes c'est rechercher leur signification et leur portée, par la seule analyse de ces textes eux-mêmes »*[369]. Il est question dans cette étude d'étudier les textes qui de près ou de loin ont un rapport avec la réflexion à mener et s'assurer de la conformité de chaque texte à la constitution.

---

[366] GRAWITZ (M), *Méthodes des sciences sociales*, Paris, Dalloz, 11e éd., 2001, p.351.
[367] RIVERO (J), *« Les phénomènes d'imitation des modèles étrangers en droit administratif »*, in DE LAUBADERE (A), MATHIOT (A), RIVERO (J), VEDEL (G), *Les pages de doctrine*, Paris, LGDJ, Tome II, 1e éd. 1980, p.459.
[368] BERGEL (J.L), *Méthodes du droit, théorie générale du droit*, Paris, Dalloz, 2e éd., 1989, p. 10.
[369] *Ibid.*, p.244.

La casuistique est une démarche juridique qui repose sur l'étude des décisions de justice. Selon une affirmation d'Alain SERIAUX, *« toute société a pour son maintien, besoin de juges aptes à trancher les litiges. La présence d'un juge est encore plus vitale que celle d'un législateur (...), il est d'ailleurs de tradition chez nombre de juristes que le droit c'est ce que dit le juge »*[370]. Il s'agit d'exploiter et d'appréhender les décisions de principe, de revirement, de confirmation, d'espèce en matière de marché public. Pour les décisions de justice les plus importantes, les faits simplifiés, la procédure, les arguments, le problème juridique, le commentaire de la solution du juge peuvent être soulignés dans cet ouvrage.

En vertu du droit étranger, MESCHERIAKOFF fait remarquer que *« si le juge africain peut s'inspirer de la jurisprudence française, voire l'invoquer, il n'est pas tenu de l'appliquer impérativement comme s'il s'agissait d'une loi en vigueur. La règle jurisprudentielle est recréée chaque fois que le juge en fait l'usage. On ne peut concevoir de norme jurisprudentielle en dehors d'un jugement particulier. Les règles ne sont introduites qu'autant que le juge les utilise »*[371]. La confrontation des solutions au droit français n'est pas interdite, cela permettra de dégager les différences et les spécificités de chaque État.

B. L'adjonction des méthodes additionnelles

Les méthodes additionnelles associées à la méthode juridique sont accessoires. Il s'agit de la méthode comparative et de la méthode historique. La méthode comparative met en exergue l'identité et les particularités d'un ordre juridique par rapport à l'autre. Selon Marie-Laure IZORCHE, la comparaison seule *« nous aide à déceler certains détails de modèles considérés »*[372]. Bien que l'intitulé de l'ouvrage délimite le cadre géographique de l'étude au Cameroun, le recours à la comparaison n'est pas proscrit. La comparaison révèle les éléments d'originalité du droit camerounais, distincts *« d'autres familles de droits et spécificités juridiques »*[373].

Dans le cadre de cette étude, les modes de règlement du contentieux des marchés publics passent par cette démarche. Ils révèlent la mise en place des règles jurisprudentielles anciennes comme nouvelles pour la clarification du droit processuel. Ils révèlent également la libéralisation des méthodes autres

---

370 SERIAUX (A), *Le commentaire de texte juridique : arrêts et jugements*, Paris, Ellipses, 1997, p. 3.

371 CONAC (G), *L'État de droit* in Mélanges Braibant (G), Paris, Dalloz, 1996, p.109.

372 IZORCHE (M-L), Revue internationale de droit comparé, vol.53, 2001, n°2.

373 SEROUSSI (R), *Introduction au droit comparé*, Paris, Dunod, 2e éd., 2003, p. 171.

que juridictionnelles pour résoudre un contentieux. L'esprit de cet ouvrage se veut démonstratif.

La méthode historique appliquée à cette recherche quant à elle servira à comprendre certaines réalités actuelles. Pour mieux comprendre les données actuelles dans le domaine d'un contentieux des marchés publics, il faudra bien s'appuyer sur les éléments du passé pour obtenir le résultat escompté et comme disait NGONGO, *« on doit être soucieux de comprendre le Cameroun d'aujourd'hui à partir du Cameroun d'hier »*[374]. Le sujet de recherche est situé dans cette logique. On admet qu'il faut comprendre que les évolutions récentes en matière du contentieux des marchés publics se perçoivent à partir des règles dégagées hier par les textes et la jurisprudence. L'effort intellectuel du recours au passé justifie l'importance de la méthode historique.

C. Les techniques de travail : la démarche interdisciplinaire et la collecte des données

L'interdisciplinarité désigne les interrelations qui se tissent entre plusieurs disciplines ou branches du savoir en fonction de leur logique interne[375]. Au sens large, elle est généralement utilisée comme expression générique pour désigner toutes les formes de liens qui peuvent se dessiner entre les disciplines. Au sens strict, l'interdisciplinarité désigne les interactions effectives tissées entre deux ou plusieurs disciplines portant sur leurs concepts, leurs démarches méthodologiques, leurs techniques, etc. En réalité, les sciences sociales utilisent beaucoup cette approche[376]. Pour Yves LENOIR et Lucie SAUVE, "l'interdisciplinarité (…) est devenue une composante[377] importante ». Cette préoccupation est également importante au sein des différentes branches du droit. L'interdisciplinarité favorise l'importance de recourir à différents savoirs disciplinaires et postule la dépendance réciproque, sans prédominance, car à la base les différentes disciplines sont autonomes. Dans le cadre de cet ouvrage, la démarche interdisciplinaire consistera en matière de contentieux à analyser ce que dit et fait le juge judiciaire dans le contentieux des marchés publics. Il s'agira de s'intéresser aux outils d'analyse spécifique du juge judiciaire, les règles juridiques liées au contentieux proprement dit et voir également ce que dit et

---

[374] NGONGO (L. P), *Histoire des institutions et des faits sociaux du Cameroun*, Paris, Berger-Levrault, Tome 1, 1987, p. 1.

[375] LENOIR (Y), « L'interdisciplinarité dans l'enseignement primaire : pour des processus d'enseignement – apprentissage intégrateurs », *Revue internationale en sciences de l'éducation et didactique*, vol 54, 2020, https:/journals.openedition.org (consulté, le 18 novembre 2021).

[376] LENOIR a abordé l'interdisciplinarité dans une revue internationale de sciences de l'éducation.

[377] LENOIR (Y), SAUVE (L), (Dir), « Interdisciplinarité et formation à l'enseignement primaire et secondaire », Revue des sciences de l'éducation, vol. 24, 1988, http://www.erudit.org (Consulté, le 18 novembre 2021).

fait le juge des comptes à côté du juge administratif. On fera appel aux concepts, aux outils méthodologiques et au vocabulaire propre de chaque juge, à l'observation de la règle juridique et l'application au cas concerné.

La collecte des données est également une démarche importante dans le cadre de cet ouvrage. Les instruments normatifs, que sont les textes juridiques, les décisions de justice, les sources doctrinales pourront servir à la bonne conduite de cette recherche. Les informations collectées sur le terrain, ou des informations fournies dans les journaux ou recueillies auprès des administrations, les travaux en ligne seront également utiles dans la démonstration. Les instruments de la théorie du droit sont incontournables dans cette recherche.

D. Présentation du public cible et la justification du plan de l'ouvrage

Cet ouvrage est une contribution à la théorie générale des contrats développée par André DE LAUBADERE[378], même si certains auteurs ont pu démontrer la déformation[379] de la théorie générale du contrat administratif au travers de deux phénomènes : en premier, on a assisté à la montée en puissance des contrats spéciaux, ce qui a altéré le degré de généralité des règles applicables à l'ensemble des contrats administratifs ; en second lieu, le caractère exorbitant du droit applicable à ces contrats s'est trouvé à son tour remis en cause[380] à la fois en raison d'une certaine immixtion du droit privé en leur sein et du fait de l'évolution même du droit privé des contrats qui a emprunté certaines techniques contractuelles propres au droit public.

Les marchés publics au Cameroun constituent les incontestables catégories visibles des contrats passés par l'administration. Cet ouvrage s'adresse aux personnes qui sollicitent s'approprier les modes de règlement du contentieux des marchés publics, en l'occurrence :

- Les administrations publiques, qui au quotidien passent des marchés publics, peuvent développer plusieurs méthodes pour résoudre leur différend.
- Les membres du corps de la justice pour s'approprier de la complexité, des contentieux en matière de marchés publics.
- Les opérateurs économiques pour leur permettre de maîtriser leur défense en cas de litige avec l'administration.
- Les élèves des écoles de formations publiques ou privées, les étudiants des facultés, pour la réalisation des travaux scientifiques.

---

[378] DE LAUBADERE (A), *op. cit.*

[379] GUETTIER (C), *op. cit*, p.31.

[380] Sur cet aspect, lire également NGANGO YOUMBI (E.M), *op. cit.*, p. 56.

- Les enseignants d'Université et grandes écoles de formation pour les nécessités recherchées dans le cadre de leur recherche.

Pour la justification et l'annonce du plan, notons que plusieurs axes de recherches peuvent constituer des orientations pour aborder les modes de règlement des contentieux des marchés publics au Cameroun. L'intérêt de cette étude est marqué par la préoccupation de désencombrer les juridictions. Raison pour laquelle l'ouvrage analyse d'une part les modes de règlement non juridictionnels (première partie). D'autre part, le contentieux des marchés publics est fortement marqué par l'intervention des juges. On traitera ainsi les modes de règlement juridictionnels (seconde partie).

PREMIÈRE PARTIE.

LES MODES NON JURIDICTIONNELS DE RÈGLEMENT DU CONTENTIEUX DES MARCHÉS PUBLICS

Le mode non juridictionnel est l'une des options les plus attractives dans le règlement du contentieux des marchés publics au Cameroun. De prime abord, on constate que si l'on veut clore rapidement un désaccord (techniquement, on ne parle de contentieux que devant le juge), et ne pas faire face à l'engorgement croissant des juridictions, le mode de règlement non juridictionnel du contentieux apparaît alors comme le remède efficace pour clore un différend (même logique s'agissant du contentieux). À cela, s'ajoute la discrétion pour que le procès n'ait pas pour les parties contractantes des conséquences péjoratives sur le lien contractuel et en termes d'image auprès de la société.

Les *« modes non juridictionnels »*[381] selon le terme usité en France ou *« Alternative dispute résolution »* selon l'expression instituée aux États-Unis, traduit une sorte d'alternative à la justice de l'État et opère ainsi une sorte de désétatisation de la justice en corrigeant une justice étatique lente, longue et coûteuse. Il s'agit des procédés de résolution des différends mettant aux prises l'administration sans recourir[382] au juge. La spécificité des modes non juridictionnels réside dans le fait qu'une instance juridictionnelle peut exercer une mission non juridictionnelle. Ainsi, dans le cadre d'un contentieux relatif aux marchés publics, le juge des comptes peut procéder lors de son office à une résolution non juridictionnelle.

Dans sa fonction non juridictionnelle, la juridiction financière doit donner son avis et produire un rapport de certification sur le compte général de l'État[383]. Dans l'émission des avis, la Chambre des comptes détecte des irrégularités des règles des marchés publics. Que l'avis émis par la chambre des comptes soit l'expression d'un avis simple (*« cet avis revêt un caractère obligatoire et constitue par là même une formalité substantielle qui conditionne le vote de la loi de règlement »)*[384] ou spécifique (commandé par l'urgence) permet d'identifier les irrégularités liées à la réception des travaux, au règlement des marchés comme c'est le cas des marchés conclus en urgence

---

[381] MNOOKIN (R), *« Alternative Dispute Resolution »,* Harvard Law School John M. OLIM Center for law, Economics and Business Discussion papers series, paper n°232, 1998, STRAZISAR (B), *« Alternative Dispute Resolution », Zhurnal Vysshey Shkoly Ekonomiki* n° 3, 2018, pp. 214-233. V. Les rapports du Conseil d'État : études sur la prévention du contentieux administratif : EDCE, 1980-1981 ; la prévention du contentieux administratif : contentieux général : EDCE 1988, n° 39 ; régler autrement les conflits : conciliation, transaction, arbitrage en matière administrative, Doc.fr.1993 cité par PLESSIX (B), *Droit administratif général*, Paris, Lexis Nexis, 2e éd. 2018, p.1278.

[382] V. L'article 33 de la Charte des Nations Unies visant la médiation, la conciliation et l'arbitrage.

[383] Conformément au décret n° 2020/375 du 7 juillet 2020 portant règlement général de la comptabilité publique.

[384] Rapport annuel de la Chambre des comptes, p.25.

de manière efficace pour pallier l'expansion de la pandémie du COVID-19[385]. L'attribution de ces marchés spéciaux a ouvert des brèches à des détournements des fonds publics par le biais des surfacturations. L'étude ne s'étendra pas sur cet aspect non juridictionnel réglé par la Chambre des comptes, mais plutôt sur l'aspect juridictionnel. Ces modes non juridictionnels se distinguent des modes juridictionnels par la recherche d'un compromis en droit, filtre efficace qui empêche les soumissionnaires lésés de déboucher sur le terrain du juge. Ils contribuent ainsi à rapprocher les parties contractantes et procèdent de ce fait à une amélioration notable des relations d'affaires. Si ces modes présentent des vertus dans la vie des affaires publiques à savoir rapidité, adaptation aux défis socioéconomiques actuels, fluidité des relations contractuelles, notons tout de même qu'ils présentent assurément des inconvénients à plusieurs points de vue qu'il convient de préciser.

Du point de vue du cocontractant, l'utilité peut être douteuse à cause d'une attention insuffisante à l'instruction du litige, le rapport pourra être favorable à l'administration. Mais à ce niveau, la puissance économique du cocontractant peut mettre en jeu des rapports de force suscitant ainsi le désir de se faire rendre justice auprès des juridictions.

Du point de vue de l'administration partie au marché, le reproche essentiel fait est qu'elle n'est pas nécessairement la mieux à même de juger objectivement les contentieux générés par les marchés publics. S'y ajoute l'inconvénient majeur des pouvoirs qu'elle dispose dans l'exécution du marché. Pourtant l'option pour cette voie ne devra pas remettre en cause les nécessités du service public. Malgré ces inconvénients relevés, on peut estimer qu'il convient de redonner vie ou alors redéfinir la place des modes non juridictionnels de règlement du contentieux des marchés publics.

En droit camerounais, comme règlement du contentieux par la voie non juridictionnelle, en matière des marchés publics, on distingue les recours administratifs (chapitre 1) des modes alternatifs de résolution des litiges (chapitre 2).

---

[385] Le ministre Secrétaire général de la Présidence de la République adresse le 7 avril 2020 au ministre de la Santé publique une correspondance par laquelle le Président de la République autorise *« la passation des marchés spéciaux en vue de l'acquisition des équipements, des consommables et de la réalisation des prestations »*.

CHAPITRE 1.

LES RECOURS ADMINISTRATIFS COMME MODE DE RÈGLEMENT DU CONTENTIEUX DES MARCHÉS PUBLICS

La réclamation d'un administré devant l'administration se matérialise par l'exercice des recours administratifs. Les recours administratifs trouvent leur origine dans la théorie du ministre-juge[386], en France depuis quelques années, le Conseil d'État condamne définitivement la théorie du ministre-juge et s'érige en juge de droit commun en premier et dernier ressort du contentieux administratif[387]. Avec l'arrêt Cadot, le recours hiérarchique devant le ministre, préalable à la saisine du juge, perd son caractère obligatoire et deux voies de recours sont ainsi distinguées : d'une part le recours hiérarchique, auquel sera plus tard assimilé le recours gracieux adressé à l'auteur de l'acte et d'autre part, le recours contentieux. Le recours administratif peut être défini comme étant la réclamation adressée à l'administration en vue de rechercher le règlement amiable d'un différend opposant un administré à l'administration à la suite d'une décision prise par cette dernière[388]. Sur le modèle allemand, ont été développés des recours administratifs préalables : le citoyen est contraint de déposer un recours devant l'administration en lui faisant part de ses griefs[389]. Notons que, *« parmi les règles du contentieux administratif, une place à part doit être faite aux règles de procédure administrative contentieuse. La procédure administrative contentieuse regroupe l'ensemble des règles relatives à l'introduction, à l'instruction et au jugement des recours et aux différents types de recours susceptibles d'être conduits devant les juridictions administratives »*[390]. Cette procédure marquée par son emprunt à la théorie générale du contentieux administratif s'adapte au Cameroun en matière contractuelle aux modes de règlement des conflits relatifs aux marchés

---

[386] Le système mis en place est loin d'être satisfaisant puisque l'administration se trouve être tout à la fois juge et partie. Il n'en demeure pas moins que jusqu'en l'an VIII les ministres statuent en dernier ressort in JEAN MICHEL, *Les recours administratifs, gracieux, hiérarchiques et de tutelle*, Paris, B.U, 1996, pp. 17-18.

[387] *Idem.*

[388] *Idem.*

[389] CHAGNOLLAUD (D.), *op. cit.*, p. 362.

[390] DEBBASCH (C), RICCI (J.C), *Contentieux administratif*, Paris, Dalloz, 6e éd. 1994, p.14.

publics. Son caractère est fondamentalement législatif[391] et le juge administratif camerounais en fait une application constante.

Ainsi, le recours peut-être gracieux s'il est directement adressé à l'auteur de l'acte contesté, il est hiérarchique s'il est adressé au supérieur hiérarchique de l'auteur de l'acte[392]. En matière de marché public, le code a prévu des recours selon les phases du marché. Ainsi, nous envisagerons en quoi consiste l'institution des recours dans les marchés publics (section 1) et ce qui en découle à savoir l'effectivité de la fonction contentieuse (section 2).

Section 1. L'institution des recours dans les marchés publics

Les recours en matière des marchés publics se situent initialement ou exclusivement en dehors de tout contexte juridictionnel et sont systématiquement obligatoires dans le contentieux des marchés publics. Dans cette phase initiale du règlement du contentieux, l'exercice du recours doit être appréhendé au double point de vue : d'une part du point de vue du soumissionnaire qui dépose une réclamation et d'autre part, de l'administration contractante qui la reçoit. Le recours est la forme initiale de règlement des contentieux dans un contexte de concertation, de négociation entre les parties. Le code des marchés publics[393] fonde lesdits recours lorsqu'il prévoit dans ses dispositions pertinentes que tout candidat ou soumissionnaire évincé ou lésé peut saisir le maître d'ouvrage ou le maître d'ouvrage délégué. C'est souvent l'occasion pour un entrepreneur, un fournisseur ou un prestataire de services d'obtenir des informations utiles en cas de recours contentieux. Sur la forme, le recours n'est recevable que s'il est introduit dans les délais prévus. Sur le fond, le recours n'est recevable que s'il précise un fait ou un manquement. On pourrait penser que ces stipulations prévues par le code sont une simple application de la règle du recours gracieux, mais tel n'est pas le cas. Il s'agit d'un recours qui obéit aux phases du marché. Raison pour laquelle cette procédure revêt la plus grande complexité. Elle s'applique dans les marchés publics aux soumissionnaires lésés dans la procédure du marché. La confusion ne doit pas être créée entre ces recours et le recours gracieux. Si

[391] Introduit dans le contentieux administratif du Cameroun indépendant par l'ordonnance n° 61/OF/6 du 4 octobre 1961 fixant la composition, les conditions de saisine et la procédure de la cour fédérale de justice, en son article 15 : *« Les recours pour excès de pouvoir devant la cour fédérale de justice contre les actes règlementaires ou les actes administratifs individuels émanant d'autorité fédérale ne sont recevables qu'après l'échec d'un recours gracieux (...) »* ; reprise par l'article 12 de l'ordonnance n° 72/06 du 26 août 1972 portant organisation de la Cour Suprême modifiée aujourd'hui par la loi n° 2006/022 du 29 décembre 2006 fixant l'organisation et le fonctionnement des tribunaux administratifs notamment en son article 17.

[392] JEAN MICHEL, Les recours administratifs, *op. cit*, p.19.

[393] V. les articles 170 et suivants du code des marchés publics, *op.cit.*

le soumissionnaire lésé n'est pas satisfait et sollicite la voie juridictionnelle, il introduit un recours gracieux auprès de l'auteur de la décision ; comme affirme NGANGO[394] *« cela ne concerne pas le recours effectué au stade de publication de l'attribution »*.

Ainsi, plusieurs recours sont en effet décisifs dans les phases de sélection des candidats, il est donc important de sauvegarder les intérêts des différents candidats. Raison pour laquelle il convient de procéder à l'identification des recours dans les marchés publics (paragraphe 1), aussi, l'examen de ces recours est effectué par des instances appropriées (paragraphe 2). Le recours juridictionnel qui suit la procédure administrative de règlement des litiges exige l'introduction d'un recours gracieux. Ainsi, en matière des marchés publics, le contexte de la saisine du juge est marqué par le caractère obligatoire du recours gracieux (paragraphe 3).

Paragraphe 1. L'identification des recours dans les marchés publics

En matière contractuelle en général et dans le domaine des marchés publics en particulier, la règlementation considère les recours contractuels comme de véritables modes de règlement du contentieux. Le recours doit préciser un fait ou un manquement à l'encontre du code des marchés publics. Il doit être formulé par écrit et adressé aux auteurs concernés. Agissant sur recours, les autorités administratives sont en effet amenées à exercer une fonction qui est matériellement équivalente à la fonction juridictionnelle et qui consiste à trancher les litiges qui leur sont déférés au moyen d'une solution juridique[395]. Cette fonction que l'on pourrait qualifier suivant en cela les enseignements de M. CHEVALLIER[396] de fonction contentieuse, est la conséquence logique d'un principe de soumission de l'administration au droit. Dès lors que ce principe est reconnu, tout administré, blessé dans ses droits, doit pouvoir s'adresser à l'administration pour exiger qu'elle s'y soumette et corrige ses actes illégaux[397]. Cette règle de la procédure administrative contentieuse transposée aux marchés publics s'applique à tout candidat insatisfait dans la procédure des marchés publics. Il convient de distinguer en matière de marchés publics les différents recours qui contribuent à régler le contentieux.

---

[394] NGANGO YOUMBI (E.M), *Les prérogatives de puissance publique au Cameroun : la part respective du droit et des perceptions psychosociales*, Paris, L'Harmattan, 2014, p.149.
[395] BRISSON (J.F), Les recours administratifs en droit public français : contribution à l'étude du contentieux administratif non juridictionnel, Paris, bibliothèque de droit public, Tome 185, 1996, p.7.
[396] *Ibid.*, p. 7.
[397] *Idem.*

On distingue les recours institués en fonction des phases de la procédure du marché (A), du recours hiérarchique (B).

A. Les recours institués en fonction des différentes phases du marché

Pour tenter de régler le contentieux en phase de passation, les recours des soumissionnaires doivent être adressés aux autorités administratives compétentes, et ceci en fonction des différentes phases, à savoir : la passation et l'exécution. Nous étudierons les recours auprès des autorités adressataires (1) et le respect des délais (2) dans les marchés publics.

1. Les recours auprès des autorités adressataires

En matière des marchés publics, l'instance ouverte devant l'administration est provoquée par l'exercice d'une demande émanant d'un soumissionnaire et l'administration n'agira que sur la demande du soumissionnaire. On distinguera les autorités susceptibles de recevoir le recours au stade de la passation du marché (a) de celles qui peuvent en connaître au stade de l'exécution du marché (b).

a. Les autorités compétentes pour recevoir le recours en phase de passation

Le fondement juridique de cette phase de passation du marché est l'article 170 (1) du code qui dispose que : *« Tout candidat ou soumissionnaire qui s'estime lésé dans la procédure de passation des marchés publics peut introduire un recours en fonction de l'étape de la procédure, soit auprès du maître d'ouvrage ou du maître d'ouvrage délégué, soit auprès du comité d'examen de recours »*[398]. Ainsi, les autorités à saisir sont : le maître d'ouvrage qui s'identifie à travers un chef de département ministériel ou assimilé, chef de l'exécutif d'une collectivité territoriale décentralisée, un directeur général, un directeur d'un établissement public, représentant l'administration bénéficiaire des prestations prévues dans le marché[399] ; le maître d'ouvrage délégué qui est une personne exerçant en qualité de mandataire du maître d'ouvrage, une partie des attributions de ce dernier[400] ; du comité d'examen de recours : c'est une instance introduite par le code de 2018. Elle est établie auprès de l'organisme chargé de la régulation des marchés publics, appelée à examiner les recours des soumissionnaires qui

---

[398] V. L'article 170(1) du code des marchés publics précité.

[399] V. L'article 5(s), *ibid.*

[400] Il s'agit selon l'article 5(t) du

- Gouverneur de région
- Du préfet de département
- Du chef d'une mission diplomatique du Cameroun à l'étranger
- Le cas échéant du chef d'un projet bénéficiant d'un financement extérieur.

s'estiment lésés, et à proposer le cas échéant à l'autorité chargée des marchés publics, des mesures appropriées. Dans les marchés publics, la résolution du contentieux à cette phase est aménagée autour de ces autorités suscitées.

Pour les marchés publics passés par les entreprises publiques, le cas est spécifique, car faisant l'objet d'un décret spécifique[401] en droit camerounais, les autorités habilitées à recevoir les recours s'agissant des marchés passés par les entreprises publiques varient en fonction des trois phases de la procédure mentionnée. Les recours sont organisés par les articles 74, 75, 76 du décret précité. Ainsi :

- entre la publication de l'avis de consultation y compris la phase de préqualification et l'ouverture des plis, l'article 74(a) dispose que *« le recours doit être adressé au Directeur Général avec copie au Président du conseil d'administration »*[402]. Le décret prévoit également en son article 74(d) *« si le recourant n'est pas satisfait, il peut porter le différend devant le Président du conseil d'administration »*[403].

Ainsi le Directeur général est la première autorité à qui l'auteur du recours peut porter sa réclamation. Toutefois, une copie de ladite réclamation doit être remise au Président du conseil d'administration. Si le différend persiste, le candidat peut porter le différend devant le PCA. Le PCA est la deuxième autorité habilitée à trancher le litige en cas d'insatisfaction du candidat de la décision rendue par le Directeur général ;

- à l'ouverture des plis, « le recours doit être adressé au comité d'arbitrage et d'examen des recours avec copie au Conseil d'administration et au Directeur général »[404]. Cette réclamation aux termes du décret ne porte que sur cette procédure et la régularité des pièces vérifiées ;
- entre la publication des résultats et la notification de l'attribution, aux termes de l'article 76(a), *« le recours doit être adressé au comité d'arbitrage et d'examen des recours (...) »*[405]. La copie du recours est remise au Conseil d'administration et au Directeur général. La réclamation du candidat aux termes du décret ne porte que sur l'attribution.

Les recours applicables aux marchés passés par les entreprises publiques au nom et pour le compte des personnes morales de droit public respectent les

---

[401] Le décret n° 2018/355 du 12 juin 2018 fixant les règles communes applicables aux marchés des entreprises publiques.
[402] V. L'article 74(a) du décret n° 2018/355, *op. cit.*
[403] V. L'article 74(d), *décret portant CMP précité*
[404] V. L'article 75(a).
[405] V. L'article 76(a).

règles posées aux CCAG[406]. Les réclamations portées par les cocontractants peuvent permettre d'apaiser ou de résoudre définitivement le contentieux.

Selon les critères dégagés par BONNARD pour caractériser la fonction juridictionnelle, est établie en effet l'existence d'*« une fonction matériellement juridictionnelle »* par la réunion de trois éléments constitutifs :

« 1- Elle est provoquée par l'existence d'un contentieux qui est constitué par une contestation d'ordre juridique.
2- Elle est mise en mouvement sur demande des intéressés.
3- Elle vise à trancher définitivement la contestation au moyen d'un acte spécial, l'acte juridictionnel, qui est composé de deux éléments liés et subordonnés l'un à l'autre qui sont une contestation et une décision »[407].

Or, ces trois critères se trouvent également réunis s'agissant de l'instance ouverte devant l'administration par l'exercice d'un recours préalable[408]. À l'image de ces critères juridictionnels, les recours en matière des marchés publics nous permettent de vérifier cette assertion développée par M. BONNARD. Ainsi, tout recours adressé par un soumissionnaire doit présenter une situation contentieuse (i), l'autorité administrative doit examiner ledit recours (ii) et rendre une décision (iii).

i. La présentation d'une situation contentieuse par le soumissionnaire ou le candidat au marché

La définition de la situation contentieuse suppose, comme le souligne M. CHEVALLIER, que l'administration *« n'est investie d'une attribution d'ordre contentieux »* que dans la mesure où *« elle a le pouvoir d'examiner des requêtes fondées sur une prétendue violation du droit et de prendre des décisions qui seront la conséquence de la constatation de la légalité ou de l'illégalité qu'elle aura faite »*[409]. Le soumissionnaire ou candidat au marché qui estime qu'il existe une situation contraire au droit, sollicite de l'administration par la voie d'une demande une réparation. Il s'oppose à une situation qui porte atteinte au droit et présente ladite situation à l'administration qui est une partie contractante. Aux termes de l'article 170(2) du code, *« pour être recevable, tout recours doit préciser un fait ou un manquement à l'encontre du présent code des marchés publics et à la règlementation relative à la passation des marchés ou au dossier de*

---

406 À cet effet, l'art. 83 du décret n° 208/355 précité dispose que :*« toutes les autres règles applicables à l'exécution des marchés des entreprises publiques sont celles prévues par le cahier de clauses administratives en vigueur... ».*

407 BONNARD (R), Le contrôle juridictionnel de l'administration, études de droit administratif comparé, 1934, p. 19 et suiv.

408 *Ibid.*p.19.

409 CHEVALLIER (J), *op. cit.*, p.12.

consultation concerné »[410]. Ainsi il y'a contentieux soulevé par un soumissionnaire dès lors qu'il y a un manquement à la règlementation. Ce manquement conditionne la recevabilité du recours dans les marchés publics. On pourrait à la lecture de l'article[411] 170(3) systématiser cinq recours possibles qui correspondent aux étapes de l'attribution du marché :

- En phase de préqualification : le recours doit être adressé au MO ou au MOD avec copie à l'autorité des marchés publics et à l'organisme chargé de la régulation des marchés publics. Le recours du soumissionnaire lésé dans la procédure peut porter sur des demandes de :
- Réexamen des conditions de sollicitation ;
- Préqualification ;
- De réexamen des décisions ou actes pris par le MO ou le MOD lors de la procédure de préqualification.
- Entre la publication de l'avis d'appel d'offres et l'ouverture des plis : à cette phase, le recours doit être adressé au MO ou au MOD avec copie à l'autorité des marchés publics et à l'organisme chargé de la régulation des marchés publics. En cas de désaccord entre le requérant et le MO ou le MOD, le recours est porté par le requérant au comité chargé de l'examen des recours. Le recours à cette étape de la procédure peut porter sur :
- La conformité des dossiers de consultation à la règlementation ;
- Les spécifications techniques retenues ;
- Les critères d'évaluation ;
- Les conditions de publication des avis ;
- Les règles relatives à la participation des candidats et aux capacités et garanties exigées ;
- Le mode de passation et la procédure de sélection retenue.
- À l'ouverture des plis, à l'exclusivité de ne porter que sur le respect des procédures lié à cette étape et sur la régularité des pièces vérifiées, le recours est adressé :
- Au comité de l'examen de recours ;
- Copie au MO ou au MOD ;
- Au Président de la commission de passation des marchés concernés ;
- À l'organisme chargé de la régulation des marchés publics ;

---

410 V. L'article 170(2) CMP.
411 V. L'article 170(3), 171(1), 172 (2) CMP.

- À l'autorité chargée des marchés publics.
- À l'issue de la phase d'analyse des offres techniques lorsque l'ouverture des offres se fait en deux temps ; les soumissionnaires non qualifiés peuvent introduire un recours auprès du comité chargé de l'examen des recours, avec copie :
- Au MO ou au MOD ;
- Au Président de la commission de passation des marchés concernés ;
- À l'autorité chargée des marchés publics.
- Entre la publication des résultats et la notification de l'attribution, le recours ne peut porter que sur l'attribution. Il est adressé au comité chargé de l'examen des recours avec copie :
- Au MO ou au MOD ;
- Au Président de la commission de passation des marchés concernés ;
- À l'organisme chargé de la régulation des marchés publics ;
- À l'autorité des marchés publics.
- Après la publication des résultats d'attribution : sous peine de forclusion, toute requête doit être formulée dans des délais visés aux articles 172, 173, 174, 175 et 176 du code des marchés publics.

Les recours formulés et les ampliations adressés à certaines autorités en fonction des étapes de la procédure sont des garanties offertes par le code des marchés publics pour dispenser son cocontractant de s'adresser au juge. Les actes de publication de la liste des candidats, d'ouverture des plis, d'attribution des marchés publics sont des opérations liées au contrat et qui s'en détachent en même temps. Ces actes détachables sont susceptibles du recours gracieux si le requérant opte pour la voie juridictionnelle. Les recours contractuels doivent ainsi être examinés.

ii. L'examen des recours par l'autorité administrative

L'intervention de l'autorité administrative ne vise qu'à régler une situation contentieuse à lui soumise par le soumissionnaire. L'autorité qui statue doit avoir reçu l'habilitation par un texte qui fonde sa compétence. L'autorité compétente statue sur les incidences de la procédure d'attribution du marché afin de régler le litige. Elle statue sur le recours à la demande du candidat et examine le caractère juridique des formes et procédures de l'attribution du marché. L'article 177 (3) du code des marchés publics dispose que *« l'examen des recours peut entraîner la reprise ou l'annulation de la procédure suivie »*[412]. Le recours en matière des marchés publics crée des rapports plus sereins entre l'administration et le soumissionnaire, entre les entreprises ou

412 V. L'article. 177 (3) du CMP

les soumissionnaires évincés, car l'administration peut les avoir évincés injustement, l'administration peut autoriser ainsi la reprise de la procédure. L'autorité administrative est investie d'une compétence contentieuse en statuant sur le recours du candidat. L'examen des recours porte sur le réexamen des décisions ou actes pris par les autorités investies, sur les critères d'évaluation des offres, vérification des règles d'attribution pour rendre une décision.

iii. Le caractère de la décision rendue par l'autorité administrative

La décision rendue par l'autorité administrative peut être favorable ou défavorable pour le candidat. L'autorité qui a examiné le recours doit dire le bien-fondé ou non du recours. L'autorité saisie doit confronter la prétention du candidat à la règle de droit si l'administration a examiné les recours, elle doit donner une décision qui consiste soit à rejeter le recours du candidat, soit au contraire à faire droit aux prétentions du candidat. Aux termes de l'article 175(4) *« le recours peut donner lieu à la suspension de la procédure... »*[413]. Cette suspension est une garantie offerte par le code pour protéger les droits des soumissionnaires. L'autorité peut également choisir de reformer dans le strict respect des droits du candidat. En cas d'échec du recours, il peut choisir de faire trancher le litige par un juge. L'administration n'est pas liée par les termes du recours, car elle dispose d'une marge d'appréciation afin de rendre son verdict. Le recours peut être exercé pendant l'exécution.

b. Le recours exercé pendant l'exécution du marché

Aux termes de l'article 186(1) du code des marchés publics, *« tout cocontractant de l'administration qui s'estime lésé dans l'exécution de son contrat peut introduire un recours non juridictionnel, soit auprès du MO ou du MOD, soit auprès de l'autorité chargée des marchés publics »*[414]. En phase d'exécution du marché, le code des marchés publics offre la possibilité au candidat de déposer le recours soit auprès du MO ou du MOD, soit auprès de l'autorité chargée des marchés publics. À l'examen des autorités habilitées à recevoir le recours, l'on constate que les garanties sont plus importantes, car le recours du soumissionnaire peut être introduit directement auprès de l'autorité des marchés publics. L'examen du cahier de clauses administratives générales permet d'observer que les recours introduits en phase d'exécution varient en fonction du type de marchés. Ledit cahier de

[413] V. L'article 175 (4) CMP.
[414] V. L'article 186 (1) CMP.

clauses s'applique aux marchés publics de travaux, de fournitures, de services et de prestations intellectuelles[415].

Pour les marchés publics de travaux, il est important pour l'architecte, l'entrepreneur et l'ensemble des intervenants à l'acte de construction de déterminer l'autorité habilitée à recevoir le recours en cas de différend. Le cahier de clause administrative général prévoit le recours préalable auprès de l'administration contractante. S'agissant des clauses qui définissent l'ensemble du régime du recours pour les marchés publics de travaux, sous le titre de l'intervention du chef de service du marché, l'article 79 (1) dudit cahier dispose à cet effet que, *« si un différend survient entre le maître d'œuvre et l'entrepreneur sous la forme de réserves faites à un ordre de service, ou sous toute autre forme, l'entrepreneur doit le consigner dans le journal de chantier et en informer le chef de service du marché par une lettre exposant les motifs et indiquant les montants de ses réclamations »*[416]. Le chef de service du marché est l'autorité compétente accréditée par le maître d'ouvrage ou le maître d'ouvrage délégué pour une assistance générale, il dispose des attributions suivantes[417] :

- recevoir les réclamations de l'entrepreneur ;
- assurer le montage technique et financier ; à toutes les étapes de la procédure à savoir définition et élaboration, exécution et réception de la prestation, représentation du maître d'ouvrage ou le maître d'ouvrage délégué auprès des instances d'arbitrage des litiges.

Ces attributions confiées au chef de service du marché se justifient, car il *« est l'initiateur des ordres de service susceptibles de mettre en cause les droits de l'entrepreneur, il est tout à fait logique que le chef de service du marché soit saisi des recours y afférents »*[418].

Si l'entrepreneur ne donne pas son accord à la décision ainsi prise, les modalités fixées par cette décision sont appliquées à titre de règlement provisoire du différend[419]. Le différend peut persister, l'entrepreneur évincé peut opter pour la saisine soit des instances arbitrales soit du tribunal compétent. Cette procédure préalable en matière de marchés publics de travaux est obligatoire et liée à un différend qui est né. On peut convenir avec M. RICHER lorsqu'il affirme qu' *« à priori, il pourrait sembler que ces stipulations sont une simple application de la règle de la décision préalable,*

---

[415] V. L'arrêté n° 033/CAB/PM du 13 février 2007 relatif aux cahiers des clauses administratives générales applicables aux marchés publics de travaux, de fournitures de services et de prestations intellectuelles.
[416] V. L'article 79 alinéa 1 CCAG/Travaux, *ibid.*
[417] V. L'article 5(i) CMP.
[418] AKONO ONGBA (S), *op. cit.* p.17.
[419] RICHER (L), *op. cit.* p. 314.

mais tel n'est pas le cas ; il s'agit d'un recours préalable étant donné qu'au moment où le mémoire est déposé, le différend est né, ce qui implique qu'une décision préalable défavorable et intervenue »[420].

Pour les marchés de fournitures et marchés publics de services et prestations intellectuelles, il en va différemment. Pour les premiers, l'article 49 du CCAG dispose que *« les fournisseurs qui croient devoir réclamer contre un rebut prononcé (...) peuvent adresser un recours au maître d'ouvrage, en vue d'un nouvel examen de la fourniture »*[421]. Le maître d'ouvrage est l'autorité compétente pour recevoir les réclamations du fournisseur. Pour les marchés publics de services et de prestations intellectuelles, l'article 48 du CCAG dispose que *« tout différend entre le prestataire et le chef de service du marché doit faire l'objet de la part du prestataire, d'un mémoire de réclamation qui doit être remis au maître d'ouvrage avec copie au chef de service du marché »*[422].

Pour les marchés de services et prestations intellectuelles, le recours est également adressé au MO à la différence des marchés de fournitures, la copie de la réclamation doit être remise au chef de service du marché. Encore que ces recours doivent être formés dans des délais prescrits par les règles en vigueur.

2. Le respect des délais de recours

À compter de la date de réception des réclamations, les délais doivent être respectés. Ces délais formulés par le code des marchés publics ou les cahiers de clauses administratives générales varient respectivement en fonction des phases du marché et du type du marché. Ils seront examinés en phase de passation et d'exécution.

La passation des marchés publics inclut plusieurs phases et les délais règlementaires prescrits s'apprécient en fonction de ces phases. En phase de préqualification, *« les candidats disposent de cinq (5) jours ouvrables avant la date de dépôt des candidatures et cinq (5) jours ouvrables après la publication des résultats de la préqualification pour introduire leur recours auprès du maître d'ouvrage ou du maître d'ouvrage délégué avec copie à l'autorité chargée des marchés publics et à l'organisme chargé de la régulation des marchés publics »*[423]. Les délais de dépôt de la réclamation tiennent compte de deux moments : le premier moment est celui avant la date de dépôt des candidatures, le candidat dispose de 5 jours ouvrables avant cette date. Le second moment se situe après la publication des résultats de la préqualification, le candidat dispose également de 5 jours ouvrables pour

[420] *Ibid.*, p. 313.
[421] V. L'article 49 CCAG/Fournitures.
[422] V. l'article 48 CCAG/Services et prestations intellectuelles.
[423] V. L'article 171(2) CMP.

introduire son recours. Ces délais brefs sont une empreinte de l'urgence dans les marchés publics[424]. Or, aucun délai n'est prescrit pour le pouvoir adjudicateur pour traiter promptement les recours en cette phase. Il est nécessaire que le recours soit examiné avant la conclusion du contrat.

- Entre la publication de l'avis d'offre et l'ouverture des plis, le recours « doit parvenir au maître d'ouvrage où au maître d'ouvrage délégué au plus tard quatorze (14) jours ouvrables avant la date d'ouverture des offres »[425]. Ce délai fixé à 14 jours est une garantie essentielle pour les soumissionnaires qui estiment avoir été coincés injustement. Pour l'examen de cette requête, « le maître d'ouvrage ou le maître d'ouvrage délégué dispose de cinq (5) jours ouvrables pour réagir. La copie de la réaction est transmise à l'autorité chargée des marchés publics et à l'organisme chargé de la régulation des marchés publics »[426]. Le délai de réaction du maître d'ouvrage qui est de cinq (5) jours témoigne à suffisance que sa réaction se fait diligemment dès réception. La copie de la réaction est transmise respectivement à l'autorité des marchés publics qui est le ministre délégué à la Présidence de la République chargé des marchés publics et à l'organisme chargé de la régulation des marchés publics. Ainsi, les garanties sont plus sérieuses à cette phase au regard des délais prescrits. « Ce recours n'est pas suspensif »[427] de la procédure de passation du marché.
- À l'ouverture des plis, le recours doit parvenir au « comité d'examen de recours avec copie au maître d'ouvrage ou au maître d'ouvrage délégué, au président de la commission chargée de la régulation des marchés publics et à l'autorité chargée des marchés publics »[428] « dans un délai maximum de trois (3) jours ouvrables après l'ouverture des plis »[429].
- À l'issue de la phase d'analyse des offres techniques, les soumissionnaires non qualifiés « peuvent introduire un recours auprès du comité chargé de l'examen des recours, avec copie au maître d'ouvrage ou au maître d'ouvrage délégué, au président de la commission de passation des marchés concernés et à l'autorité chargée des marchés publics »[430] et ledit recours « doit intervenir dans un délai

---

424 MVE EBANG (FR), *op. cit.*, p. 44.
425 V. L'article 172 alinéa b. CMP.
426 V. L'article 172 alinéa c. CMP
427 V. L'article 1725(e) CMP.
428 V. L'article 173(2) CMP.
429 V. L'article 173(3) CMP.
430 V. L'article 174(2) CMP.

maximum de trois (3) jours ouvrables après la séance d'ouverture des offres financières »[431].

- Entre la publication des résultats et la notification de l'attribution, le recours doit être adressé au comité chargé de l'examen des recours[432] *« dans un délai maximum de cinq (5) jours ouvrables après la publication des résultats »*[433].

Notons que pour tous les recours étudiés plus haut (article 173, 174, 175, 176), le comité chargé de l'examen des recours requiert l'avis de l'organisme chargé de la régulation des marchés publics qui instruit ledit recours et soumet ses conclusions audit comité dans un délai maximum de sept (7) jours calendaires à compter de sa saisine pour réagir aux prétentions des soumissionnaires. Les délais d'exercice de recours concernant les marchés publics passés par les entreprises publiques au nom et pour le compte des personnes morales de droit public varient en fonction des étapes de la passation.

- Entre la publication de l'avis d'appel d'offres y compris la phase de préqualification et l'ouverture des plis, le recours doit parvenir au directeur général au plus tard sept (7) jours avant l'ouverture des plis[434]. Le directeur général dispose d'un délai de trois (3) jours[435] pour réagir.
- À l'ouverture des plis, le recours doit être porté au comité d'examen des recours dans un délai maximum de trois jours[436]. Lorsque l'ouverture des plis s'effectue en deux[437] temps, *« (...) les dénonciations et les recours sont valablement introduits dans un délai de cinq (5) jours à compter de la date d'ouverture des plis financiers »*.
- Entre la publication des résultats et la notification de l'attribution, les recours sont réceptionnés sous un délai maximum de cinq (5) jours ouvrables après la publication des résultats[438]. Le comité d'arbitrage et d'examen des recours formule sa réaction dans un délai de sept (7) jours ouvrables[439] .

En phase d'exécution des marchés publics, la formulation des recours doit également respecter les délais prescrits. En cas d'absence des mentions

---

[431] V. L'article 174(3) CMP.
[432] V. L'article 175(2) CMP avec copie auprès des autorités étudiées plus haut (voir titre sur autorité compétente).
[433] V. L'article 175(3).
[434] V. L'article 74(b) du décret n° 2018/355 du 12 juin 2018.
[435] V. L'article 74(c) du décret précité.
[436] V. L'article 74(b).
[437] V. L'article 75(c).
[438] V. L'article 76(b).
[439] V. L'article 77, *ibid.*

relatives à ces délais par le code en fonction du type de marché, les cahiers de clauses administratives générales suppléent cette carence. Pour les marchés publics de travaux, l'article 79(2) du CCAG dispose que *« lorsque l'entrepreneur émet des réserves sur le décompte général, il dispose d'un (1) mois à partir de la date de transmission dudit décompte, sous peine de forclusion, pour faire parvenir au chef de service du marché un mémoire de ses réclamations »*[440].

Le chef de service en réponse à ce mémoire de ses réclamations, *« notifiera à l'entrepreneur sa proposition pour le règlement du différend, dans un délai maximum de deux (2) mois à compter de la date de répétitions du mémoire de réclamation »*[441]. Pour les marchés publics de fournitures, aucune mention concernant le délai de formulation de la réclamation n'est prescrite. On s'en tient au délai de réaction du chef de service. Aux termes de l'article 62-3, *« le chef de service du marché dispose d'un délai de deux (2) mois à compter de la date de réception du mémoire de réclamation pour notifier la décision du maître d'ouvrage »*[442]. Ce délai de deux mois prescrit au chef de service du marché dès réception du mémoire de produire une réponse est un gage de préservation des droits du cocontractant. Ce gage est également valable pour les marchés publics de services et de prestations intellectuels443. Sous peine de forclusion, toute réclamation formulée doit être faite dans le respect des délais règlementaires.

Le recours formulé en fonction des étapes du marché et l'obligation formulée au pouvoir adjudicateur de réagir en donnant une réponse démontrent à suffisance qu'il s'agit d'un mode administratif de résolution d'un contentieux survenu lors de la passation ou de l'exécution du marché. Outre ces recours contractuels, le recours hiérarchique, également prévu dans les marchés publics, contribue également à régler un contentieux.

B. Le recours hiérarchique en matière de marché public

Il est indéniable que le recours hiérarchique est un moyen efficace qui permet d'empêcher que le contentieux ne débouche sur le terrain juridictionnel. À cet effet, M. GENEVOIS soulignait dans ses conclusions que *« l'exercice du pouvoir hiérarchique n'est pas seulement une prérogative conférée à son titulaire, il est aussi dans certains cas, source d'une obligation pour le supérieur hiérarchique, celle d'assurer le respect de la légalité(...) Par là même, le supérieur hiérarchique peut jouer un rôle très utile de*

[440] L'article 79(2) CCAG-Travaux.

[441] V. L'article 79(2).

[442] V. L'article 62.3 CCAG-Fournitures

[443] V. L'article 48(2) du CCAG-Services et prestations intellectuelles.

prévention du contentieux »[444]. Pour aussi important qu'il soit *« le recours hiérarchique consiste pour le requérant à adresser sa demande au supérieur hiérarchique de l'auteur de l'acte »*[445]. En réalité, le recours hiérarchique est généralement exercé par les administrés qui estiment que l'autorité auteur de l'acte contesté n'a pas le recul nécessaire à l'examen de leur requête[446]. L'administré peut éviter de soumettre l'appréciation de sa requête à la même autorité et l'adresser plutôt à son supérieur hiérarchique[447]. Ce recours hiérarchique exercé dans les marchés publics consiste pour le soumissionnaire ou le candidat au marché à adresser son recours au supérieur hiérarchique de l'auteur de l'acte incriminé. En matière de marchés publics, le code a procédé à un aménagement explicite de l'autorité adressataire (1). Aussi plusieurs raisons justifient l'absence d'une formulation explicite des délais (2). Enfin en cas de formulation de ce recours, l'autorité hiérarchique à pouvoir d'évocation du litige (3).

1. L'aménagement explicite de l'autorité adressataire

Le recours hiérarchique est aménagé en vertu des dispositions importantes du code des marchés publics. Les articles 171, 172, 173, 174, 175, 186 constituent le fondement de la formulation du recours hiérarchique dans le domaine des marchés publics. En effet, au terme de l'article 92 du décret portant code des marchés publics de 2004, *« tout soumissionnaire qui s'estime lésé dans la procédure de passation des marchés publics, peut introduire une requête, soit auprès du maître d'ouvrage ou du maître d'ouvrage délégué, soit directement auprès de l'autorité chargée des marchés publics, en transmettant dans chacun des cas une copie à l'organisme chargé de la régulation des marchés publics... »*[448]. Le code de 2004 prévoyait un recours hiérarchique directement adressé au supérieur hiérarchique en phase de passation et offrait la possibilité au soumissionnaire de s'adresser soit au MO ou au MOD soit à l'autorité des marchés publics. Ce texte ayant été abrogé, le décret de 2018 en vigueur prévoit en son article 171 (2) qu'en phase de préqualification, *« les candidats disposent de cinq (5) jours ouvrables avant la date de dépôt des candidatures, et cinq (5) jours ouvrables après la publication des résultats de la préqualification pour introduire leur recours auprès du maître d'ouvrage ou du maître d'ouvrage délégué avec copie à*

---

[444] C.E Sect. 11 juin 1982, Berjon, Rec. p. 221 cité par JEAN MICHEL, préface de SOUTOU (P), les recours administratifs... *op. cit.* p.43.

[445] DODZI KOKOROKO (K), *Les grands thèmes du droit administratif,* Lomé, PUL, 2018, p. 85.

[446] NYETAM TAMGA (A), Contribution à l'élaboration du droit de la répression administrative ai Cameroun, presses universitaires de Yaoundé, 2020, p. 123.

[447] *Ibid.*

[448] V. L'article 92 du décret n° 2004/275 du 24 septembre 2004 portant code des marchés publics.

l'autorité chargée des marchés publics (...) »[449]. Si la formulation de l'autorité hiérarchique était explicite dans l'ancien code, notons que cette formulation se déguise en simple copie de l'original de la réclamation déposée auprès de l'autorité des marchés publics qui est l'autorité hiérarchique supérieure au MO ou MOD. Cette formulation s'applique à toutes les étapes de la passation[450]. En phase de passation, tout soumissionnaire est libre en fonction des étapes de la procédure de saisir le MO, MOD, soit le comité[451] d'examen des recours.

En phase d'exécution du marché, la formulation du recours hiérarchique est un droit d'option garantissant l'intérêt du candidat de souscrire à la commande publique. Ainsi, *« tout co-contractant qui s'estime lésé dans l'exécution de son contrat peut introduire un recours non juridictionnel, soit auprès du maître d'ouvrage ou du maître d'ouvrage délégué, soit auprès de l'autorité chargée des marchés publics »*[452]. La saisine de l'autorité hiérarchique en phase de l'exécution du marché public résulte de la volonté du soumissionnaire, car l'expression « peut » utilisé par le code traduit un choix voulu ou non par le candidat. Car, rien ne l'oblige de saisir l'autorité hiérarchique, mais il peut choisir de saisir l'autorité hiérarchique directement s'il s'estime lésé dans l'exécution de son contrat. Cette formulation du recours hiérarchique est explicite.

Le recours hiérarchique cible également certains types de marchés. Bien que le mutisme soit observé pour les marchés de travaux (CCAG-Travaux), tel n'est pas le cas pour les marchés de fournitures, de services et prestations intellectuelles. Ainsi, l'article 61(2) du CCAG-fournitures précise que *« tout différend entre le fournisseur et le chef de service du marché doit faire l'objet, de la part du fournisseur, d'un mémoire de réclamation qui doit être remis au maître d'ouvrage avec copie au chef de service du marché »*[453]. Le recours hiérarchique est formulé par le biais de la copie de la réclamation qui est remise au chef de service du marché.

Par les marchés de services et prestations intellectuelles, l'article 489 (1) CCAG précise que le différend entre le prestataire et le chef de service doit faire l'objet de la part du prestataire d'un mémoire en réclamation remis au MO avec copie au chef de service du marché[454]. En explicitant les différentes phases de l'introduction du recours hiérarchique, le recours hiérarchique est une mesure de sauvegarde des intérêts des candidats de souscrire à la commande publique. Si la règlementation des marchés publics a prévu le

---

[449] V. L'article 171(2) CMP.
[450] V. Les articles 173, 174, 175 CMP précité.
[451] V. L'article 170 du CM précité.
[452] V. L'article 186 CMP.
[453] V. L'article 61 alinéa 2 CCAG-fournitures.
[454] V. L''article 48(1) CCAG-Services et prestations intellectuelles.

règlement du contentieux par l'exercice de la procédure du recours hiérarchique. Notons toutefois qu'il n'est pas clairement indiqué dans le code les délais dans lesquels doit intervenir le recours hiérarchique.

2. Les raisons justifiant l'absence d'une formulation explicite des délais

Dans le domaine des marchés publics, le recours hiérarchique n'est pas imposé pour le règlement des différends. Son exercice relève d'une pure faculté et il est par conséquent toujours possible de saisir directement l'autorité supérieure à celle qui a rendu la décision. Le supérieur hiérarchique peut être saisi par le biais de la copie de la réclamation. Le délai de saisine du supérieur en phase de passation n'est pas précisé, il découle des interprétations. Ainsi on peut assimiler le délai du recours adressé au maître d'ouvrage ou maître d'ouvrage délégué au délai de saisie du supérieur hiérarchique dans la mesure où il y a une sorte de substitution du premier recours et du second recours. C'est la copie du recours adressé au MO ou MOD qui est déposé auprès de l'autorité des marchés publics. On conclut que le délai de saisine du maître d'ouvrage et du maître d'ouvrage délégué est le même que le délai de saisine de l'autorité des marchés publics.

En phase d'exécution, le code des marchés publics comme les CCAG sont muets quant à la formulation des délais de recours hiérarchique en phase d'exécution. Plusieurs raisons peuvent justifier ce mutisme des textes :

- Notons d'abord à la suite de M. VEDEL et M. DELVOLVE que, *« si le recours hiérarchique est une possibilité, il n'est pas une nécessité »*[455]. Si en droit des marchés publics, la possibilité est offerte au soumissionnaire évincé de former un recours auprès du supérieur hiérarchique, cette procédure n'est pas fréquente en matière de résolution du contentieux.
- Ensuite, *« face à la décision explicite d'une autorité administrative subordonnée, le recours gracieux et le recours hiérarchique sont substituables l'un à l'autre »*[456]. Cette affirmation est vérifiable que ce soit dans les recours formés en phase de passation ou d'exécution.
- En phase de passation des marchés publics, on peut déduire que les délais de formulation des recours auprès du MO ou MOD correspondent également au délai de formulation du recours hiérarchique.
- Enfin, le recours hiérarchique est sans effet sur la procédure juridictionnelle en cas d'une saisine éventuelle du juge administratif.

---

455 VEDEL (G), DELVOLVE (P), *Le système français de protection des administrés contre l'administration*, Paris, Sirey, 1991, p. 152.
456 GOHIN (O), *op. cit.* p.15.

Les délais fixés par la loi pour l'exercice du recours gracieux imposent aux administrés d'éviter la perte du temps dans la formulation du recours hiérarchique, de se consacrer prioritairement à exercer le recours gracieux dans les délais pour éviter la formulation préjudiciable à la poursuite de la procédure contentieuse[457]. Cette affirmation de M. NYETAM trouve également sa justification dans les recours formulés dans les marchés publics. Il est important pour un soumissionnaire évincé en phase d'exécution de saisir prioritairement le MO ou le MOD. En cas de saisine de l'autorité hiérarchique, celui-ci dispose d'un entier pouvoir de décision.

3. Le pouvoir d'évocation du litige par le supérieur hiérarchique

Dans l'hypothèse de la saisine de l'autorité hiérarchique supérieure, il appartient à ladite autorité de vérifier si l'autorité initiale a fait une application conforme au droit. Le recours adressé à l'autorité des marchés publics par le soumissionnaire est un recours en vue de contester les irrégularités commises par le maître d'ouvrage ou le maître d'ouvrage délégué pendant la passation ou l'exécution du marché. Deux mesures sont envisagées par le supérieur hiérarchique : soit il procède à l'anéantissement de la décision de l'autorité subordonnée soit, après vérification de la régularité de la décision de l'autorité subordonnée, il substitue sa décision à la décision initiale.

L'anéantissement de la décision de l'autorité subordonnée trouve son fondement dans l'article 175 alinéa (5) du code des marchés publics. Aux termes de l'article 175 (5) *« la suspension de la procédure est levée par l'autorité des marchés publics après examen des conclusions du comité chargé de l'examen des recours »*[458] lorsque l'autorité hiérarchique en phase de passation lève la procédure de suspension ordonnée par l'organisme chargé de la régulation des marchés publics, il annule cette décision et la sienne fait foi. Ainsi, lorsque l'autorité supérieure est saisie dans le cadre d'une procédure administrative particulière portant aménagement du pouvoir hiérarchique, le transfert du pouvoir de décision qui en résulte conduit à l'effacement de la compétence de l'autorité[459] initiale, l'autorité des marchés publics après avoir examiné les conclusions du comité chargé de l'examen des recours, ordonne que la suspension soit levée. Il anéantit par cette décision la compétence de l'autorité subordonnée en l'occurrence l'organisme chargé de la régulation des marchés publics.

Le code des marchés publics prévoit que l'autorité initiale le saisit d'un recours préalable, la copie dudit recours devrait être transmise à l'autorité supérieure. Le délai courra à partir du dépôt du recours auprès des autorités

---

[457] NYETAM TAMGA (A), *op. cit.* p. 124.
[458] V. L'article 175 alinéa 5 CMP.
[459] BRISSON (J.F), *op. cit.* p. 359.

subordonnées. L'autorité supérieure anéantit la compétence initiale de l'autorité subordonnée par la nouvelle décision après réexamen. La décision de l'autorité des marchés publics s'impose aux deux parties[460].

En phase d'exécution du marché, l'autorité des marchés publics prononce sa décision sur proposition du comité chargé de l'examen des recours, et après avis de l'organisme chargé de la régulation des marchés publics, le cas échéant[461].

Paragraphe 2. L'examen des recours par des instances appropriées

Les recours administratifs préalables prévus en matière des marchés publics par le code et l'examen des réclamations déposées par les cocontractants sont avancés pour expliquer le succès des procédures de règlement préalable des litiges. Ainsi, le traitement des différends survenu en phase de passation ou d'exécution se justifie par les instances qui interviennent et dont les rôles doivent être clairement définis. Le recours administratif préalable constitue une contrainte juridique importante et temporelle perçue par l'administration qui dispose du temps et des compétences techniques pour traiter dans de bonnes conditions les recours qui lui sont présentés pour la bonne marche de leurs relations contractuelles.

Il présente un intérêt indéniable, car il est susceptible de donner lieu à un examen de la décision contestée d'une part, à l'extinction du litige ou à tout le moins à la réduction du pourcentage des réclamations contentieuses d'autre part. Dans les marchés publics, l'office de l'instruction des recours est confié à l'autorité des marchés publics, au comité d'examen des recours, à l'agence de régulation des marchés publics, aux organes de gestion administrative des marchés. Il est utile que les instances intervenantes soient compétentes pour examiner les recours et favoriser la prévention du litige. On s'attardera ainsi à étudier l'office exercé par le comité d'examen des recours (A), l'Agence de régulation des marchés publics (B), les organes de gestion administrative des marchés (C).

A. Le comité chargé de l'examen des recours

La règlementation des marchés publics permet d'observer que l'examen administratif des recours des soumissionnaires lésés est assuré par des instances appropriées : il s'agit du comité chargé de l'examen des recours et de l'Agence de régulation des marchés publics. Le comité chargé de l'examen des recours objet de la réflexion dans ce titre est une instance créée par la

---

[460] V. l'article 176(3) CMP.
[461] V. L'article 186(2) CMP.

décision n° 0010/D/MINMAP/CAB du 28 janvier 2013[462] et réorganisé par la décision n° 0463/D/M/NMAP/CAB du 25 août 2015[463] puis réorganisé à nouveau par arrêté n° 413A/PR/MINMAP du 8 décembre 2020[464]. Le comité est une instance établie auprès de l'organisme chargé de la régulation des marchés publics appelée à examiner les recours des soumissionnaires qui s'estiment lésés et à proposer le cas échéant à l'autorité chargée des marchés publics des mesures appropriées[465].

Ce comité est composé ainsi qu'il suit[466] :

- un (1) Président nommé par l'autorité chargée des marchés publics ;
- un (1) représentant du ministère chargé des marchés publics ;
- un (1) représentant de l'organisme chargé de la régulation des marchés publics ;
- trois (3) représentants des organismes du secteur privé :
- trois (3) représentants de la société civile.

Le président et les membres du comité sont nommés pour une période de deux (2) ans renouvelables une fois[467]. Pour l'accomplissement de sa mission, le comité dispose d'un secrétariat technique placé sous la responsabilité d'un coordonnateur et se réunit sur convocation de son président.

Outre sa composition, les compétences dévolues se résument :

- à l'examen des recours des soumissionnaires ou candidat lésés dans la procédure de passation ou dans l'exécution de son marché ;
- au réexamen des recours, assorti des observations en cas de désaccord des points de vue de l'autorité chargée des marchés publics et le comité ;
- à l'instruction des recours qui lui sont soumis par l'autorité des marchés publics ;
- à la formulation de ses propositions à l'issue de l'examen des dossiers à l'autorité chargée des marchés publics.

---

462 La décision n° 0010/D/MINMAP/CAB du 28 janvier 2013 portant création, organisation et fonctionnement du comité d'examen des différends relatifs à la passation des marchés publics.

463 La décision n° 04631/D/MINMAP/CAB du 25 août 2015 portant réorganisation du comité d'examen des recours et des différends relatifs à l'attribution des marchés publics.

464 Arrêté n° 413A/PR/MINMAP du 08 décembre 2020 portant organisation et fonctionnement du comité chargé de l'examen des recours résultant des marchés publics.

465 V. L'article 5(i) du CMP et l'article 2 de l'arrêté n° 413A/PR/MINMAP du 8 décembre 2020 précités.

466 V- L'article 3 de l'arrêté n° 413.

467 V. L'article 3(3) de l'arrêté n° 413.

L'examen des recours de soumissionnaires lésés met en exergue les compétences du comité chargé d'examen des recours en phase de passation (1) et en phase d'exécution (2).

1. Les compétences du comité chargé d'examen des recours en phase de passation

En phase de passation, le comité est chargé de recevoir et d'examiner les recours introduits par tout candidat lésé dans la procédure de passation d'un marché. Les recours s'exercent en plusieurs phases de la procédure de la passation.

- Entre la publication des résultats de l'avis d'appel d'offres et l'ouverture des plis, le différend oppose le requérant potentiel cocontractant de l'administration et le MO ou le MOD. L'examen dudit comité porte sur ledit désaccord. Si la compétence du comité est encadrée par la règlementation en vigueur[468], elle concerne à cette étape de l'ouverture des plis :
- la vérification du respect de la procédure conformément à la règlementation des marchés publics ;
- la régularité des pièces vérifiées.

Le recours porté à cette étape auprès du comité n'est pas suspensif[469].

- Entre la publication des résultats et la notification, l'examen du recours ne porte que sur l'attribution.

Ce recours peut donner lieu à la suspension de la procédure à cette phase ; l'appréciation de l'organisme chargé de la régulation des marchés publics est requise. Après examen des conclusions du comité, l'autorité des marchés publics peut lever la suspension.

À la lecture des textes, l'on peut constater que le législateur a édicté des mesures diligentes dans le traitement des recours. Cette diligence se manifeste par des délais de réponse qui sont prescrits et le constat d'un examen de la demande. En règle générale, dès réception du recours, le président du comité le transmet à l'organisme chargé de la régulation des marchés publics à la diligence du coordonnateur du secrétariat technique dans un délai de 24 heures[470]. Après instruction du recours par un rapporteur désigné par l'organisme chargé de la régulation des marchés publics, l'OCRMP dispose d'un délai de sept jours calendaire à compter de sa saisine pour émettre son avis technique au comité, cet avis technique transmis au comité est accompagné des documents relatifs à la procédure ayant servi à l'instruction

[468] V. L'article 173(2), 176 CMP précité.
[469] V. L'article 173(4) CMP précité.
[470] V. L'article. 11 (1) de l'arrêté n° 413 précité.

du recours. Après réception de l'avis technique, « *le comité dispose d'un délai maximum de sept (7) jours calendaires à compter de la réception de l'avis technique de l'organisme chargé de la régulation des marchés publics pour formuler sa proposition à l'autorité chargée des marchés publics* »[471]. À cet effet, l'autorité dispose d'un délai de sept (7) jours calendaires pour la notification de sa décision au requérant.

Toutefois, en cas de désaccord entre la proposition formulée du comité et l'avis de l'autorité des marchés publics, celle-ci retourne le dossier dans un délai de cinq (5) jours calendaires pour réexamen. Aux termes de l'article 18(2), « *le comité réexamine le dossier et lui formule à nouveau sa proposition dans un délai de cinq (5) jours calendaires* »[472]. En cas de désaccord persistant, la proposition du comité tient lieu d'avis conforme. Même dans le cas d'un avis conforme, c'est-à-dire qui doit être suivi, l'autorité administrative décisionnelle ne peut être considérée comme juridiquement liée, puisqu'elle conserve la liberté de renoncer à prendre l'acte pour l'édiction duquel elle avait sollicité l'avis[473]. En pareille hypothèse, les textes ont prévu que « *toutefois, les décisions de l'autorité des marchés publics peuvent faire l'objet de recours devant les juridictions administratives compétentes* »[474].

Les compétences conférées au comité d'examen des recours permettent de « *revitaliser le recours administratif préalable* »[475]. Aussi, conviendrait-il d'examiner les compétences confiées au comité chargé d'examiner les recours en phase d'exécution.

2. Les compétences du comité chargé d'examen des recours en phase d'exécution

Pendant l'exécution du marché, l'attitude de l'administration n'est pas cantonnée à l'obligation d'examiner les réclamations déposées par le cocontractant, car conformément à l'article 186(2) du code des marchés publics « *l'autorité des marchés publics prononce sa décision sur proposition du comité chargé de l'examen des recours et après avis préalable de l'organisme chargé de la régulation des marchés publics, le cas échéant* »[476]. En phase d'exécution du marché, le comité intervient également dans le traitement des différends. Le schéma idéal d'un bon suivi dans l'exécution du marché amène le comité à formuler des propositions à l'adresse de l'autorité

---

471 V. L'article 16 de l'arrêté n° 413 précité.

472 L'avis est particulièrement contraignant dans le cas où la décision ne peut être prise que « *sur avis conforme* » de l'organisme consultatif in CHAPUS (R), Droit administratif général, Pairs, Montchrestien, 15e édition, tome 1, 2001, n°1307, p. 1113.

473 PLESSIX (B), *op. cit*, pp.959-960.

474 V. art. 18(4) de l'arrêté n° 413 précité.

475 Pour emprunter l'expression de CENDRE MALINAS (S), *Le temps dans le marché public*, Paris, Presses de l'ANRT, 1997, p.241.

476 L'article 186(2) du CMP.

des marchés publics. À cet effet, *« la proposition du comité est transmise à l'autorité chargée des marchés publics accompagnée de la liasse documentaire relative à la procédure mise en cause ayant servi à l'instruction et à l'examen du recours »*[477]. La liasse documentaire également transmise permet de contrôler raisonnablement les manquements à la règlementation, de faire constater les irrégularités perceptibles. Le comité propose des solutions susceptibles de faire cesser les contestations. Le règlement du litige garantit ainsi un meilleur climat des relations entre le cocontractant de l'administration et l'administration elle-même.

Pour résoudre les litiges nés pendant l'exécution du marché, la réclamation soulevée par le contractant est examinée avec bienveillance et attention particulière. Ce recours présenté est complexe parce qu'en cette étape la réalisation matérielle du projet est déjà entamée. Le comité est chargé *« de l'examen des recours de tout contractant de l'administration qui s'estime lésé dans l'exécution de son marché »* et ledit comité est contraint d'accompagner la formulation de sa proposition *« - du procès-verbal de la session consignée par le président, les membres et le coordonnateur du secrétariat technique et faisant sortir pour chaque recours la proposition du comité :*

- *de l'avis technique de l'organisme chargé de la régulation des marchés publics ;*
- *des notes écrites relatives aux réserves émises par les membres non signataires le cas échéant ;*
- *de la copie du recours examiné ;*
- *de la fiche de présence de la session ;*
- *de tous les autres documents jugés nécessaires »*[478].

Cette exigence de la règlementation de transmettre les pièces suscitées permet surtout que les requêtes présentées par les contractants soient examinées avec plus d'efficacité et de régularité permettant ainsi de rompre certaines mentalités chaotiques que certains responsables pourraient afficher. À ces compétences du comité chargé de l'examen des recours, on peut associer celles de l'Agence de régulation des marchés publics.

B. L'agence de régulation des marchés publics

L'ARMP a été créée par le décret n° 2001/048[479] qui en a fixé l'organisation et le fonctionnement. L'agence est un établissement public administratif placé sous la tutelle de la Présidence de la République et doté de

---

[477] V. L'article. 15 de l'arrêté n° 413 précité conformément à l'article 186 CMP précité.
[478] L'article 4 arrêté 413 précité.
[479] Le décret n° 2001/048 du 23 février 2001 portant création et fonctionnement de l'Agence de régulation des marchés publics.

la personnalité juridique et de l'autonomie financière chargée de *« la régulation, le suivi et l'évaluation du système des marchés publics »*[480]. De sa création à l'arrivée du MINMAP, il était le véritable chef d'orchestre[481] du système des marchés publics d'antan.

Du fait des accusations portées à l'endroit de l'agence, notamment son incapacité à formuler des sanctions[482], une décision du CDBF met en débet le directeur général, comme coupable du recrutement de certains agents en violation des procédures prescrites, le paiement d'avantages spéciaux illégaux, le paiement des primes sans fondement juridique[483]. *« Les missions de l'ARMP depuis la création du MINMAP cohabitent désormais avec une nouvelle institution censée chapeauter l'ensemble du système »*[484] comme son prédécesseur. Il dispose des compétences d'examen des recours en phase de passation (1) et en phase d'exécution des marchés publics (2).

1. Les compétences de l'ARMP en phase de passation

L'ARMP est chargé d'examiner et d'instruire les recours qui pourront ou non connaître un aboutissement favorable. Ses compétences sont systématiquement prévues par le code des marchés publics. L'ARMP est chargée *« d'instruire les litiges nés des procédures des marchés publics et de formuler les avis techniques au comité chargé de l'examen des recours des soumissionnaires »*[485]. L'article 11(2) de l'arrêté précise qu' *« un rapporteur désigné en raison de sa compétence et de sa probité par l'OCRMP instruit le recours du soumissionnaire ou du contractant de l'administration dont est saisi le comité »*[486].

- Le comité chargé de l'examen des recours travaille en collaboration avec l'Agence de régulation des marchés publics. Dès réception du recours, le Président du comité transmet ledit recours pour instruction à l'ARMP. En phase de passation, notamment en préqualification, le recours peut porter :
- sur des demandes de réexamen des conditions de sollicitation ;

[480] V. L'article 3 al. 1 du décret précité.
[481] *Ibid.* L'ARMP est chargé entre autres de contribuer à la formation et à l'information des intervenants dudit système sur la règlementation et les procédures applicables aux M.P.
[482] MOMO FOUTHIM (C), *« La régulation économique au Cameroun » RRJ*, 2007-2, p.993.
[483] Lire la décision du CDBF du 11 juin 2012 sanctionnant le directeur général et le président du conseil d'administration de l'agence, à la suite d'un contrôle de gestion réalisé par ledit CDBF pour le compte des exercices 2005 à 2010.
[484] V. L'article 48 (2) du CMP précité.
[485] V. L'article. 48 al (i) du CMP précité.
[486] V. L'article 11 alinéa 2 de l'arrêté n° 413 précité.

- sur des demandes de réexamen des décisions ou actes pris par le maître d'ouvrage ou le maître d'ouvrage ou le maître d'ouvrage délégué.

À l'ouverture des plis, entre la publication des résultats et la notification de l'attribution, une copie du recours est adressée à l'Agence de régulation des marchés publics. L'agence reçoit des maîtres d'ouvrages et des commissions des marchés des copies des pièces et autres documents ou rapports concernés. L'organisme instruit le recours et soumet ses conclusions au comité chargé de l'examen des recours conformément aux articles 176[487] et 11[488] avec plus de précision *« l'organisme chargé de la régulation des marchés publics dispose d'un délai de sept jours calendaires à compter de sa saisine pour émettre son avis technique au comité. Cet avis technique doit ressortir les éléments de recevabilité et le cas échéant le caractère fondé ou non du recours, il ne lie pas le comité ».* De cet avis technique, notons que l'agence a la liberté de décision et n'est guère limitée par l'avis du comité. Elle conserve la faculté d'apporter à ses décisions toutes les modifications qui lui paraissent utiles. Dès réception de l'avis technique de l'agence de régulation des marchés, le comité dispose d'un délai de sept (7) jours pour émettre sa proposition.

L'organisme chargé de la régulation des marchés publics intervient également dans des cas de désaccords persistants entre la commission de passation des marchés publics et le MO et le MOD. En pareil cas, *« l'autorité chargée des marchés publics peut demander l'avis de l'organisme chargé de la régulation des marchés publics qui dispose dans ce cas d'un délai de sept (7) jours ouvrables pour le lui donner » ;* l'expression *« peut »*[489] permet de souligner que la consultation est facultative. Et M. CHAPUS souligne qu'en de pareils cas, *« l'autorité qui l'a provoquée ne saurait s'estimer liée par l'avis émis, même dans le cas où elle l'a spécialement institué »*[490] raison pour laquelle « la notification du marché est subordonnée à la décision de l'autorité chargée des marchés publics »[491].

En cas de désaccord persistant entre la commission centrale de contrôle des marchés et le maître d'ouvrage ou le maître d'ouvrage délégué, *« l'autorité chargée des marchés publics peut demander l'avis de l'organisme chargé de la régulation des marchés publics qui dispose dans ce cas d'un délai de sept (7) jours pour le lui donner »*[492]. Le désaccord persistant ouvre les prérogatives de l'ARMP à travers la formulation des avis dans des délais

---

[487] V. L'article 176 CMP.
[488] V. L'article 11 de l'arrêté n° 413 précité.
[489] V. L'article 178 (4) CMP.
[490] CHAPUS (R), *op. cit.*, p. 1113.
[491] V. L'article 178 (5) CMP.
[492] V. L'article 179 (5) CMP.

règlementaires prescrits (07 jours) auprès de l'autorité chargée des marchés publics. Par des études et avis réguliers, l'ARMP veille à la saine application des procédures et peut faire des recommandations ou propositions pour une amélioration appropriée. L'avis émis est un avis simple, car l'autorité des marchés publics investie du pouvoir de décision n'a pas l'obligation de recueillir cet avis qui ne s'impose par conséquent pas à elle. L'agence de régulation des marchés publics intervient également dans l'instruction des recours en phase d'exécution.

2. Les compétences de l'ARMP en phase d'exécution

Pendant l'exécution des marchés publics, l'ARMP exerce également son pouvoir d'instruction à la suite des réclamations mettant en cause l'administration et son co-contractant qui s'estime évincé injustement pendant l'exécution du marché. À cet effet, elle émet des avis en tant que de besoin, à la demande du ministre chargé des marchés publics.

Ainsi, *« l'autorité chargée des marchés publics prononce sa décision (...) après avis préalable de l'organisme chargé de la régulation des marchés publics, le cas échéant »*[493]. L'ARMP assure le suivi de l'application des décisions portant sur le règlement des litiges relatifs aux marchés publics. Pour corroborer cette affirmation, le code précise que *« l'organisme chargé de la régulation des marchés publics prend, après exploitation de la documentation des marchés publics qui lui sont transmis, des actes de régulation et saisit les concernés dans les délais règlementaires... »*[494]. L'ARMP veille à ce que les actes de régulation soient pris en compte par leurs destinataires. Les cocontractants évincés doivent être informés des raisons justifiant le non fondé de leurs prétentions. L'ARMP accomplit ses missions en collaboration avec le comité chargé de l'examen des recours, outre le fait que l'autorité chargée des marchés publics peut le cas échéant requérir l'avis préalable de ladite agence de régulation. L'article 7 de l'arrêté organisant le comité précise que *« le président du comité assure le bon fonctionnement de celui-ci. À ce titre, il :*

- *transmet à l'organisme chargé de la régulation des marchés publics pour instruction, les recours dont est saisi le comité... »*[495].

Cette collaboration dans l'instruction des recours permet de vérifier la conformité des réclamations à la règlementation des marchés publics en vigueur. Ce droit du co-contractant à un examen effectif des demandes qu'il

---

[493] V. l'article 186 (2) CMP.
[494] V. L'article 189 CMP.
[495] V. L'article 7 (1) de l'arrêté n° 413 précité.

présente devant les instances administratives est marqué par le caractère consultatif. Car, l'autorité des marchés publics prononce sa décision sur proposition du comité chargé de l'examen des recours, et après avis de l'organisme chargé de la régulation des marchés publics, le cas échéant[496]. Une telle mesure est marquée par l'engagement de l'administration partie du marché public à faire preuve de plus de diligence dans le traitement des réclamations. Aussi, les structures internes de gestion administratives peuvent également examiner les réclamations.

C. Les structures internes de gestion administrative des marchés publics

Les structures internes de gestion administrative des marchés publics peuvent traiter les réclamations des soumissionnaires. Ces structures internes sont placées auprès des maîtres d'ouvrages et des maîtres d'ouvrage délégués pour une assistance dans l'exécution de leurs attributions[497]. Plusieurs compétences sont octroyées par le code de marché à cette structure. Elles interviennent au stade :

- de la maturation des projets ;
- de la finalisation des projets de marchés et d'avenants avant souscription ;
- de la transmission des documents générés lors de la passation et de l'exécution des marchés publics ;
- de la rédaction des rapports trimestriel, semestriel et annuel sur la passation et l'exécution des marchés

Ces réclamations peuvent porter sur des incidences financières notamment sur le retard excessif dans le paiement de la contrepartie par le maître d'ouvrage. La structure examine les réclamations des contractants concernant les réclamations portant sur des intérêts moratoires. Les réclamations peuvent également viser l'ampleur des retards observés par le maître d'ouvrage en ce qui concerne la notification avisant la non-disponibilité d'un site dont le démarrage du projet avait été notifié. Un tel comportement du maître d'ouvrage n'est pas de nature à assurer la fluidité des relations avec son co-contractant, ceci pouvant susciter une réclamation de ce dernier. Les structures internes peuvent traiter ces réclamations afin que ces mesures qu'on peut reprocher au maître d'ouvrage n'entraînent pas des conséquences critiques sur la réalisation de certains projets. Cette structure doit veiller à l'élaboration des plans de passation des marchés et s'assurer de leur suivi. Elle traite des réclamations et s'assure par le biais de son canal de la maturation et

---

496 V. L'article 186 (2) CMP précité.
497 V. L'article 8 (1) CMP.

finalisation des projets. Au terme de l'article 17(1) du décret fixant les règles communes applicables aux marchés des entreprises publiques, le *« conseil d'administration met en place une structure interne de gestion administrative des marchés qui est la principale interface entre les organes de contrôle et l'entreprise publique. Elle assiste le maître d'ouvrage au stade ;*

- *de la rédaction des rapports trimestriels, semestriels et annuels sur la situation générale des marchés passés par l'entreprise publique »*[498].

Dans les rapports annuels, mentions sont faites des réclamations examinées, des documents sources de conflits lors de la passation et de l'exécution des marchés publics, les procès-verbaux des séances de travail y sont mentionnés. La règlementation des marchés comme étudiée plus haut a prévu un système de gestion clair et précis des recours et des désaccords résultant des marchés publics. Inscrit dans une démarche d'amélioration continue, ce système a innové d'une part avec l'avènement d'un comité d'examen des recours (CER)[499] comme une garantie de la sécurité juridique des soumissionnaires et d'autre part avec l'ordonnancement du règlement du contentieux des marchés publics autour de l'autorité chargée des marchés publics nantie d'un pouvoir de décision[500]. Notons également que tous les intervenants contribuent à mettre en œuvre les procédures d'examen des recours en vigueur pour mettre en œuvre de manière satisfaisante le système des recours. Les recours administratifs restent largement d'une empreinte spécifique marquée par son caractère obligatoire.

Section 2. L'effectivité de la fonction contentieuse

Le contexte particulier de la saisine du juge est marqué par le caractère obligatoire du recours gracieux. La décision prise à la suite du recours se substitue nécessairement à la décision initiale et elle est la seule susceptible d'être déférée au juge de la légalité[501]. Dès lors que le requérant opte pour la voie juridictionnelle, il doit s'assurer de l'obligation de justification d'un recours gracieux qui est un préalable à la saisine du juge (I) à cet effet, il est important de procéder à un aménagement procédural du recours gracieux (II).

---

[498] V. L'article 17 alinéa 1(g) du décret n° 2018/355 du 12 juin fixant les règles communes applicables aux marchés des entreprises publiques.
[499] V. L'article 5 (j) CMP.
[500] V. L'article 50 CMP.
[501] GAUDEMET (Y), *« Le précontentieux : le règlement non juridictionnel des conflits dans les marchés publics », AJDA*, 1994, p.84.

Paragraphe 1. L'obligation de justification d'un recours gracieux dans le contentieux juridictionnel

L'obligation de justification d'un recours gracieux trouve son fondement à l'article 17 de la loi n° 2006/022 en ces termes : « (1) le recours devant le tribunal administratif n'est recevable qu'après rejet d'un recours gracieux adressé à l'autorité auteur de l'acte attaqué ou à celle statutairement habilitée à représenter la collectivité publique ou l'établissement public en cause.

(2) Constitue un rejet du recours gracieux, le silence gardé par l'autorité pendant un délai de trois mois sur une demande ou réclamation qui lui est adressée ; ce délai court à compter de la notification du recours gracieux.

(3) Le recours gracieux doit, sous peine de forclusion, être formé :

a) dans les trois mois de publication ou de notification de la décision attaquée ;

b) en cas de demande d'indemnisation, dans les six mois suivant la réalisation du dommage ou sa connaissance ;

c) en cas d'abstention d'une autorité ayant compétence liée, dans les quatre ans à partir de la date à laquelle ladite autorité était défaillante »[502]. Cette règle de procédure devant les tribunaux administratifs posée à l'article 17 ci-dessus cité démontre à suffisance que le recours gracieux est une phase obligatoire au déclenchement d'une action en justice contre l'administration. Et au terme de l'article 18 « (1) sous peine de forclusion, les recours contre les décisions administratives doivent être introduits dans un délai de soixante (60) jours à compter de la décision de rejet du recours gracieux visé à l'article 17 ci-dessus ;

(2) Ce délai court du lendemain du jour de la notification à personne ou à domicile élu »[503].

En matière contractuelle, les recours contre les décisions administratives visent à titre d'exemple les contestations pour résiliation abusive, contestation des pénalités de retard ; contestation sur la réception des prestations. À cet effet, les décisions rendues par l'administration peuvent susciter un recours juridictionnel lorsque le soumissionnaire n'a pas trouvé satisfaction. Le soumissionnaire ne peut porter devant le tribunal administratif compétent *« que des chefs et le motif de la réclamation énoncé dans la lettre ou le*

[502] L'article 17 de la loi n° 2006/022 précité.
[503] L'article 18 de la loi n° 2006/022 précité.

mémoire remis à la personne responsable du marché»[504]. Ainsi, il convient d'envisager le bien-fondé du caractère obligatoire du recours gracieux (A) et procéder à l'examen effectif du litige conditionné par l'introduction d'un recours gracieux (B).

A. Le bien-fondé du caractère obligatoire du recours gracieux

L'institution d'un recours gracieux obligatoire à la saisine du juge a pour effet de prévenir le contentieux juridictionnel et de permettre aux instances administratives de régler véritablement le litige. L'obligation du recours gracieux vise la prévention du contentieux. En ce sens, *« l'encombrement récurrent des juridictions administratives a conduit les pouvoirs publics à faire de l'obligation du recours administratif préalable une des techniques privilégiées de la politique de prévention du contentieux juridictionnel »*[505]. Ce faisant, l'obligation du recours gracieux ainsi institué par le législateur camerounais contribue à la prévention des recours juridictionnels superflus. L'institution d'un recours gracieux obligatoire est l'une des préoccupations du juge administratif. Rappelant son attachement à *« une politique active de prévention du contentieux »* afin *« d'éviter que les litiges inutiles ou superflus viennent encombrer les juridictions »*[506].

L'exigence du recours gracieux a également pour finalité d'inviter l'administration *« selon le cas soit à retirer l'acte administratif contesté, soit à réparer le préjudice que son action ou son inaction a pu causer aux tiers »*[507]. L'instance administrative est entourée de garanties susceptibles d'assurer un examen effectif de la réclamation litigieuse par l'autorité compétente saisie. En matière de contentieux contractuels, les cahiers des clauses administratives générales et particulières, les lettres de commandes ainsi que les cahiers de charges contiennent des délais de procédure susceptibles d'être exploités dans la formulation d'un recours gracieux[508].

En matière de contentieux contractuel, la spécificité pourrait résider autour de la personne publique contractante ou l'autorité contractante[509] ; on vise alors pour adresser le recours gracieux, l'autorité qui a procédé à la signature du contrat. Plusieurs hypothèses peuvent être évoquées :

---

[504] C.E 26 février 1960, n° 41. 391 et 41. 392, Société générale d'installation électrique, Rec., CE, 1960, p.155.
[505] BRISSON (J.F), *op. cit.* p. 148.
[506] *Ibid.*, p. 150.
[507] GUIMDO DONGMO (B.R), *« Le droit d'accès à la justice administrative au Cameroun. Contribution à l'étude d'un droit fondamental »*, *RRJ*, n° XXXIII-121, 2008-1, p.469.
[508] BIAKAN (J), *op. cit*, p.51.
[509] *Ibid*, p. 50.

- l'État en tant que collectivité publique : le ministre chargé des marchés publics, les ministres, les chefs de missions diplomatiques ;
- les collectivités territoriales décentralisées : les exécutifs communaux ou régionaux ;
- les établissements publics : les directeurs généraux ;
- les sociétés d'économies mixtes : les directeurs généraux[510].

L'autorité chargée des marchés publics peut ordonner le réexamen des recours et rendre une décision qui s'impose aux parties. L'autorité chargée des marchés publics transmet dans un délai de quarante-huit (48) heures pour compter de leur signature, les décisions sanctionnant l'examen des recours pour publication dans le journal des marchés[511]. Les décisions de l'autorité chargée des marchés publics peuvent faire l'objet de recours devant les juridictions administratives compétentes[512]. Ce préalable peut alors bloquer ou au contraire déclencher la phase proprement contentieuse du contentieux administratif[513]. Ainsi, le recours gracieux permet à l'autorité administrative saisie de rendre sa décision. À cet effet, affirme M. BIAKAN, *« le recours administratif doit donc être rédigé avec soin, car son contenu « lie » la requête contentieuse »*[514].

B. L'examen effectif du litige conditionné par l'introduction d'un recours gracieux

La concrétisation de la fonction contentieuse par le biais du recours gracieux suppose que la requête présentée à l'administration fasse l'objet d'un examen effectif. Le recours juridictionnel suit ainsi le recours préalable. La pratique contentieuse fait ainsi du recours gracieux un préalable au recours juridictionnel. Ainsi, l'examen effectif du litige par le juge administratif passe dès lors par la justification d'un recours gracieux. L'organisation contentieuse des recours en matière contractuelle se poursuit devant le juge administratif. L'examen de la jurisprudence administrative en matière de contentieux des marchés publics met en exergue le recours gracieux préalablement dominé par les actes détachables du contrat pour soumettre au contrôle du juge

---

510 *Ibid.*

511 L'article 19 de l'arrêté n° 413 précité.

512 L'article 18 (alinéa 4) de l'arrêté n° 413 précité.

513 KAMTO (M), *« La fonction administrative contentieuse de la Cour suprême au Cameroun. Contribution à l'étude d'un droit fondamental »* in les cours suprêmes en Afrique, T1, sous la direction de CONAC (G) et de DUBOIS DE GAUDUSSON (J), Paris, Économica, 1988, p.42.

514 BIAKAN (J), *op. cit.*, p.49.

administratif certaines opérations liées au marché et qui s'en détachent en même temps.

Le domaine de la résiliation posé par le code des marchés publics[515] met en exergue le recours gracieux dominé par la résiliation du marché auprès du juge administratif camerounais. Aux termes de l'article 180 du code *« lorsque le cocontractant de l'administration ne se conforme pas aux stipulations du marché et aux ordres de service s'y rapportant, suivant le cas, le maître d'ouvrage ou le maître d'ouvrage délégué le met en demeure de s'exécuter dans un délai déterminé »*[516]. *« Faute pour le cocontractant de l'administration de s'exécuter en application des dispositions de l'article 180 du présent code, le maître d'ouvrage peut : (b) prononcer la résiliation du marché, aux torts, frais et risques dudit cocontractant... »* [517]. Le juge administratif en fait une application constante[518], car le contentieux contractuel ne déroge pas à cette disposition textuelle. *« Dans l'affaire SOCANET Sarl c/Aéroports du Cameroun S.A. (ADC S.A.) le juge administratif a déclaré le recours contentieux de SOCANET Sarl irrecevable »,* car l'introduction tardive du recours gracieux équivaut au défaut d'un tel recours entraînant la forclusion du recours contentieux. En l'espèce, la Société ADC a prononcé le 22 décembre 2009 la résiliation des marchés conclus avec la Société SOCANET. Le délai d'introduction du recours gracieux expirait le 22 juin 2010, et celui du recours contentieux expirait le 30 août 2010. La forclusion a été prononcée par le juge, car les délais d'assignation des ADC devant le juge administratif étaient expirés.

Dans toutes les hypothèses de rupture de marché public, le cocontractant qui estime avoir subi le préjudice peut intenter un recours contentieux en indemnisation du préjudice subi contre l'administration contractante qui a pris la décision incriminée. Il s'agit de la décision du maître d'ouvrage, du maître d'ouvrage délégué, du chef de service du marché ou l'autorité des marchés publics auteur de la rupture abusive du marché. Ainsi, pour un aménagement procédural des recours administratifs, M. LAVESSIERE évoque à juste titre le *« resserrement de la voie contentieuse »*[519]. Si l'existence de recours

---

[515] Lire les articles 180, 181 CMP précité.

[516] L'article 180 CMP précité.

[517] L'article 181 CMP précité.

[518] TA-Ydé jugement n° 96/2015 du 21 juillet 2015, SCIMPEX Afrique Sarl c/ État du Cameroun ; CFJ, CAY/arrêt du 18 août 1972, ZE Edmond c/ État du Cameroun, TA-Ydé, jugement n° 123/2016/ du 19 avril 2016 société SOCANET Sarl c/Aéroports du Cameroun S.A/ADC S.A.

[519] LAVESSIERE (J), *« Le droit à l'information à l'épreuve du contentieux à propos de l'accès aux documents administratifs »*, D. 1987 chron. P. 274, droit du contentieux administratif.

préalable peut, observe M. CHAPUS, « provoquer des effets pervers c'est sans doute des recours obligatoires (…) »[520].

Paragraphe 2 : l'aménagement procédural du recours administratif

On peut s'interroger sur le bien-fondé du recours contentieux dès lors que le litige n'est pas né. On peut donc examiner le caractère pervers de la liaison entre le recours gracieux et le recours contentieux (A) pour mettre de l'emphase dans le précontentieux donnant des garanties au requérant (B).

A. Les effets pervers de la liaison du recours administratif et recours contentieux

La présence d'une décision administrative susceptible de faire grief garantie le bien-fondé de la règle de recours gracieux auprès du juge. L'absence d'un contentieux permet de questionner la liaison entre le recours gracieux obligatoire et le recours contentieux. En effet, la généralisation dans le contentieux de pleine juridiction de la règle de la décision préalable répond à de solides justifications théoriques : l'intervention sur recours des administrés d'une décision susceptible de faire grief permet de lier le contentieux. À défaut de la décision préalable, le litige n'est pas né[521]. La définition même du recours administratif suppose, en effet, qu'une décision faisant grief lui préexiste[522]. Si une décision ne faisant pas grief existe cela signifie que le contentieux des marchés publics est clos à la phase administrative. La liaison du recours gracieux et du recours contentieux s'estompe au profit de la valorisation de la résolution administrative pacifique du litige. Pour ainsi éviter les complications de procédure et de délais liés au contentieux juridictionnel, il est ainsi opportun de valoriser la voie administrative de la résolution des litiges relatifs aux marchés publics. L'administration peut également assurer la protection des intérêts de ses cocontractants, car l'intervention du juge pourrait se faire sur l'autel du sacrifice de la cohérence et de la sécurité juridique, car la sécurité juridique est très bien agencée par le système des recours administratifs pour préserver les droits des candidats. L'instauration des recours administratifs répond essentiellement à des considérations pratiques liées à la volonté des pouvoirs publics soit d'assurer par le contrôle des autorités supérieures une meilleure cohérence des décisions prises au niveau local, soit d'éviter le passage devant le juge de contentieux inutiles[523]. L'intervention de l'autorité des marchés

---

520 CHAPUS (R), *op. cit.*, p. 244.
521 BRISSON (J.F), *op. cit.*, p. 151.
522 *Ibid.*
523 *Ibid.*

publics dans la gestion des recours vise à prendre une décision qui règle les désaccords et tranche les litiges présentés par les soumissionnaires. Ainsi, les recours administratifs sont des garanties offertes aux soumissionnaires.

B. Les recours administratifs garant des droits des soumissionnaires

Les procédures de gestion des plaintes des soumissionnaires instituées par le code des marchés publics sont des garanties visant une plus grande sécurité juridique des relations contractuelles. Que ce soit en phase de passation[524] ou d'exécution[525], le recours fait appel à l'intervention des autorités ou instances compétentes, pour obtenir la reconnaissance d'un droit qui a été méconnu. Le règlement du contentieux des marchés publics placé sous les auspices de l'administration est entouré de garanties dans la mesure où ladite administration est susceptible d'assurer un examen effectif de la décision litigieuse.

Le code des marchés publics, en donnant au soumissionnaire ou cocontractant de l'administration des garanties sérieuses d'examen ou de réexamen de leur affaire, a entendu ainsi garantir ou préserver les droits des soumissionnaires. Les aménagements dont fait l'objet des recours administratifs sont divers. Institué dans un souci de cohérence, comme réponse à des plaintes spécifiques, le code prévoit que *« l'examen des recours peut entraîner la reprise ou l'annulation de la procédure suivie »*[526]. Cette réponse spécifique de l'administration tend à offrir aux soumissionnaires des garanties qui s'apparentent à celles organisées devant le juge administratif. Comme étudié plus haut, les recours des candidats ou cocontractants sont soumis à des conditions de délais[527], de moyens invocables, car au terme de l'article 170(2) *« pour être recevable, tout recours doit préciser un fait ou un manquement à l'encontre du présent code des marchés publics et à la règlementation (...) »*[528]. Ces recours donnent lieu à des instructions par des organes spécifiques comme le comité chargé de l'examen des recours (trois registres de recours sont de sa compétence à savoir : les recours au stade de l'ouverture des plis ; de l'évaluation des offres, de l'attribution du marché), l'organisme chargé de la régulation des marchés publics, plusieurs autorités interviennent ainsi pour régler les litiges. Le recours est donc l'occasion d'un réexamen ou examen sérieux de la décision contestée. La possibilité de régler le contentieux sous l'égide de l'administration apparaît non seulement comme une modalité de prise de décision, mais aussi comme un véritable contentieux

---

524 V. L'article 170 du CMP précité.
525 V. L'article 186 du CMP précité.
526 V. L'article 177(3) CMP précité.
527 Le respect des délais de recours étudié au chapitre 1 para IA de la présente étude.
528 V. L'article 170(2) CMP précité.

destiné à donner des garanties particulières aux soumissionnaires. De même, le fait que l'autorité supérieure (à savoir l'autorité chargée des marchés publics) prononce sa décision sur proposition du comité chargé de l'examen des recours, et après avis de l'organisme chargé de la régulation des marchés publics, le cas échéant traduit une garantie effective du litige et le souci de la préservation des droits des soumissionnaires ou cocontractant. La saisine de l'administration contractante d'un recours consiste toujours à régler un litige préexistant au moyen d'une réponse ou solution conforme au droit. Le règlement de cette situation contentieuse devant une instance préjuridictionnelle ou non juridictionnelle reçoit un aménagement procédural susceptible de garantir un examen de l'affaire par l'administration, qui s'apparente à une instance juridictionnelle. Sans confondre l'instance administrative à l'instance juridictionnelle, la résolution administrative du litige contribue à une garantie essentielle des droits des soumissionnaires tout comme les modes alternatifs de résolution des contentieux.

« Moduler les rythmes de la justice peut aussi s'appuyer sur le développement des modes non juridictionnels de règlement des litiges »[529], le contentieux contractuel doit pouvoir faire l'objet de règlements qui permettraient d'éviter, voire de supprimer le recours au juge[530]. Il apparaît que les efforts de l'ensemble des acteurs intervenants dans l'examen, le réexamen et l'instruction des recours relatifs aux marchés publics portent sur la volonté de préserver les droits des cocontractants, d'améliorer les relations contractuelles et d'éviter ou du moins de limiter l'accès au juge. Si l'approche péjorative de la résolution du litige peut susciter chez le soumissionnaire les suites juridictionnelles, notons qu'auprès du juge, la saisine préalable de l'administration par un recours gracieux est une obligation, car elle conditionne la recevabilité de la demande en justice. Si le contentieux relatif aux marchés publics peut être résolu par le biais des recours administratifs, notons également que les modes alternatifs de règlement des litiges permettent de le résoudre.

Paragraphe 3. La valorisation des recours administratifs

Les recours administratifs en matière de marchés publics sont obligatoires lorsqu'ils sont prévus dans les documents contractuels ou textes juridiques. L'attitude de l'administration qui consiste à examiner les réclamations des soumissionnaires ou cocontractants peut justifier le succès accordé au recours administratif. Ainsi les recours administratifs contribuent à la recherche d'une

---

529 CENDRE-MALINAS (S), *op. cit.*, p. 211.

530 *Ibid.*, p. 212. C.A, *« régler autrement les conflits : conciliation, transaction, arbitrage en matière administrative »* ; les études du Conseil d'État, la documentation française, 1993, 164 p.

résolution rapide et efficace du litige (A) et envisagent sa valorisation fondée sur leur spécificité.

A. La recherche d'une résolution rapide et efficace du litige

L'auteur d'une réclamation trouve un avantage dans une solution administrative à son recours : contrairement au juge qui annule l'acte administratif, le destinataire d'un recours administratif, qu'il soit gracieux ou hiérarchique, détient non seulement le pouvoir de l'abroger ou de le retirer, dans la limite du respect des droits acquis, mais encore celui de prendre une nouvelle décision, c'est-à-dire pour l'administré d'édicter un acte qui lui soit favorable[531], l'autorité des marchés publics en droit des marchés publics au Cameroun dispose certaines prérogatives. Aux termes de l'article 50 du code des marchés publics, l'autorité des marchés publics *« dispose des pouvoirs en matière d'autorisation des procédures exceptionnelles »* et l'article 50 alinéa 2 précise que *« l'autorité chargée des marchés publics peut en tant que de besoin s'autosaisir pour sanctionner une procédure »* ainsi, *« l'examen des recours peut entraîner la reprise ou l'annulation de la procédure suivie »*[532]. Le recours administratif permet d'obtenir immédiatement une nouvelle décision émanant d'un pouvoir discrétionnaire[533]. De ce point de vue, les recours administratifs suscitent une grande attraction fondée sur leur efficacité et leur mérite.

Le recours administratif présente encore l'avantage que l'autorité administrative doit statuer sur la réclamation et ne peut expressément se déclarer incompétente. Ce qui facilite la tâche aux soumissionnaires et empêche les décisions implicites de rejet. Le supérieur hiérarchique peut asseoir de nouveaux motifs de réexamen des réclamations, ceci conformément aux exigences de la légalité. Le recours administratif présente une simplification de résolution du contentieux. Après vérification, le destinataire du recours peut annuler ou en demander sa régularisation, alors que le juge n'aurait fait qu'annuler.

B. Une valorisation des recours administratifs fondée sur leur spécificité

Les propositions tendant à donner à l'auteur du recours administratif davantage d'informations relatives au contenu de la décision dont il est le destinataire, et aux voies de droit qui s'ouvrent à lui sont évidemment

---

531 PELLISSIER (G), *« Pour une revalorisation de la spécificité des recours administratifs : réflexions sur la fonction des recours administratifs dans l'ordre juridique français »*, RFD adm. Vol. 14, n°2, mars-avril 1998, pp. 320-321.

532 V. L'article 177(3) CMP précité.

533 PELLISSIER (G), *op. cit.*, p. 321.

nécessaires[534]. Mais elles pourraient être utilement complétées par des procédures garantissant à l'administré un dialogue efficace avec l'administration[535].

La réclamation du soumissionnaire dans les marchés publics contraint l'administration à instruire la réclamation. Ainsi, aux termes de l'article 176(1) du code des marchés publics, *« [...] le comité chargé de l'examen des recours requiert l'avis de l'organisme chargé de la régulation des marchés publics qui instruit ledit recours et soumet ses conclusions au comité chargé de l'examen des recours dans un délai maximum de sept (7) jours calendaires à compter de sa saisine »*. Le recours administratif provoque un pouvoir de décision et constitue un champ de dialogue entre les autorités qui examinent les réclamations, l'administration et ses cocontractants. Ce qui constitue un élément indispensable à la valorisation des recours ou réclamation des soumissionnaires. L'obligation faite à l'administration d'instruire ou d'examiner une réclamation permet ainsi au soumissionnaire d'avoir une connaissance de l'existence d'une décision.

Le développement croissant des interventions des autorités administratives démontre à suffisance qu'ils interviennent de plus en plus dans les recours, stigmatisant ainsi des dysfonctionnements des procédures, ce qui constitue un moyen de pression de ses soumissionnaires. Les recours administratifs contribuent efficacement à la bonne organisation des relations d'affaires. Cette organisation de la procédure administrative devrait permettre de contraindre l'administration à faire cas des réclamations, tout en évitant les mesures contenant des risques plus importants d'abus, tel que le caractère suspensif des recours[536].

---

534 *Ibid.*, p. 330.
535 *Ibid.*
536 *Ibid.*

CHAPITRE 2.

LES MODES ALTERNATIFS COMME MODES DE RÈGLEMENT DU CONTENTIEUX DES MARCHÉS PUBLICS

Au sens large, les MARC incluent l'ensemble des litiges susceptibles d'être réglés sans l'intervention d'une instance juridictionnelle ; au sens strict, les MARC désignent la transaction, la conciliation et l'arbitrage qui ont pour point commun de se substituer aux juridictions étatiques[537]. En contentieux des marchés publics, les parties à un marché public ont la possibilité de soumettre leurs litiges aux modes alternatifs de résolutions des litiges qui sont des voies conventionnelles empruntées au droit privé. Les modes de règlement des litiges par les voies conventionnelles privées tels que la transaction et l'arbitrage excluent presque totalement le juge administratif de la procédure de règlement du litige, sauf s'il est expressément désigné comme arbitre. Le contentieux opposant l'administration et son cocontractant peut se résoudre par la conclusion d'une convention. Cette initiative peut être le fait des parties ou de l'intervention d'un tiers pour mettre un terme au contentieux qui les oppose. Cette procédure conventionnelle a été mise en place pour éviter aux parties au marché public qu'elles n'en arrivent au procès proprement dit juridictionnel en cas de différend. Ainsi, diverses procédures optent pour le règlement à l'amiable et pour la médiation le cas échéant ; d'autres proposent de faire reposer leur litige sur le règlement par la conciliation, la transaction ou alors l'arbitrage.

Au Cameroun, ces modes alternatifs de règlement des litiges relatifs aux marchés publics doivent être valorisés, car elles garantissent la sécurité juridique des activités économiques en général et des relations contractuelles en particulier. Cette forme de justice négociée correspond mieux au contexte économique camerounais ; à la recherche de l'accessibilité, de la simplicité pour une justice moins coûteuse, ce qui contraste avec la justice étatique. Après avoir procédé à l'identification des modes alternatifs de règlement du contentieux des marchés publics (section 1), il conviendra de constater que

---

537 CHAGNOLLAUD DE SABOURET (D), *Dictionnaire élémentaire du droit*, Paris, Dalloz, 2016, p. 362.

ces modes alternatifs de résolutions du contentieux sont considérés comme une solution prise en compte par le juge administratif (section 2).

Section 1. L'identification des modes alternatifs de règlement du contentieux des marchés publics

Diverses procédures sont mises en œuvre, elles tendent vers un règlement pacifique du conflit. Ces modes alternatifs sont un puissant outil de redynamisation du contentieux relevant de la commande publique. À cet effet, l'habituelle autorité contractante descend de son piédestal pour se muer en partenaire bienveillant renonçant à ses prérogatives[538]. Ce changement de fréquence peut se justifier par la puissance économique du cocontractant, car le marché public met en œuvre un énorme potentiel économique et *« la complexité des conditions de saisine de la chambre administrative renforce la tradition des règlements amiables »*[539]. Les modes alternatifs ou non juridictionnels ne sont pas nouveaux[540]. La conciliation par exemple existe dans le droit privé depuis la période révolutionnaire, elle a en revanche été introduite dans l'office du juge administratif français par la loi n° 84-14 du 6 janvier 1986[541] relative à l'indépendance des membres des tribunaux administratifs. Pour M. CHAPUS, *« l'exercice de la mission de conciliation peut être engagé en dehors d'une instance en cours »*[542]. Elle peut être exercée soit par les organismes, soit par les tribunaux. La conciliation est la procédure la moins utilisée et nous pouvons corroborer cette affirmation à la suite de ROUQUETTE qui pense que *« la conciliation est toujours possible en matière administrative, mais sa pratique est extrêmement faible (...) elle ne représente un mode significatif de règlement des litiges que dans le contentieux contractuel »*[543].

La conciliation se caractérise par l'intervention d'un tiers, extérieur aux parties contractantes, spécialement chargées d'examiner les termes du litige et de rechercher les voies d'un accord entre les parties[544]. En droit positif

---

[538] MBALLA OWONA (R), *« L'Arbitrage dans le contentieux des contrats de partenariat public-privé en Afrique subsaharienne francophone : l'exemple du Togo »*, *Revue de la recherche juridique*, 2018-4, XLIV-174, p.1780.

[539] BIDJA NKOTTO (J), *op. cit.*, p.547.

[540] Leur origine peut être située au droit romain et même au Moyen-âge. C'est le code napoléonien qui les a ressuscités.

[541] CHABANOL (D), *« Une autre façon de juger : la conciliation juridictionnelle dans les tribunaux administratifs »*, Gaz. Pal, 1987, p.472 ; le juge administratif français peut dans certains cas, intervenir comme conciliateur (V. article 21 du CPC pour le juge judiciaire, et 211-4 du CJA pour le juge administratif).

[542] CHAPUS (R), *op.cit.*, p.657.

[543] ROUQUETTE (R), Petit traité du procès administratif, contentieux administratif, juridictions générales et spéciales, *op. cit.*

[544] GAUDEMET (Y), *op. cit.*, p. 84.

camerounais, elle s'applique fondamentalement dans les concessions. Elle est particulièrement relative à la mise en œuvre des contestations concernant les conditions d'un contrat dans les secteurs de l'eau, de l'énergie, des transports et des télécommunications.

Dans le cadre de cette étude sur le contentieux des marchés publics, elle sera abordée dans le secteur de l'eau au regard du rapport entre les marchés publics et les concessions de travaux publics et aussi l'envisager dans les différents marchés passés. L'arbitrage fait également intervenir un tiers. Il est considéré comme un mode alternatif de règlement des litiges consistant pour les parties à soumettre leur différend au jugement des particuliers qu'elles choisissent[545] ou encore il s'entend comme le jugement d'une contestation par des particuliers choisis par d'autres particuliers au moyen d'une convention[546]. Il est encore défini comme une institution par laquelle un tiers règle le différend qui oppose deux ou plusieurs parties en exerçant la mission juridictionnelle qui lui a été confiée par celle-ci[547]. L'arbitrage peut être institutionnel ; c'est celui organisé par des institutions publiques[548] ou privées[549] nationales ou internationales. Il est encadré par les textes nationaux[550], internationaux[551] ou régionaux[552]. Dans le contexte spécifique des marchés publics, il est prévu dans les clauses relatives aux marchés divers passés par la personne publique[553]. L'arbitrage présente une valeur juridictionnelle. Qu'en est-il de l'amiable ?

L'amiable est le mode alternatif expressément posé par le code des marchés publics[554] et les cahiers de clauses administratives générales[555]. Il est défini comme *« un ensemble de techniques organisées ou non, par lesquelles les protagonistes à un litige s'accordent pour le résoudre grâce à une solution élaborée par eux-mêmes ou proposée par un tiers, mais qui leur laisse la liberté d'y adhérer ou non »*[556]. Ce procédé de règlement des litiges doit être

---

545 FOUCHARD (Ph.), *L'arbitrage commercial international, bibliothèque de droit international privé*, Paris, Dalloz, 1965, p. 17.
546 MOSTULSKY (H), *Écrits, études et notes sur l'arbitrage*, Paris, Dalloz, 1974, p. 5.
547 JARROSSON (Ch.), *La notion d'arbitrage, bibliothèque du droit privé*, Paris, LGDJ, 1987, p. 32.
548 CCJA, CIRDI…
549 Exemple le GICAM au Cameroun.
550 Voir les supports législatifs en la matière comme la loi n° 2002/004 portant charte des investissements du 19 août 2002 plusieurs fois modifiée.
551 Les conventions de New York, de Lomé et de Séoul.
552 L'Acte uniforme OHADA relatif au droit d'arbitrage.
553 Marché n° 000019/M/CAMWATER/DG/DS CM/CIPM/219 du 19 juin 2019 pour la réalisation des travaux de réhabilitation de la station de Japoma notamment article 48.
554 V. article 187 alinéa 1 du CMP.
555 V. les articles 79(3) CCAG-travaux ; article 62(4) CCAG-Fournitures, article 48(3) CCAG-Services & prestations intellectuelles.
556 BIDJA NKOTTO (Th.), *op. cit.*, p. 443.

voulu et accepté par les parties. Prévu par les textes, l'amiable intervient préalablement à la médiation.

La médiation est prévue par les cahiers de clauses administratives générales[557] en cas d'échec de l'arrangement à l'amiable. Le dixième acte uniforme OHADA relatif à la médiation adopte une définition large de la médiation entendue alors comme *« tout processus, quelle que soit son appellation, dans lequel les parties demandent à un tiers de les aider à parvenir à un règlement amiable d'un litige, d'un rapport conflictuel ou d'un désaccord (...) impliquant des personnes physiques ou morales, y compris des entités publiques ou des États »*[558]. Par cet encadrement normatif supranational, le médiateur est un tiers sollicité pour conduire la médiation. Le recours à la transaction est fréquent, en réponse aux demandes d'indemnisations.

Au terme de l'article 2044 du Code civil, la transaction *« est une convention par laquelle les parties, au moyen de concessions réciproques, terminent une contestation née ou préviennent une contestation à naître »*. Cette convention est un contrat synallagmatique conclu par les parties en litige et destiné à mettre fin à ce litige grâce à des renoncements réciproques. La réflexion ne se limite pas à appréhender les divers modes alternatifs, mais à constater la prise en compte des modes alternatifs comme mode de règlement des litiges à l'initiative des parties (paragraphe 1) et à valoriser les modes alternatifs à caractères conventionnels aux solutions imposées (paragraphe 2).

Paragraphe 1. La prise en compte des modes alternatifs dans la résolution du différend à l'initiation des tiers

Si le contentieux relatif aux marchés publics peut trouver une issue favorable sous l'égide de l'administration, notons qu'il peut en tant que de besoin, faire l'objet d'un règlement par le procédé alternatif. Les modes alternatifs ont ceci de particulier qu'ils font appel à l'initiative des parties. Les parties conviennent le plus souvent d'une procédure de règlement de leur litige. Ces modes alternatifs sont employés lorsqu'ils sont expressément prévus dans les supports normatifs et dans les matières précises et lorsqu'ils ne sont pas formellement proscrits. Puisque les modes alternatifs interpellent l'initiative des parties, il convient d'envisager la sollicitation par les parties des voies de résolution administratives (A) et les modes alternatifs prescrits

---

[557] V. L'article 79(3) CCAG-T ; article 64(4) CCAG-Fournitures ; article 48(3) CCAG-Services et prestations intellectuelles.

[558] V. L'article 17 de l'Acte uniforme relatif à la médiation, Conakry, 23 Novembre 2017.

explicitement par le code des marchés publics et les cahiers de clauses administratives générales (B).

A. La sollicitation par les parties du règlement du litige par voie de conciliation

En droit français, la doctrine classe la conciliation (même la médiation) dans les *« modes alternatifs imparfaits »*[559] qui seraient des outils de négociation et de dialogue permettant aux parties de se rapprocher et débouchant en cas de succès à d'autres modes telle la transaction, formalisant l'accord des parties. Ainsi, la conciliation ne peut être uniquement envisagée en termes de prévention du contentieux ; quant au principe, elle peut aussi se vouloir comme un moyen de recherche d'une plus grande *« justice »* dans la solution d'un conflit déjà né[560]. Cette procédure de conciliation est mise en œuvre par les parties en matière de litiges contractuels. Elle peut en particulier être exercée soit par des organismes ad hoc soit par les tribunaux administratifs dans le cadre d'une *« mission »* administrative[561] comme c'est le cas en France. Elle peut également être exercée par un comité de suivi comme c'est le cas au Cameroun, de la concession de travaux publics et de gestion du patrimoine de l'hydraulique urbaine et périurbaine au profit de la CAMWATER. Si le juge administratif est choisi comme conciliateur, comme c'est le cas en France, notons que l'accent sera mis sur l'organisation institutionnelle de la conciliation dans les concessions de travaux publics (1) et sur les compétences dévolues au conciliateur choisi (2).

1. L'organisation institutionnelle de la conciliation dans les concessions de travaux publics.

La conciliation institutionnelle propose *« une procédure de règlement des litiges dans lequel les parties font appel à un tiers dans le cadre et les conditions prévues par un texte) pour leur proposer un règlement qu'elles sont libres d'accepter ou non »*[562]. Cette procédure de résolution existe dans les marchés publics en France et est organisée pour les marchés publics passés

---

[559] MUNOZ (F), La conciliation : du droit privé au droit public, Paris, 1997, n° 8 cité par NGANGO YOUMBI (E.M), les modes alternatifs de résolution des litiges administratifs en Afrique noire francophone, Revue internationale de droit comparé 1-2020, p.244 ; [La distinction faite entre *« modes alternatifs parfaits »* (la transaction et l'arbitrage) et les *« modes alternatifs imparfaits »* (la conciliation, médiation) n'est pas reprise dans le contexte négro-africain. En droit, un acte est dit parfait non seulement parce qu'il est obligatoire, mais encore parce qu'il est exécutoire] in NGANGO YOUMBI (E.M), *op. cit.*, p. 244.

[560] LEVY (M), « La conciliation par le tribunal administratif et le rôle du juge dans l'instruction », *Actualité juridique de droit administratif*, 1987, p. 500.

[561] GUETTIER (C), *op. cit*, p.496.

[562] GUETTIER (C), *op. cit.*, p. 497.

par les services centraux de l'État, par le comité consultatif national[563]. Le comité national n'a aucune autorité sur les comités cependant, les comités peuvent être saisis des différends relatifs aux marchés publics. Au Cameroun par exemple, dans le cadre d'un contentieux né en matière de concession de travaux publics, le comité de suivi prévu expressément par le contrat peut être saisi en vue de diligenter la procédure de conciliation. Comme affirme MASSOT, cette institution voulue par des parties au litige doit être expressément prévue par un texte. Ainsi, aux termes de l'article 70 alinéa 1 de la concession de travaux publics, *« les différends relatifs à l'interprétation ou à l'exécution de la concession qui pourraient s'élever entre l'autorité concédante et le concessionnaire devront être soumis à une procédure obligatoire de conciliation amiable diligentée par le comité de suivi tel que prévu par le contrat »*[564]. En France, ce comité est composé de huit membres dont six membres ont une voix délibérative et deux une voix consultative[565]. Au Cameroun, l'article 256 de l'annexe au contrat de concession de Travaux publics précise que la composition du comité de suivi comprend[566] :

- le directeur général de la Camwater qui est le président du comité de suivi ;
- le directeur général de la société d'exploitation qui est le vice-président ;
- un représentant du ministre chargé des finances qui est un membre ;
- un représentant du ministre chargé de l'économie et de la planification, membre ;
- deux cadres de la Camwater, membres ;
- deux cadres de la société d'exploitation, membres ;
- l'auditeur indépendant, observateur.

Les divergences rencontrées au cours de l'exploitation du service public de l'eau potable par les parties au contrat peuvent être réglées par conciliation à la diligence du comité. Le comité peut être saisi par les parties qui peuvent être le pouvoir adjudicateur ou le titulaire du marché. La saisine est faite par une note détaillée exposant les motifs du litige. Cette note est accompagnée des pièces contractuelles du marché et de toutes correspondances relatives au

[563] Pour les marchés passés par les services déconcentrés de l'État et les collectivités territoriales, les comités consultatifs régionaux ou interrégionaux sont compétents. V. GUETTIER (C), *op. cit.*, p. 497.
[564] V. L'article 70 alinéa 1 du contrat de concession de travaux publics et de gestion du patrimoine de l'hydraulique urbaine et périurbaine au profit de la CAMWATER.
[565] GUETTIER (C), *op. cit*, pp. 498-499.
[566] V. article 25 du contrat Etat-Camwater, annexe n° 3 au contrat de concession de travaux publics et de gestion du patrimoine de l'hydraulique.

différend[567]. Dans la conciliation, le conciliateur s'efforce de proposer une solution qu'elles sont libres d'accepter ou de rejeter. La saisine du comité permet ainsi de prévenir la survenance d'un contentieux auprès du juge. En pratique, les solutions retenues sont le fruit d'un consensus si non en cas de désaccord, les parties pourront choisir d'autres moyens de régler leur contentieux. Il a semblé, comme affirme monsieur LEVY Michel, que l'on peut vouloir cette conciliation pour trois raisons :

- pour prévenir tout contentieux ;
- pour mieux régler les différends déjà nés ;
- pour rendre une justice plus équitable et en tout cas moins exclusivement *« juridicisée »*[568]

Pour rechercher l'équilibre souhaité par les parties, il convient d'étudier les compétences dévolues au conciliateur.

2. Les compétences dévolues au conciliateur

La conciliation administrative peut s'effectuer auprès d'un juge conciliateur ou auprès d'un comité de suivi. Notons que les conciliateurs ont pour mission non pas d'imposer, mais de proposer des solutions. Celles-ci seront susceptibles d'être formalisées et de déboucher, en cas de succès, sur une convention de transaction, ou bien, en cas d'échec, sur un procès-verbal de non-conciliation qui n'offrira alors d'autre perspective qu'une issue juridictionnelle[569]. Cette compétence est dévolue au comité de suivi qui tente de rapprocher les parties en cas de conflit d'ordre technique, juridique, financier survenu au cours de l'exploitation du service public de l'eau. Si le désaccord persiste, il n'a pas d'autre choix que de constater son impuissance à les concilier. De fait, la conciliation n'est qu'une négociation organisée, effectuée par le comité de suivi qui est une instance chargée de rechercher les éléments de droit ou de fait en vue d'une solution amiable et équitable. Le désaccord persistant entre les parties peut l'amener par ses soins à l'établissement d'un procès-verbal de conciliation totale ou partielle ; en cela, leurs décisions ne peuvent être confondues avec des décisions juridictionnelles. On peut ainsi se questionner sur l'opportunité de saisir ces comités, car cette conciliation organisée ne présente pas l'équilibre recherché dans le domaine des marchés publics, car les parties peuvent dénoncer l'accord devant le juge du contrat. La négociation comme outil s'arrime à la perception qu'on peut avoir des modes alternatifs, car ils *« n'ont qu'un effet relatif sur la procédure juridictionnelle classique »* d'une part et d'autre part *« le caractère exécutoire de la décision rendue à l'issue d'une procédure*

[567] GUETTIER (C), *op. cit.*, p. 499.
[568] LEVY (M), *op. cit*, p. 506.
[569] *Ibid.*, p. 503.

alternative n'est pas certain »[570]. Sans chercher à pêcher par excès de pessimisme, l'activité de la conciliation peut ne pas entériner l'accord des parties. En cela, la décision n'a qu'un effet relatif. Car, le conciliateur procède tout simplement à une tentative de rapprochement et propose un règlement que les parties sont libres d'accepter ou refuser. Pourtant cette conciliation apparaît comme un mode de résolution des contentieux ayant l'avantage d'être plus rapide et économique.

Les documents contractuels[571] camerounais sont fragiles en ce qui concerne la dévolution au juge administratif de la mission de conciliation administrative. Pourtant les textes ou documents contractuels devraient prévoir expressément cette hypothèse. En France, la loi du 6 janvier 1986 relative à la fixation des règles garantissant l'indépendance des membres des tribunaux administratifs, des cours administratives d'appel, dont l'article 22 a complété l'article L3 du code des tribunaux administratifs et de cours d'appel par un alinéa 2, précise que *« les tribunaux administratifs exercent également une mission de conciliation »*[572].

Confier cette tâche de concilier les parties à un juge n'est pas sans intérêt dans la mesure où le juge est un habitué dans l'instruction des litiges. Cela peut favoriser la conciliation des parties, ce qui n'est pas un aspect à négliger surtout lorsqu'on sait que par sa conviction, ses décisions peuvent déboucher sur des résultats satisfaisants. Mais, notons comme dans le cas de la conciliation effectuée par un comité de suivi que les décisions des juges administratifs exerçant la mission de conciliation ne s'imposent pas aux parties, ils n'ont que la faculté de faire des propositions. Cela signifie que les missions sont les mêmes, mais il est bon de prévoir la possibilité aux juges administratifs d'exercer cette mission. Le conciliateur doit pouvoir trancher le litige de façon objective, non seulement en équité, mais aussi en droit. Le juge est doté à bien des égards d'une position plus aisée parce que moins exposé en disant *« le droit rien que le droit »*[573]. Les relations purement formelles qu'il entretient avec les justiciables sont moins susceptibles de le remettre personnellement en cause que celles plus subjectives qu'implique la conciliation[574]. L'administrateur n'a pas forcément pour tout juge administratif du premier degré la confiance requise pour lui attribuer le rôle

---

[570] NGANGO YOUMBI (E.M), *op. cit.*, p. 244.

[571] Que ce soit le cahier de charges du contrat de concession de gestion et d'exploitation d'aéroports à la Société ADC *« Aéroports du Cameroun »*.

- Ou encore contrat de concession des travaux publics cité plus haut… Ces documents sont muets quant à la précision sur la possibilité de prévoir une clause contractuelle confiant la mission administrative de conciliateur à un juge administratif.

[572] À l'exclusion du Conseil d'État qui estime ne pas avoir compétence pour exercer une telle mission : CE 22 mars 1995, Dadillon, Leb. P.138 cité par GUETTIER (C), *op. cit.*, p. 503.

[573] LEVY (M), *op. cit.*, p. 504.

[574] *Ibid.*

de conciliateur[575], le conciliateur qu'il soit une autorité administrative ou alors un juge administratif rédige un procès-verbal : la solution énoncée et retenue ne vaut pas titre exécutoire. Force également est de constater que l'arbitrage administratif n'est pas un mode ignoré dans la résolution du contentieux des marchés publics.

3. L'arbitrage administratif par l'autorité des marchés publics

En lieu et place du juge étatique, les parties à un marché public peuvent confier le règlement de leur litige relatif à la passation ou à l'exécution d'un marché public à une autorité administrative qui exerce alors un arbitrage administratif. L'arbitrage administratif se distingue de la procédure d'arbitrage qui présente une valeur juridictionnelle particulière, *« à bas conventionnelle, par laquelle les parties choisissent une ou plusieurs personnes privées, au moyen d'un compromis ou d'une clause compromissoire, pour leur demander de juger en droit ou en amiable composition le différend qui les oppose »*[576]. L'arbitrage assuré par le ministre délégué à la Présidence chargé des marchés publics, autorité des marchés publics, met en exergue son pouvoir administratif à caractère hiérarchique. Car, il exerce cet arbitrage administratif sous le fondement de son pouvoir hiérarchique et en tant qu'autorité administrative placée à la tête du ministre des Marchés publics. À cet effet, sa compétence consiste à trancher les litiges opposant les soumissionnaires et les maîtres d'ouvrages ou les maîtres d'ouvrage délégués (a) ; les litiges opposant les commissions de passation et les maîtres d'oeuvres (b) et arbitrage des litiges opposant les soumissionnaires et les commissions de passation (c).

a. L'arbitrage des litiges opposant les soumissionnaires aux MO/MOD

Le litige qui oppose le soumissionnaire ou candidat peut porter sur l'élaboration du DAO. Le DAO est un document dans lequel le MO/MOD indique toutes les informations et conditions prévues dans le cadre de l'appel d'offres[577]. En vérifiant la conformité du DAO à la règlementation des marchés publics, et au respect des règles liées à la participation des candidats, le MINMAP peut constater une anomalie et l'autorité chargée des marchés publics peut ainsi annuler le DAO remis en cause. La requête en annulation de l'appel d'offres qui visait la fourniture et l'installation du matériel téléphonique IP de vidéoconférence et vidéosurveillance au FEICOM en est

---

[575] *Ibid.*

[576] MBALLA OWONA (R), *op. cit.*, p .1781

[577] TEOLO NDEMMENOU (E.G), « La protection des soumissionnaires en droit camerounais des marchés publics », Mémoire de Master II recherche en droit public, Université de Dschang, -2020, p.74.

une illustration[578]. L'arbitre doit veiller à ce qu'aucun droit ne soit préjudicié ,et la décision issue de l'arbitrage mené par l'autorité des marchés publics *« s'impose aux deux parties »* [579].

Au sujet de la décision d'attribution du marché, l'article 2[580] du code de la décentralisation prévoit la désignation du titulaire du marché et le principe selon le code des marchés publics en la matière voudrait que la commande publique soit attribuée aux soumissionnaires ayant présenté l'offre la moins[581] disante et remplissant les capacités techniques et financières requises résultant des critères dits essentiels ou de ceux éliminatoires.

Or la pratique nous révèle[582] que ce principe est de plus en plus transgressé par les MO/MOD qui se rendent coupables des attributions partisanes des marchés publics. L'espèce entreprise COTRAM Sarl du 24 novembre 2015 contre direction générale de la mission d'aménagement, d'équipement des terrains urbains et ruraux[583] offre la possibilité aux prestataires qui estiment être traités de façon arbitraire de recourir à l'arbitrage de l'autorité des marchés publics. À cet effet, M. MOUNCHEROU Abdoul AZIZ démontre que *« le MINMAP protège les soumissionnaires à deux niveaux notamment sur l'élaboration du dossier d'appel d'offres et au niveau de la décision d'attribution du marché »*[584]. Notons également que l'autorité des marchés publics exerce *« sa fonction arbitrale »*[585] qui lui permet de mettre en évidence ses prérogatives de puissance publique pour que la sécurité juridique des candidats soit respectée.

L'arbitrage des recours des candidats ou soumissionnaires nécessite également l'intervention de l'autorité des marchés publics ; l'une des innovations majeures du code des marchés publics au Cameroun c'est d'avoir placé auprès de l'autorité des marchés publics des organes compétents en ce qui concerne la réception et l'examen des recours formés par les candidats aux marchés publics. En cas de litige résultant soit de la passation[586], soit de

---

578 L'appel d'offres n° 20/AONO/CIPM/FEICOM/2014 du 27 octobre 2015.

579 V. L'article 176(3) CMP.

580 V. L'article 2 du code de la décentralisation 2018.

581 V. article 99 (a) CMP ceci concerne les marchés de travaux, de fournitures et de services quantifiables ; pour les services non quantifiables y compris prestations intellectuelles et des marchés passés à la suite d'un appel d'offres avec concours, lire à cet effet l'article 99 (b) CMP.

582 TEOLO NDEMMENOU (E.G), *op. cit.*, p.77.

583 V. Décision n° 006005/L/MINMAP/CERD/ST du 3 novembre 2015 suite à l'attribution irrégulière de l'appel d'offres n° 2015/011/CIPM/MAETUR du 20 juillet 2016 pour la réalisation de terrassement et de drainage partiel des eaux fluviales de la voirie du lotissement *« TALLA »* à Kribi.

584 MOUCHEROU (A), « Le rôle de l'autorité des marchés publics dans la commande publique locale, Université de Dschang », Mémoire Master 2 recherche, 2021, p. 31.

585 BEGNI BAGAGNA, *« La fonction arbitrale du Président de la République »*.

586 V. L'article 171 à 175 CMP.

l'exécution[587], le comité chargé de l'examen des recours peut formuler des propositions de sanctions après examen desdits recours à l'autorité des marchés publics. L'arbitrage de l'autorité des marchés publics résulte à cet effet d'une considération objective étant donné que *« l'examen des recours peut entraîner la reprise ou l'annulation de la procédure suivie »*[588]. L'arbitrage du litige en phase d'exécution du marché public en vue de trancher le litige résulte du fait que *« l'autorité chargée des marchés publics prononce sa décision sur proposition du comité chargé de l'examen des recours, et après avis préalable de l'organisme chargé de la régulation des marchés publics, le cas échéant »*[589]. L'autorité des marchés publics est un arbitre bienveillant capable de requérir l'avis des autres organismes (avis du comité et de l'organisme chargé de la régulation des marchés publics) pour rendre sa décision. L'arbitrage des litiges concerne également les organes publics.

b. L'arbitrage des litiges opposant les commissions de passation des marchés et les maîtres d'ouvrage.

Les procédures de consultation des marchés publics, qu'elles soient ordinaires ou exceptionnelles, requièrent des maîtres d'ouvrage ou autorités contractantes, dont ils sollicitent l'avis obligatoire sous forme de proposition d'attribution, des commissions de passation des marchés[590]. Ce n'est qu'après avoir reçu lesdites propositions favorables le cas échéant, que les maîtres d'ouvrage pourront signer les décisions d'attribution des projets de marchés, de marchés de gré à gré, d'avenants ou des lettres-commandes[591]. Cette phase de formation du marché peut générer des conflits nécessitant des solutions. Le régime juridique des désaccords entre la commission de passation des marchés et le maître d'ouvrage délégué est fixé par l'article 178 du code des marchés publics.

Aux termes de l'article 178(1), *« lorsque le maître d'ouvrage ou le maître d'ouvrage délégué n'approuve pas une proposition de la commission de passation des marchés, il est tenu de lui demander un nouvel examen du dossier en mentionnant ses réserves, dans un délai de (03) jours ouvrables, à compter de la date de réception de la proposition de la commission concernée »*[592]. Le président de la commission après réexamen informe le maître d'ouvrage concerné des résultats de la nouvelle délibération[593]. Le maître d'ouvrage ou le maître

---

[587] V. L'article 186 (1) CMP

[588] V. L'article 177(3) CMP.

[589] V. L'article 186 CMP.

[590] MASSOUKA (J.Y), *op. cit.* p. 829.

[591] *Ibid.*

[592] V. L'article 178(1) CMP.

[593] V. L'article 178(2).

d'ouvrages délégué saisit l'autorité chargée de marchés publics si le désaccord persiste[594].

L'autorité chargée des marchés publics par son pouvoir d'arbitrage *« peut demander l'avis de l'organisme chargé de la régulation des marchés publics qui dispose dans ce cas d'un délai de sept (7) jours ouvrables pour le lui donner »*[595] et rendre une décision qui s'impose, ceci conformément à la mesure où le code prévoit que *« la notification du marché est subordonnée à la décision de l'autorité chargée des marchés publics »* [596]. Régler les désaccords entre les parties relève de la compétence de l'autorité des marchés publics, car elle *« peut, en tant que de besoin, s'auto saisir pour sanctionner une procédure »*[597]. L'autorité des marchés publics étant l'autorité chargée de veiller au bon fonctionnement du système des marchés publics, elle est responsable de l'organisation et du bon fonctionnement[598] des marchés publics de toutes les administrations publiques y compris ceux des collectivités locales. Elle peut à ce titre *« prononcer les sanctions des auteurs de mauvaises pratiques et des litiges résultants des marchés publics, ainsi que des désaccords entre les agents publics »*[599].

La fonction arbitrale de l'autorité des marchés publics résulte de son pouvoir de création tant des commissions de passation[600] que des commissions de contrôle[601]. Elle peut créer des commissions spéciales de passation en tant que de besoin et en fonctions des conditions de financement de certains projets. L'autorité des marchés publics intervient également comme arbitre des désaccords entre la commission centrale de contrôle des marchés publics et le MO ou le MOD. En cas de désaccord entre la commission centrale de contrôle des marchés et le MO ou le MOD, ce dernier est tenu de demander un nouvel examen du dossier par la commission centrale de contrôle des marchés en mentionnant ses réserves dans un délai de sept (7) jours ouvrables à compter de la date de réception des résultats de la délibération de la commission centrale de contrôle concernée[602]. Le président de la commission centrale de contrôle des marchés après réexamen notifie les résultats des travaux au maître d'ouvrage ou au maître d'ouvrage délégué[603].

---

[594] V. L'article 178(3)
[595] V. L'article 178(4)
[596] V. L'article 178(5)
[597] V. L'article 50(2).
[598] V. L'article 1er alinéa 2 décret n° 2012/075 du 8 mars 2012 portant organisation du Ministère des Marchés publics.
[599] V. L'article 50(1).
[600] V. L'article 10 CMP.
[601] V. L'article 24 (2) CMP.
[602] V. L'article 179 (1) CMP.
[603] V. L'article 179 (2) CMP.

Si le désaccord persiste, le MO ou le MOD notifie sa décision finale à la commission centrale de contrôle des marchés dans un délai de cinq (5) jours calendaires à compter de la date de réception de la notification de l'avis définitif de la commission centrale de contrôle des marchés[604]. Après ce délai expiré, le président de la commission centrale de contrôle des marchés transmet le dossier à l'autorité des marchés publics. Dans l'exercice de sa fonction arbitrale, l'autorité chargée des marchés publics peut solliciter l'avis de l'organisme chargé de la régulation des marchés qui dispose dans cette hypothèse d'un délai de sept (7) jours pour le lui donner. La décision de l'autorité des marchés publics s'impose aux deux (2) parties[605]. Ce pouvoir d'arbitrage intervient également dans les désaccords qui opposent les commissions de passation et les soumissionnaires.

c. L'arbitrage des litiges opposant les soumissionnaires et les commissions de passation

Les commissions de passation des marchés sont des organes d'appui technique placés auprès des maîtres d'ouvrages, des maîtres d'ouvrages délégués, des gouverneurs de régions et des préfets pour la passation des marchés publics dont les montants sont au moins égaux à cinq (5) millions de francs CFA[606]. Les commissions de passation des marchés publics peuvent lors de l'exercice de leurs compétences[607], se rendre coupables des irrégularités. Il en est ainsi des disqualifications abusives des offres lors de la qualification et sélection des candidats ; ou encore, être à l'origine de la violation des quorums exigés par la règlementation des marchés publics relative à la conformité des délibérations.

Concernant les litiges liés à la disqualification des offres, la circulaire relative à la performance des marchés publics prévoit que *« tout rejet soit fondé sur l'absence d'une pièce à l'ouverture des offres et qu'avant tout élément de candidature présentant des pièces administratives jugées non conformes aux exigences du DAO, qu'un délai supplémentaire d'au plus 48 heures soit accordé à ce dernier pour soit fournir des informations complémentaires, soit mener des vérifications supplémentaires sur la validité de la pièce reçue »*[608]. Conformément à cette disposition, la commission de passation ne saurait disqualifier un soumissionnaire que lorsque le délai supplémentaire qui est de 48 heures est épuisé, car le délai de 48 heures permet au soumissionnaire de s'accommoder à la conformité de pièces contestées. La disqualification de la part de la commission de passation sans attendre

[604] V. L'article 179 (3) CMP.
[605] V. L'article 179 (6) CMP.
[606] V. L'article 9 CMP.
[607] Pour en savoir sur ces compétences, Cf. l'article 9 CMP.
[608] Voir la circulaire n° 002/CAB/PM du 3 janvier 2011 relative à l'amélioration de la performance du système des marchés publics.

l'expiration du délai de 48 heures est une disqualification abusive du soumissionnaire qui aurait en 48 heures moratoires réglé la non-conformité des pièces contestées. Le soumissionnaire peut recourir à l'arbitrage de l'autorité des marchés publics ; ce cas de figure est susceptible d'être relevé dans le rejet de l'offre des établissements TITANIC[609]. C'est également le cas dans l'espèce établissements Souleymanou et fils du maire de la Commune de Ngaoundéré en date du 2 juin 2016. L'autorité des marchés publics peut intervenir comme arbitre et prononcer des *« sanctions des auteurs de mauvaises pratiques... »*[610].

S'agissant de la violation des quorums requis par la commission de passation des marchés publics dans le but de porter atteinte aux droits des candidats, l'autorité des marchés publics peut annuler les délibérations de la commission de passation des marchés publics. Dans l'espèce Établissement PRECARRE du 30 novembre 2015, le directeur conteste l'attribution de l'appel d'offres portant sur les travaux de construction d'un abattoir au centre-ville de SOA au motif que la CPM a délibéré non seulement en l'absence de son secrétaire, mais aussi que tous les membres de ladite CPM n'étaient pas d'accord quant au choix de l'attribution[611], l'autorité des marchés publics exerce sa fonction d'arbitre dans le but de régler les différends et la décision qu'il rend s'impose aux parties. Si l'arbitrage est un mode de règlement des litiges nés des marchés publics, notons qu'il en est de même pour l'amiable et la médiation.

B. Les modes alternatifs explicitement prévus par le code des marchés publics et les cahiers de clauses administratives générales

Le code des marchés publics au Cameroun consacre explicitement l'amiable comme mode de résolution des litiges relatifs aux marchés publics. Le mode de règlement a été longtemps consacré par le décret du 9 juin 1995 portant règlementation des marchés. Au terme de l'article 98 *« les litiges découlant des marchés peuvent en tant que de besoin, faire l'objet d'une tentative de règlement à l'amiable... ».* Cette disposition n'a jamais été changée et le règlement à l'amiable a été reconduit par l'article 187 du nouveau code de 2018. L'amiable est un mode alternatif tout comme la conciliation et l'arbitrage administratif. L'usage de ces modes demeure d'ampleur limitée ; s'ils permettent dans certains cas de régler rapidement et discrètement un litige, ils ont aussi un coût, puisqu'il faut généralement rémunérer les tiers départiteurs et que tout le contentieux ultérieur n'est pas

[609] Lire la décision n° 005508/L/MINMAP/SG/CERD du 5 août 2016 relative à l'offre des ETS TITANIC suite à l'AON (Appel d'offres national) /GM/CIPM/2016 du 2 octobre 2013.
[610] V. L'article 50 (1) CMP.
[611] TEOLO NDEMMENOU (E.G), *op. cit.*, p.89.

exclu[612]. Le règlement amiable particulièrement constitue une de ces notions à contenu variable dont la définition reste incertaine malgré l'usage courant qu'en fait la doctrine[613]. Il représente un ensemble de techniques, organisées ou non, par lesquelles les protagonistes à un litige s'accordent pour le résoudre grâce à une solution élaborée par eux-mêmes ou proposée par un tiers, mais qui leur laisse la liberté d'y adhérer ou non[614]. La procédure de règlement à l'amiable peut prendre la forme d'une clause dans un contrat qui prévoit le recours au règlement à l'amiable dans l'éventualité d'un conflit ou d'un contrat indépendant dans le cas d'une inexistence d'un conflit[615]. Le législateur choisit également les domaines dans lesquels le règlement amiable est viable. L'objectif principal de ce règlement est de simplifier le procès en favorisant une solution rapide du litige.

Le cahier de clause administrative générale prévoit qu'en cas d'échec de l'arrangement à l'amiable, les parties peuvent recourir à la médiation. Ainsi, l'on considère l'amiable comme mode principal de résolution du contentieux des marchés publics (1) et la médiation comme un mode subsidiaire (2)

1. L'amiable comme mode principal de résolution du contentieux des marchés publics

Dans le domaine des marchés publics, le recours au règlement amiable trouve sa source dans les textes règlementaires et dans les cahiers de clauses administratives générales. Ainsi, il convient d'étudier la consécration de l'amiable comme mode de règlement du contentieux des marchés publics (a) et de présenter ses formes plurielles (b).

a. La consécration de l'amiable comme mode règlement du contentieux des marchés publics

De manière générale, l'amiable désigne un accord ou une variété de modes de solution des litiges qui procèdent d'un compromis entre les particuliers[616] ; le règlement amiable des litiges dans les marchés publics est prévu à l'article 187(1) qui indique que *« les litiges résultant des marchés publics peuvent, en tant que de besoin, faire l'objet d'une tentative de règlement à l'amiable »*[617]. Cette assise règlementaire rend compte que l'arrangement à l'amiable est ouvert aux parties à un marché public qui peuvent s'accorder à résoudre leur différend. Rien ne dispense dès lors les parties d'user de cette procédure de règlement à l'amiable et d'aller devant le juge administratif, car comme le

---

612 CHAGNOLLAUD DE SABOURET (D), *op. cit.*, p. 362.
613 BIDJA NKOTTO (J), *op. cit.*, p.463.
614 *Ibid.*
615 THIBAULT (J), « Les procédures de règlement amiable des litiges au Canada », *Revue générale de Droit*, 2001, p. 381.
616 CORNU (G), *Vocabulaire juridique*, Paris, PUF, 2000, p.52.
617 V. L'article 187(1) CMP.

précise l'article 187(2) *« la tentative de règlement à l'amiable prévue à l'alinéa 1 ci-dessus reste sans incidence sur la procédure de règlement de droit commun si elle n'a pas abouti, sauf dérogation découlant des accords ou conventions de prêt ou d'autres conventions internationales »*[618]. Le règlement amiable est une option voulue par les parties, car rien ne les oblige. Il s'agit tout simplement d'une procédure alternative et l'épithète *« alternatif »* suggère qu'il serait une autre voie à côté de la justice de l'État[619].

Le cahier de clause administrative générale[620] consacre explicitement le règlement à l'amiable comme mode de règlement du contentieux des marchés publics. L'objet de ce CCAG est de fixer un cadre de référence pour les parties qui s'engagent à conclure un marché en mettant en exergue une clause contractuelle prévoyant l'arrangement à l'amiable en cas de conflit. La conduite de l'amiable impose de connaître et de mettre en œuvre les méthodes de négociation et de règlement du différend. La négociation doit tenir compte :

- du principe d'égalité de traitement des candidats, tout au long de la procédure ;
- du principe de transparence ;
- et s'appuyer sur l'analyse des offres sur le plan technique et financier (ouverture des plis et analyse des offres) dans l'objectif du choix de l'offre économiquement la plus avantageuse[621].

Le maître d'ouvrage doit particulièrement veiller à la traçabilité des échanges effectués avec l'entrepreneur. Lorsque le différend est né, il peut faire l'objet de règlement par les parties par le moyen de l'amiable. Qu'il soit en phase de passation ou d'exécution, *« tout différend entre l'entrepreneur et le maître d'ouvrage fait l'objet d'une tentative de règlement à l'amiable (...) conformément aux dispositions du CCAP, et sous réserve des dispositions du code des marchés publics concernant les avenants »*[622]. Le différend né entre l'entrepreneur et le maître d'ouvrage est réglé principalement par un arrangement à l'amiable. La mise en place d'une procédure de règlement à l'amiable est un préalable obligatoire et utile pour faire face à un contentieux tel qu'il résulte des CCAG. Si le règlement à l'amiable occupe une place primordiale dans les CCAG, le code des marchés publics lui réserve une place d'option. Il est incontestable qu'un problème de hiérarchie à ce niveau ne se discute pas, car le code est supérieur à l'arrêté, mais il est à regretter une

---

[618] V. L'article 187 (2) CMP.

[619] NGANGO YOUMBI (E.M), *op. cit.*, p. 232.

[620] V. l'arrêté n° 033/CAB/PM du 13 février 2007 fixant les dispositions applicables aux différents CCAG.

[621] GRELIER WYCKOFF (P), *op. cit.*, p. 123.

[622] V. les articles 789 (3) du CCAG travaux, article 62(4) CCAG-fournitures, article 48 CCAG-services et prestations intellectuelles.

volonté de biaiser ce procédé de résolution du conflit né d'un marché public, car son utilité devrait être mesurée et appréciée avec bienveillance par le pouvoir règlementaire qui fait de ce recours à l'amiable un recours facultatif[623].

Dans la pratique des marchés publics, le protocole d'accord est un document qui formalise le règlement à l'amiable. À titre illustratif, le protocole d'accord de 2010 formalise le règlement à l'amiable du contentieux portant sur le marché passé après appel d'offres national ouvert du 26 août 2004 portant l'exécution des travaux d'entretien[624] ; le protocole d'accord de règlement à l'amiable de l'exécution des travaux de construction de la route Zoétélé-Nkolyop prévoit que *« l'accord à l'amiable est formalisé par l'acceptation définitive d'un montant arrêté par elles, pour le règlement des réclamations présentées par le titulaire de la commande »*[625]. Cet accord résultant d'une clause contractuelle signée des parties est obligatoire et s'impose. La renonciation à l'accord signé des parties est autorisée par le biais d'une action en justice soit en nullité, soit en responsabilité devant le juge des contrats au regard du caractère relatif des conventions légalement formées. Cette action en justice pouvant conduire à une perte de droit pour la partie fautive, on s'interroge sur la nature juridique du protocole d'accord. Le consensus du protocole d'accord écarte l'acte juridictionnel, administratif, voire contractuel, et plus encore l'acte faisant grief[626]. Mais lorsqu'il s'opposerait aux deux parties, il ne saurait avoir une force exécutoire, car susceptible d'être contesté devant le juge compétent. À ce moment, le grief que constitue le protocole ouvre une hypothèse de saisine d'un juge. Dans cette hypothèse, le protocole signale une non-conciliation. À cet effet, quelles sont les diverses formes de règlement à l'amiable ?

b. Les diverses formes du règlement à l'amiable.

Le règlement à l'amiable est un mode alternatif qui serait un outil de négociation et de dialogue entre les parties au marché public. Il débouche sur d'autres modes tels comme : la conciliation, la transaction, la médiation.

---

623 NGUEDIA MEIKEU (H), *« Le règlement à l'amiable... »*.

624 Cf. Le protocole d'accord n° 0007/PA/MINTP/SG/CJ du 10 août 2010 relatif au règlement à l'amiable du contentieux portant sur le marché n° 0216/M/MNTP/CPM-ER/2005 passé après appel d'offres national ouvert n° 42/AONO/MINTP/CPM-ER/2004 du 26 août 2004 pour l'exécution des travaux d'entretien courant et/ou périodique de certaines routes en terre du réseau prioritaire. Programme triennal 2005-2007.

625 V. l'article 3 du protocole d'accord de règlement à l'amiable ayant pour objet l'exécution des travaux de construction de la route Zoétélé-Nkolyop (27,4km) du marché n° 0465/M/MINTP/CPM-TN-2005 passé de gré à gré suivant autorisation n°B68/d/CAB/PM du 05/08/2005 avec SOGEA Satom Cameroun S.A.

626 Comme c'est le cas avec le procès-verbal de conciliation V. LEVY (M), *op. cit.*, p. 511.

La notion de conciliation[627] semble difficilement dissociable d'un autre mode de règlement alternatif qui est la médiation. La difficulté est apparente dans la prudence du conseil d'État qui recourt à l'expression hybride *« médiation-conciliation »* que d'isoler les deux notions par des définitions nettes[628]. Mme Guillaume-HOFNUNG considère que la médiation est un processus nécessairement ternaire faisant intervenir un tiers aux protagonistes du conflit, tiers qui ne dispose pas du pouvoir de trancher le litige, mais d'une dépendance réelle et d'une liberté dans la recherche de la solution à proposer aux médiés[629]. Par contre, la conciliation peut être menée par un tiers ou par les protagonistes eux-mêmes, qui prennent un rôle actif dans le règlement en rapprochant leurs points de vue, mais restent libres dans l'acceptation de la solution dégagée[630].

Si les diverses formes de règlement à l'amiable ne sont toujours pas effectives comme le prévoyait l'article 98 du décret du 9 juin 1995 repris par l'article 91 alinéa (1)[631] du décret portant code des marchés publics de 2004 abrogé, notons que diverses formes de règlement à l'amiable découlent de certaines clauses contractuelles et également des missions de conciliateur dévolues à l'autorité des marchés publics.

La clause qu'on retrouve dans les marchés publics de construction au Cameroun prévoit que : *« Tout litige survenant entre les parties contractantes fera l'objet d'une tentative de conciliation par entente directe. À défaut du règlement amiable, le différend sera définitivement tranché par la juridiction camerounaise compétente »*[632]. Ainsi lorsqu'une stipulation contractuelle la prévoit, elle est obligatoire. Les clauses de réclamation, de recours ou de conciliation préalable s'imposent aux parties pour le règlement de tous les litiges procédant du contrat[633] sinon le principe demeure la liberté d'y recourir pour régler le différend. L'autorité des marchés publics est non seulement arbitre des conflits,[634] mais peut également concilier les parties en cas

627 BIDJA NKOTTO (T), *op. cit.*, p. 464.

628 C.E régler autrement les conflits : le recours administratif préalable et la médiation-conciliation, cité par BIDJA NKOTTO (T), *op. cit.*, p. 464.

629 GUILLAUME HOFNUNG, la médiation, AJDA, 1997, p.30 cité par BIDJA NKOTTO (T), *op. cit.*, p.464.

630 *Ibid.*

631 V. L'article 98 du décret de 1995 portant règlementation des marchés publics et article 91(1) du décret 2004 portant code des marchés publics abrogés qui prévoyait que « les modalités de règlement à l'amiable sont précisées par décret du Premier ministre ».

632 V. L'article 68 du marché de travaux n° 155/AO/94-95 pour la construction de la route Bamenda-Mamfé-Ekok ; article 37 du marché de fournitures n° 1610/AO/95-96 entre Intelcam et Alcatel France.

633 ROUQUETTE (R), *op. cit.*, p. 239.

634 Comme étudié plus haut.

de désaccord. Si l'utilité du règlement à l'amiable demeure certaine, il en est de même de la médiation.

2. La médiation comme mode subsidiaire de règlement du contentieux des marchés publics

La médiation est un mode subsidiaire parce qu'il intervient comme une modalité du règlement à l'amiable et en cas d'échec d'un arrangement à l'amiable. Elle ne bénéficie d'aucune mention expresse par le code des marchés publics, mais la résolution du contentieux des marchés publics n'échappe pas au développement de la médiation. Les dispositions des CCAG régissant ce mode alternatif de règlement des litiges permettent de constater que ce mode alternatif est applicable dans la résolution des litiges relatifs aux marchés publics. Ainsi, il convient d'envisager l'étude de la médiation dans les marchés publics (a) et les compétences dévolues au médiateur (b).

a. Le recours occasionnel à la médiation dans les marchés publics

Selon les termes de l'article 79 alinéa 3 du CCAG-Travaux, *« tout différend entre l'entrepreneur et le maître d'ouvrage fait l'objet d'une tentative de règlement amiable, le cas échéant par voie de médiation, conformément aux dispositions du CCAP, et sous réserve des dispositions du code des marchés publics concernant les avenants »*[635]. À la lecture de cette disposition, le recours à la médiation dans les marchés publics n'est envisageable qu'après échec d'un arrangement à l'amiable. Si l'on oppose la médiation conventionnelle à la médiation judiciaire[636], la médiation institutionnelle est celle opératoire dans la résolution d'un litige né entre un entrepreneur et un maître d'ouvrage. Cette institution appliquée à l'Union européenne[637] est une institution nécessaire inspirée de la très ancienne institution scandinave de l'*«ombudsman »*[638] que de nombreux pays ont adopté à partir des années 1950-1960. L'institution en France du médiateur par la loi du 3 janvier 1973 (complétée par celles du 24 décembre 1976 et du 12 avril 2000) qui a reçu de la loi du 13 janvier 1989 (art. 69) une dénomination plus prestigieuse de *« médiateur de la République »* est destinée à relayer l'action du juge administratif plus qu'à la concurrencer[639]. Si dans notre système camerounais des marchés publics, il n'est pas

---

[635] Lire les articles 79 alinéa 3 CCAG-Travaux ; article 62 alinéa 4 CCAG-F ; article 48 alinéa 3CCAG-Services et Prestations intellectuelles de l'arrêté 2007.

[636] V. L'article 1(b) de l'Acte uniforme OHADA du 23 novembre 2017 relatif à la médiation.

[637] V. La décision n° 94/262/CECA CA, Euratom du parlement européen –statut et conditions générales d'exercice des fonctions du médiateur.

[638] CHAPUS (R), *op. cit.*, p.462.

[639] *Ibid.*

institué *« un médiateur chargé d'assurer l'examen des réclamations de l'administration »* comme dans le droit français[640], notons que ce vide se justifie par le silence du code relatif à la consécration de ce mode alternatif de résolution des litiges et à l'institution express d'un médiateur. Lorsque la médiation met aux prises une administration, elle donne lieu à une recommandation[641]. L'autorité des marchés publics étant une autorité administrative, elle peut être considérée comme médiatrice liée par la volonté d'améliorer les relations entre l'administration et son cocontractant. Elle intervient pour régler les désaccords, reçoit des propositions, formule des recommandations et rend des décisions qui s'imposent aux parties en conflit. Cette analyse qui est suggérée est due au fait qu'il n'existe pas un médiateur institué, sa mise en œuvre n'est pas effective en droit des marchés publics au Cameroun.

La jurisprudence en France fait une qualification négative du médiateur en déclarant qu'il ne relève ni du pouvoir législatif ni du pouvoir juridictionnel[642]. Par conséquent, il ne peut que faire partie du pouvoir exécutif, mais non sous les formes classiques de ce dernier[643]. Certes, le Conseil d'État ne donne pas de qualification exacte aux actes du médiateur, mais il semble qu'aujourd'hui sa nature comme autorité administrative indépendante ne peut être sérieusement discutée[644] . Position qui peut être légèrement nuancée au Cameroun. Si l'autorité des marchés publics était expressément nommée comme *« Médiateur »* et faisant partie du gouvernement, il serait une autorité administrative sous la forme classique (autorité administrative qui relève du pouvoir central. Le qualificatif d'autorité administrative convient également au médiateur. Le législateur français l'a qualifié d'*«autorité indépendante »* et non d'*«autorité administrative indépendante »*[645]. La médiation entendue comme un mode de solution au litige assuré par l'office d'un tiers se rapproche ainsi de la conciliation. S'inspirant de la législation OHADA, il convient d'envisager les compétences qui seraient dévolues à un médiateur.

---

[640] *Ibid.*
[641] NGANGO YOUMBI (E.M), *op. cit.*, p.245.
[642] APOSTOLOS (P), *L'arbitrage en matière administrative*, Paris, LGDJ, Tome 189, 1997, pp.247-248.
[643] *Ibid.*
[644] Les conclusions du commissaire du gouvernement FRANC qui ont été suivies par le Conseil d'État sont sur ce point beaucoup plus claires puisqu'il y a une référence directe à cette catégorie. RDP 1981, pp. 1446-1447. Cf. également CHEVALLIER (J), Réflexions sur l'Institution des autorités administratives indépendantes, *JCP* 1986, I, 3254 cité par APOSTOLOS (P), *op. cit.*
[645] CHAPUS (R), *op. cit.*, p. 467.

b. Les compétences dévolues au médiateur

Alors que dans de nombreux pays les homologues du médiateur apparaissent comme des *« commissions parlementaires »*, en raison de leur nomination (et de leur contrôle) par le parlement, le médiateur est, conformément à ce qui se fait normalement en France, nommé par le gouvernement, et plus précisément par décret du Président de la République en conseil des ministres[646] le médiateur agit comme *« intercesseur »*[647], il est en droit de faire toutes recommandations de nature à régler, en droit ou en équité l'affaire dont il est saisi. En second lieu, il se comporte en *« promoteur de réformes »*, il peut, dépassant le cas individuel révélateur de mauvaise administration, formuler toutes propositions propres à améliorer pour l'avenir le fonctionnement du service public en cause[648].

Dans les pays africains tels que le Nigéria, le médiateur qui formule des recommandations, des suggestions[649] ou des propositions[650] dresse un bilan annuel d'activités[651]. La décision du médiateur de la République en contexte africain n'a donc pas la force obligatoire, contrairement au défenseur des droits en France qui a été investi des pouvoirs plus étendus (proposition de transaction, recommandation, injonction, rédaction d'un rapport spécial rendu public sur un cas individuel, saisine de l'autorité disciplinaire en vue d'une sanction, etc.)[652].

Le médiateur n'impose pas une solution au différend, mais fait des propositions en vue du règlement du litige. À cet effet, ses décisions sont relatives. Ainsi, au terme de l'article 7 paragraphe 2 de l'Acte uniforme OHADA, le médiateur mène la médiation comme il l'estime approprié, compte tenu notamment des circonstances de l'affaire et des souhaits exprimés par les parties[653]. Il est choisi par les parties d'un commun accord et pour sécuriser l'accord et lui donner force exécutoire, les parties devraient tenir compte de l'issue du litige qu'elle soit favorable ou non, car ce sont les parties qui choisissent le ou les médiateurs d'un commun accord. Mais en pratique, on constate que la décision proposée par le médiateur n'a pas force

---

646 CHAPUS (R), *op. cit.*, p.463.

647 *Ibid.*

648 *Ibid.*,p.463.

649 V. l'article 9 alinéa 1 de la loi nigérienne n° 2011-18 du 8 août 2011 telle que modifiée et complétée par la loi n° 2012/30 du 17 juin 2013 instaurant le poste de médiateur de la République conformément à la constitution du 25 novembre 2010 (VIIe République).

650 *Ibid.*

651 Lire l'article 16 de la loi nigérienne n° 2011-18 du 8 août 2011 telle que modifiée et complétée par la loi n° 2012/30 du 17 juin 2013 instaurant le poste de médiateur de la République conformément à la constitution du 25 novembre 2010 (VIIe République).

652 NGANGO YOUMBI (E.M), op. cit., p. 247.

653 V. L'article 7 para 2 du Traité relatif l'harmonisation du droit des affaires en Afrique du 17 octobre 1993 révisé le 17 octobre 2008.

de chose jugée : car elle n'exclut pas la possibilité d'exercer un recours juridictionnel. On déplore encore le fait que dans le système camerounais des marchés publics, le code de marchés publics n'a prévu aucune règle de procédure censée encadrer la médiation dans les litiges relatifs aux marchés publics.

Des facilités devraient être données au médiateur pour le bon exercice de ses compétences. Lorsqu'il est désigné par une institution, les autres autorités administratives sont tenues de faciliter la tâche du médiateur en procédant à des enquêtes et vérifications demandées. Il sera ainsi chargé de suivre les dossiers concernant les litiges qui ont provoqué son intervention. Ainsi, cela contribuera à valoriser la médiation comme mode alternatif de solution de contentieux dans les marchés publics tout comme la transaction et l'arbitrage juridictionnel.

Paragraphe 2. La valorisation des modes alternatifs aux solutions imposées

Les modes de règlement des litiges par les voies conventionnelles privées tels que la transaction et l'arbitrage excluent presque totalement le juge administratif de la procédure de règlement du litige, sauf s'il est expressément désigné comme arbitre. Mais, dans ce cas, il n'intervient plus au nom de la justice étatique, mais en sa qualité de juge privé désigné par les parties[654].

Le conflit opposant une personne publique à un particulier, voire deux (2) personnes publiques entre elles peut se résoudre par la conclusion d'un accord[655]. De leur propre initiative ou grâce à l'intervention d'un tiers, les intéressés mettent fin, de façon conventionnelle, au différend qui les oppose[656]. En tant que contrat, la transaction constitue la loi des parties et est un instrument juridique formalisant l'accord des parties. Au Cameroun, ces modes alternatifs de règlement de litige visent, notamment à garantir la sécurité juridique des activités économiques, à favoriser l'essor de celles-ci et à encourager l'investissement[657]. La transaction et l'arbitrage sont des procédures qui apparaissent comme des solutions à privilégier. Ainsi il convient d'envisager le recours à la transaction comme solution à privilégier (A) et d'entrevoir la valeur juridictionnelle de l'arbitrage avec méfiance (B).

654 CENDRE-MALINAS (S), *op. cit.*, p. 259.
655 BIAKAN (J), *op. cit.*, p. 52.
656 *Ibid.*
657 *Ibid.*

A. Le recours à la transaction comme une solution à privilégier

Le recours à la transaction n'est pas prévu par le code des marchés publics et n'est pas non plus interdit. Il peut être employé suivant certaines formalités (1) et son champ d'application suivant également des avantages liés à son développement (2).

1. Le champ d'application et les formalités liées à la transaction

Dans les litiges relatifs au marché public, la transaction vise à régler les différends liés soit de l'exécution du marché, soit des garanties post-contractuelles. Elle vise à conclure les conséquences d'une annulation d'un marché. Le cocontractant doit rembourser les sommes qui lui ont été versées et l'administration règle l'indemnisation dont on détermine le montant sur la base des dépenses effectuées par le cocontractant. Cette réparation du préjudice subi par le fait d'une illégalité entachant le marché, en tenant compte, le cas échéant, de la privation du bénéfice que le cocontractant escomptait de l'exécution du marché[658]. Il faut conclure une transaction qui marque l'accord des parties. Dans l'exécution du marché, la transaction peut intervenir en réponse aux demandes d'indemnisation adressées par le cocontractant au maître d'ouvrage ou au maître d'ouvrage délégué en cas de force majeure et après avis de l'autorité des marchés publics en l'absence de toute responsabilité du cocontractant[659]. Elle peut également intervenir en ce qui concerne les intérêts moratoires. Lorsqu'il est imputable au maître d'ouvrage ou au comptable assignataire, le défaut de paiement dans des délais fixés par le CCAP ouvre et fait courir de plein droit au bénéfice de l'entrepreneur, des intérêts moratoires calculés depuis le jour suivant l'expiration desdits délais, jusqu'au jour de la délivrance de l'avis dit *« règlement »* du comptable assignataire[660]. Comme toute convention, la transaction doit obéir aux règles de formation et de la validité des contrats publics (compétence de l'autorité signataire, formalités, autorisations et approbations nécessaires, validité du consentement)[661]. Les parties aux marchés publics de travaux recourent à la transaction dans le calcul des pénalités de retard. En cas de dépassement des délais contractuels fixés par le marché, l'entrepreneur est passible de pénalités après mise en demeure, au montant fixé par le cahier de clauses administratives particulières[662].

---

658 V. C.E 8 décembre 1995, n° 144029, commune de Saint-Tropez- Rec. Décembre 1995, p. 431, *AJDA*, 1996, p.448, note Haïm.

659 V. L'article 183 CMP.

660 V. L'article 31 CCAG-précité.

661 BIAKAN (J), *« L'obligation dans le processus de formation des contrats publics »* in l'obligation, Études offertes au Pr POUGOUE (P.G), *Cameroun*, Paris, L'Harmattan, 2015, pp.136-146.

662 V. article 32 CCAG précité.

La transaction doit être conclue de manière régulière, raison pour laquelle sa formation exige des formalités, les autorisations préalables et l'homologation par le juge compétent. La personne publique a le droit de transiger, malgré ses prérogatives de puissance publique. À cet effet, le code général des collectivités territoriales décentralisées indique que : *« Nonobstant les dispositions de l'alinéa 1 ci-dessus, les ventes, échanges, partages, acquisitions ou transactions demeurent réservés aux organes délibérants qui peuvent autoriser le président de la commission à passer les actes qui y sont relatifs ».* Le respect de l'autorisation est une modalité essentielle et consubstantielle à la formation de la transaction. Les organes délibérants pour ce qui concerne la transaction des collectivités territoriales décentralisées doivent autoriser au terme du code des CTD le Président de la commission à conclure des actes liés à la transaction. Méconnaître cette formalité rendrait nulle la transaction. Le mandat donné au Président de la commission est express et il représente soigneusement la personne morale contractante. Outre l'effectivité de l'autorisation dont le privilège est accordé au Président de la commission, pour être exécutoires, les délibérations doivent être transmises au représentant de l'État, accompagnées de la transaction[663]. En vertu d'une jurisprudence constante (en France), la transaction ne peut déroger aux règles d'ordre public. Elle ne peut donner lieu non plus au paiement par la personne publique d'une somme plus importante que ce qu'elle doit[664].

M. CHAPUS insiste sur le caractère d'autorité de la chose jugée[665]. Les effets de la transaction sont ceux du contrat, car sa formation relève de la volonté des parties. Lorsqu'elle est régulièrement formée, elle peut faire obstacle au recours juridictionnel. Aux termes de l'article 3(c)[666] de la loi de 2006/022, les transactions relatives au contrat public sont de la compétence du juge administratif. Ce dernier peut ainsi procéder à une validation de la transaction ou constater que les solutions retenues sont partiellement exécutées, on peut conclure qu'elles n'ont pas de force exécutoire. Si le juge peut être saisi des conclusions tenant au règlement des litiges, ou des transactions exécutées de mauvaise foi, notons que la transaction présente des avantages indéniables.

2. Les avantages liés au développement de la transaction

La pratique transactionnelle permet de constater quelques difficultés noyées dans plusieurs avantages. Comme le souligne M. DEQUEANT, *« ce n'est qu'à l'issue de nombreux mémoires contradictoires (...) que la*

---

663 BIAKAN (J), *op. cit.*, p. 59.
664 C.E 19 mars 1971, sieurs MERGUI, Leb., p.235, concl. Rougevid-Baville.
665 CHAPUS (R), *Droit du contentieux administratif*, Paris, Montchrestien, 4e édition, 1993, p.656 et suiv. ; voir article 2052 du Code civil.
666 V. article 3(c) de la loi n° 2006/022 du 22 décembre 2006 précité.

transaction est conclue comme un pis-aller, dans un climat général de lassitude »[667]. Le protocole transactionnel donne lieu à une exécution de bonne foi des parties. Il convient donc de choisir la date à laquelle la transaction doit intervenir et préciser cette date dans le contrat en tenant compte de la longueur des procédures respectives[668]. Les cahiers de clauses devraient prévoir les modalités de sa mise en œuvre pour exempter le maître d'ouvrage et l'entrepreneur des pertes de temps et d'argent que s'ils avaient fait recours au juge administratif. Malgré ces quelques difficultés, la transaction est avantageuse pour plusieurs raisons.

D'abord, elle allège le contentieux devant le juge. À cet effet, le Conseil d'État appuyé par la doctrine préconise que cette technique soit encouragée avec toutes les précautions qui s'imposent : il insiste d'une part sur la nécessité de renforcer la formation des agents qui devront par ailleurs être d'un niveau hiérarchique suffisant pour mener une transaction ; d'autre part sur la clarification des règles budgétaires et comptables au regard de l'imputation des indemnisations issues d'une transaction[669]. Les comptables publics ne sont point fondés à refuser d'effectuer des opérations ou d'exécuter les paiements prévus par les transactions lorsque les pièces justificatives n'ont pas été produites par l'ordonnateur ou pour l'un des motifs énumérés par le règlement général de la comptabilité publique[670]. Si la négociation contractuelle peut exiger un temps plus ou moins long en fonction de la nature du litige et selon qu'il est nécessaire ou non de recourir à une expertise, sa souplesse et sa nature contractuelle font qu'elle aboutit toujours plus vite que lorsque le conflit doit être tranché par le juge[671].

Ensuite, la transaction privilégie la volonté des parties. À cet effet, les collectivités publiques qui transigent doivent le faire de façon licite dans le respect des règles d'autorisation. La liberté contractuelle et le principe du consensualisme sont présents dans la procédure transactionnelle. Ce consensualisme correspond parfaitement aux ressorts culturels de la société africaine, qui est par essence collectiviste[672]. L'homme africain *« au sein de son lignage, il se sent dans un espace de liberté : la solidarité de tous garantit la sécurité de chacun »*[673]. Ce mode alternatif correspond à *« l'adaptation au*

---

[667] DEQUEANT (J), *« Les règlements amiables : un procédé trop méconnu »*, MTP, 1995, p. 69.
[668] CENDRE-MALINAS(S), *op. cit.*, p. 264.
[669] *Ibid.*, p. 262.
[670] BIAKAN (J), *op. cit.*, p. 61. Cf. également l'article 102 de la directive n° 02/08/UEAC 190-CM-17 portant règlement général de la comptabilité publique.
[671] CENDRE-MALINAS, *op. cit.*, p. 263.
[672] NGANGO YOUMBI (E.M), *op. cit.*, p.251.
[673] ALLIOT (M), *Le droit et le service public au miroir de l'anthropologie*, Paris, Karthala, 2003, p.224.

contexte culturel africain »[674]. La transaction devrait de ce fait être indubitablement attachée comme l'une des priorités du socle culturel africain et correspondant mieux à une nécessité pratique ; procédure adaptée à la recherche du dialogue et du compromis. L'importance du dialogue dans la compréhension de la situation présente et la recherche d'une solution par les parties apaise les relations entre les parties. Il est donc nécessaire de valoriser et considérer cette procédure dans les marchés publics.

Enfin, la transaction se caractérise par la simplicité de la procédure. Elle n'est pas le symbole d'une attitude révérencielle de l'administration puissance-publique, mais elle recherche la souplesse et l'accessibilité des relations contractuelles. Elle n'est pas non plus à la recherche de la justice étatique caractérisée par les procédures longues et coûteuses. L'arbitrage juridictionnel s'inscrit dans la logique des modes alternatifs à base conventionnelle.

B. Le recours à l'arbitrage juridictionnel

L'arbitrage est une procédure juridictionnelle dans laquelle les parties désignent librement une ou plusieurs personnalités (un juge ou une personne particulière compétente dans le domaine concerné) en vue de la résolution du litige qui les oppose[675]. Cette technique juridictionnelle d'origine privatiste est encadrée aussi bien par les textes nationaux que ceux internationaux. Autrefois à encourager avec prudence comme l'a démontré CENDRES-MALINAS[676], l'arbitrage suscite aujourd'hui une forte attraction dans le domaine du contentieux des marchés publics. Il tient à des considérations de principe comme le prévoit l'article 2060 du Code civil français interdisant aux *« personnes morales de droit public (de) se soustraire aux règles qui déterminent la compétence des juridictions nationales en remettant à la décision d'un arbitre la solution des litiges auxquels elles sont parties et qui se rattachent à des rapports relevant de l'ordre juridique interne »*. Cette interdiction de compromettre a été érigée par le Conseil d'État dans sa décision d'assemblée du 13 décembre 1957, Société nationale de vente de surplus comme un principe à valeur législative. L'arbitrage bouleverse désormais l'ordre légal des compétences, raison pour laquelle GAUDEMET considère l'arbitrage comme *« une alternative au recours au juge »*[677]. *« (...)L'extrême méfiance en France à l'égard de cette formule juridictionnelle de règlement des conflits »* pour les personnes publiques[678]

674 NGANGO YOUMBI (E.M), *op. cit.*, p. 251.
675 CENDRE-MALINAS (S), *op. cit.*, p.2644.
676 *Ibid.*
677 GAUDEMET (Y), *« l'arbitrage : aspects de droit public, état de la question »*, *Revue arbitrage*, 1992, p. 85.
678 JAROSSON (Ch.), *« L'arbitrage en droit public »*, AJDA, 1997, p. 16.

n'a pas empêché son expansion. La jurisprudence considère que s'il existe un ordre juridique international permettant aux parties de choisir le droit applicable, notamment la *lex mercatoria*, les contrats touchant l'ordre public tels que les marchés publics doivent être maintenus dans le champ du droit public[679]. Au Cameroun, les parties à un marché public ont la latitude de régler les litiges nés des contestations de la passation ou de l'exécution par une voie juridictionnelle sans aller devant un juge institué par l'État. Le droit OHADA de l'arbitrage est venu ouvrir la possibilité à l'État et ses démembrements d'être partie à un procès arbitral. Aux termes de l'article 2 de l'Acte uniforme susmentionné, *« les États et les autres collectivités publiques territoriales ainsi que les Établissements publics peuvent également être parties à un arbitrage, sans pouvoir invoquer leur propre droit pour contester l'arbitrabilité d'un litige, leur capacité à compromettre ou la validité de la convention d'arbitrage »*. Le propos est ici d'essayer de systématiser le règlement du litige par voie d'arbitrage dans les marchés publics (1) et les implications contentieuses des sentences arbitrales (2).

1. Le règlement des litiges dans les marchés publics par voie d'arbitrage

Le recours à l'arbitrage dans les marchés publics peut être systématique. Ainsi, les parties peuvent saisir un arbitre par le moyen d'une clause compromissoire. Concrètement, il s'agit d'un accord contenu *à priori* dans une clause insérée par les maîtres d'ouvrage ou les maîtres d'ouvrages délégués par lequel les parties s'engagent avant la naissance du litige, à soumettre les litiges nés des marchés publics à l'arbitrage. Le recours à l'arbitrage peut être également a posteriori. L'article 21 du Traité OHADA prévoit que le litige peut être soumis à l'arbitrage par voie de compromis, c'est-à-dire un accord a posteriori entre les parties qui s'engagent après la naissance du litige à saisir un arbitre. Sans prétention aucune à l'exhaustivité, on peut citer en plus de la CCJA située à Abidjan, le Centre d'arbitrage du GICAM situé au Cameroun, la Cour internationale d'arbitrage de la Chambre de Commerce international de Paris (CCI), le CENTRE international pour le règlement des différends relatifs aux investissements (CIRDI) qui a pour spécialisation le règlement des différends opposant l'État aux investisseurs étrangers.

Le recours implicite à l'arbitrage dans le code des marchés publics est déguisé à l'article 124(9) qui dispose : *« Tout marché doit contenir au moins (...) les modalités de règlement des litiges, la juridiction compétente et le droit applicable »* [680]. Cette modalité peut être l'arbitrage, car l'arbitrage est une modalité de règlement à l'amiable. Ainsi, dans les marchés publics, l'arbitrage

[679] TC, 17 Mai 2010 INSERM/FONDATION LETTEN.
[680] V. L'article 124 (s) CMP précité.

peut être tacitement ou expressément autorisé. Le marché programme relatif à la réalisation des travaux publics de réhabilitation du pont sur le Wouri prévoit explicitement en son article 58 que *« tout litige survenant entre le maître d'ouvrage et l'entrepreneur dans le cadre de l'exécution du présent marché fera l'objet d'une tentative d'arrangement amiable. En cas d'échec de cet arrangement, le différend sera tranché par la Chambre internationale de Commerce de Paris »*[681]. Cette clause impose aux parties de suivre une étape de résolution du différend préalable à l'arbitrage. Le règlement du différend à l'arbitrage interviendra en cas d'échec du règlement préalable à l'amiable.

Quant aux conditions proprement dites du recours à l'arbitrage, elles sont structurées autour du principe de faveur pour le consentement à l'arbitrage dont les effets s'étendent de la convention d'arbitrage à l'instance arbitrale[682]. À cet effet, les parties à un marché public qui négocient un contrat d'affaires doivent clairement l'exprimer dans la clause compromissoire et exiger une convention d'arbitrage qui constitue de ce fait un impératif. Il s'agit d'une condition essentielle pour la mise en œuvre aisée de la convention d'arbitrage. Une bonne clause d'arbitrage distingue la volonté des parties de recourir à l'arbitrage afin d'éviter la fusion entre ce recours à l'arbitrage et le recours au juge étatique[683], ce qui est mentionné concernant la clause compromissoire, vaut également pour le compromis. Si une partie contractante ne souscrit pas à une clause ou un compromis, le règlement de procédure de la CCJA énonce qu'une partie peut décliner l'exception d'incompétence et l'arbitrage ne peut avoir lieu[684].

La formation du tribunal arbitral constitue également une condition essentielle. Que l'arbitrage soit ad hoc[685] ou institutionnel[686] *« les modalités de formation du tribunal sont presque les mêmes pour ce qui est du tribunal arbitral ad hoc. Les arbitres doivent toujours être des personnes physiques et l'organe doit comprendre un nombre d'arbitres numériquement impair. En*

---

681 V. marché n° 00036/M/MINTP/CP-TN/2013 passé de gré à gré entre la République du Cameroun et le Groupement conjoint UDECTO/ETIC international, relatif à la réalisation des travaux publics de réhabilitation du pont sur le Wouri.

682 BERNHEIN-VAN DE CASTEELE (L), *Les principes fondamentaux de l'arbitrage*, Bruxelles, Bruylant, 2012, p.67 et S.

683 OUAGADOUGOU, 19 mai 2006, affaire KARORE Henriette c/ Société Sahel Compagnie (SOSACO) ; jurisprudences nationales OHADA n° 2, déc. 2010, p.331 TGI de Yaoundé, n° 407 du 24 mai 1999, *juridis périodique*, n° 37 p. 21, note IPANDA. À titre d'exemple, dans cette affaire, la jurisprudence considère l'incompétence des juridictions étatiques (les parties n'ayant eu l'intention de saisir en dernier ressort).

684 V. article 9 règlement de procédure CCJA de 2017 intitulé *« Absence de convention d'arbitrage »*, n° 116.

685 La formation de l'arbitrage ad hoc se rapporte à l'organisation faite par les parties.

686 Comme étudié plus haut, Arbitrage qui est organisé par une institution ou un centre d'arbitrage.

revanche, le règlement des difficultés liées à la formation du tribunal ressortit à la compétence du juge étatique, contrairement à ce qui prévaut dans l'arbitrage institutionnel »[687]. Ainsi relevé, l'arbitre exerçant une mission juridictionnelle, il doit être spécifié le nombre d'arbitres. Pour renchérir ces propos, le marché passé par le ministère des Marchés publics et l'entreprise CHECK pour les travaux de dragage et d'entretien du chenal d'accès au port de Douala-Bonabéri précise en son article 35 que : *« [...] lorsqu'une solution à l'amiable ne peut être apportée au différend, celui-ci est porté devant le règlement de conciliation et d'arbitrage de la Chambre internationale de Commerce par 3 arbitres nommés conformément à ce règlement. Le lieu est Paris, France. L'arbitrage peut commencer avant ou après achèvement des travaux »*[688]. Les parties[689] peuvent toujours recourir à l'arbitrage même si une instance étatique a déjà été engagée.

Les missions juridictionnelles de l'arbitre s'exercent à l'image du juge étatique. À cet effet, l'article 6 de l'Acte uniforme OHADA relatif à l'arbitrage dispose que : *« la mission d'arbitre ne peut être confiée qu'à une personne physique. L'arbitre doit avoir le plein exercice de ses droits civils, demeuré indépendant et impartial vis-à-vis des parties »*. L'indépendance et l'impartialité renforcent la conviction des parties et lèvent ainsi tout doute. Aux termes de l'article 7 de l'AUA *« [...], si l'article suppose en sa personne une cause de récusation, il doit en informer les parties et ne peut accepter sa mission qu'avec leur accord unanime et écrit [...] »*. Le règlement d'arbitrage CNUDCI précise en outre que *« tout arbitre peut être récusé s'il existe des circonstances de nature à soulever des doutes légitimes sur son impartialité ou son indépendance [...] »*[690].

L'impartialité et l'indépendance de l'arbitre ainsi présentes dans l'arbitrage OHADA constituent des exigences universelles qu'on retrouve dans un instrument international comme le règlement d'arbitrage CNUDCI (version 2010)[691]. Les méthodes juridictionnelles de l'arbitre sont structurées autour de deux versants : l'efficacité de la procédure et l'efficacité de la sentence arbitrale[692]. Concernant l'efficacité recherchée dans la procédure sont consacrées la liberté et l'égalité. L'article 2 alinéa 1 de l'AUA énonce que *« toute personne [...] peut recourir à l'arbitrage sur les droits dont elle a la libre disposition »*[693], ainsi pour LEVEL, *« un droit est disponible lorsqu'il*

---

[687] MBALLA OWONA (R), *op. cit.*, p. 1791.
[688] V. Le Marché n° 000203/M/MINMAP/CCPM-AI/2014 du 14 avril 2014 passé après Appel d'offres international ouvert n° 364/AOIO/MINMAP/CCPM-AI/2013 du 9 septembre 2013.
[689] V. L'article 4 AUA du 23 novembre 2017 sur l'arbitrage.
[690] V. L'article 12 al 1 du règlement d'arbitrage CNUDCI.
[691] KENFACK DOUAJNI (G), L'obligation dans l'arbitrage OHADA in Études offertes à POUGOUE (P-G), *op. cit.*, pp. 411-412.
[692] BERNHEIM-VAN DE CASTEELE, *op. cit.*, p. 67.
[693] L'article 2 al 1 de l'AUA précité.

est sous la totale maîtrise de son titulaire, à telle enseigne qu'il peut tout faire à son propos et notamment l'aliéner voire y renoncer »[694]. L'article 16 de l'AUA sur l'arbitrage précise que *« les parties doivent être traitées sur un pied d'égalité et chaque partie doit avoir la possibilité de faire valoir ses droits. Les parties agissent avec célérité et loyauté dans la conduite de la procédure et s'abstiennent de mesure dilatoire »*[695].

Pour une parfaite confiance des relations d'affaires, l'article 14 du règlement arbitral CCJA précise que *« la procédure arbitrale est confidentielle (...) la confidentialité s'étend dans les mêmes conditions aux sentences arbitrales »*[696]. Il s'agit de la confidentialité des documents et informations produits au cours de la procédure. La sentence définitive vient clore la procédure et une *« ordonnance de clôture est prise »*[697]. La sentence prononcée entraîne ainsi des implications.

2. Les implications contentieuses des sentences arbitrales

La sentence définitive prononcée ne conclut pas définitivement le procès, car les voies de recours spécifiques sont ouvertes à savoir le recours en annulation, le recours en révision et la tierce opposition. L'arbitrage OHADA prévoit en son article 29 : *« En cas d'annulation de la sentence arbitrale, et sauf lorsque ladite annulation est fondée sur le fait que le tribunal arbitral a statué sans convention d'arbitrage ou sur une convention nulle et expirée, il appartient à la partie la plus diligente d'engager, si elle le souhaite une nouvelle procédure arbitrale conformément au présent acte uniforme »*[698]. Cette disposition est source d'ambiguïté, car l'article 27[699] du règlement arbitral de la CCJA *« s'inspirant du système CIRDI qui rend les obligations, les sentences arbitrales rendues sous son égide, en dehors de toute formalité de reconnaissance ou d'exéquatur »*[700]. Le sort de la sentence rendue par l'arbitre demeure alors incertain, car il dépend de la conception de chaque État à l'ordre public dans son territoire et de la nécessité d'un ordre juridique

---

694 LEVEL (P), *« L'arbitrabilité »*, in rev. Arb., 1992, p. 219.

695 V. L'article 16 AUA sur l'arbitrage précité.

696 V. L'article 14 règlement arbitral CCJA précité

697 L'article 16 AUA sur l'arbitrage.

698 V. L'article 29 l'AUA sur l'arbitrage précité.

699 L'article 27 prévoit que : *« Toute sentence arbitrale rendue conformément au présent règlement revêt un caractère obligatoire pour les parties et à l'autorité définitive de la chose jugée sur le territoire de chaque État au même titre que les décisions rendues par les juridictions de l'État. Elles peuvent faire l'objet d'une exécution forcée sur le territoire de l'un quelconque des États parties. Par la soumission de leur différend au présent règlement, les parties s'engagent à exécuter sans délai la sentence à venir. Le tribunal peut par décision motivée, accorder ou refuser l'exécution provisoire à la sentence arbitrale si cette exécution a été sollicitée »*.

700 MBALLA OWONA (R), *op. cit.*, p.1795.

arbitral[701]. La sentence d'arbitrage dans une procédure ordinaire comme urgente peut autoriser le droit à une indemnisation. Le Cameroun a été partie à certains contentieux dans le domaine des marchés publics et l'arbitrage a été visé pour la résolution desdits contentieux ; et une sentence[702] arbitrale a tout de même produit ses effets. Les affaires WIEMER & TRACHTE c/ République du Cameroun[703] et UDECTO c/ République du Cameroun[704] illustrent à suffisance que le contentieux des marchés publics peut être résolu par un procédé alternatif de résolution des litiges.

Dans l'affaire WEINER & TRACHTE (W& DT) c/ République du Cameroun, l'État du Cameroun avait expressément attribué (à la suite de l'appel d'offres international restreint relatif à l'exécution des travaux d'aménagement et d'optimisation des systèmes d'adduction et de distribution d'eau potable dans les villes de Bafoussam, Bandjoun, Baham, Bamenda, Bamendjou) le marché n° 1581[705] à la Société WEINER & TRACHTE. Cette société allemande devait réaliser ce marché conformément à deux tranches : une première tranche ferme de 24 mois ; une seconde tranche conditionnelle de 12 mois, financée sur emprunt d'une Banque allemande. De l'exécution dudit marché ont jailli les oppositions.

Le titulaire du marché énonce que les perturbations qui n'étaient pas de son fait ont ralenti la célérité des travaux et justifient le retard accusé. L'État du Cameroun argue que si les travaux ont été exécutés, intégralement, ils ont néanmoins fait l'objet de 12 mois de retard. À cet effet, conformément à l'article 52 de leur clause, il est prévu qu'*« en cas de retard sur le délai imparti pour l'achèvement des travaux, l'entrepreneur sera passible de pénalités [...]. Ces pénalités seront appliquées d'office sans préavis et par la seule échéance du terme en cas de force majeure juridiquement définie »*, l'État du Cameroun a appliqué les pénalités de retard. Après consultation de *« l'ingénieur-conseil allemand IGIP représentant de l'administration »* et accord de la KFW[706].

---

[701] GAILLARD (E), *« Aspects philosophiques de l'arbitrage international »*, Recueil des cours de l'Académie de droit international de la Haye, Leiden/Boston, Martinus, NIJHOFF Publisher, 2008, p. 55.

[702] La sentence arbitrale s'entend comme l'*« acte d'un arbitre qui tranche de manière définitive, en tout ou partie le litige qui lui a été soumis, que ce soit sur le fond, sur la compétente ou sur un moyen de procédure qui le conduit à mettre fin à l'instance »*, in GUINCHARD (S), DEBARD (Th.), *Lexique des termes juridiques*, Paris, Dalloz, 25e éd., 2017-2018 (à jour), p. 1885.

[703] Cour internationale d'arbitrage de la Chambre de commerce international, Weimer & Trachte Gmb H c/ République du Cameroun du 25 juin 2007.

[704] Cour internationale d'arbitrage de la Chambre de commerce international n° 14422/EC/ND du 15 Juillet 2010-coe-oci, Société UDECTO (Togo) c/République du Cameroun.

[705] Du 29 novembre 1995.

[706] KREDITANSTALT FÜR WIEDERAUFBAU (Banque allemande) ayant financé sur emprunt ledit marché.

L'entrepreneur introduit une procédure d'arbitrage conformément à l'article 64 du marché[707] après avoir enclenché le préalable qui est la tentative du règlement à l'amiable. La requête introduite au secrétariat de la cour internationale d'arbitrage en date du 22 décembre 2000 souligne une insatisfaction de l'entrepreneur allemand qui n'a pas été payé en intégralité et conformément à l'ultime délai imparti à la personne publique partie au marché public. La cour internationale d'arbitrage de Paris, juridiction arbitrale compétente, déclare la requête recevable et sa conformité de sa saisine par cette recevabilité, la juridiction a en outre marqué la frontière entre les lois de fond régissant l'exécution de la commande et celles de procédure, dont la détermination est laissée à son libre arbitre[708]. La juridiction arbitrale va condamner l'État du Cameroun, collectivité publique partie au marché public à payer à l'entrepreneur intégralement le montant équivalent aux travaux qu'il a réalisés.

L'affaire UDECTO nécessite également une analyse de sa sentence arbitrale. Un marché de gré à gré n° 2186/SG/PM du 16 janvier 2003 avait été conclu entre le ministère des Travaux publics (représentant la République du Cameroun) et le groupement conjoint UDECTO/ETIC international visant la réhabilitation du pont sur le Wouri à Douala. Suivant l'infructuosité constatée en 2003, l'appel d'offres est lancé par le ministère des Travaux publics en 2002. En 2003, les négociations entreprises concèdent le marché à UDECTO[709]. La prestation objet du marché était répartie en trois tranches portant sur la réhabilitation du pont principal :

- une première tranche portant sur la démolition du pont sur le bras mort, la reconstruction de la chaussée et de la voie ferrée ;
- une seconde tranche portant sur la rénovation de la chaussée et la voie ferrée ;
- le délai des tranches fermes et conditionnelles était fixé à 28 mois à compter de la notification du démarrage des travaux.

L'État du Cameroun, par le biais du ministère des Travaux publics, maître d'ouvrage, argue du manque d'enthousiasme et d'efficacité de l'entrepreneur à qui il est reproché le non-respect des clauses contractuelles dans l'approvisionnement des ressources de chantier en qualité et en quantité[710]. Le MINTP constate qu'UDECTO s'est limité à la sous-traitance de la quasi-

---

[707] L'article 64 dispose que *« Tout litige survenant entre les parties contractantes dans le cadre du présent marché doit faire l'objet d'une tentative de conciliation par entente directe. À défaut de règlement à l'amiable, tout différend découlant du présent marché sera tranché définitivement suivant le règlement de conciliation et d'arbitrage de la Chambre de commerce international par un ou plusieurs arbitres nommés conformément audit règlement ».*

[708] MASSOUKA (J-Y), *op. cit.*, p.1079.

[709] NGUEDIA MEIKEU (H), *op. cit.*, p. 5.

[710] *Id.*

totalité des travaux à des tiers. Après plusieurs tentatives de conciliation sans issue favorable, la société UDECTO en date du 6 janvier 2006 informa le maître d'ouvrage de sa décision de l'abandon de l'exécution des travaux. Cette défaillance de l'entrepreneur contraint la personne publique à exécuter en régie totale les travaux restants de la tranche-ferme, la résiliation du contrat pour les tranches conditionnelles 1 et 2. La collectivité publique exigeait de la juridiction arbitrale la condamnation de l'entreprise à lui verser la somme de 13 267 720 252 FCFA au titre des préjudices qui précèdent.

Au chef du contentieux liant l'État du Cameroun et l'entreprise togolaise UDECTO, l'entrepreneur comme arguments et prétentions, se plaint de certaines modifications substantielles introduites unilatéralement par le maître d'ouvrage qui ont impacté le rythme de travail qui a entraîné un retard dans l'exécution du marché. Pour l'entrepreneur, sa décision d'abandon du chantier relève de la responsabilité de la personne publique contractante.

Conformément à l'article 58 des clauses fixées par les parties : *« Tout litige survenant entre le maître de l'ouvrage et l'entrepreneur dans le cadre de l'exécution du présent marché fera l'objet d'une tentative d'arrangement à l'amiable. En cas d'échec de cet arrangement, le différend sera tranché par la Chambre internationale de Commerce de Paris »*, l'entrepreneur, partie défenderesse, sollicitait de la Cour internationale d'arbitrage de *« [...] constater et déclarer son impossibilité de poursuivre l'exécution du marché et donc de déclarer légitime son arrêt des travaux en janvier 2006 »*. La volonté des parties constituant l'une des composantes de la Société libérale est exprimée par leur volonté de confier le règlement de leur litige au tribunal arbitral. Cette clause compromissoire clairement exprimée confiait la compétence d'arbitrer le litige à un collège de 3 arbitres[711].

Les parties ont convenu de tenir les audiences[712] et réunions à Paris et ont permis au tribunal d'effectuer une descente sur les lieux de réalisation des travaux objet du litige. Le droit applicable est le droit camerounais, car l'article 57 des clauses du marché précise que : *« l'entrepreneur s'engage à observer les lois en vigueur en République du Cameroun, et ce aussi bien dans*

---

[711] On peut observer à la lecture de cette sentence arbitrale (CIA – CCI, n° 14422/EC/ND du 15 juillet 2010 affaire UDECTO c/ République du Cameroun précitée) que les arbitres en question sont :

- M. Pierre M. GENTON de nationalité suisse désigné par UDECTO en qualité d'arbitre ;
- M. Michael BUHLER de nationalité française, a été désigné par la République du Cameroun en qualité d'arbitre ;
- M. Antonio CRIVELLARO de nationalité italienne désigné par les co-arbitres sur mandat des parties en qualité de président du tribunal arbitral.

[712] V. La lecture du chapitre VII de l'acte de mission d'arbitrage confiée à la CCI.

sa propre organisation que dans la réalisation du marché (...) ». Le tribunal arbitral en réaction aux problèmes posés tels que : une entreprise peut-elle arrêter les travaux, quelles qu'en soient les circonstances ? Le maître d'ouvrage peut-il décider d'une exécution en régie des travaux inachevés ou résilier des tranches conditionnelles non exécutées ?

Le tribunal arbitral décide :

- le fait pour l'entrepreneur d'arrêter les travaux restants est une faute contractuelle ;
- la résiliation des tranches conditionnelles non exécutées et leur exécution en régie sont légitimes ;
- la conséquence est l'évaluation de l'indemnisation.

À cet effet, le tribunal dans un considérant affirme que *« [...] en effet, les pénalités dans un marché de travaux publics sont [...] de nature contractuelle et ont en général une double finalité : répressive et dissuasive. Elles sont toujours forfaitaires et ne sont pas subordonnées à l'existence d'un préjudice réel pour retard : le simple constat de l'inexécution ponctuelle suffit à entraîner automatiquement le paiement de la pénalité tel que prévu par le contrat »*[713] sur la base de l'article 17(2) du cahier de clauses administratives particulières du marché, le montant sollicité par l'État du Cameroun s'élève à 654 702 248 FCFA pour ce qui est du règlement des pénalités de retard.

- Concernant le coût de la substitution de l'entrepreneur (cocontractant) défaillant le collège des arbitres en réaction précise que :

> *« Aux fins de sa détermination, le tribunal arbitral ne tient pas compte des valeurs TTC (toutes taxes comprises), car les taxes sont perçues par la République du Cameroun indépendamment de l'identité du cocontractant qui exécute les travaux. Pour déterminer la valeur correcte éventuellement imputable à l'entrepreneur qui, par sa défaillance, a causé la passation d'un nouveau marché, il faut se référer au seuil « surprix », net hors taxes convenu dans le deuxième marché. Pour la même raison, le tribunal arbitral ne tient pas compte des montants de l'un et l'autre marché. Il faut se limiter aux valeurs hors taxes et hors douane »*[714].

La compensation de l'État du Cameroun s'est faite à hauteur de 932 734 433 FCFA, car le tribunal arbitral a pris en compte le délai de quatre (4) ans en se basant sur les prix proposés et acceptés en 2003 à UDECTO et ceux de RAZEL (qui a substitué UDECTO) validés en 2007. La réclamation concernant le règlement du coût supplémentaire de la mission de contrôle et

---

[713] Cf. CIA-CCI n° 144 22/EC/ND précité n° 206.
[714] *Ibid.*, n° 2010.

de la maîtrise d'ouvrage a été rejetée par le tribunal arbitral, car aucune preuve fondant cette demande n'était légitime.

Sur les dépenses supplémentaires de la mise en régie, le tribunal arbitral alloua la somme de 477 964 215 FCFA, car l'instance dira qu'*« il faut considérer que les coûts de la régie incluent non seulement l'exécution matérielle, mais aussi les inerties et remobilisations découlant du départ de l'entrepreneur »*[715] le tribunal réduisant ainsi le quantum de l'indemnisation. Le total sollicité par l'État du Cameroun est passé de 527 964 214 à 477 964 215 FCFA.

Concernant la demande d'indemnisation des troubles liés aux retards dans la réhabilitation du pont, le tribunal arbitral se limitera à la mesure de sa compétence en précisant que *« la compétence du tribunal arbitral est limitée à la relation contractuelle entre la République du Cameroun et son entrepreneur UDECTO, telle que règlementée dans les textes contractuels et la loi en vigueur en matière de marchés publics. Sa compétence ne s'étend pas aux plaintes de la société civile [...], les seuls préjudices que le tribunal arbitral est compétent à évaluer sont ceux qu'une partie impute à l'autre pour l'inexécution du marché et que la partie victime a prouvé avoir effectivement souffert [...] »* et rejeta cette prétention.

Les arbitres reçoivent également les requêtes en urgence. C'est l'une des innovations introduites en 2017 par le règlement d'arbitrage de la CCI. À raison de l'urgence du litige né, l'arbitre de l'urgence peut ordonner *« les mesures conservatoires ou provisoires »*. Ce fut le cas dans l'affaire SOGEA/SATOM[716].

Au regard du sort des sentences arbitrales, il convient de noter qu'il s'agit *« d'une procédure à encourager avec prudence »*[717], la méfiance se manifeste par la difficile exécution des sentences arbitrales. Les sentences rendues par les arbitres *« ne peuvent être ramenées à exécution forcée qu'en vertu d'une décision d'exéquatur rendue par le juge étatique »*[718] et l'exéquatur un *« bon pour exécution »*[719] délivré par le juge national compétent. Le juge compétent

[715] *Ibid.*, n° 249.
[716] TAMEKONG NGUEMO TSIDIE (S), note sous ordonnance n° 23818/DDA du 11 septembre 2018 cour internationale d'arbitrage de la chambre de commerce international (CIA-CCI) de Paris, arbitrage d'urgence entre SOGEA SATOM SAS et SOLENTNACHE BACHY International SAS c/ République du Cameroun (ministère des Marchés publics et ministère des Travaux publics), in juridis périodique n° 118, Avril-Mai 2019, p. 78.
[717] CENDRE-MALINAS (S), *op. cit.*, p. 264.
[718] AKA (N), FONEON (A), TCHAKOUA (J-M), Le nouveau droit de l'arbitrage et de la médiation en Afrique (OHADA), commentaire de l'Acte uniforme relatif au droit de l'arbitrage, du règlement d'arbitrage de la CCJA et de l'Acte uniforme relatif à la médiation, du 23 novembre 2017, Paris, LGDJ, *lextenso*, 2018, p.144.
[719] *Ibid.*, p.145.

en matière d'exécution des sentences arbitrales pourrait être le juge administratif lorsqu'il s'agit des contrats publics en général et des marchés publics en particulier. Au terme de l'article 9[720] de la loi de 2007, *« l'exécution des décisions étrangères rendues en matière administrative est poursuivie devant le président de la juridiction administrative compétente [...] »*. Notons que le litige relatif à la résiliation de la commande publique peut susciter une autre procédure contentieuse qui découle du traité bilatéral d'investissement. Sur le droit des investissements, M. MOUANGUE KOBILA a fait une thèse de doctorat[721]. Aux termes de l'article 3 de l'AUA, *« l'arbitrage peut être fondé sur une convention d'arbitrage ou sur un instrument relatif aux investissements, notamment un code des investissements ou un traité bilatéral ou multilatéral relatif aux investissements »*[722]. Si les expériences camerounaises à solliciter l'arbitrage dans la résolution des litiges relatifs aux marchés publics sont à considérer avec prudence, notons qu'il s'agit d'une procédure qui occupe une place importante dans le monde des affaires. La justice arbitrale apporte des garanties de confidentialité mieux adaptées aux partenaires économiques que les publicités des litiges portés devant les tribunaux.

Ensuite, les parties sont maîtres de la procédure. Enfin, l'ouverture du marché public entraîne un accroissement considérable des négociations entre les entreprises et les personnes publiques, en conséquence l'arbitrage est appelé à se développer dans la résolution du contentieux des marchés publics au Cameroun. Qu'en est-il de la prise en compte des modes alternatifs par le juge administratif camerounais ?

Section 2. La réception jurisprudentielle des modes alternatifs

Les modes alternatifs sont conclus en vue d'éviter le recours au juge. Raison pour laquelle l'article 1er du protocole d'accord relatif au règlement à l'amiable portant sur un marché pour l'exécution des travaux d'entretien et/ou périodique de certaines routes en terre du réseau prioritaire précise que : *« les parties au présent protocole renoncent[723] à toutes revendication ou*

[720] La loi n° 2007/001 du 19 avril 2007 instituant le juge du contentieux de l'exécution et fixant les conditions de l'exécution au Cameroun des décisions judiciaires et actes publics étrangers ainsi que les sentences arbitrales étrangères.
[721] V. MOUANGUE KOBILA (J), *op.cit.*, p. 45.
[722] V. article 3 l'AUA sur l'arbitrage précité.
[723] V. L'article 1 du protocole d'accord n° 0007/PA/MINTP/SG/CJ du 10 août 2010 relatif au règlement à l'amiable du contentieux portant sur le marché n° 0216/M/MINTP/CPM-ER 2005 conclu après appel d'offres national ouvert n° 42/ANO/MINTP/CPM/ER 2004 du 26 août 2004 pour l'exécution des travaux d'entretien courant et/ou périodique de certaines routes en terre du réseau prioritaire.

réclamation portant sur le même objet en cours ou à venir, par devant les instances arbitrales ou judiciaires ». Cependant, lorsque la conclusion du protocole n'aboutit pas à un éventuel succès, il est préconisé de faire intervenir le juge compétent pour une appréciation lorsque les solutions qui en résultent ne sont pas exécutées ou exécutées de façon incomplète ou alors exécutées et elles nécessitent une approbation du juge administratif. Dans cette hypothèse, en parcourant la jurisprudence administrative, le juge administratif procède soit à une validation des modalités du règlement amiable (paragraphe 1). Il peut également en cas d'entente entre les parties, entériner leur désistement et conclure à un non-lieu à statuer. Pour cette dernière possibilité, il s'agira d'examiner les effets juridiques des modes alternatifs sur la procédure juridictionnelle (paragraphe 2).

Paragraphe 1. La validation par le juge des modalités de règlement à l'amiable

Le juge camerounais tient compte des arrangements réciproques faits par les parties. Ces parties peuvent obtenir une validation juridictionnelle soit de la transaction, de l'amiable, soit de l'arbitrage. Ainsi on envisagera la validation des modalités du règlement à l'amiable (A) et l'imprécision relative qui découle de la médiation (B).

A. La validation des modalités de règlement à l'amiable

Lorsque le juge administratif est saisi d'une demande d'homologation, il vérifie *« que les parties consentent effectivement à la transaction, que l'objet de cette transaction est licite, qu'elle ne constitue pas de la part de la collectivité publique intéressée une libéralité et qu'elle ne méconnaît pas d'autres règles d'ordre public »*[724]. Cette condition dégagée par le Conseil d'État français n'est pas méconnue par le droit national. Ainsi il sera question pour le juge administratif de reconnaître une valeur juridique probante à l'amiable (1). Cette même force probante est effective pour validation de la transaction par le juge compétent (2) pour les sentences arbitrales, il procède à la validation des conventions arbitrales en tenant compte des règles de compétence qui ont un caractère d'ordre public (3).

1. La validation de l'amiable

Prévenir les litiges ou les régler par le moyen de l'amiable garantie pour les entreprises et la collectivité publique une issue rapide du litige, car *« un mauvais arrangement vaut mieux qu'un bon procès »* selon les termes

[724] Avis du Conseil d'État en assemblée du contentieux n° 249153 du 6 décembre 2012.

d'Honoré de BALZAC[725]. Cette affirmation met en exergue les solutions fondées sur la confiance que les parties placent dans les négociations faites par elles. Les propositions de règlement à l'amiable peuvent ou non déboucher sur l'extinction du litige. Les litiges oscillent généralement entre l'obligatoire et le facultatif. Le juge administratif est favorable à un arrangement à l'amiable, raison pour laquelle il a admis la valeur juridique de ce procédé de règlement des litiges. En cas de validation d'un arrangement à l'amiable, le juge s'assurera toujours que l'échange des concessions entre les parties ne comporte pas d'objet illicite. Il s'assure ainsi de la nécessité des concessions réciproques. La validation faite par le juge administratif camerounais le conduit à faire de ladite validation une véritable procédure d'examen au fond de la validité des concessions ayant abouti à l'extinction du litige. Les parties peuvent venir devant le juge administratif consolider la force exécutoire de leur arrangement, et l'imperium du juge doit s'apposer sur un arrangement conforme à la volonté des parties. Par cette validation jurisprudentielle de l'arrangement à l'amiable, le juge sécurise la situation juridique des parties au marché. Dans l'affaire MOLUH SEYDOU dont les faits méritent d'être rappelés, le juge administratif camerounais a admis la force juridique probante de l'arrangement à l'amiable.

Pour effectuer les travaux de réfection d'un appareil d'intervention chirurgicale, M. MOLUH SEYDOU avait été requis en 1974 par l'économe de l'Hôpital de Foumban. La mise en état de l'appareil a nécessité la fourniture de plusieurs pièces qu'il avait achetées. Aux fins de paiement de ses prestations qui s'élevaient à 175 600 F, il saisit le ministre de la Santé à s'exécuter. À la suite du refus du ministre, le requérant saisit le juge administratif camerounais afin qu'il soit rétabli dans ses droits.

Le juge administratif constate qu'un règlement amiable était intervenu entre les parties du fait d'un bon d'engagement d'un montant de 120 000 F, établi au nom du requérant en règlement de sa créance et conclu à un non-lieu. Pour justifier cet argument, le juge administratif camerounais affirme *« considérant que par lettre n° 241 du 16 novembre 1976 de Monsieur le Ministre de la Santé publique, et par une autre lettre en date du 21 janvier 1977 du requérant, les parties ont informé la Chambre de céans qu'un règlement amiable est intervenu entre elles, et qu'un bon d'engagement n° 120555 du 6 novembre 1976, d'un montant de 120 000 FCFA a été établi au nom du requérant en paiement de sa créance »*[726]. Le juge administratif reconnaît que les parties à un litige relatif aux marchés publics peuvent recourir à l'amiable pour régler le différend, il valorise ainsi l'amiable dans la résolution des litiges. Il marque une confirmation de l'arrangement à l'amiable

---

[725] CORREA (J.L), *« La médiation et la conciliation en droit sénégalais : libres propos sur un texte règlementaire »*, *Bulletin de Droit économique*, n°2, 2017, p.1.

[726] CS/CA, Jugement n° 26/76-77 du 3 février 1977, MOLUH Seydou c/État du Cameroun.

conclu entre les parties dans l'espèce AMOUGOU Fidèle[727]. Ce courant jurisprudentiel qui valide l'amiable en mettant un terme à un litige est un outil de régulation ou du moins de sécurisation du paiement des prestations effectuées sur le fondement d'une entente convenue entre les parties.

Le juge administratif fait recours à toutes les pièces contractuelles qui lui donnent la possibilité d'homologuer un arrangement. Sur ce plan, la jurisprudence administrative est cohérente et lève le préjugé selon lequel l'arrangement à l'amiable est d'origine civiliste ; car la matière administrative du marché public détermine la compétence du juge administratif pour la validation de l'arrangement conclu entre les parties. La validation juridictionnelle de la transaction découle également de la compétence du juge administratif.

2. La validation de la transaction par le juge administratif

L'article 2 (3c) de la loi n° 2006/022 du 29 décembre 2006 fixant l'organisation et le fonctionnement des tribunaux administratifs précise en son alinéa 3(c) que le contentieux administratif comprend : alinéa 3c *« les litiges concernant les contrats (à l'exception de ceux conclus même implicitement sous l'empire du droit privé) ou les concessions de services publics ».* On peut conclure que les transactions issues des parties à un marché public sont entérinées par le juge administratif compétent. La transaction renvoie à un échange de volonté et constitue en elle-même un titre exécutoire. Mais le juge administratif saisi d'une demande d'homologation, les parties peuvent obtenir une validation juridictionnelle de leur transaction. En cas de litige ou d'homologation, le juge s'assure toujours qu'une transaction administrative n'est pas entachée d'incompétence[728] ou ne comporte pas d'objet illicite[729] de la sorte, le demandeur *« ne peut guère espérer le versement par la personne publique des sommes plus élevées que celles qu'elle est autorisée à payer »*[730] lorsque le litige porte sur les contrats publics ou les marchés publics, la demande de transaction est tranchée par le juge administratif. L'espèce EVINA Max tranchée par le juge administratif camerounais marque un cas de figure dont le juge peut être saisi des conclusions tendant au règlement du litige que la transaction peut régler.

Dans l'affaire EVINA, le requérant sollicitait du juge le paiement des dommages et intérêt à hauteur de 25 000 000 FCFA du fait du préjudice subi

---

[727] CS/CA, Jugement n ° 19/93-94 du 24 février 1994 AMOUGOU Fidèle c/Société immobilière du Cameroun (SIC).

[728] PLESSIX (B), *op. cit.*, p.1280.

[729] Avis du C.E en Assemblée du contentieux n° 249153 du 6 décembre 2012.

[730] CCA Versailles, 7 mars 2006, Cne de Draveil c/Via Net Works : Re. C.e. 2006, p.591. ; AJDA 2006, p.1044, concl. P. Bresse ; C.E 9 déc. 2016, n° 391840, Sté foncière Europe ; Rec. C.E. 2016, tables, p.697, AJDA 2017 p.690, note G. Clamour ; BJCP 2017, p.123 concl. G. PELLISSIER ; JCPA 2017, 2128, note J. Martin.

pendant les travaux d'aménagement d'un terrain d'aviation à AMBAM. La décision du conseil du contentieux administratif portant sur l'irrecevabilité de la demande en raison d'une convention versée au dossier de la procédure par le chef de la subdivision d'Ambam, signé par le requérant. Aux termes de cette convention, M. EVINA se déclarait satisfait des compensations matérielles que la Commune lui avait versées, représentant la contrepartie d'une bande de terre de 100 mètres. Le juge homologua ainsi la transaction convenue entre les parties en ces termes : *« [...] aux termes d'une convention versée au dossier de la procédure par le chef de subdivision d'Ambam en date du 24 mai 1957 d'une part, et le Sieur EVINA d'autre part, et signée des deux parties intéressées ainsi que par quatre témoins, le Sieur EVINA se déclarait satisfait des compensations matérielles que la commune lui avait versées en échange par lui d'une bande de 100 mètres de large et d'une superficie de 2 hectares qu'il occupait indûment en bordure de route, renonçait à réclamer la propriété de cette parcelle et mentionnait explicitement qu'il n'avait plus d'exigence à formuler »*[731]. Le juge administratif conclut à l'irrecevabilité de la requête homologuant ainsi la transaction convenue entre les parties. Cette toute première jurisprudence en la matière est devenue constante, car l'affaire État du Cameroun et SIC contre AMSECOM-AMSECONCOM illustre également la validité de la transaction.

Par un protocole d'accord signé par les parties au litige du 14 juin 1993, le cocontractant AMSECOM avait accepté l'annulation des suites juridictionnelles entre lui, la Société immobilière du Cameroun (SIC) et l'État. Protocole d'accord qui avait été présenté à l'instance par l'État du Cameroun accompagné de la SIC. Le juge administratif camerounais conclut qu'*« aux termes des articles 2052 et suivants du Code civil auxquels le protocole d'accord renvoie, les transactions ont entre les parties, l'autorité de la chose jugée en dernier ressort.*

Considérant qu'en l'espèce, ledit protocole produit par l'appelant équivaut à une demande de désistement d'appel, qu'il s'ensuit que cette demande est recevable et qu'il convient d'en donner acte »[732]. Au sens du juge, la transaction constitue en elle-même un titre exécutoire. Les parties ont effectivement consenti à la transaction et de manière explicite et licite. La décision ou le refus d'homologation est revêtu(e) de l'autorité relative de la chose jugée, il peut faire l'objet d'un appel devant la Chambre administrative de la Cour Suprême dans les délais prévus[733].

---

731 CCA, Décision n° 1090 du 27 septembre 1957, EVINA Max c/État du Cameroun.

732 Arrêt n° 85/A du 9 octobre 2008, État du Cameroun et SIC c/ AMSECOM-AMSECONCOM.

733 BIAKAN (J), *op. cit.*, p. 60.

Les parties à une transaction peuvent ainsi exercer un recours en contestation de sa validité ; *« la Cour*[734] *n'a néanmoins pas fait bénéficier de la possibilité d'exercer un recours en contestation de la validité de la transaction. En effet, contrairement au TA de Lyon et à la demande subsidiaire présentée par le requérant dans sa requête en appel, la Cour a refusé de requalifier ses conclusions, ce qui lui a permis de rejeter directement sa requête comme irrecevable »*[735]. Si le requérant s'est pourvu en cassation, les deux parties contractantes pourraient aussi permettre au juge de contrôler la conformité de cette transaction à l'ordre public en sollicitant son homologation[736]. Tout procédé transactionnel nécessite un contrôle lorsqu'il s'agit de vérifier la conformité de la transaction à l'ordre public. La Cour d'appel de Lyon a défini la notion même d'acte d'approbation, elle a repris à son compte une solution déjà esquissée par deux autres juridictions du fond[737] en réaffirmant que les actes d'approbation concernent les seuls contrats déjà signés et nécessaires à leur entrée en vigueur.

Notons que *« la transaction a pour effet de mettre obstacle à l'introduction ou à la poursuite d'une action en justice »*[738], raison pour laquelle le juge administratif camerounais déclare irrecevable la requête, car le litige a été négocié par les parties et le juge ne fait qu'entériner les transactions conclues de façon régulière. Qu'en est-il des conventions arbitrales ?

3. La validation de la convention d'arbitrage par les juridictions nationales

Le règlement arbitral fonde sa compétence sur la clause de juridiction fixée par les parties à la convention. Ainsi, les parties à la convention prévoient formellement la juridiction compétente pour régler leur différend. Le juge administratif camerounais, saisi d'une requête qui a fait l'objet d'une instance arbitrale, déclare son irrecevabilité puisqu'elle ouvre une voie illégale autre que celle de l'instance arbitrale.

L'espèce société Transnationale Industrie Cameroun c/Communauté urbaine de Yaoundé illustre clairement l'irrecevabilité prononcée par le juge administratif. Pour les faits, l'État et la Communauté urbaine signent une

---

[734] CCA Versailles, 28 sept. 2017, n° 16VE 02808, Institut français de Gestion AJDA, 2017, 2119, Chron. S. Mégret) cité par LAHAOUAZI (M), MEURANT(C), Les subventions déguisées, *AJDA* 2021, p. 1925.

[735] L'arrêt rendu le 6 mai 2021 par la Cour d'appel (CAA) de Lyon cité par *ibid.* p.1925.

[736] *Ibid.*

[737] CCA, DOUAI, 18 mai 2017, n° 16DAO 1411, Communauté de communes de la Côte d'Albâtre, AJDA, 2017 2044-TA-Rouen, 7 déc. 2017, n° 1502392, Association du recours 29, JCP Adm.2018, n°3-Actu 81, veille C. cité par Friedrich.

[738] CENDRE-MALINAS (S), *op. cit.*, p. 260.

convention en 2007 avec l'entreprise *« TIC LE BUS »* lui attribuant la gestion d'un service de transport urbain de masse de 13 lignes dans toute l'étendue de la capitale. L'entreprise par le biais de son engagement, décide par accord pour une durée de cinq (5) ans de mettre en circulation un nombre minimum de 20 bus servant de couverture du réseau de 13 lignes concédées. Et conformément aux stipulations des parties, l'article 9 alinéa 3 de cet accord prévoyait que, si l'opérateur est défaillant suivant les clauses fixées, les lignes pourraient être mises en concurrence. L'entreprise estime conformément aux clauses contractuelles qu'elle a disposé de 34 bus soit 14 de plus que ce qui est prévu par les clauses et ce contrat s'étendait jusqu'en juin 2012.

Estimant que le second appel d'offres international lancé en 2010 par la Communauté urbaine de Yaoundé pour un projet d'exploitation du réseau de transport de masse à Yaoundé était illégal, l'opérateur *« TIC LE BUS »* introduit un recours préalable tendant à l'annulation dudit appel d'offres international auprès du Délégué du Gouvernement de la Commune urbaine de Yaoundé. Il introduit concomitamment une demande de sursis à exécution dudit appel d'offres international.

L'argument présenté par la représentante de la CUY est l'occasion pour la partie défenderesse de préciser que l'appel d'offres international est d'ordre public puisque visant l'exécution d'une mission de service public de transport urbain et ne peut faire l'objet d'un sursis à exécution. Au Cameroun, l'ordre public est *« une notion plus fonctionnelle que conceptuelle »* : on connaît mieux son existence que son essence ; la simple référence à l'ordre public est une motivation suffisante pour rendre impossible l'obtention du sursis à exécution[739].

Outre cette parenthèse présentant le caractère d'ordre public soutenu par la doctrine camerounaise, la représentante de la CUY rappelle que le contrat initial stipulait avant toute procédure devant une juridiction étatique, il fallait procéder au préalable à la saisine d'un centre d'arbitrage. Le juge administratif camerounais dans son attendu principal confirme fondés les arguments de la représentante de la CUY en ces termes :

> *« Attendu en l'espèce que le litige opposant les parties étant relatif à l'exécution de la convention sur l'exploitation de 13 lignes de réseau urbain de Yaoundé, l'article 12 de ladite convention stipule que toute contestation relative à l'exécution de ladite convention sera soumise à la procédure d'arbitrage d'un centre d'arbitrage de droit camerounais ; attendu au regard de cette stipulation, que l'appréciation d'une telle convention échappe à la*

[739] KEUTCHA TCHAPNGA (C), *Précis de contentieux administratif au Cameroun. Aspects de l'évolution récente*, Paris, L'Harmattan, 2013, p. 182.

compétence du juge administratif ; qu'il s'ensuit que la demande de la société « TIC LE BUS » est irrecevable »[740].

Dans cette affaire, le juge camerounais s'est naturellement déclaré incompétent en privilégiant la liberté contractuelle. Couramment utilisée dans les contrats de droit privé et admis par le juge administratif camerounais au nom du respect de la clause de juridiction qui imposait aux parties la saisine de l'instance arbitrale nationale. L'affirmation suivante : *« À l'analyse, les critères des contrats administratifs semblent pouvoir être répertoriés. L'objet de la convention, en l'occurrence l'exécution d'une mission de service public affirmée par l'exploitation du transport public urbain de masse : critère matériel ; la présence minimale d'une personne morale de droit public, ici l'État et la CUY : critère organique. L'exercice des prérogatives exorbitantes de droit commun était inhérent à tous les contrats publics, même sans que la convention le stipule expressément, est donc aussi présent en ce que critère finaliste. Aussi, se fondant sur la règle de la liaison entre la compétence et le fond, le juge administratif aurait dû se déclarer compétent pour trancher ce différend »*[741] peut être remise en cause pour trois raisons.

- D'abord, les critères du contrat administratif sont imprécis, car le juge administratif camerounais a dégagé des critères cumulatifs pour définir un contrat administratif[742]. En l'espèce, on dénote l'absence expressément formulée des prérogatives de puissance publique qui est l'un des éléments du critère matériel du contrat.
- Ensuite, l'article 2 de l'Acte uniforme OHADA relatif au droit de l'arbitrale dispose que *« toute personne physique ou morale peut recourir à l'arbitrage sur les droits dont elle a la libre disposition. Les États et les autres collectivités publiques territoriales ainsi que les Établissements publics peuvent également être parties à un arbitrage, sans pouvoir invoquer leur propre droit pour contester l'arbitrabilité d'un litige, leur capacité à compromettre ou la validité de la convention d'arbitrage »*[743]. Toutes les personnes publiques sont soumises à cette règle posée par l'article 2 de l'Acte uniforme. L'Acte uniforme prévoit que l'État partie à un arbitrage ne peut invoquer son propre droit y compris ses prérogatives de puissances publiques pour contester l'arbitrabilité d'un litige. Les dispositions contractuelles doivent être conformes aux conventions.
- Enfin, sans invoquer cette disposition de l'OHADA, le juge administratif a agi conformément au droit OHADA. La déclaration de

[740] Cf. ordonnance de sursis à exécution n° 127/OSE/CCA 2010, société Transnationale Industries Cameroun (TIC-LE BUS) c/Communauté urbaine de Yaoundé (CUY)

[741] MASSOUKA (J.Y), Le contentieux des contrats publics au Cameroun, op. cit. p.876-877.

[742] NGUEDIA MEIKEU (H), *op. cit* ; cf. les affaires Renucci, UM NTJAM, Petra précité.

[743] V. L'article 2 AUO relatif à l'arbitrage précité.

« l'irrecevabilité de la requête » du défendeur est logique puisque conformément aux clauses contractuelles, le litige devrait être soumis à la procédure d'arbitrage. En rejetant la requête, le juge administratif accorde une force probante aux sentences arbitrales voulues par les parties, car d'un commun accord ils ont voulu trancher le litige devant l'instance arbitrale camerounaise ; modalité de règlement des litiges, prévue par les parties[744]. Le juge s'est contenté de s'assurer que les parties ont agi dans le respect de leurs engagements, qu'en est-il de la médiation ?

B. Le silence ambivalent découlant de la médiation

La conduite d'une médiation impose non seulement de connaître les méthodes de négociation et de règlement des différends, mais aussi, et peut-être surtout, d'être aguerri aux arcanes du droit public et du contentieux administratif[745]. La place qui lui est actuellement donnée par le législateur et les institutions publiques est largement redéfinie : la réserve, voire le rejet, a cédé le pas à l'engouement, voire l'exaltation[746]. Pendant longtemps, elle n'a pas eu les faveurs du droit administratif[747]. Elle a douté sur de nombreux obstacles : *« la méfiance de l'administration [...], la frilosité du juge administratif peu habitué à de telles pratiques ; l'hésitation des administrés, par manque d'information et de précédents [...] »*[748]. Il faut croire que les effets finissent un jour ou l'autre par payer. La loi n° 2016-1547 du 18 novembre 2016 dite de modernisation de la justice du XXIe siècle et son décret d'application créent dans le code de justice administrative un chapitre entièrement consacré à ce qu'il convient désormais d'appeler la médiation administrative, qu'il s'agisse de celles organisées par les parties elles-mêmes, en dehors de tout procès (CJA , article L 213-5 et S), ou celles proposées par les présidents de formation de jugement de toutes les juridictions administratives, lorsqu'ils estiment que l'obtention d'un accord entre les parties serait un moyen utile de mettre un terme au litige en cours (CJA, article L.213-7 et S)[749]. Cette nouvelle initiative législative a eu un écho favorable en Europe et en Nouvelle-Calédonie. L'article 1er de la convention relative à la mise en œuvre de la médiation dans le ressort du tribunal administratif de la Nouvelle-Calédonie vise à *« décrire les modalités concrètes possibles de mise en œuvre d'une médiation conventionnelle organisée par le juge administratif à la demande des parties ou à son initiative »*[750]. Le domaine

---

744 V. L'article 124 alinéa q du CMP précité.

745 FROGER (C), *op. cit.*, pp. 496-497.

746 *Ibid.*, p.495.

747 PLESSIX (B), *op. cit.*, p.1279.

748 *Ibid.*

749 *Ibid.*

750 FROGER (C), op. cit., p. 496.

des contrats et des marchés publics est concerné par les médiations menées dans le cadre des litiges relevant du tribunal administratif de Nouvelle-Calédonie[751]. *« Certaines règles d'ordre public ne peuvent en effet être contournées, même dans le cadre d'un règlement juridictionnel des différends [...] »*[752]. Pour sécuriser l'accord et lui donner force exécutoire, le juge est amené à vérifier le respect des règles d'ordre public, lorsque la médiation réussie se produit par une demande d'homologation juridictionnelle (CJA, art. L213-4).

En droit camerounais, outre la consécration de la médiation dans les différents CCAG[753], le juge administratif ne s'est pas encore prononcé pour l'homologation de la médiation. Si cette position a évolué en Europe, elle est encore statique au Cameroun : d'où le silence ambivalent du juge administratif camerounais. Le silence ambivalent parce qu'il présente deux casquettes : la première met en avant son mutisme à valider la médiation, car notre juge ne s'y est jamais prononcé. La seconde casquette lui offre la possibilité de se prononcer, car au terme de l'article 16 de l'Acte uniforme sur la médiation du 23 novembre 2017 : *« À la requête conjointe des parties, ou à défaut, à la requête de la partie la plus diligente, l'accord de médiation peut également être soumis à l'homologation ou à l'exéquatur de la juridiction compétente [...] »*, le juge administratif camerounais pourra s'il est saisi pour la validation de l'accord de la médiation, se prononcer.

Tous ces arguments militant, le silence du juge se justifie par le fait des particularités même de la médiation. La médiation attachée fortement à la recherche du compromis et du dialogue, symboles de la justice en Afrique. Par son dialogue, il y a rencontre de volonté entre l'administration publique et son cocontractant. Dans ce sens, de GAUDUSSON affirme que *« depuis l'époque coloniale la justice en Afrique est conçue comme une fonction de médiation, son rôle ne consistant pas tant à régler le litige en fonction de la règle de droit applicable au cas d'espèce, mais à préserver l'équilibre de ceux des groupes sociaux impliqués dans le litige »*[754]. La médiation promeut un espace de solidarité et de liberté. Ses contraintes juridiques sont défavorisantes pour les parties contractantes, car la décision du juge accordant l'homologation ou *exéquatur* au terme d'une médiation n'est susceptible d'aucun recours[755]. Par l'engagement des parties à la médiation, l'issue est

---

751 *Ibid.*

752 *Ibid.*, p. 497

753 Les articles 79 (3) CCAG-Travaux, 62(4), CCAG-Fournitures, 48 (3), Services et Prestations intellectuelles.

754 DE GAUDUSSON (J), *« Le statut de la justice dans les États d'Afrique francophone »*, CONAC (G) et DE GAUDUSSON, La justice en Afrique contemporaine (n° Spéc.), 156, la documentation française, 1990, p.11.

755 V. L'article 16(7) l'Acte Uniforme OHADA relatif à la médiation précitée.

plus favorable et rapide que l'engagement auprès du juge. Ces modes alternatifs produisent des effets au plan juridictionnel.

Paragraphe 2. Les effets juridiques des modes alternatifs sur la procédure juridictionnelle

Du point de vue de l'action contentieuse devant les prétoires administratifs, il arrive que pour les suites juridictionnelles, en matière du contentieux des marchés publics, les modes alternatifs soient concluants pour les parties et, l'une d'elles omet de se désister. L'effet majeur des modes alternatifs est que le juge administratif saisi tient compte des préalables à sa saisine et ordonne le désistement (A) ou le non-lieu à statuer (B).

A. Le désistement

Le désistement ne deviendra effectif et mettra fin à l'instance que sous réserve de l'acceptation du défendeur. Aux termes de l'article 98 de la loi de 2006 fixant l'organisation et le fonctionnement des tribunaux administratifs, aux alinéas respectifs 1 et 2, *« le désistement ou l'acquiescement est fait, soit par acte signé par le demandeur, son avocat ou son mandataire et déposé au greffe, soit par déclaration à l'audience »* et *« il est soumis à l'acceptation de la partie adverse »*. Ainsi, il convient d'envisager le désistement comme effet juridique des MARC (1) et d'entrevoir les désistements qui découlent de l'instance juridictionnelle (2).

1. Le désistement comme effet juridique des MARC

Dans les procédures judiciaires, on rencontre le désistement d'action et le désistement d'instance. Le désistement d'action emporte renonciation définitive aux demandes et extinction de l'action et aucune reprise d'action n'est plus possible. Le demandeur a obtenu satisfaction du droit qu'il invoquait[756]. Le désistement d'instance c'est lorsque le requérant renonce uniquement au recours qu'il avait formé tout en gardant la possibilité de faire valoir ses droits dans le cadre d'un autre recours[757]. Dans le désistement d'instance, le demandeur peut en toute matière, se désister de sa demande en vue de mettre fin à l'instance. Ce désistement est une conséquence d'une entente conclue entre les parties avant même que le juge n'intervienne pour déclarer le désistement. Il donne acte de désistement à la partie qui en fait la demande au motif de l'entente convenue avec l'autre partie. Si la non-acceptation du défendeur ne se fonde sur aucun motif légitime, le juge déclare le désistement parfait.

---

[756] OWONA (J), *op. cit.*, p. 104.
[757] *Ibid.*

Le désistement express ne pose pas de difficulté, car il est explicitement formulé. Le juge tient compte des débats préalables à sa saisine. Les modes alternatifs ont un impact sur la procédure juridictionnelle. En se référant à l'accord des parties, l'article 3 du protocole du règlement à l'amiable relatif à l'exécution des travaux de construction de la route de Zoétélé-Nkolyop précise que : *« [...] les parties contractantes conviennent que l'accord à l'amiable est formalisé par l'acceptation définitive du montant total de 264 000 000 FCFA HT pour le règlement des réclamations présentées par le titulaire [...] »*[758]. Ce protocole d'accord formalisé, intervenu entre les parties, entraîne renonciation des parties à la formulation d'une demande juridictionnelle. Le juge administratif donne acte de désistement en tenant compte d'une solution consensuelle satisfaisante pour chacune des parties.

À cet effet, l'article 5 du protocole cité ci-dessus précise que *« [...] En contrepartie du règlement du présent protocole, il renonce expressément, définitivement et irrévocablement à toute réclamation ultérieure, à toute procédure ou action judiciaire quelconque qui trouverait sa source dans la présente réclamation [...] »*[759]. La renonciation faite par les parties au travers du protocole d'accord est déterminante sur la décision du juge qui pourra alors constater l'extinction du litige du fait de l'intervention en amont d'une procédure alternative. Si la loi de 2006 assimile l'acquiescement au désistement, c'est un abus, car les deux notions sont distinctes. Il ressort du jugement EDOU André que le désistement est le droit qu'a le demandeur de renoncer en totalité ou en partie à ses prétentions alors même que l'instance est déjà engagée et le procès en cours[760].

Le désistement peut être d'instance ou d'action, suivant respectivement que le demandeur renonce juste à l'instance en se réservant le droit de réintroduire une nouvelle instance en tant que de besoin ou alors qu'il renonce à toute action visant la sanction des droits qu'il invoquait ou réclamait. Il doit être fait à des conditions qui sont parallèles à celles de l'acquiescement[761]. Ainsi, l'acquiescement *« présente plusieurs variantes à savoir l'acquiescement à un acte administratif qui emporte exécution dudit acte ; l'acquiescement à une demande en justice qui emporte reconnaissance du bien-fondé des prétentions du requérant et l'acquiescement à une décision de justice qui emporte renonciation des voies de recours [...] et soumission aux*

---

[758] Lire les travaux relatifs au marché n° 0465/M/MINTP/CPM-TN/2005 passé de gré à gré suivant autorisation n°B68/d/CAB/PM du 05/08/2005 avec SODEA-SATOM Cameroun S.A.

[759] V. article 5 protocole règlement à l'amiable précité.

[760] CS/CA jugement n° 3, 85-86 du 31 octobre 1985, EDOU André contre État du Cameroun (MINSANTE).

[761] TINGUE FOPOSSI (R.D), « Les conditions du désistement dans le contentieux administratif au Cameroun », Mémoire de DEA en droit public, Université de Yaoundé II-Soa, 2005-2006, 89 p.

chefs du jugement »[762]. L'acquiescement, c'est le droit pour tout défendeur de reconnaître d'emblée le bien-fondé des prétentions du demandeur[763].

Les articles 98 à 100 de la loi de 2006/022 régissent ces deux notions à savoir le désistement et l'acquiescement. Aux termes du jugement SOREPCA, ils sont formulés par acte déposé au greffe ou par simple déclaration à l'audience et sont soumis à l'acceptation de la partie adverse[764], l'administration se fondant sur une clause contractuelle constate un acte d'acquiescement dans l'affaire MVENG ELLA Francis en ces termes *« Attendu qu'après l'exécution desdits travaux que le maître d'ouvrage n'a pas contestés, les recourants n'ont pu obtenir le règlement de leur facture, malgré plusieurs démarches [...]. En s'abstenant de se défendre, dans la présente cause, l'État du Cameroun a administré la preuve qu'il n'a aucun moyen à opposer à la réclamation de ses adversaires ; qu'il s'ensuit que le recours de ces derniers est fondé [...] »*[765]. En toute hypothèse, tandis que le désistement emporte toujours obligation de payer les frais, l'acquiescement, lui adjuge au demandeur le bénéfice de ses conclusions[766]. Le désistement comme l'acquiescement ont pour effet l'arrêt du procès. Le désistement peut se démarquer de l'acquiescement comme se confondre. Il convient d'identifier les cas de désistement dans la jurisprudence.

2. Les désistements dans l'instance juridictionnelle

Le prétoire du juge administratif camerounais révèle des actes de désistement dans le contentieux des marchés publics. Les affaires Entreprise Fougerolles, Entreprises Marples International, Établissement Tony illustrent des désistements d'instance en matière des marchés publics. Dans l'affaire Entreprise Fougerolles, le juge administratif donne acte de désistement à la partie qui en fait la demande en tenant compte des débats préalables des parties et déclare que :

> *« [...] par requête datée du 10 novembre 1992 et enregistré au greffe le même jour, l'entreprise Fougerolles a, par l'organe de son conseil, déclaré se désister de son recours en faisant valoir que des négociations entre elle et l'État du Cameroun, en vue d'un règlement à l'amiable de l'affaire ont abouti*

---

762 SIMAVA SIMAVA (E.), « L'acquiescement en droit du contentieux administratif au Cameroun », Mémoire de Master II recherches, Université de Douala, année académique 2012-2013, pp. 10-11.

763 EFFA MESSI (D), *Les droits de la défense dans le procès administratif en droit camerounais*, thèse Doctorat Ph. D, Université de Yaoundé II-Soa, 2018, p. 235.

764 TA/Dla jugement n° 32/FF/2015 du 4 juin 2015, Société de représentation camerounaise (SOREPCA) contre État du Cameroun (MINFI).

765 CS/CA jugement n° 103/2009 du 25 mars 2009, MVENG ELLA Francis c/État du Cameroun.

766 MEMONO (J-J.C), « L'acquiescement dans le contentieux administratif camerounais », Mémoire de DEA en droit public, Université de Ydé II (SOA), 2009-2010, 127 p.

à une entente marquée par le procès-verbal en date du 15 octobre 1992 et signé par les deux parties : qu'en l'espèce, l'acceptation du défendeur découle expressément du procès-verbal signé par le Directeur général de la Direction des Grands Travaux du Cameroun (F.G.TC) Michel KOWALCZY [...]. Il est donné acte de son désistement à la société Fougerolles »[767].

Le regard du juge pour donner acte du désistement s'est focalisé sur l'entente formulée au préalable par les parties. Le juge administratif semble donc se résoudre à favoriser le développement des modes alternatifs ; il s'agit en l'occurrence dans cette affaire du règlement à l'amiable. Il entérine par un désistement l'accord établi par les parties.

Dans l'affaire Entreprises MARBLES, le juge administratif donna acte des engagements des parties. Dans cette affaire, la requérante sollicitait l'allocation des dommages et intérêts pour non-levée des cautions bancaires. Par la suite, elle va formuler une demande de désistement qui sera approuvée par le défendeur. Le juge donne acte de désistement en affirmant que *« [...] l'acceptation du défendeur et formulée dans la lettre du 10 octobre 1990 par laquelle M. KONO, représentant de l'État déclare ne pas s'opposer à la décision de la requérante à l'instance, car le litige aurait été résolu à l'amiable en présence de toutes les parties lors de la tenue le 5 juillet 1990 dans les locaux de la Direction des Grands Travaux du Cameroun (DGTC) d'une réunion en présence de toutes les parties concernées. Attendu que ce désistement est régulier en la forme ; il convient de lui donner acte »*[768]. Le désistement n'est efficace que s'il est régulier et confirmé par le juge saisi. Lorsque les parties en instance administrative cèdent à des concessions dans le cadre d'un règlement à l'amiable, le juge constate cet arrangement favorable. Les désistements en matière de marchés publics sont fréquents. L'espèce Tony atteste également un cas de désistement en matière contractuelle.

Le titulaire de la commande publique introduit un recours tendant à condamner l'État du Cameroun au paiement des dommages et intérêts fixés à 73 239 735 FCFA. Le juge réitère l'acte de désistement en ces termes : *« [...] les Établissements Tony, par l'organe de leur conseil, déclarent se désister purement et simplement de son recours, faisant valoir que, par protocole d'accord postérieur à la demande contentieuse, il a été donné une suite favorable à leur réclamation ; [...]. Attendu qu'il y a donc lieu [...] de*

767 CS/CA jugement n° 28/92-93 du 28 janvier 1993, Entreprise Fougerolles c/État du Cameroun.

768 CS/CA, jugement n° 31/90-91 du 31 janvier 1991, Entreprise MARPLES International Limited c/État du Cameroun.

déclarer le désistement des recours réguliers en la forme et leur en donner acte et mettre les dépends à leur charge [...] »[769].

Les désistements auprès du juge administratif sont donc fréquents et témoignent de ce fait la valeur que le juge administratif confère aux modes alternatifs de résolution des contentieux relatifs aux marchés publics. La promotion que fait le juge de la justice alternative permet d'affirmer qu'elle occupe une place importante dans la résolution des contentieux relatifs aux marchés publics. Qu'en est-il du non-lieu à statuer prononcé par le juge ?

B. Le non-lieu à statuer

La réception des procédés de résolution alternative tient compte des suites juridictionnelles. Lorsque les parties omettent de se désister alors qu'un arrangement a trouvé une issue favorable, le juge est amené à prononcer un non-lieu. Dans le contentieux des marchés publics, on parle de non-lieu à statuer dans l'hypothèse où, à la suite d'une transaction ou à un règlement amiable intervenu entre les parties, le juge constatant la disparition de l'objet du litige conclut qu'il y a plus matière à statuer[770], on aboutit ainsi à un non-lieu à statuer.

Dans l'affaire MOLUH SEIDOU, le juge administratif camerounais conclut à un non-lieu en constatant qu'il n'y a plus matière à statuer. Il constate un arrangement intervenu entre les parties en ces termes : *« [...] les parties ont informé la chambre de céans qu'un règlement amiable est intervenu entre elles, et qu'un bon d'engagement n° 120555 du 6 novembre 1976, d'un montant de 120 000 FCFA a été établi au nom du requérant en paiement de sa créance [...] »*[771].

Le juge adopte la même attitude dans l'affaire AMOUGOU Fidèle. Monsieur AMOUGOU Fidèle, directeur général de la Menuiserie industrielle du Cameroun (MIC) avait gagné un marché pour la construction des bureaux en bois pour la direction générale de la SIC à Yaoundé. En réponse à la non-exécution de son paiement par la SIC, le sieur AMOUGOU saisit la chambre administrative de la Cour Suprême aux fins de paiement de ses prestations.

Mais, à la suite d'un arrangement conclu entre les parties, le juge, considèrera sans objet le recours du sieur AMOUGOU en ces termes : *« considérant [...] que la SIC, revenant à de meilleurs sentiments, suivant lettre en date du 5 novembre 1993, enregistrée au greffe le 1er novembre 1993, produit aux débats, un protocole intervenu avec la MCI, dûment signé par les parties en mettant fin au litige »* ; *« attendu que le recours devient dès*

---

769 Jugement n° 33/2002-2003 du 26 décembre 2002 Établissements Tony c/État du Cameroun (MINTP).

770 AKONO ONGBA (S), *op. cit.*, p. 36.

771 CS/CA, jugement n° 2/76-77 du 3 février 1977, MOLUH Seidou c/État du Cameron précité.

lors sans objet ; et qu'il échet par conséquent de le déclarer irrecevable »[772], les requêtes précédées d'un arrangement à l'amiable sont rejetées pour non-lieu par le juge administratif camerounais.

Que dire en conclusion de cette analyse sur les modes alternatifs de règlement du contentieux des marchés publics, modes importants d'extinction des litiges des marchés publics au Cameroun ? Tout simplement que l'argument d'une justice alternative est particulièrement important et prisé dans le monde des affaires et apporte des réponses ponctuelles auxquelles l'institution judiciaire n'apporte pas de réponse spontanée. En effet, les avantages des modes alternatifs de résolution des contentieux dans les litiges relatifs aux marchés publics sont indéniables : la justice alternative apporte des garanties de confidentialité qui conviennent mieux aux partenaires d'affaires que la publicité d'une affaire portée devant les tribunaux qui risquerait d'engendrer la perte de confiance des partenaires économiques.

Ensuite, les marchés publics sont un vecteur d'accroissement considérable des partenariats public-privé. Dans la relation entre l'administration publique et son cocontractant, un apaisement est nécessaire pour ne pas compromettre la coexistence pacifique. Les modes alternatifs entraînent un accroissement considérable des échanges et par voie de conséquence, une issue favorable à la résolution des litiges. Enfin et surtout, les modes alternatifs brisent le mythe de l'administration puissance-publique fortement défendu par l'école de la puissance publique[773], la jurisprudence reconnaît au cocontractant la personne publique le droit à l'équilibre financier du contrat qui peut être résolu par entente directe avec la puissance publique. Le paiement du prix est un élément essentiel du marché. Au travers des jurisprudences retentissantes étudiées, le paiement du prix peut résulter d'une entente convenue par les parties ; ce qui cristallise à notre humble avis le consensualisme en matière de marché public. Au terme de l'article 13 alinéa 6 du code des marchés publics, *« les négociations avec les candidats ne doivent pas avoir pour effet de modifier substantiellement l'étendue, la nature, la consistance et la qualité de la prestation [...] »*[774]. Ce qui constitue une garantie pour les candidats, car l'administration est soumise à l'immutabilité de l'offre. Les modes alternatifs consacrés par le code comme le règlement à l'amiable démontrent que l'administration est ouverte aux concessions réciproques en matière de marchés publics.

---

[772] CS/CA, jugement n° 19/93-94 du 24 février 1994 AMOUGOU Fidèle c/Société immobilière du Cameroun.

[773] HAURIOU dans un article paru en 1892 il traite de la formation du droit administratif depuis l'an VIII, paru à la revue générale d'administration de 1892. Il met en exergue les notions clés du droit administratif contemporain, tels les personnes publiques, le service public, la puissance publique, les actes unilatéraux. Préférant la notion de puissance publique.

[774] V. L'article 103 (6) CMP précité.

Le système camerounais des marchés publics est de ce fait marqué par une considération de plus en plus croissante de la justice alternative dans la résolution des contentieux relatifs aux marchés publics. Cette considération du législateur est donc marquée par une gamme de procédés alternatifs dont l'amiable est principalement considéré, non pas au mépris de ses modalités que sont la conciliation, la transaction et la médiation. En sus de développement du droit de l'arbitrage, on peut affirmer au fil des décennies la place grandissante de l'arbitrage dans le contentieux des marchés publics. La détermination des procédés alternatifs de résolution des contentieux s'est accompagnée de la réception jurisprudentielle desdits procédés. Réception qui s'est faite par la validation de l'amiable, l'homologation de la transaction, la validation des conventions d'arbitrage. Mais le silence est observé en ce qui concerne la médiation. Cette réception jurisprudentielle se manifeste également au travers des effets juridiques que sont le désistement et le non-lieu à statuer.

En guise de conclusion de la première partie de cette étude, l'observation de la résolution non juridictionnelle des contentieux relatifs aux marchés publics permet d'affirmer que la justice négociée demeure le mécanisme le plus symbolique pour rendre une décision régulière, juste et efficace. La résolution non juridictionnelle des contentieux relatifs aux marchés publics postule dans un premier temps l'institution des recours administratifs symbolisés par la réclamation des soumissionnaires ou cocontractants qui s'estiment lésés et espérant bénéficier d'un statut protecteur, sollicitent des instances administratives pour dire le droit. Il en résulte une organisation singulière du traitement des réclamations mise en place par le législateur dans un souci de préservation des intérêts des parties au marché dans le respect des lois en vigueur et des clauses contractuelles. La règlementation des marchés publics prévoit un système de gestion clair et précis des réclamations et des conflits résultant des marchés publics. Inscrit dans une démarche d'amélioration permanente et continue, ce système nouveau a été optimisé d'une part avec l'avènement du comité d'examen des recours, socle de la sécurité juridique des candidats[775] ; et mis en exergue une autorité centrale dotée d'un pouvoir de décision dans le règlement du contentieux relatif aux marchés publics[776] d'autre part. La gamme des recours administratifs dans le règlement du contentieux des marchés publics fournit incontestablement des garanties assurant la régularité des rapports contractuels ; en garantissant d'une manière vaste le respect de la légalité en matière contractuelle. Aussi convient-il de justifier un tel propos par les effets de ces règlements administratifs dans la procédure administrative contentieuse. Car la saisine

---

[775] V. L'article 5 (f) et 49 (1) du CMP précité. (Voir les démembrements du comité au niveau des régions).

[776] V. L'article 50 (1) CMP précité.

du juge pour les suites juridictionnelles lie le contenu du lien contractuel. La saisine du juge est conditionnée par le recours gracieux. Les recours sont ainsi intimement liés au contrôle juridictionnel qu'effectue le juge. Le contrôle du juge ne se limite pas à la dimension du recours, mais va au-delà en garantissant une soumission pleine et entière des parties au contrat au droit ou du moins à la légalité.

Par ailleurs, la résolution alternative des litiges est mise en exergue par la détermination des procédés de règlement alternatif illustrée par l'amiable et ses modalités ; également par la réception juridictionnelle de ces procédés. Au terme des deux chapitres étudiés, on peut constater que les modes non juridictionnels sont diversifiés (procédés administratifs, modes alternatifs), mais unis au regard de leur finalité. Cette hétérogénéité qui les caractérise a une finalité identique : porter attention aux négociations et tenir compte des doléances des parties aux marchés ; s'assurer de la régularité des procédures contractuelles ; veiller à la bonne marche des relations contractuelles ; promouvoir des impacts économiques. Cette preuve du caractère important des finalités identiques poursuivies par les recours administratifs et les modes alternatifs est une garantie offerte par les modes non juridictionnels. Ces derniers se recoupent en diverses classifications dans leur singularité pour se combiner par leur finalité. De manière remarquable, les modes non juridictionnels présentent des garanties incontestables dans la résolution des contentieux relatifs aux marchés publics.

Dans cette optique s'il faut favoriser la résolution non juridictionnelle des litiges relatifs aux marchés publics, au regard de son succès dans ce domaine particulier qu'est le marché public, notons toutefois que la résolution juridictionnelle trouve un terrain d'élection dans le contentieux des marchés publics.

SECONDE PARTIE.

LE MODE JURIDICTIONNEL DE RÈGLEMENT DU CONTENTIEUX DES MARCHÉS PUBLICS

Le contrat selon les termes de CARBONNIER joue un rôle fondamental dans la société, il y constitue un *« pilier de l'ordre juridique »*[777] et dépasse par conséquent les cloisonnements disciplinaires, pour s'inscrire parmi les instruments d'accomplissement de l'intérêt général. L'intérêt général à un caractère transversal et prend en compte les éléments de droit privé. Ainsi, s'il existe un juge spécifique pour le contentieux des contrats publics en général et des marchés publics en particulier, notons que la compétence du juge des contrats publics par l'intervention de la compétence du juge administratif n'est ni automatique ni exclusive. Le contentieux des marchés publics spécifiquement fait intervenir une abondante jurisprudence de l'ordre juridictionnel judiciaire et des juridictions financières.

La *« pénalisation »*[778] se justifie par l'intermédiaire du juge judiciaire répressif[779]. Ainsi, la soumission des marchés publics au juge judiciaire se justifie par certaines infractions énumérées par le code des marchés[780], découlant pour la plupart du Code pénal. Aussi, le code des marchés publics consacre la *« pénalisation »* des infractions liées aux marchés publics[781]. La compétence du juge judiciaire dans le contentieux de l'exécution du marché liant le cocontractant de la personne publique à son sous-traitant est relevée par les théories de la voie de fait et de l'emprise[782]. À ce niveau, on aboutit à un partage de compétence entre les deux juridictions[783]. Aussi, le juge judiciaire intervient de manière incidente dans le contrat administratif lorsque les parties se sont mal pourvues[784].

Le juge des comptes connaît également des différends relatifs aux marchés publics, car il ressort des termes de l'article 3 du code des marchés publics

---

[777] CARBONNIER (J), *Flexible droit, pour une sociologie du droit sans rigueur*, Paris, LGDJ, 10e éd., 2001, p.255 et 313 et suiv.

[778] Expression empruntée à PREBISSY-SCHNALL (C), *« La pénalisation du droit des marchés publics »*, l'actualité de la commande et des contrats publics, n° 18 janvier 2003, pp. 44-48 cité de PREBISSY-SCHNALL (C), *La pénalisation du droit des marchés* publics, Paris, bibliothèque de droit public, LGDJ, t. 22.

[779] Exemple : TGI du Mfoundi, jugement n° 93/CRIM du 28 novembre 2003, ministère public et État du Cameroun (MIPOSTEL) c/ MOUNCHIPOU Séïdou et co-accusés ; TGI du Mfoundi jugement n° 680/CRIM du 27 septembre 2007, ministère public et Société immobilière du Cameroun (SIC) c/ BELINGA Gilles Roger et co-accusés ; TGI du Mfoundi, jugement n° 270/CRIM du 12 juillet 2008 ; MP et Crédit foncier du Cameroun (CFC) c/ BOOTO A NGON ; EDOU Joseph, 21e rôle.

[780] Lire les articles 197 et suiv. du CMP précité.

[781] V. les articles 188 et suiv. du CMP.

[782] Arrêt n° 157/CFJ-CAY du 23 mars 1971, MEDOU Gaston c/ État du Cameroun ; CS/CC, arrêt n° 26 du 23 octobre 1980, NJI MBOUE MBOUE Simon c/ Société Itinera, RCD, n° 25, p. 136.

[783] CS/CC, arrêt du 056 mars 1981, Société ASQUINI EN CORAD c/ EBONGUE Hubert, RCD, n° 25, p.135.

[784] TGI du Mfoundi, jugement du 9 février 2004, Société Petra S.A c/ Sylvestre NAAH ONDOUA.

que les marchés publics sont financés ou cofinancés par le budget de l'État sur emprunt avalisé par l'État, par le budget d'un établissement public ou une collectivité territoriale décentralisée[785]. Au terme de l'article 2(1) de la loi n° 2003 *« la Chambre des comptes contrôle et juge les comptes ou les documents en tenant lieu des comptables publics patents ou de fait de l'État et de ses établissements publics et parapublics, des collectivités territoriales décentralisées et de leurs établissements publics des entreprises du secteur public et parapublic »*[786] . Ladite chambre peut constater l'irrégularité d'un paiement[787] dans les marchés publics, les irrégularités liées au défaut de validité des prix du marché, défaut de paiement du prix du cocontractant de la personne publique[788]. La compétence du conseil de discipline budgétaire et financière est également examinée dans la résolution du contentieux des marchés publics. Ainsi, on peut comprendre que le contentieux des marchés publics dont la résolution du litige n'a pas trouvé une issue favorable par la voie non juridictionnelle à travers les recours administratifs et l'insatisfaction des procédés alternatifs peut trouver une issue favorable auprès des instances juridictionnelles.

Étudier les modes juridictionnels de résolution du contentieux relatif aux marchés publics, c'est souscrire à une double démarche. Sous cet angle, il sera question de démontrer que le contentieux des marchés publics est dévolu non pas à titre exclusif, mais principal au juge administratif. Au travers des recours introduits par les requérants en phase de formation, d'exécution ou d'extinction des marchés publics, le juge des contrats intervient à titre principal pour régler le litige. La première articulation mettra en exergue le contentieux des marchés publics dévolus au juge administratif (chapitre 1). La seconde articulation développera le contentieux des marchés publics dévolus au juge judiciaire et aux juridictions financières (chapitre 2).

---

785 V. L'article 3 alinéa a, c, d du C.M.P.

786 V. L'article 2 alinéa 1 de la loi n° 2003/005 du 21 avril 2003 fixant les attributions, l'organisation et le fonctionnement de la chambre des comptes de la Cour Suprême.

787 Arrêt n° 01/P/CSC/CDC/S2 du 5 juin 2008, compte de gestion de la Caisse nationale de prévoyance sociale (CNPS), exercice 2004 et 2005.

788 CSCC, 1re section, arrêt n° 5/CSC/CDC/S1 du 13 septembre 2011, compte de gestion du trésorier payeur général (TPG) de l'Extrême Nord à Maroua, exercice 2004.

CHAPITRE 1.

LE CONTENTIEUX DES MARCHÉS PUBLICS DÉVOLU AU JUGE ADMINISTRATIF

On peut admettre que l'action de l'administration puissance publique est contrôlée par un juge spécial, qu'est le juge administratif. Il ressort de l'arrêt Blanco qu'un lien direct et réciproque est établi entre l'application des règles autonomes exorbitantes de droit commun et la compétence du juge administratif[789]. *« C'est qu'en pareilles circonstances la puissance publique s'exprime, que ce soit sous forme de prérogatives ou de sujétions, par des moyens et pour des buts exorbitants du droit dit commun »*[790]. Le marché public, en tant qu'acte administratif non autoritaire, n'échappe pas à ce postulat, bien qu'étant un acte mettant en exergue le consensualisme.

En matière contractuelle, les droits des parties sont encadrés par le juge administratif camerounais même si la distinction entre contentieux de pleine juridiction et contentieux de l'annulation s'effrite, se traduisant par le passage de l'irrecevabilité classique du recours en annulation à sa réception actuelle. Du point de vue des textes, le caractère principal du juge administratif comme juge des contrats publics en général permet de fonder sa compétence à partir de la constitution notamment l'article 40 précité. À partir de cette disposition, le contentieux né lors de la formation, exécution et extinction des marchés publics qui sont un contrat public, est confié à titre principal au juge administratif qui applique les règles dérogatoires du droit commun. Les actes publics de l'administration dont relève le marché public sont de la compétence du juge administratif qui est le juge naturel[791] des moyens dont dispose l'administration. À côté d'un naturel, il peut exister un artificiel, pour des raisons de méthodologie, si le juge administratif est le juge principal de l'action administrative, bien que n'étant pas le seul à régler le contentieux des marchés publics, il est tout de même le premier juge compétent pour statuer sur les irrégularités des engagements contractuels de la personne publique, partie au marché. Cette compétence du juge administratif se résume au

---

[789] T.C, 8 février 1873 arrêt Blanco.

[790] CAILLOSE (J), *« Droit public-droit privé : sens et portée d'un partage académique »*, *AJDA*, 1996-1995, Dalloz, 2014, p. 3.

[791] Est naturel ce qui va de soi, ce qui coule de source. V. Petit Larousse précité.

contentieux de la formation des marchés publics (section 1) de l'exécution (section 2) et de l'extinction des marchés publics (section 3).

Section 1. La résolution du contentieux de la formation des marchés publics

En sa qualité de juge principal des moyens de l'action de l'administration, le juge administratif camerounais est au cœur de l'orientation du contenu du contentieux contractuel. Au-delà de la consécration textuelle de ses compétences, le juge administratif camerounais contribue à l'édification et à l'élaboration du droit administratif en général[792] et du droit des contrats en particulier. L'office du juge administratif dans le contentieux des marchés publics est d'orienter le contenu matériel dudit contentieux. De ce point de vue, il règle les questions de validité des marchés publics en édifiant sur les règles visées par le contrôle de la validité d'un marché public. Son édification jurisprudentielle met en exergue les principes de base des procédures de passation d'un marché public. Le juge administratif veille pour cela à l'exigence de l'égalité des parties, car les partenaires de la puissance publique doivent être protégés de l'arbitrage. La protection des parties au marché est orientée par un contrôle réel du juge administratif. Ainsi sont étudiés les enjeux requis pour la validité d'un marché public (paragraphe 1) et par conséquent les sanctions des règles de formation du marché public (paragraphe 2).

Paragraphe 1. Les enjeux requis pour la validité d'un marché public

Le contentieux contractuel concerne ici la validité formelle et matérielle. Lorsqu'un différend survient lors de la formation d'un marché public, le juge administratif, saisit à titre principal dans la connaissance du litige, est par principe, le garant de la validité ou de la régularité des principes de formation d'un marché public. Si les textes sur les marchés publics[793] consacrent au préalable la résolution non juridictionnelle des litiges afférents aux marchés publics, notons qu'au terme des procédés non juridictionnels, les contestations liées à la passation peuvent ne pas trouver satisfaction et le juge administratif pourra être compétent pour contrôler les règles afférentes à la validité de la passation du marché public. Pour ce faire, la validité d'un marché public tient compte des enjeux de forme et de procédure (A) et le juge opère un contrôle de la régularité de la formation du marché public (B). Aussi, convient-il d'étudier les enjeux des règles de fond (C).

---

[792] GUESSELE ISSEME (L. P.), *op. cit.*

[793] Voir les recours administratifs et les modes non juridictionnels étudiés en première partie.

A. Les enjeux de forme et de procédure

Le contentieux de la formation des marchés publics concerne non seulement les enjeux de forme, mais aussi de procédure entraînant leur validité formelle. Ainsi, lorsqu'un différend survient dans un marché public au stade de sa formation, le juge administratif en tant que juge principal des questions de formation du marché, contrôle la régularité de la formation notamment les règles propres à la manifestation de la volonté des parties au marché notamment le respect des formes, des règles de compétences et de procédure. L'enjeu de procédure met en exergue l'office du juge administratif saisi d'un marché public entaché d'illégalité. Le marché public doit respecter les enjeux de forme requis (1) qui sont relatifs à la régularité du consentement, au respect de la régularité des procédures (2).

1. Les enjeux de forme requis

La nature publique du marché est soumise à l'expression du consentement des parties, notion construite en droit civil et réceptionnée en droit administratif. Ainsi, il conviendra d'étudier la régularité de l'expression du consentement (a) et la régularité des règles de forme (b).

a. La régularité de l'expression du consentement

La commande publique est soumise à de multiples règles de forme notamment l'échange des consentements, la compétence de l'autorité publique contractante, la mise en concurrence par l'offre de concours. Ces engagements mis en exergue dans les marchés publics tiennent compte des autorisations de conclusion du marché, décision de signer le marché, autorisations préalables de l'autorité de tutelle pour certains marchés spécifiques. Face aux éléments pris en compte dans les engagements, des irrégularités peuvent se glisser. L'article 101 du code des marchés publics précise que : *« Toute attribution d'un marché est matérialisée par une décision du maître d'ouvrage ou du maître d'ouvrage délégué et notifiée à l'attributaire dans un délai maximum de soixante-douze (72) heures à compter de sa signature »*. L'agent public ayant reçu l'habilitation à attribuer le marché par les textes est l'autorité qui a reçu l'autorisation de signer le marché. Le signataire du marché peut être le maître d'ouvrage ou le maître d'ouvrage délégué. Ainsi, pour les marchés passés par l'État, le ministre chargé des Marchés publics est l'autorité signataire du marché ; le président de l'exécutif communal à savoir le maire pour les communes. Pour les régions, le président du conseil régional[794], les autorités habilitées à représenter les entreprises publiques[795], pour ne citer que ces quelques exemples. Un vice peut entacher la compétence de l'autorité publique contractante, ce qui

[794] Lire la loi de 2018 portant code des collectivités territoriales décentralisées, *op. cit.*
[795] Lire la loi 2018 fixant les règles communes applicables aux entreprises publiques précitées.

constitue une incompétence ouvrant ainsi la voie contentieuse et le recours pour excès de pouvoir est ouvert et susceptible de se réaliser dans le processus de formation du marché. Le vice originel qui entache la compétence de l'autorité signataire est généralement occasionné par un subordonné qui agissait sans habilitation sur le domaine du supérieur hiérarchique.

Dans l'affaire MONKAM[796], le juge administratif détermine s'il existe ou non un vice à l'acte unilatéral concourant à l'élaboration de l'acte. Le requérant saisit le juge administratif pour solliciter tant l'annulation de la désignation du chef traditionnel au motif que la palabre traditionnelle antérieure à la nomination avait été présidée par le gouverneur de la région et non pas par le préfet du département. Le juge administratif à partir de l'argument suivant : la compétence du préfet est *« une formalité accessoire et l'acte résultant desdites consultations n'est pas forcément vicié »*. Le regretté NLEP, dans sa note sur cette jurisprudence affirme *« qu'il s'agit d'une substitution de compétence totalement exclue dans le cadre du pouvoir hiérarchique et constitutive d'une hypothèse classique de méconnaissance par une autorité de sa propre compétence qui est un moyen d'ordre public »*[797]. Or, dans le domaine contractuel en général et des marchés publics en particulier, l'incompétence se pose de façon ambigüe.

Dans le marché public, il y'a une offre de concours, à cet effet, une partie au marché s'engage à contribuer à une opération de réalisation moyennant son intérêt qui est le paiement du prix. Dans l'affaire société forestière Petra[798], la requérante avait conclu avec le ministère des Forêts (représentant la personne publique) une convention de collaboration qui stipulait l'engagement du ministère des Forêts à reconnaître un droit de préemption lors de l'ouverture des offres d'une concession du domaine forestier. Après appel d'offres, la requérante avait été sélectionnée parmi les soumissionnaires en compétition. Selon la requérante, en violation de ladite convention de collaboration, ledit ministère confiait la même concession à une autre société pour exploitation. La société forestière Petra saisit le juge administratif sollicitant l'annulation de la décision attribuant la concession à la société COCAM, le juge rejeta la requête sous le motif d'un recours prématuré. Le juge a manqué de se prononcer sur l'existence effective du contrat entre les parties. Bien qu'il s'agisse d'une concession du domaine forestier, notons que le principe de l'attribution d'une convention est le même pour tous les contrats publics. Le formalisme exigé en matière de contrats publics est l'accord liant les parties,

---

[796] CS/CA jugement n° 48/78/80 MONKAM TIENTCHEU David c/ État du Cameroun.

[797] NLEP (R. G), Remarques sous CS/CA jugement n° 48 précité in NLEP (R.G), L'administration publique camerounaise : contribution à l'étude des systèmes africains d'administration publique, Paris, LGDJ, 1986, p. 321.

[798] CS/CA, jugement n° 140-05 du 31 août 2005, société Forestière Petra c/État du Cameroun (MINEF).

formalisé par une décision de notification à son cocontractant, car la promesse de contrat peut être rétractée. Aux termes de l'article 104 du code des marchés publics *« le maître d'ouvrage ou le maître d'ouvrage délégué peut, après accord de l'autorité chargée des marchés publics, annuler sans qu'il y ait lieu à réclamation sa décision d'attribution d'un marché tant que ledit marché n'est pas notifié »*. Le juge aurait pu se prononcer sur la question de l'échange des consentements prouvé ou non à l'existence d'un engagement réciproque. Si le droit privé distingue le pacte de préférence[799], la promesse unilatérale[800], dans les contrats publics le formalisme est privilégié, car le marché public est une forme de contrat administratif *« pour laquelle le régime de conclusion offre plus que particularisme »*.[801]

b. La régularité des règles de forme

La validé de l'expression du consentement dans les contrats publics au Cameroun dépend de l'option du formalisme et de la forme de l'expression du consentement. Pour que la convention existe juridiquement, la passation exige des données matérielles. La passation d'un marché public requiert un formalisme. Pour justifier le formalisme en matière contractuelle, il faut la preuve de l'existence d'un acte juridique justifiant la disponibilité du financement. À cet effet, les ordonnateurs et comptables doivent justifier d'un acte juridique justifiant un paiement[802]. Car la notification d'un marché est subordonnée à l'existence de la preuve du financement et de sa disponibilité le cas échéant. Ce formalisme exigé par les marchés publics est une preuve de la transparence dans la gestion publique. En vertu du code des marchés publics, les marchés publics sont soumis au principe fondamental de la forme écrite[803]. Ils sont exprimés sous la forme d'un *instrumentum*[804] de l'acte[805]. Le marché public est *« un contrat écrit [...] »*[806]. Les volontés respectives des parties au marché (l'administration et son cocontractant) sont consignées revêtant ainsi la forme écrite. Ainsi, aux termes de l'article 103 (7) du code

---

[799] Comme affirme SCHMIDT *« si je contracte, je vous préfère »*, in SCHMIDT (J), Les accords précontractuels en droit français, in les principales clauses des contrats conclus entre professionnels, PU AIX, 1990 cité par ANTOMATTEL (P. H), RAYNARD (J), *Droit civil, contrats spéciaux*, Litec, 3e édition, n° 26.
[800] *Ibid.*
[801] GAUDEMET (Y), *Traité de droit administratif*, Paris, LGDJ, 2001, tome 1, p. 684.
[802] V. L'article 60 du CMP.
[803] V. L'article 5 du CMP précité.
[804] Pour emprunter l'expression d'EISENMANN et selon lui, l'écrit porte sur *« les mentions, les énonciations, les formules, les façons de présenter, qui devront être contenues en l'écrit »*. EISENMANN (C), *Cours de droit administratif*, Paris, LGDJ, tome 2, 1983, p.403.
[805] HOSTIOU (R), *Procédure et forme de l'acte administratif unilatéral en droit français*, Paris, LGDJ, 1974, p. 13 ; NLEP (R. G), *op. cit.*, p.313 ; NGUEDIA MEIKEU (H), « Les formes de l'acte administratif unilatéral en droit administratif camerounais », Mémoire de DEA en droit public, Université de Yaoundé II (Soa) 2008-2009, pp. 3-4.
[806] V. article 5 CMP précité.

des marchés publics *« toute négociation engagée, quelle qu'en soit l'issue, doit être sanctionnée par un procès-verbal signé des deux (2) parties dont une copie est transmise à l'organisme chargé de la régulation des marchés publics ».* Si l'écrit est le principe comme forme du marché, l'exception réside dans les contrats tacites ou verbaux.

En droit administratif camerounais, il faut devoir la forme[807] écrite aux textes relatifs au marché public. « La rédaction d'un écrit est une garantie de réflexion en même temps qu'elle permet le contrôle du supérieur hiérarchique sur les actes de fonctionnaires »[808]. Ainsi, « la passation d'un marché sans avoir qualité, ou sans avoir reçu délégation à cet effet »[809], entraîne l'invalidation de l'acte qui en est issu et le signataire incompétent engage sa responsabilité devant le juge judiciaire répressif,[810] car, les procédures passées en violation du code des marchés peuvent être constituées comme les atteintes à la fortune publique. Les droits et obligations convenus par les parties sont matérialisés dans un document écrit, structurés en clauses et en articles. En dehors des lenteurs administratives entravant son processus, l'écrit a « sur simple présentation le privilège de faire foi »[811]. En application de la sécurité juridique, la forme écrite est d'un gage d'extériorisation de la volonté des parties facilitant une revendication contentieuse.

En l'absence des textes, la loi des parties peut déterminer librement la forme du marché. Il convient de mentionner que si la jurisprudence camerounaise se montre moins rigoureuse sur la forme écrite, notons qu'elle détermine d'autres formes acceptables du marché. L'affaire PECK PECKE[812] portait sur un contrat de location, le sieur PECK a donné en location son immeuble sis à Douala au prix de 27 000 francs (1er février 1962), le contrat ne prendra effet que le 1er février 1963. Il estime alors que l'État n'a pas payé régulièrement son loyer, introduit une requête tendant à condamner l'État au paiement des dommages et intérêts. L'État argue l'incompétence de la juridiction administrative, puisque selon lui, il s'agit d'un contrat de droit privé. La riposte du requérant porte sur le fait que selon lui, il n'est pas intervenu dans la rédaction du contrat, se contentant de signer et d'y apposer les timbres règlementaires audit contrat.

Après les arguments et prétentions des parties, le juge administratif affirme que : *« considérant qu'il est de principe que les considérations de formes ne sont suffisantes pour conférer à ce contrat le caractère administratif qu'on ne*

---

807 NGUEDIA MEIKEU (H), « Les formes de l'acte administratif unilatéral », Mémoire de DEA, Université de Yaoundé II (SOA), 2008, p. 45.
808 BIDJA NKOTTO (T), *op. cit.*, p. 248.
809 AKONO OMGBA (S), *op. cit.*, p.47.
810 Voir les articles 188, 190 CMP.
811 BIDJA NKOTTO (T), *op. cit.*, p. 250.
812 TE, arrêt n° 350 du 8 août 1964 PECK PECKE Joseph c/ État du Cameroun oriental.

saurait en effet induire du fait que le requérant n'a pas pris une part importante dans l'élaboration de ce contrat, se contentant de le signer et d'y apposer les timbres, la preuve de la nature administrative de ce contrat, alors qu'aucune clause exorbitante de droit commun ne semble y avoir été insérée »[813]. La forme écrite du contrat se justifie au sens du juge administratif par des éléments tels que la signature et les timbres. Ce contrat, malgré qu'il n'ait pas participé à son élaboration ne présente guère un caractère administratif. C'est la désinvolture du sieur PECK qui a constitué sa simple adhésion au contrat. Si la forme écrite du contrat reçoit une consécration jurisprudentielle, la forme verbale a été consacrée par le juge national.

Le juge administratif camerounais dans l'affaire TONKAM Pierre décide que : une *« décision verbale prise par une autorité administrative compétente est une décision exécutoire. La chambre administrative est par conséquent compétente pour connaître des actions en indemnité, intentées contre les décisions exécutoires verbales »*[814]. La forme verbale est l'expression orale de la volonté des parties au contrat. Le juge administratif camerounais dans l'affaire UM NTJAM[815] affirme *« [...] qu'il est ainsi d'un contrat même verbal par lequel des particuliers assureront directement la nourriture de ressortissant d'un centre de rapatriement [...] »*. Il ressort explicitement de cette décision qu'un contrat administratif peut être verbal. Il en est de même d'un contrat renouvelé par tacite reconduction dans un contrat prestation de services conclu entre Big Brothers Trading Company[816]. Si le formalisme peut être contrôlé par juge, qu'en est-il des procédures ?

2. La régularité des procédures et des règles de compétences

La procédure tient compte du cheminement qui subordonne et conditionne la conclusion du marché. Le but des procédures en matière contractuelle est de permettre aux autorités administratives d'éclairer leur choix, de manifester leur volonté dans le processus de formation du tiers contractuel. L'inobservation de cette procédure peut entraîner une incidence sur la décision de conclure le marché.

La consultation ou l'avis lorsqu'il est requis, constitue une formalité substantielle dont le défaut d'avis ou l'omission de consultation constitue un moyen de légalité susceptible d'être sanctionné par le juge. Le juge camerounais, à cet effet, opère une distinction entre les formalités substantielles et les formalités non substantielles. Au sens du juge, *« la*

---

813 *Ibid.*

814 CS/CA jugement n° 8/75/76 du 19 décembre 1975 TONKAM Pierre c/ État du Cameroun. Rec. MBOUYOM, tome 2, p. 268.

815 CS/CA, jugement n° 147/04-05, du 31 août 2005, UM NTJAM François c/État du Cameroun (MINEF) précité.

816 CS/CA jugement n° 62 du 29 Juin 1995 the Big Brothers Trading Company c/ État du Cameroun (MINDIC) in NGUEDIA MEIKEU (H), *op. cit*, p. 131 et suiv.

formalité non substantielle est celle dont l'omission ou l'accomplissement irrégulier est sans influence sur la validité de l'acte »[817]. Dans les marchés publics, pour les procédures de passation les avis sont requis. Aux termes de l'article 176 du code des marchés publics, *« [...] le comité chargé de l'examen des recours requiert l'avis de l'organisme chargé de la régulation des marchés [...] »*. Le comité chargé de l'examen des recours doit consulter par le biais d'un avis, l'organisme chargé de la régulation des marchés publics. L'inobservation de cette obligation de consulter est une atteinte à la régularité du processus d'examen des recours privant ainsi les soumissionnaires concernés par les recours, des garanties de procédures instituées par le code des marchés publics.

Au regard du caractère collégial dans l'examen des recours en phase de passation des marchés publics au Cameroun, l'article 186(2) du code des marchés publics dispose que *« l'autorité des marchés publics prononce sa décision sur proposition du comité chargé de l'examen des recours, et après avis préalable de l'organisme chargé de la régulation des marchés publics, le cas échéant » ;* l'examen régulier des recours en phase de passation fait appel au comité chargé de l'examen des recours et à l'organisme chargé de la régulation des marchés publics. L'autorité des marchés publics avant le prononcé de sa décision requiert l'avis du comité chargé de l'examen des recours après sollicitation de l'avis de l'organisme chargé de la régulation des marchés publics.

Dans la sélection des candidats au marché public, le respect des procédures est impératif. Aux termes de l'article 50, l'autorité des marchés publics *« [...] dispose des pouvoirs en matière d'autorisation de procédures exceptionnelles »*. Pour corroborer cette disposition, le gré à gré est passé sans appel d'offres après autorisation de l'autorité des marchés publics. Aux termes de l'article 110(1) *« le maître d'ouvrage ou le maître d'ouvrage délégué sollicite de l'autorité chargée des marchés publics, l'autorisation préalable de passer le marché selon la procédure de gré à gré. Sa demande doit être motivée »*, la régularité de la procédure de gré à gré instaure une présomption de légalité sauf preuve d'incompétence à ce niveau, le juge administratif peut exercer un contrôle de légalité externe. La procédure de gré à gré est régulière lorsqu'elle est autorisée par l'autorité des marchés publics et respecte les cas limitatifs énumérés par l'article 109[818] du code des marchés publics. Face aux

---

[817] CFJ/CAY, arrêt n° 65 du 30 septembre 1968, EVINA ADA Christophe c/ État fédéré du Cameroun oriental.

[818] Lire l'article 109 qui dispose qu'*« il ne peut être passé de marché de gré à gré que dans l'un des cas limitatifs suivants :*

a) pour les besoins ne pouvant être satisfaits par une prestation nécessitant l'emploi d'un brevet d'invention, d'un procédé, d'un savoir-faire, d'une licence ou des droits exclusifs détenus par un seul entrepreneur, un seul prestataire ou un seul fournisseur ;

enjeux de forme et de procédure, le juge administratif procède à un contrôle de régularité.

B. Le contrôle de la régularité de la formation du marché public

Le marché public nécessite un accord de volonté des parties librement exprimé. La théorie des vices du consentement n'est pas encore abordée par le juge administratif national dans les contentieux nés des marchés publics, mais fait cas de jurisprudence en France. Le juge administratif français entend par vice de consentement le fait que dans *« la conclusion d'un contrat administratif, le consentement de l'une ou l'autre des parties soit affecté d'un vice qui entacherait de nullité l'accord intervenu »*[819] et selon l'article 1109 du Code civil, *« il n'y a point de consentement valable, si le consentement n'a été donné que par erreur, ou s'il a été extorqué par la violence ou surpris par dol »*. PLESSIX énumère trois causes du vice du consentement à savoir l'erreur, le dol et la violence[820]. En droit camerounais, le contrôle de la régularité des éléments de formation des marchés est effectué par le juge. Ainsi, on étudie l'office du juge statuant sur la régularité des actes liés à la formation (1) et dans la régularité des procédures de concurrence et de transparence (2).

1. L'office du juge statuant sur la régularité des actes liés à la formation du marché public

Dans la recherche d'ajustements entre textes et principes, la notion d'*«office du juge »* est centrale[821]. Elle permet de mettre en exergue combien au-delà des règles qui s'imposent à lui ou qu'il s'impose, cet acteur n'est pas neutre et contribue substantiellement à la *« nature téléologique »* du droit

---

b) pour le remplacement, en cas d'urgence, d'entrepreneurs ou de fournisseurs défaillants ;

c) pour les travaux de fourniture de services et prestations intellectuelles qui, dans le cas d'urgence impérieuse motivée par un cas de force majeure, ne peuvent subir les délais d'une procédure d'appel d'offres ;

d) *pour des fournitures, services ou travaux qui complètent ceux ayant fait l'objet d'un premier marché exécuté par le même titulaire, à la condition que le marché initial ait été passé selon la procédure d'appel d'offres et que le marché complémentaire qui en découle ne porte que sur des fournitures, services ou travaux qui ne figurent pas dans le marché initial conclu, mais qui sont rendus nécessaires à la suite d'une circonstance imprévue et extérieure aux parties, et que ces fournitures, services ou travaux ne peuvent être techniquement ou économiquement séparés du marché principal ».*

[819] T.A Paris, 21 avril 1971, ville de Paris c/ Sieurs RIBETTE et MANOURY et Dame ROPERT – *AJDA* 1972, p. 164. Note GODFRIN (PH).

[820] PLESSIX (B), *« La théorie des vices du consentement dans les contrats administratifs »*, *RFDA*, 2006, p. 13.

[821] LANGELIER (E), *L'office du juge administratif et le contrat administratif*, Paris, Presses universitaires juridiques, 2012, p. 17.

administratif[822] les rapports entre les marchés publics et l'office du juge implique de déterminer son office dans le contrôle des actes précontractuels et détachables (a) et dans le contrôle des procédés concurrentiels (b).

a. L'office du juge administratif dans le contrôle des actes précontractuels et détachables

Matériellement, l'acte détachable est une décision administrative unilatérale intervenant dans le processus d'élaboration de l'acte contractuel dont elle est le *« soutien »* ou le *« support »*[823]. Intellectuellement, *« la technique de l'acte détachable permet de distinguer, au sein du processus contractuel, ce qui en constitue la substance de ce qui en est un élément nécessaire, mais dissociable »*[824] parce qu'il s'agit *« d'une mesure administrative décisoire »*[825]. Les arrêts Commune de Gorre et Martin de 1903 et 1905 entérinent en France la théorie des actes détachables. Ces actes détachables concernent, les personnes lésées par les obligations de publicité et de mise en concurrence, les habilitations à contracter. Ces actes détachables sont considérés selon qu'ils créent ou non un grief. Les actes précontractuels sont des simples mesures préparatoires à la formation du contrat insusceptibles d'influencer la validité du contrat. Mais les actes détachables influencent la formation du contrat. Face aux justifications originelles ambigües, le contrat lui-même, les actes administratifs qui l'ont préparé et rendu possible forment *« le tout indivisible »*[826] et seuls les tiers avaient la qualité à les attaquer. D'autres considérations plus opportunes sont évoquées classiquement par RENÉ CHAPUS, car tous les actes de la phase préalable au contrat sont considérés comme détachables, car le *« contrat n'existe pas encore »*[827].

En France, le recours pour excès de pouvoir était engagé uniquement par les parties, mais les arrêts société Tropic Travaux[828] et département Tam-et-Garonne[829] admettent que les concurrents évincés et les tiers intéressés peuvent directement, par le biais d'un recours pour excès de pouvoir, saisir le

---

[822] Cette orientation est le fait de l'intérêt général, *« en raison du caractère téléologique de la notion »* TRUCHET (D), Les fonctions de la notion d'intérêt général dans la jurisprudence du Conseil l'État, LGDJ, t. 125, 1977, p. 22 cité par LANGELIER (E), *op. cit*, p.17.

[823] SAVOIE (H), concl. Sur C.E. Sect. 10 Mars 1995, C^{nie} de Digne, *RFDA*, 1996, p. 429 cité par LANGELIER (E), *op. cit.* pp. 94--95.

[824] SEILLER (B), *« Acte administratif »*, Encyclopédie, Dalloz 2003, p. 95

[825] Lire à ce sujet MBALLA OWONA (R), La *notion d'acte administratif unilatéral*, thèse pour le Doctorat Ph. D, Université de Yaoundé II (Soa).

[826] RINCON SALCEDO (J.G), *« Les recours juridictionnels en matière contractuelle. Analyse comparée des droits français et colombien »*, RFDA, 2008, p. 391 et suiv.

[827] CHAPUS(R), Droit du contentieux administratif, Paris, Montchrestien, 13e éd. 2008, n° 825.

[828] CE. Ass 16 juillet 2007, Société Tropic Travaux Signalisation, RFDA, 2007, 696, conl, D, Cassas, p.917.

[829] C.E Ass, 4 avril 2014, n° 358994, Département Tam-et-Garonne, Rec. C.E. 2014.

juge pour contester sa validité[830]. L'acte détachable peut être lié à une décision prise par une autorité administrative incompétente. Cela peut arriver lorsque la personne publique qui prépare le contrat est soumise au visa d'une autre autorité pour conclure définitivement. C'est le cas où l'exécutif communal n'a pas reçu l'approbation préalable de l'assemblée délibérante pour conclure et signer le marché[831]. Les signatures des marchés sans autorisations ou visas préalables sont des actes irréguliers susceptibles d'un moyen de légalité externe admis par le juge administratif. Le contrôle est effectué par le juge administratif et porte sur l'incompétence de l'auteur de l'acte.

Les actes détachables de la conclusion du contrat ne sont pas étrangers au juge national même si son application à la phase précontractuelle fait défaut de jurisprudence, car les références explicites *« d'actes précontractuels sont introuvables. Mais la technique jurisprudentielle de l'acte détachable en contentieux des marchés existe dans la jurisprudence nationale même si la définition au sens strict peut manquer. Il faut se référer à la doctrine nationale. La détachabilité est la technique juridique contentieuse par laquelle le juge détache un acte de son régime originaire pour le soumettre à un nouveau régime juridique distinct »*[832]. Elle conduit par exemple à isoler les actes d'une opération relevant du plein contentieux ou d'autres types de contentieux pour les soumettre au contentieux de l'excès de pouvoir ou pour au régime des actes préparatoires d'une procédure[833]. L'acte est dit détachable ou plus exactement détaché parce que la jurisprudence admet qu'il puisse être disjoint pour entrer dans la compétence administrative dont il était exclu ou pour faire l'objet d'un recours pour excès de pouvoir, alors qu'il obéissait à un recours parallèle[834]. Dans le contentieux des marchés publics porté devant le juge administratif camerounais, la lettre-commande est une illustration de la technique de la détachabilité. Le code des marchés publics prévoit en son article 5(g) que le bon de commande est *« une procédure d'acquisition de biens ou de services de montant inférieur à cinq (5) millions de francs CFA »*[835]. Les marchés à bons de commande restent un fractionnement prévisible parce que l'acheteur public n'est pas en mesure de connaître avec la plus grande précision à l'avance les quantités à commander[836]. Un formalisme particulier pour l'émission des bons de commande n'est pas

---

[830] LE BOT (O), Chronique de contentieux administratif, décisions de mars à juin 2014, in La semaine juridique, administrations et collectivités territoriales n° 47, du 24 novembre 2014, p. 2329.

[831] Lire code de la décentralisation de 2018 précité.

[832] MBALLA OWONA (R), *op. cit.* p. 376.

[833] CORNU (G), Vocabulaire juridique, *op. cit.* p.17.

[834] CHARLES (H), *Actes rattachables et actes détachables en droit administratif français*, Paris, LGDJ, bibliothèque de droit public, 1968, p. 4

[835] V. L'article 5(g) et article 4 (a) CMP précité.

[836] ABDOULRAHIM (O), *op. cit.*, p. 151.

imposé par le code. Ces bons de commande sont cependant des documents écrits. L'affaire Établissements le Paysan dont les faits méritent d'être rappelés révèle une détachabilité après conclusion d'une commande. Le gouvernement de la région du Sud suivant plusieurs lettres-commandes, avait paraphé avec les Établissements le Paysan une convention en vue de la construction de quarante salles de classe, dont deux au C.E.S d'Ebolowa et deux autres au C.E.S de Nyeté. Le ministre de l'Éducation nationale retira ladite convention par une décision survenue postérieurement et confia ladite lettre-commande à un autre cocontractant. Le sieur MEKA, représentant Ets le Paysan, saisit le juge pour attaquer cette décision de retrait. Le juge de référés décida de la continuation des prestations. À la suite d'un jugement rendu au fond, l'ordonnance du juge des référés fut confirmée.

Après opposition formée par l'État du Cameroun à ladite ordonnance qu'il estima rendue par défaut, le juge administratif rejeta cette prétention en précisant : *« Attendu [...] que [...] dans le cas d'espèce, les contrats relatifs à la réalisation des marchés litigieux avaient été régulièrement acquis [...] »*[837]. Le cocontractant avait été régulièrement désigné, l'établissement s'est prévalu de cette irrégularité de procédure de sélection d'un autre attributaire pour demander au juge d'annuler cette décision de retrait. Par une appréciation casuistique de l'atteinte à la légalité, le juge administratif légitima l'ordonnance du juge de référé par un jugement rendu au fond du litige. Le moyen invocable à l'encontre de l'acte détachable est lié à l'irrespect procédural de l'attributaire originaire de la lettre-commande. En l'espèce, la détachabilité a consisté à isoler un marché public de lettre de commande ressortissant du plein contentieux pour une décision administrative prise par une autorité tierce à la convention, préjudiciable aux intérêts des parties à la convention. ROMIEU à qui l'on doit la paternité de l'expression cherchait à souligner que l'annulation de l'acte détachable est par elle-même sans conséquence sur le contrat tant que sa nullité n'a pas été constatée par le juge du contrat[838].

b. Les clauses règlementaires comme extension de la détachabilité

En général, la situation des contrats publics déclenche l'application des dispositions règlementaires préétablies. Les clauses règlementaires apparaissent dans cette perspective comme une illustration des règles infusées unilatéralement par la personne publique contractante au contrat. Ainsi, *« sont clauses contractuelles toutes les dispositions qui ne seraient pas concevables si le service public était exploité en régie [...]. Au contraire, sont clauses*

---

837 CS/CA, jugement n° 55/2001-2002 du 29 août 2002, Établissements de Paysan c/ État du Cameroun (MINDEDUC).

838 CASAS (D), concl. Sur l'arrêt Sté Tropic Signalisation C.E, Ass., 16 juillet 2007, RFDA, 2007, p.696-*711 « c'est toute la subtilité de cette construction intellectuelle très remarquable que d'avoir permis au juge administratif d'aller très loin sans paraître bouger d'un pouce ».*

règlementaires formant véritablement la loi du service celles qui contiennent des dispositions concevables et existantes en fait pour un service public exploité directement par l'administration »[839]. Cette distinction entre clauses contractuelles et clauses règlementaires met en exergue la complexité de la concession de service public. Les clauses règlementaires trouvent leur première sphère de prédilection dans le champ des concessions de services publics. La spécificité des clauses règlementaires est qu'elles admettent de façon aisée le recours pour excès de pouvoir.

La question de la divisibilité ou l'indivisibilité des clauses a fait l'objet de controverse dans la jurisprudence française. Certains retenaient ce que BOULOUIS NICOLAS qualifie dans ses conclusions de *« vision réaliste de la divisibilité »*[840] selon laquelle sont indivisibles les clauses qui portent sur une condition essentielle du contrat[841]. D'autres optaient pour une position maximaliste, ou ontologique, qui voit dans la divisibilité un élément intrinsèque desdites clauses[842].

« La solution retenue présente l'avantage d'objectiver les conséquences de la présence de ces clauses, d'autant que leur mise en exergue n'est pas aussi aisée que la présentation élaborée par DUGUIT ». Or, les clauses dites règlementaires comprennent en règle générale les éléments financiers, qu'il est difficile de considérer comme non déterminants pour la conclusion de la convention. Retenir la conception réaliste, qui implique nécessairement une appréciation subjective, aurait pu avoir pour effet de réduire à peau de chagrin le champ des clauses invocables devant le juge de l'excès de pouvoir. Telle était d'ailleurs la volonté clairement affichée par le rapporteur public. Dans ses conclusions, il souligne qu'en « imaginant cette fiction [selon laquelle les clauses introduites dans la convention étaient règlementaires et non contractuelles], l'arrêt CAYZEELE n'a pas entendu à notre sens réaliser une avancée elle-même fictive bornant la contestation des tiers à des stipulations accessoires »[843]. L'arrêt Alcady de 2009 a comblé le flou laissé par l'arrêt Cayzeele. La question de la divisibilité du contrat est réglée. Ainsi, la spécificité des clauses règlementaires réside en ce qu'elles sont « par nature divisible de l'ensemble du contrat »[844].

---

[839] DUGUIT (L), *Traité de droit constitutionnel*, Paris, 1927, 3e édition, p. 421.
[840] BOULOUIS (N), conl. Sur C.E. 8 avril 2009, Assic. Alcaly et autres cité par LANGELIER (E), *op. cit*, p. 99.
[841] V. CCA, Marseille, 18 déc. 2006, Cie méditerranéenne d'exploitation des services d'eau, n° 02 MARS 1595.
[842] BOULOUIS (N), concl. Sur l'arrêt Alcaly, BJCP 2009, p. 282 cité par LANGELIER (E), *op. cit*, p. 99.
[843] *Ibid.*
[844] C.E, 8 avril 2009, Assoc. Alcaly et autres, A n° 290604, 290605, 291809 et 291810, Rec., p. 112.

Au Cameroun, la notion de clauses règlementaires évoquée en matière contractuelle en l'absence d'une jurisprudence explicitement élaborée, l'on peut se référer aux conventions des concessions de travaux publics. L'article 24 du contrat de concessions de travaux publics dispose à cet effet que : *« la durée de la concession est fixée à trente (30) années consécutives à compter de la date d'entrée en vigueur du [...] contrat de concession »*[845]. La faculté de contester de telles clauses est possible devant le juge par la voie du recours pour excès de pouvoir si une illégalité se pose, l'entreprise ou soumissionnaire d'un marché est susceptible d'être lésé par les manquements aux obligations de mises en concurrence.

c. L'office du juge administratif dans le contrôle des procédés concurrentiels

Aux termes de l'article 72(1) du code des marchés publics, *« les marchés publics sont passés par voie d'appel d'offre après mise en concurrence des cocontractants potentiels de l'administration »*. Ainsi, la mise en concurrence est une règle de procédure de passation qui s'impose à la personne publique qui entend conclure un marché public. Cette règle privilégiant la publicité de l'offre consiste en son insertion dans le journal officiel du Cameroun ou dans le journal des marchés publics édicté par l'Agence de régulation des marchés publics[846]. L'appel d'offres est la procédure par laquelle l'attribution d'un marché intervient après appel public à la concurrence[847]. La personne publique choisit son cocontractant en tenant compte de certains critères comme la qualité et la capacité professionnelle des candidats ; des délais d'exécution de la livraison pour ne citer que ces critères[848] de sélection sont contenus dans un dossier d'appel d'offres.

Les marchés de moins de 5 (cinq) millions passés par le maître d'ouvrage ou l'administration responsable ne sont pas soumis à l'obligation de concurrence. Les marchés de gré à gré[849], les marchés sous financement extérieur[850] sont exempts de la concurrence. La multiplication des recours des soumissionnaires devant l'autorité administrative réduit abondamment et crée la rareté des recours au juge en cas de violation des règles de la concurrence en matière d'attribution, ce qui n'entame en rien la compétence du juge administratif. La méconnaissance des règles de procédure liées aux obligations de publicité et de mise en concurrence entraîne un vice de

---

[845] V. article 24 du contrat de concession de travaux publics et de gestion du patrimoine de l'Hydraulique urbaine et périurbaine au profit de la CAMWATER précité.

[846] L'article 48 (j) CMP prévoit que l'ARMP est chargé *« d'éditer et de publier le journal des marchés publics »*.

[847] V. L'article 73 (1) CMP.

[848] V. L'article 73 (2) CMP.

[849] *Ibid.*

[850] V. L'article 73 (3) CMP.

procédure d'attribution qui est un moyen invocable à l'encontre d'un acte détachable. L'annulation de ce vice de procédure est possible à l'appui d'un recours pour excès de pouvoir. Peut être jugée comme acte détachable, la décision révoquant de ses fonctions le Président de la commission de passation des marchés publics pour *« corruption avérée lors de la passation d'un marché public »*[851]. Ainsi, *« le juge de l'excès de pouvoir ne peut s'immiscer ainsi dans les rapports contractuels, il doit se borner à un contrôle objectif de la légalité des clauses du contrat au travers de son contrôle sur l'acte détachable. S'il décèle des clauses illégales, il doit se borner à annuler l'acte de passation du contrat en tant qu'il porte sur celles-ci ainsi que, le cas échéant, sur celles qui présentent avec ces clauses illégales un lien d'indivisibilité »*[852]. Le recours contre le contrat ici serait incompatible même si ce principe est de plus en plus entouré d'exception ; hypothèse du sort du contrat intégrant les motifs d'annulation et de continuation du contrat. L'illégalité de l'acte détachable pour les motifs d'intérêt général peut entraîner la poursuite de l'exécution du contrat. Nous limitant dans cette analyse à l'acte détachable, le juge intervient également pour en assurer le contrôle.

2. L'office du juge dans la régularité des procédures de concurrence et transparence

Le code des marchés publics a organisé les recours au travers des articles 170 à 174 du code des marchés publics. La compétence du juge administratif posé par la loi 2006/022[853] n'est possible qu'après épuisement des voies de recours institués lors des contestations liées à la passation. Il sera question pour les soumissionnaires ou candidats lésés de contester en cas d'insatisfaction de leur recours la décision prise par le ministre des Marchés publics. Cette décision de l'autorité des marchés publics prise en phase de passation à la nature d'un acte détachable. Du fait des irrégularités dans les procédures de passation, un soumissionnaire évincé irrégulièrement peut se pourvoir devant le juge administratif. Les espèces YAP Emile[854] et Société TMI Sarl[855] illustrent le contrôle effectué par le juge des règles de concurrence et de transparence.

Dans la première affaire (YAP Emile), il était reproché au sieur YAP la conclusion des marchés à maintes reprises avec sa secrétaire au mépris des règles de publicité à savoir le non-respect de la mise en concurrence

---

[851] TA-Yaoundé jugement n° 101/2015 du 11 août 2015, AMBASSA MBARGA Luc c/ État du Cameroun (MINMAP).
[852] DENOIX DE SAINT-MARS (R), concl. Sur C.E, sect. 20 janvier 1978, Synd-national de l'enseignement technique agricole public (SNETAP), A, n° 99, 613, AJDA 1979, pp. 37-42.
[853] V. L'article 2-1-c loi 2006/022, *op. cit.*
[854] CS/CA jugement n° 14/94-95 du 26 janvier 1996 YAP Jean Emile c/ État du Cameroun.
[855] CS/CA, jugement n° 254/2010 du 22 septembre 2010 Société TMI Sarl c/ État du Cameroun (Port autonome de Douala).

obligatoire. Pour ce motif, il fut reconnu coupable de faute de gestion par le conseil de discipline budgétaire et comptable. Le juge administratif saisi par la suite confirme la décision du conseil et condamne le sieur YAP Jean Émile sans toutefois se prononcer explicitement sur l'obligation d'un appel public à la concurrence.

Dans la seconde espèce (Société TMI), le requérant introduit un recours sollicitant du juge l'annulation d'un appel public à la concurrence restreinte qui d'office est de nature à exclure non seulement au principe d'égalité, de mise en concurrence et de transparence[856], mais aussi est contraire aux principes d'efficience et d'intégrité consacrés par le code de 2018[857]. En la forme, le juge administratif reçoit le recours, et le déclare au fond comme non justifié, car le requérant, affirme le juge, *« ne remplit pas le critère de 5 années d'expérience requis par l'appel d'offres restreint »*. Par ces deux décisions, le contrôle opéré par le juge porte sur les règles de mise en concurrence et de transparence. Veillant sur ces dernières, le juge contrôle par la même occasion la moralisation de la commande publique liée au contrôle de la dépense publique. Les conditions de conformité des offres tiennent compte d'offres évaluées: la moins disante et la mieux-disante[858]. L'intervention du juge est également importante en ce qui concerne les règles de fond.

C. Les enjeux des règles de fond

L'enjeu des règles de fond correspond à la prise en compte de certains paramètres afin de pouvoir sanctionner les illégalités contractuelles. Le juge adapte son office en prenant en compte la stabilité des relations contractuelles (1). Cet office prend également en compte les conséquences des vices entachant l'irrégularité soulevée par les requérants (2).

1. La prise en compte de la stabilité des relations contractuelles

La pérennité d'un contrat se justifie par la conciliation de la légalité et la garantie de l'intérêt général. Ainsi, tout engagement contractuel nécessite la pérennité des échanges des consentements en dehors de tout vice pouvant entraver le contrat. L'intérêt général est attaché au maintien d'un marché de construction des routes. La modification unilatérale d'une clause règlementaire est justifiée par un motif d'intérêt général. Selon l'article 1108 du Code civil, la validité d'un contrat dépend d'un *« objet certain »*. Dans les marchés publics, le prix est un élément déterminant et au terme de l'article 144 du code des marchés, *« le prix du marché rémunère le cocontractant de l'administration »*. Ce prix doit être connu des parties. Cette obligation née du marché et connue des parties lorsqu'elle est réglée pérennise les relations des

[856] V. L'article 2 CMP.
[857] *Ibid.*
[858] V. L'article 99 alinéa a et b CMP.

parties au marché. Toute sanction envisagée par le juge doit tenir compte des éléments de la formation du contrat qui sont illégaux, car la légalité met également en balance la légalité et la stabilité des relations contractuelles. Le droit administratif doit toujours avoir pour objectif de concilier la légalité et l'intérêt général, de mettre en balance le nécessaire rétablissement de la légalité pour que l'assujettissement de l'administration à la règle de droit soit toujours garanti et la préservation de l'intérêt général ou de la continuité du service public, qu'un rétablissement aveugle de la légalité pourrait mettre en péril[859]. La matière contractuelle peut mettre en cause l'intérêt général, le juge doit reconnaître l'importance des consentements échangés. S'il faut reconnaître que le contrat public a ses spécificités, notons que le juge doit tenir compte des conventions légalement conclues. Il doit le faire en statuant des circonstances d'intervention d'une inégalité.

2. L'office du juge et les conséquences des vices entachant l'illégalité en cause

Le juge doit tenir compte du vice propre au contrat ou à l'un des actes unilatéraux participant à son élaboration. Le contrat contraire à l'ordre public et celui vicié pour manque d'informations des candidats non retenus, le marché public reposant sur une absence de consentement et celui vicié pour absence d'informations des candidats sur les critères de sélection[860] des offres. L'annulation peut avoir un caractère disproportionné et inopportun par rapport aux avantages qui s'attachent au maintien en vigueur du contrat, fût-il illégal[861].

L'annulation apparaît comme une modalité de sortie de vigueur. La fin des effets de l'acte détachable peut entraîner ipso facto sa sortie de vigueur. Pour définir sa sortie de vigueur, STASSINOPOULOS utilise le critère de la rétroactivité. Selon lui, l'acte administratif disparait avec effet rétroactif, c'est-à-dire qu'il est mis en marge des rapports juridiques, et est considéré comme n'ayant jamais existé : la fin des effets juridiques concerne le présent et l'avenir, et la disparition s'étend aussi à l'avenir[862]. Mais un acte peut sortir de vigueur sans être rétroactif, c'est l'hypothèse de l'abrogation. Un acte susceptible d'annulation nécessite l'intervention du juge.

L'annulation de l'acte détachable à un effet rétroactif. L'acte est censé n'avoir jamais existé, parce que l'illégalité qui l'a affecté est celle même censée n'avoir jamais existé[863]. Elle se traduit par la volonté du juge d'ôter

---

[859] PLESSIX (B), *op. cit.*, p. 1474.
[860] *Ibid.*, p. 1475.
[861] *Ibid.*
[862] STASSINOPOULOS (M), *Traité des actes administratifs*, coll. De l'Institut français d'Athènes, 1954, p.237.
[863] NGUEDIA MEIKEU (H), *op. cit.*, p. 406 et suiv.

toute illégalité de l'ordonnancement juridique, car il est important que cette illégalité disparaisse ex tun de l'ordonnancement juridique[864]. En principe, l'annulation de l'acte détachable n'a aucun effet direct sur le contrat. L'incidence de cette annulation entraîne le principe de la survivance du contrat : la théorie de l'acte détachable repose sur l'idée que le requérant n'attaque pas le contrat lui-même. L'affaire SANGHA OUBANGUI avait pour origine la non-prise en considération, mieux la remise en cause d'une clause contractuelle selon laquelle la rémunération de base de l'agent de l'administration détaché spécialement pour les tâches nécessitées par l'exploitation, continuera d'être à la charge du budget public par arrêté de l'administration attaquée[865]. Dans le jugement Compagnie Forestière SANGHA OUBANGUI[866], le juge administratif camerounais tout en reconnaissant la validité du contrat d'affermage qui était à la base des relations entre les parties avait considéré comme détachable dudit contrat, la décision par laquelle le ministre de la Fonction publique détache auprès de la firme requérante son fonctionnaire à l'effet de suivre la gestion par elle des intérêts de la puissance publique[867]. Mais l'annulation de l'acte détachable n'entraînait pas automatiquement la nullité du contrat qui continuait d'ailleurs d'être appliqué[868].

Paragraphe 2. La sanction des règles de formation du marché public

Fortement inspirée du droit privé, la nullité en droit public obéit à un régime particulier. En droit public, la nullité est une expression qu'on doit à POUYOUD[869], la sanction normale d'une illégalité d'un acte est son annulation. À cet effet, l'illégalité est le nom que l'on donne à la méconnaissance des conditions requises par le droit positif pour attester de la validité d'un acte juridique. Elle est seulement ce qui donne naissance à la possibilité d'un droit de critique, elle ouvre seulement aux personnes concernées le pouvoir de demander soit aux parties elles-mêmes, soit au juge de tirer les conséquences juridiques d'une telle illégalité[870].

La sanction est proportionnée et ne se réduit pas automatiquement à la nullité du contrat. Ainsi, *« ces nullités se présentent sous deux aspects. Il peut s'agir de nullités qui n'affectent qu'une disposition du*

---

[864] *Ibid.*

[865] *Ibid.*

[866] CS/CA, jugement n° 07 du 27 octobre 1988 Compagnie Forestière Sangha Oubangui c/ État du Cameroun.

[867] NGUEDIA MEIKEU (H), *op. cit.*, p. 403.

[868] *Ibid.*

[869] POUYAUD (D), *op. cit.*, p. 287.

[870] C.E 23 juillet 2010 n° 328710, SNC et Montagne cité par PLESSIX (B), *op. cit.*, p. 1475.

contrat. C'est le sens habituel de cette expression dans le contentieux des actes unilatéraux.

Mais souvent également, la nullité est partielle en ce sens qu'elle concerne, non une partie de l'instrumentum, mais un élément du processus d'élaboration de l'acte. Cette catégorie de nullité partielle est propre au contentieux contractuel »[871]. La passation des marchés publics répond à une procédure formalisée. Il revient ainsi au juge administratif de sanctionner les irrégularités liées à leur formation. Il peut statuer sur les actes préparatoires correspondant aux actes détachables dans la jurisprudence camerounaise, qu'il peut annuler. Les mesures illégales unilatérales concluant la procédure de sélection des candidats, les illégalités ponctuant la passation, l'éviction illégale d'un candidat, la signature illégale d'un marché, sont des actes illégaux découlant de la procédure de passation. Pour être exécutées pourtant, les décisions administratives doivent respecter la légalité[872]. Le juge administratif en est le gardien. Dans cette analyse, ou alors en droit public, l'on ne retrouvait pas le débat ayant alimenté les querelles civilistes sur le point de savoir si, juridiquement, le juge pouvait soulever d'office une nullité relative[873]. La question y est davantage celle de la possibilité d'envisager la nullité comme sanction à l'illégalité (A) et entrevoir les incidences de ladite nullité dans les marchés publics (B).

A. La nullité comme sanction à l'illégalité des actes liés à la formation du marché public

De manière générale, il est prévu que l'invalidité d'un marché public puisse provenir de l'illégalité des actes de la formation. La sanction qui frappe un acte juridique qui ne respecte pas les conditions requises est la nullité. La nullité comme un moyen d'ordre public peut être soulevée à tout moment par l'un des *« cocontractants »* ou par le juge lui-même[874]. En fonction de la gravité de l'illégalité liée au contentieux de la formation du marché public, la nullité peut être partielle ou totale. En contentieux des marchés publics au Cameroun, le juge administratif oriente ses solutions sur des nullités partielles fondées sur les actes détachables (1) et il convient d'indiquer les cas de nullité partielle (2).

---

[871] POUYAUD (D), *op. cit.*, p. 288.

[872] ABANE ENGOLO (P.E), *L'application de la légalité par l'administration au Cameroun*, thèse de Doctorat PH. D en droit public, Université de Yaoundé II (Soa), 2009, 566 p.

[873] GHESTIN (J), *« L'annulation d'office d'un contrat »*, in Mélanges DRAI (P), Paris, Dalloz, 2000, pp. 600-601

[874] CE 1er Oct. 1993, Sté le YACHT CLUB INTERNAITONAL de BORNES les Mimosas, B, n° 54 660, T. p. 971.

1. La nullité partielle fondée sur les actes détachables

La nullité frappe le motif de l'annulation de la décision ce qui entraîne le dépassement de la vision classique de la nullité. Dans cette hypothèse, la nullité se présente comme une sanction de l'acte irrégulier. Alors que le juge de l'excès de pouvoir prononce l'annulation de l'acte administratif, le juge du contrat peut seulement constater la nullité du contrat[875]. Au plan pratique, la nuance n'est pas sensible, mais à un point de vue théorique elle traduit le respect du juge vis-à-vis du dispositif contractuel[876]. En principe, une illégalité d'un acte concourant à la formation entraîne nullité partielle. La nullité du contrat est la sanction encourue par le contrat entaché d'une irrégularité formelle ou matérielle et qui consiste en l'anéantissement du contrat[877]. Mais comme souligne POUYAUD, la nullité partielle de l'opération contractuelle en droit français n'intéresse pas le contenu, mais trouve plutôt sa source dans un vice partiel de son processus d'élaboration[878]. Les recours des concurrents évincés dans les marchés publics doivent amener le juge à contrôler les règles de validité et déceler s'il s'agit d'une irrégularité ayant trait aux mesures de publicité et de mise en concurrence lors de la passation. Le juge des actes détachables annule lesdits actes irréguliers et les parties doivent tirer conséquence de cette annulation. L'annulation n'entraîne donc pas automatiquement la nullité.

Classiquement, le Conseil d'État affirmait que *« si le juge du contrat peut constater la nullité dudit contrat, il n'a pas le pouvoir d'en prononcer l'annulation »*[879]. Ce débat classique a été réitéré dans l'arrêt Cne de Levallois-Perret[880] : une affirmation tranchée laisse planer le doute. Ainsi, le juge français pose que *« l'office du juge du contrat ne lui confère pas le pouvoir d'annuler un contrat, mais seulement celui de le déclarer nul ; que lorsqu'il constate qu'un contrat est affecté d'un vice ayant nécessairement comme conséquence sa nullité, le juge du contrat ne décide pas de celle-ci, mais se borne à déclarer la nullité dont ce contrat est ainsi entaché »*[881].

Une solution identique est offerte par le juge national. Dans une construction prétorienne classique, le juge administratif camerounais affirmait ainsi son incompétence dans l'affaire Société Commerce et Transport Est Cameroun à *« connaître des recours pour excès de pouvoir, c'est-à-dire des*

---

875 NGUEDIA MEIKEU (H), *op. cit.*, p. 411 et suiv.
876 *Ibid.*
877 *Ibid.*
878 POUYAUD (D), *op. cit.*, p. 289.
879 CE. Sect. 14 déc. 1988, EPA de la ville nouvelle Saint-Quentin-en-Yvelines, B, n° 71627, T. p. 890.
880 CCA, Paris, 5 Juil. 2007, Cne de Levallois-Perret, B, n° 07PA00560 (la nullité due à l'absence de cause).
881 *Ibid.*

recours en annulation dirigés contre les actes administratifs contractuels »[882], position affirmée dans l'affaire Amseconcom en ces termes *« le juge des contestations relatives aux marchés de travaux publics n'a pas le pouvoir de prononcer l'annulation des mesures prises par le maître d'ouvrage envers l'entrepreneur. Qu'il lui appartient seulement de rechercher si ces actes sont intervenus dans les conditions de nature à ouvrir au profit de celui-ci un droit à indemnité »*[883]. Le juge administratif camerounais doit pouvoir identifier et apprécier le motif de l'annulation qui doit être pris en compte à titre principal. Admettre la divisibilité consiste à considérer que certains actes liés au contrat, à sa formation ou à son exécution, bénéficient, vis-à-vis de celui-ci, d'une parfaite autonomie, et peuvent par conséquent avoir un traitement différencié en cas de violation d'une règle de droit[884]. La divisibilité admet donc que certaines clauses sont détachables par conséquent, *« si l'acte annulé n'a qu'un rapport indirect avec le contrat, notamment avec son exécution, son annulation pourra fort bien demeurer dans de nombreuses hypothèses sans incidence sur la validité du contrat lui-même »*[885]. En définitive, une clause qui a un caractère non substantiel peut supporter son extinction du marché par rapport à une clause substantielle à l'existence du contrat. Ainsi, c'est l'illégalité d'une clause non substantielle qui est susceptible de conduire à une nullité partielle. Une clause par contre substantielle entraîne une nullité totale. Tant que l'annulation du contrat n'empêche pas son exécution, le contrat survit. C'est l'argumentaire du cocontractant défendeur dans l'affaire SANGHA OUBANGUI[886]. Mais faut-il encore que ces nullités soient invoquées en justice.

2. L'invocation des nullités partielles en justice

Le souci de préserver la stabilité du contrat explique que la nullité ne puisse être demandée que par les parties au contrat[887]. Mais lorsque le tiers est lié par le contrat par un acte détachable, mais non pas partie à un contrat dont l'illégalité porte atteinte à ses intérêts, son recours est limité à l'excès de pouvoir. Le cycle de passation des marchés publics révèle un nombre important d'irrégularités. Une étude menée par l'ARMP a permis d'identifier

---

882 CCA, décision n° 70 du 28 décembre 1952, Société Commerce et Transport Est Cameroun c/ Administration du Territoire.

883 CS/CA, jugement n° 50 du 10 février 1985, TAMEGHI Boniface (AMSECOM-AMSECONCOM) c/ État du Cameroun.

884 Rep. Dalloz, cont. Adm. Violation de la règle de droit, p.8.

885 NGUEDIA MEIKEU (H), *op. cit*, p.412 et suiv.

886 CS/AP, arrêt n° 82 du 28 octobre 2008, État du Cameroun c/ Compagnie Forestière Sangha Oubangui.

887 POUYAUD (D), *op. cit.*, p. 160.

les 150[888] mauvaises pratiques dans le système des marchés publics, et sans être exhaustif, plus de 70 irrégularités concernant la passation.

Les irrégularités pouvant aboutir à une possible nullité concernent l'éviction illégale d'un candidat, la signature illégale d'un marché, la non publication de l'avis d'appel d'offres dans le journal habilité, la soustraction de la compétence d'un organe, les atteintes aux règles liées à la concurrence, à la transparence ou au traitement équitable des candidats à la commande publique, la déclaration d'un appel d'offres infructueux en violation des indications règlementaires, le non-respect des délais règlementaires de notification et de signature du marché. Ces irrégularités constituent un contentieux non juridictionnel abondant ce qui justifie la rareté des nullités partielles dans le contentieux des marchés publics porté devant le juge administratif camerounais. La limitation de l'intervention du juge administratif dans la passation est du fait que le code organise les procédures administratives en prévoyant que tout soumissionnaire ou candidat lésé dans la procédure de passation peut introduire une requête auprès du MO/MD/Autorité des marchés publics[889].

Malgré les contentieux absorbés par les mécanismes administratifs de résolution des contentieux, le juge administratif camerounais dans l'affaire Société TMI a statué sur un recours tendant à l'annulation d'un appel d'offres au motif qu'il était discriminatoire et contraire aux spécificités techniques requises des soumissionnaires[890]. Dans l'affaire YAP, le juge administratif a statué sur la conclusion d'un marché en marge des règles de la concurrence[891]. Ainsi, convient-il d'envisager les incidences de l'annulation dans les marchés publics.

B. Les incidences de l'annulation de l'acte détachable sur le contrat

L'annulation de l'acte détachable est sans conséquence sur le marché. À l'égard du contrat, cette question de l'incidence de l'annulation de l'acte détachable doit être envisagée du point de vue de l'incidence sous le fond, c'est le principe de la survivance du contrat (1) et l'incidence entraînant l'annulation de l'acte détachable (2).

1. Une sanction maintenant la survivance du contrat

La théorie de l'acte détachable repose sur l'idée que le requérant n'attaque pas le contrat lui-même. Le juge précise dans l'affaire Avrillier qu' *« à la suite*

[888] Recueil des outils de formation sur le code des marchés publics, ARMP, édition 2021, p. 112.

[889] V. les articles 170 à 176 du CMP étudiés.

[890] Affaire Société TMI Sarl c/ État du Cameroun précité.

[891] Affaire YAP Jean Émile c/ État du Cameroun précité.

de l'annulation d'un acte détachable de la passation d'un contrat, il appartient à l'administration, selon les circonstances propres à chaque espèce et sous le contrôle du juge de déterminer les conséquences à tirer de cette annulation[892]*. Dans le droit français, le juge peut prendre des mesures d'injonction. L'acte qui sert de support c'est-à-dire l'acte détachable, la conséquence logique et inévitable est que, si l'annulation est prononcée, elle n'atteint que cet acte support et laisse subsister le lien contractuel lui-même »*[893]. L'annulation du contrat lui-même ne peut résulter que de l'action en nullité devant le juge du contrat[894]. L'annulation de la délibération autorisant la passation d'un contrat au motif de la méconnaissance de l'exigence d'information préalable des membres de l'assemblée délibérante[895] *« n'implique pas que la personne publique saisisse le juge du contrat pour en faire*[896] *constater la nullité ».*

En clair, la survivance du contrat est d'une part liée à l'objet du recours à savoir l'annulation de l'acte et non celle du contrat, et d'autre part au juge compétent[897]. Le contrat ne survit que pour autant qu'on soit devant le juge de l'excès de pouvoir[898]. Devant le juge des contrats en revanche, l'action en nullité reste possible[899].

2. L'incidence entraînant l'annulation de l'acte détachable

Lorsque le juge administratif annule l'acte détachable entaché d'irrégularités, cela provoque la sortie de vigueur rétroactive de l'acte d'annulation (a) et produit également un effet irréversible de l'annulation (b)

a. L'annulation provoquant la sortie de vigueur rétroactive

La sortie de vigueur de l'acte administratif détachable provoque sa disparition de l'ordonnancement juridique. L'acte qui sort de vigueur disparait, il n'existe plus et est censé n'avoir jamais existé. L'inexistence est juridique lorsque le contrat conclu est entaché d'une irrégularité tellement grave que le contrat est tenu pour inexistant[900]. L'inexistence est matérielle lorsque le lien contractuel est incomplet, inachevé par exemple, *« le contrat n'a pas été réellement conclu par une autorité administrative, en pareil cas il*

---

[892] CE, 24 mai 2001, Avrillier.

[893] DE LAUBADERE (A), *op. cit.*, p. 332.

[894] ROMIEU, concl. Sur l'arrêt Martin : Cette annulation ne peut porter que sur les actes administratifs en eux-mêmes et ne saurait entraîner ipso facto la rupture du lien contractuel entre les parties.

[895] Acte unilatéral qui n'a pas respecté le délai de 15 jours exigé pour la transmission à l'Assemblée délibérante.

[896] CAA de Marseille, 12 septembre 2002, Association Gap Club.

[897] NGUEDIA MEIKEU (H), *op. cit.*, p. 409 et suiv.

[898] *Ibid.*

[899] *Ibid.*

[900] BIDJA NKOTTO (T), *op. cit.*, p. 298.

est exact de dire que le contrat est inexistant puisque l'élément essentiel de sa formation n'a en réalité pas existé »[901].

Ainsi, l'acte qui n'a jamais existé est sorti de l'ordonnancement juridique et n'est plus considéré comme un acte juridique. Cette définition de la sortie de vigueur par l'existence formelle dans l'ordonnancement juridique de l'acte administratif permet de faire la distinction entre sortie de vigueur et fin des effets de l'acte administratif[902]. Car, si la fin des effets de l'acte détachable entraîne *ipso facto* sa sortie de vigueur, l'inverse n'est pas toujours possible : la sortie de vigueur n'implique pas forcément la fin des effets de l'acte détachable[903]. L'exemple de l'acte caduc qui ne produit plus d'effet tout en faisant partie de l'ordonnancement juridique est à cet égard suffisamment parlant[904]. L'annulation apparaît alors comme une modalité de sortie de vigueur – à côté du retrait, de l'abrogation et de la constatation de caducité, qui cependant en appellent une autre : la manifestation de volonté, l'annulation d'un acte détachable nécessite l'intervention du juge.

En effet, l'illégalité de l'acte détachable justifie donc incontestablement la rétroactivité de l'annulation[905]. Le juge interviendra nécessairement pour tirer les conséquences juridiques en ôtant toute illégalité qu'il aura précédemment constatée de l'ordonnancement juridique. L'explication de la rétroactivité n'est donc pas dans la nature juridictionnelle de l'acte, mais plutôt dans la fonction de l'acte d'annulation qui consiste à ôter toute illégalité de l'ordonnancement juridique. Par conséquent, il est de l'essence même de l'acte d'annulation d'être rétroactif[906]. L'absence de l'illégalité entraîne aussi l'absence de toute justification à la rétroactivité[907].

Mais, selon les propos de CHAPUS, *« la théorie du fonctionnaire de fait est une première dérogation de la rétroactivité de l'annulation, la réalité, c'est-à-dire l'exercice effectif des fonctions publiques prévaut sur l'effet rétroactif de l'annulation »*[908]. Le juge doit *« tenir compte*[909]

---

[901] *Ibid.*

[902] NGUEDIA MEIKEU (H), *op. cit.*, p. 405 et suiv.

[903] *Ibid.*

[904] *Ibid.*

[905] La plupart des auteurs utilisent les caractères du jugement pour justifier la rétroactivité de l'annulation : la distinction jugement déclaratif-jugement constitutif. Le jugement déclaratif constate un droit préexistant sans le modifier et sans le transformer, il rétroagit donc jusqu'au jour de la naissance de ce droit. Au contraire, le jugement constitutif crée un droit nouveau, il a donc un effet immédiat.

[906] CROUZATIER-DURAND (F), *La fin de l'acte administratif unilatéral*, Paris, L'harmattan, 2003, p.156.

[907] La théorie des fonctionnaires de fait et celle du service fait permettent d'illustrer quelques exceptions.

[908] CHAPUS (R), *Droit du contentieux administratif*, Paris, Montchrestien, 2000, p. 205.

[909] PLESSIX (B), *op. cit.*, p. 1475.

des effets qu'aurait sur l'intérêt général, l'anéantissement rétroactif d'un contrat public : l'annulation peut avoir un caractère disproportionné et inopportun par rapport aux avantages qui s'attachent au maintien en vigueur d'un contrat public [...] ». Le bon remède à la rétroactivité de l'annulation tient compte des nécessités du service public justifiant que l'annulation n'ait d'effet qu'à l'avenir ; le vide juridique serait en effet trop difficile à combler[910].

b. L'effet irréversible de l'annulation de l'acte détachable.

L'effet irréversible signifie que l'acte a pris fin et donc, il serait impossible de revenir en arrière. Ni l'efficacité ni la validité de l'acte ne peuvent être retrouvées. La validité est définie selon KELSEN par *« l'existence des normes. Lorsque nous disons qu'une norme est valide, nous admettons qu'elle existe ou, ce qui revient au même, qu'elle a « force obligatoire, pour ceux dont elle régit la conduite »*[911]. L'efficacité quant à elle signifie que *« les hommes se conduisent effectivement comme ils le doivent, conformément aux normes juridiques, que les normes sont effectivement observées et appliquées »*[912].

La validité et l'efficacité sont alors deux idées distinctes et pourtant étroitement liées[913]. L'effet irréversible implique que la fin des effets atteint à la fois le *sein* et le *solen*. Lorsque l'acte détachable est annulé, il n'existe plus formellement et matériellement, il cesse nécessairement et conjointement d'être valable et efficace[914]. En matière d'annulation et dans ce sens, validité et efficacité vont toujours de pair. L'effet irréversible de l'acte détachable produit ses effets normalement après son annulation. Il n'a de sens que lorsqu'il affecte la validité et l'efficacité de l'acte.

Le juge administratif saisi d'un recours pour excès de pouvoir annule l'acte entaché d'illégalité. Mais, au moment de l'annulation, ledit acte produit encore les effets pour lesquels il a été édicté. Cela se justifie par cette règle fondamentale du droit administratif qualifiée par Maurice HAURIOU de *« privilège du préalable »*, selon laquelle l'acte administratif a, dès son entrée en vigueur, une autorité immédiate préalable à toute vérification juridictionnelle. Ce n'est qu'après son annulation qu'elle prend fin et ne peut plus exister en tant qu'acte administratif unilatéral[915]. En revanche, quand seuls les effets sont annihilés, il est toujours valide parce que présent dans l'ordonnancement juridique, mais l'effet n'est pas toujours irréversible[916].

---

[910] NGUEDIA MEIKEU (H), *op. cit.*, p. 407 et suiv.
[911] KELSEN (H), *Théorie générale du droit et de l'État*, Paris, LGDJ, 1967, p. 81.
[912] *Ibid.*, p. 90.
[913] *Ibid.*
[914] NGUEDIA MEIKEU (H), thèse *op. cit*, p.408 et suiv.
[915] *Ibid.*
[916] *Ibid.*

L'hypothèse de la caducité explique cette pensée. Or, la fin des effets n'affecte que son efficacité, il serait possible de revenir en arrière pour lui redonner l'efficacité perdue.

Le contentieux de la formation des marchés publics est favorable à l'intervention du juge administratif à raison de la nature et de la gravité des vices entachant le contrat en cause et la sanction mise en œuvre. Le but particulier en vue duquel est passé un contrat public fait peser sur les partenaires cocontractants de l'administration des obligations singulières et renforcées. L'intérêt général, la continuité du service public et la stabilité des relations contractuelles eussent suffi[917]. Le juge administratif contrôle la validité des marchés publics en tenant compte des règles de forme, de procédure et de fond en cas de non-respect par les parties des règles de la légalité en matière contractuelle. Il peut infliger comme motif d'annulation la nullité partielle des actes détachables et envisager les incidences de l'annulation. Si le juge administratif intervient dans le contentieux de la formation des marchés publics, le contentieux de l'exécution fait également appel à son intervention d'office.

Section 2. Le contentieux de l'exécution des marchés publics

Le contentieux de l'exécution des marchés publics constitue le contentieux par excellence de l'intervention du juge administratif. Tout manquement dans la réalisation d'une prestation ou alors tout manquement aux obligations consenties par les parties fait appel au juge administratif pour résoudre les différends nés des difficultés d'exécution. Après la signature d'un contrat public, son exécution peut être administrative, technique et financière[918]. Les différentes phases du marché public prévoient les aléas, les responsabilités des parties, les garanties financières qui peuvent être sujettes à des disputes engendrant ainsi des contentieux. Le contentieux de l'exécution des marchés publics est particulièrement fourni, on peut noter la non-exécution des obligations contractuelles, les modifications abusives, le non-respect des modalités de règlement des marchés publics. La mauvaise exécution ou l'arrêt d'exécution du marché, l'exécution tardive des engagements du cocontractant sont autant de matières liées à ce contentieux et portées devant le juge du contrat pour examen.

Les règles relevant de la matière contentieuse ont évolué, l'office du juge de l'exécution du marché s'est amélioré ; partant des pouvoirs exorbitants de

---

917 LAFAIX (J.F), *« La loyauté des relations contractuelles au regard de la théorie du contrat »*, Mél. en l'honneur du Professeur RICHER (L), *À propos des contrats des personnes publiques*, Paris, LGDJ, 2013, p.365.
918 BIAKAN (J), *Droit des marchés publics au Cameroun,* Paris, L'Harmattan, 2011, p.79.

l'administration dans l'exécution du contrat consacré par le juge pour des pouvoirs justifiés par le motif d'intérêt général, ce qui conduit au déclin des prérogatives de l'administration dans l'exécution du marché. Le juge administratif s'attèle à construire le contentieux de l'exécution en préservant les acquis. Le contentieux de l'exécution est l'initiative des parties (paragraphe 1), des tiers (paragraphe 2). Le juge en matière contractuelle tient compte du contentieux spécifique lié aux procédures d'urgence (paragraphe 3) et du contentieux de la responsabilité contractuelle (paragraphe 4).

Paragraphe 1. Le contentieux à l'initiative des parties

Le contentieux de l'exécution des marchés publics est avant tout celui des parties à l'engagement contractuel. Seules les parties au contentieux peuvent introduire un recours contre le contrat. Fondamentalement, c'est le juge administratif qui est compétent et la terre d'élection de ce contentieux de l'exécution est le contentieux de pleine juridiction. Mais, convient-il d'envisager l'hypothèse où le juge administratif ouvre la porte du recours pour excès de pouvoir aux parties ? Les recours en matière du contentieux d'exécution des marchés publics imposent le respect strict des conditions subjectives et objectives d'accès au juge (A). Aussi l'exécution du contrat donne l'occasion à l'administration de mettre en exergue ses pouvoirs. Ainsi, ces prérogatives consacrées par les textes offrent la possibilité au juge de valider ces pouvoirs (B). De même, convient-il d'envisager les recours formulés par les cocontractants (C).

A. Le respect des conditions objectives et subjectives d'accès au juge

Les règles procédurales font l'objet d'un contrôle strict par le juge. Ce respect des procédures formelles est capital en matière contentieuse. Le juge administratif fait montre d'une extrême rigueur dans l'examen des conditions objectives (1) et subjectives (2).

1. L'exigence des conditions objectives

L'institution d'un recours gracieux est l'une des exigences de la procédure administrative précontentieuse, faisant l'objet d'un contrôle strict par le juge administratif. La matière contractuelle en général et celle des marchés publics en particulier est restreinte par le respect de cette règle liée à l'introduction d'un recours gracieux. Le contrôle effectué par le juge porte essentiellement sur l'exigence d'un recours gracieux (a) et du respect des délais (b).

a. L'exigence d'un recours gracieux pour le contentieux des marchés publics

L'introduction du recours gracieux est considérée comme une formalité essentielle ouvrant la voie à la saisine du juge. Le recours gracieux préalable est en fin de compte une requête émanant d'un justiciable potentiel et adressé à une autorité désignée à cet effet pour lui demander de reconsidérer le contenu ou la forme d'un acte administratif dont le bien-fondé est contesté[919]. Comme le prévoit la loi[920], renchérie par la doctrine et la jurisprudence administrative, la règle du recours gracieux est considérée comme une condition[921] d'accès juge.

Tout recours contentieux formé au mépris du recours administratif préalable[922], adressé à la mauvaise autorité adressataire[923] ou le recours forclos[924] équivaut au défaut du recours gracieux et conduit au rejet de la requête contentieuse. Cette règle est devenue un moyen d'ordre public pour le juge[925]. Pour affirmer sa compétence, le juge administratif fait preuve d'une rigueur dans l'appréciation de la justification de cette condition. Il s'assure de l'introduction et de la régularité du recours gracieux. Au-delà du contentieux de l'exécution des engagements des parties au marché, dès que le juge est saisi, il s'assure avant tout examen que la requête contentieuse soit précédée d'un recours gracieux comme le prévoit la loi et si ce n'est pas le cas, il prononce l'irrecevabilité de l'action contentieuse. Le contentieux des marchés publics donne lieu à des cas de jurisprudence en ce qui concerne la recevabilité du recours contentieux conditionnée par l'introduction régulière d'un recours gracieux.

Dans l'affaire MONTHE Lucas, la requête contentieuse visait la réclamation à la commune de Mbanga du paiement de la somme de 8 716 477 FCFA à laquelle s'ajoutait celle de 2 800 000 FCFA à titre de dommages-intérêts nés du préjudice subi du non-règlement des travaux de construction d'un bloc de toilettes au marché B de Mbanga, et d'un bloc de toilettes

---

[919] NLEP (R.G), *L'administration publique camerounaise : contribution à l'étude des systèmes africains d'administration publique,* Paris, LGDJ, 1986, p. 262.

[920] Aux termes de l'article 17 alinéa 1 de la loi n° 2006/022 précitée *« le recours devant le tribunal administratif n'est recevable qu'après rejet d'un recours gracieux adressé à l'autorité auteur de l'acte attaqué ou à celle statutairement habilitée, représenter la collectivité publique ou l'établissement public en cause ».*

[921] En dehors des exceptions prévues par les dispositions légales (cas prévu dans le contentieux de la presse, budgétaire, financier).

[922] CFJ/AP arrêt n° 15/A du 20 mars 1968, EKINDI Joël c/État du Cameroun ; jugement n° 8/82-83 du 27 janvier 1983, NOMENY NGUISSI Émile c/ État du Cameroun.

[923] CFJ/CAY arrêt n° 137 du 26 janvier 1971, ACAÏ BELOBO Nestor c/État du Cameroun oriental.

[924] CS/CA, jugement n° 57 du 29 juin 1989, BIKANDA jean c/ État du Cameroun.

[925] GUESSELE ISSEME (L.P), *op. cit.*, pp. 250-256.

modernes avec fausses sceptiques et puisard. Le contrôle de cette exigence procédurale du recours gracieux permettait au juge administratif de s'assurer de *« l'existence d'un recours gracieux préalable régulier »*[926]. La réclamation du requérant portait sur la régularité du recours par la saisine de l'auteur de l'acte attaqué et le respect des délais requis. Dès lors que le requérant justifie l'existence d'un recours régulier, le juge administratif déclare son recours recevable.

Dans l'espèce DAVUM[927], le juge opère également un contrôle strict du recours gracieux. Par le biais de faux bons de commande, le représentant de l'État s'est fait livrer des fournitures pour son propre compte, mais sur imputation budgétaire de l'État. Après le verdict de sa condamnation à cinq ans d'emprisonnement avec sursis par la Cour d'appel de Douala, la Société DAVUM saisit la Chambre administrative pour non-règlement de la facture. Le juge administratif déclara irrecevable pour forclusion le recours du requérant. Informé des agissements, le représentant de l'État le 8 février 1967 introduit son recours gracieux deux ans plus tard, le 3 décembre 1969. Dans cette hypothèse, le recours gracieux n'a pas prospéré parce que frappé de forclusion. Ce non-respect par le requérant de cette règle impérative profite à l'administration coupable de faux bons de commande. Dans le contentieux des marchés publics, le juge procède à un contrôle strict de règles liées au recours contentieux. Outre l'exigence d'un recours gracieux, l'exigence du respect des délais est également fondamentale.

b. L'exigence des conditions relatives aux délais et ses incidences sur le recours contentieux

Le respect des délais est une exigence prescrite par la loi. Selon les dispositions légales en vigueur, les délais de formulation des requêtes doivent être respectés sous peine de forclusion. Aux termes de l'article 17 alinéa (a, b, c) *« le recours gracieux doit sous peine de forclusion, être formé :*

a) dans les trois mois de publication ou de notification de la décision attaquée ;
b) en cas de demande d'indemnisation, dans les six mois suivant la réalisation du dommage ou sa connaissance ;
c) en cas d'abstention d'une autorité ayant compétence liée, dans les quatre ans à partir de la date à laquelle ladite autorité était défaillante »[928].

---

926 TA, jugement n° 022/CA/17 du 26 janvier 2017 MONTHE Lucas c/ Commune d'Arrondissement de Mbanga.
927 CFJ/CAY arrêt n° 202/A du 18 août 1972 Société DAVUM c/État du Cameroun oriental.
928 V.L' article 17 alinéa 3 a – b – c de la loi 2006/022 précité.

Le recours gracieux tardivement adressé est frappé de forclusion. Pour le contentieux contractuel et des marchés publics spécifiquement ces délais sont brefs. Lors de la phase de préqualification *« les candidats disposent de cinq (5) jours ouvrables avant la date de dépôt de candidatures et cinq (5) jours ouvrables après la publication des résultats de la préqualification pour introduire leurs recours auprès du maître d'ouvrage ou du maître d'ouvrage délégué avec copie à l'autorité chargée des marchés publics et à l'organisme chargé de la régulation des marchés publics »*[929]. Ces délais varient en fonction des phases du marché comme étudié plus haut.

En matière de marché public, ces délais de formulation prescrits par la loi de 2006 sont inadaptés, car ils ne cadrent pas avec les délais impartis à l'administration pour conclure un marché public. De plus, les délais de réponse des recours administratifs ne respectent pratiquement pas cette disposition. Dans la pratique et en matière des marchés publics, le juge administratif s'assure de l'introduction d'un recours gracieux par l'obligation faite au requérant de faire valoir une attestation de dépôt d'un recours. Nonobstant les délais génériques indiqués par la loi, force est d'indiquer que les délais d'attribution des marchés publics sont plus expéditifs que les délais prescrits par la loi. Entre la publication des résultats et la notification de l'attribution, les recours adressés au comité chargé de l'examen des recours doivent *« intervenir dans un délai maximum de cinq (5) jours ouvrables après la publication des résultats »*[930]. Dans les marchés publics, les recours sanctionnant l'existence d'un différend sont formulés et traités avec célérité et efficacité, raison pour laquelle l'intervention du juge administratif dans les phases de formation des marchés publics pour le contrôle de validité du marché est très réduite. En effet, le juge administratif subordonne la validité du recours contentieux à la conformité de son objet à celui de la réclamation adressée à l'autorité administrative[931]. On peut déduire qu'un lien étroit est établi, par le juge administratif entre la requête précontentieuse et le recours juridictionnel[932]. Cette règle cardinale concernant la procédure et le délai ne s'accommode pas, on peut le regretter, au temps requis dans le contentieux de la formation, de l'exécution du marché public. Ces délais sont raccourcis et ne sauraient atteindre trois (3) mois pour la passation y compris la saisine de toutes les autorités contractantes confondues[933]. Ces délais, succinctement de 3 mois- 6 mois- 4 ans selon le cas, fixés par l'article 17 de la loi 2006, sont incompatibles avec les délais liés à la formation des marchés publics.

---

[929] V. L'article 171 alinéa 2 du CMP. Voir également les délais étudiés en 1re partie.
[930] V.L' article 175 alinéa 3 CMP.
[931] NYETAM TAMGA (A), *op. cit.*, p. 121.
[932] *Ibid.*
[933] Lire les articles 172 à 175 CMP.

La spécificité des contentieux liés à la formation et l'exécution des marchés publics aurait bénéficié des délais contentieux spécifiques tenant compte de l'importance de la matière contractuelle. Au-delà de cette analyse, le juge administratif saisi d'une requête vérifie l'existence d'un recours gracieux adressé dans les délais, de sorte que l'absence des délais ou le non-respect des délais entraîne le rejet pour forclusion. Le juge administratif fait une application stricte du respect des délais dans quelques espèces au sein de la juridiction administrative[934]. Le juge administratif camerounais fait montre d'une extrême rigueur en ce qui concerne également les conditions subjectives.

2. L'exigence des conditions subjectives

Le recours devant la juridiction administrative doit répondre aux exigences liées à la capacité du requérant, à l'intérêt et à la qualité pour agir. Ces trois conditions justifient la saisine valable du juge administratif camerounais. Ces conditions sont considérées par le juge administratif comme cumulatives. Monsieur GUESSELE ISSEME démontre que *« ne pouvant être examinées distinctement, on considère que la présence de l'une des conditions n'exclue pas l'exigence des autres. Il existe une complémentarité réciproque et mutuelle qui est considérée comme rompue dès lors qu'une seule condition n'est pas respectée. En d'autres termes, la demande est recevable par la réunion des conditions de capacité, d'intérêt et de qualité pour agir ; elle est cependant irrecevable en cas de défaut ou d'inexistence d'une d'entre elles »*[935]. Le juge administratif exige ces trois conditions et en fait une application constante. Pour ainsi saisir valablement le juge, il faut la capacité (a), l'intérêt et la qualité (b).

a. La capacité du requérant

Le recours devant le juge administratif obéit nécessairement à l'exigence de la capacité. La capacité est selon le juge l'aptitude pour agir en justice[936]. Il faut avoir la capacité juridique ou légale d'ester en justice, c'est-à-dire l'aptitude à solliciter le juge administratif pour qu'il se prononce sur le bien-fondé d'une prétention d'un requérant (demandeur ou défendeur)[937]. L'article 5(l) du code des marchés publics définit le cocontractant de l'administration ou titulaire du marché comme *« toute personne physique ou morale partie au*

---

[934] CS/CA jugement n° 37/04-05 du 29 décembre 2004, ACHENGUI c/ État du Cameroun (Communauté urbaine de Yaoundé) ; CS/CA jugement n° 97/04-05 du 27 avril 2005, TOUBA ESSANA Joseph c/ État du Cameroun (MINUH).

[935] GUESSELE ISSEME (L.P), *op. cit.*, p.326.

[936] CS/CA, jugement n° 3/2002-2003 du 31 octobre 2002, ZINTCHEM BAROUNG Nicodème c/ État du Cameroun.

[937] OWONA (J), Le contentieux administratif de la République du Cameroun, Paris, l'Harmattan, 2011, p.90.

contrat, chargée de l'exécution des prestations prévues dans le marché »[938]. Toutes les personnes physiques ou morales lorsqu'elles ne sont pas frappées d'interdiction ou de déchéances de soumissionner[939] , peuvent faire acte de candidatures aux marchés publics. Toute personne physique doit jouir de ses capacités mentales et d'exercice. Lorsqu'il s'agit d'une personne morale[940], elle suppose l'existence juridique[941] de celle-ci[942]. La personne morale ou physique contractante doit respecter cette exigence particulière pour voir déclarer son recours recevable par le juge administratif. Cette exigence de la capacité fait l'objet d'une application constante par le juge administratif[943]. Il est de même de l'intérêt et de la qualité.

b. L'intérêt et la qualité pour agir en justice

La recevabilité de l'action en justice du requérant dépend également de l'intérêt et de la qualité pour agir. Les parties contractantes sont fondées à justifier de l'intérêt et de la qualité. Ces deux conditions sont liées aux parties contractantes.

S'agissant de l'intérêt, *« le requérant doit avoir un intérêt pour agir, c'est-à-dire une condition générale de recevabilité de l'action, un espoir de gain pécuniaire ou moral en cas de succès de l'action intentée contre l'administration »*[944]. L'intérêt selon le juge administratif *« implique un grief ou préjudice subi »* qui peut être moral[945] et doit être réparé. Autrement dit, *« l'annulation de l'acte attaqué doit profiter au requérant »*[946], en redressant un préjudice ou tort subi par le requérant. En matière contractuelle, ces titres juridiques sont restreints aux parties au contrat et leur justification est aisée, car liée aux parties.

---

938 V. l'article 5(l) CMP ; v. article 51(b).

939 V. l'article 182 CMP.

940 Même les personnes morales de droit public sont admises à participer à la commande publique sous conditions posées à l'article 51.

941 GUIMDO (B.R), *Le juge administratif camerounais et l'urgence, recherches sur la place de l'urgence dans le contentieux administratif camerounais*, thèse de Doctorat d'État en droit public, Université de Yaoundé II (Soa), 2003-2004, p.54.

942 Exception marquée par la jurisprudence antérieure : l'acceptation d'un recours présenté par une association de fait non déclarée, donc sans capacité juridique. CFJ/CAY, arrêt n° 178 du 29 mai 1972 EITEL MOUELLE KOULA c/ République fédérale du Cameroun ; CS/CA jugement du 29 novembre 1979, Élites Banka représentées par MBOUENDE Jean de Dieu c/ État du Cameroun.

943 CS/AP, arrêt n° 4/ADD du 16 décembre 1982, NDOUGSA Valentin c/ État du Cameroun (MINUH) ; CS/CA jugement n° 3/2002-2003 du 31 octobre 2002, ZINTCHEM BAROUNG Nicodème c/ État du Cameroun, *ibid.*

944 OWONA (J), *op. cit.*, p.91.

945 CS/CA, arrêt du 31 mars 1977 BIAKOLO Max c/ État du Cameroun.

946 CS/CA, jugement n° 3/2002-2003 du 31 octobre 2002, ZINTCHEM BAROUNG Nicodème c/ État du Cameroun *op. cit.*

La capacité et l'intérêt sont insuffisants, il faut la qualité. La qualité consiste dans l'affirmation d'une aptitude à agir pour défendre un intérêt lésé par l'administration[947]. L'arrêt WAMBO Télesphore illustre l'usage de ces notions[948]. *« Le sieur WAMBO a attaqué directement un arrêté de déchéance relatif à un lot appartenant à dame MANDONG qui lui aurait fait une promesse de vente ayant entraîné un début de mise en valeur dudit lot avant l'intervention de cet acte administratif. Le sieur WAMBO Télesphore Pascal avait-il qualité, capacité et intérêt pour former son pouvoir auprès de la Cour Suprême statuant en matière administrative ? La cour n'a pas contesté sa capacité à agir, le sieur WAMBO était un adulte majeur. Manifestement, la cour n'a pas estimé son action exempte d'intérêt pour agir, car WAMBO avait intérêt à ce que dame MANDONG soit rétablie dans ses droits sur le lot en question. Mais la cour a estimé que le sieur WAMBO ne justifiait pas à l'encontre de l'État qualité pour agir, dame MANDONG s'intercalant entre lui et l'administration »*[949]. Ces commentaires résultent de ce considérant du juge : *« Il est de jurisprudence constante de notre cour que pour former une action en justice, il faut justifier d'un droit lésé, que c'est l'existence de ce droit, son importance, sa valeur qui constituant l'objet du procès, qu'en conséquence, WAMBO n'a pas pu justifier d'un droit lésé, n'est pas recevable à poursuivre devant notre juridiction le rétablissement des droits existants »*[950].

Pour saisir le juge et contester un acte administratif entaché d'irrégularités flagrantes, le juge déclare recevable l'action en justice si ces conditions subjectives liées à la capacité, l'intérêt et la qualité du requérant sont remplies.

En matière contractuelle, les recours en matière de formation ou d'exécution d'un marché public prennent spécifiquement en compte l'intérêt, la capacité et la qualité, car permettent de distinguer les recours en matière contractuelle comme l'a fait le juge administratif dans l'affaire Amsecom-Amseconcom[951]. Le contentieux de l'exécution est restreint par principe aux parties même si des exceptions sont retenues en ce qui concerne le contentieux de l'exécution des travaux publics[952]. En effet, par le biais de la détachabilité

---

[947] OWONA (J), *op. cit*, p. 92.

[948] CFJ/CAY arrêt du 28 mars 1972 WAMBA Télesphore Pascal c/ État fédéré du Cameroun oriental.

[949] OWONA (J), *op. cit.*, p.92.

[950] Voir arrêt du 18 octobre 1967 PECK PECK Joseph contre État du Cameroun dans lequel l'Assemblée plénière de la CFJ avait décidé qu'un candidat régulier écarté d'un concours était *« sans qualité »* pour contester la validité des épreuves et aussi Revue camerounaise de Droit, arrêt n° 3 Janvier-Juin 1973 p. 60 cité par OWONA (J), *op. cit.*, p.92.

[951] CS/CA, jugement n° 50/CD/CA du 1er février 1985, Amsécom-Amséconcom c/ État du Cameroun précité.

[952] CFJ/SCAY, arrêt n° 113 du 8 décembre 1970, TCHANY Jean c/ État du Cameroun précité que nous étudierons dans le cadre du contentieux à l'initiative des tiers.

consacrée par la jurisprudence[953], le juge du contrat peut être saisi, aussi bien par les parties, ce qui d'ailleurs constitue une évolution de la jurisprudence, que par les tiers ayant un intérêt à attaquer le contrat[954]. Ils peuvent saisir le juge par un recours d'excès de pouvoir, dirigé, non vers le contrat, cette voie étant ouverte uniquement aux parties, mais vers un acte détachable, lié par exemple à sa formation[955]. Ainsi le contentieux de l'acte détachable concerne clairement la nature de l'acte détachable et n'est plus strictement lié aux actes de formation du marché, car il existe les actes d'exécution détachables du contrat dans la jurisprudence nationale[956]. Le juge administratif camerounais conserve les valeurs qu'il a consacrées. Ainsi, il reconnaît et procède à la validation des pouvoirs de l'administration dans l'exécution du contrat.

B. La validation par le juge des pouvoirs de l'administration dans l'exécution d'un marché public

Comme tout contrat administratif, le marché public est la manifestation d'un engagement entre les parties contractantes qui ont convenu de satisfaire chacune ses besoins propres identifiés au moment de la conclusion. Cependant, le contrat est influencé, car la rencontre des volontés fait du marché non un simple document, mais un ensemble. Les parties peuvent ainsi modifier son contenu d'un commun accord ou unilatéralement. La modification unilatérale confère des pouvoirs à l'administration contractante. Ces pouvoirs de l'administration dans l'exécution du marché *« lui donnent sa teinte de puissance publique et d'intérêt au service »*[957]. Sont classiquement distingués les pouvoirs de modification unilatérale, de résiliation unilatérale, de contrôle et de direction, de sanction unilatérale. L'intervention de l'administration contractante dans l'exécution du marché peut donner lieu à des compensations. Si le juge administratif affirme des pouvoirs comme prérogatives exorbitantes (1) il convient de mentionner la prudence avec laquelle le juge consacre ces pouvoirs d'où la nécessité de trouver un encadrement des pouvoirs de l'administration (2).

---

953 CS/CA jugement n° 007 du 27 octobre 1988, compagnie Forestière SANGHA OUBANGUI c/ État du Cameroun précité.

954 OTTOU MEBENGA PIE (C.T), *op. cit.*, p. 156.

955 *Ibid.*

956 Nous étudierons au paragraphe 2.

957 Selon les propos de LAUBADERE, *« le fondement de ce particularisme est que tout contrat administratif a pour but de permettre ou de faciliter le fonctionnement d'un service public. Il en résulte, dans l'intérêt du service public, l'administration détient à l'égard de l'exécution du contrat des prérogatives exorbitantes »*, Traité élémentaire de droit administratif, 2e ed. op. cit. p.423 cité par LANGELIER (E), *op. cit.*, p. 205.

1. L'affirmation des pouvoirs de l'administration comme prérogative exorbitante

La reconnaissance des pouvoirs de l'administration en matière d'exécution du marché offre l'opportunité au juge administratif de consacrer et consolider le pouvoir de modification unilatérale (a), le pouvoir de résiliation unilatérale (b) le pouvoir de direction et de contrôle (c) et le pouvoir de sanction unilatérale (d).

a. Le pouvoir de modification unilatérale comme prérogative exorbitante

Dans la jurisprudence administrative camerounaise, le pouvoir de modification unilatérale s'est fait une véritable place. Il convient d'envisager sa consécration réelle (i) avant de constater son caractère conditionné (ii).

i. La consécration réelle du pouvoir de modification unilatérale

L'administration peut donc accroître, modifier, réduire les obligations du cocontractant[958]. Et l'on doit relever *« qu'une des particularités les plus remarquables du contrat administratif est que l'administration peut, en cours d'exécution, modifier l'étendue des prestations à effectuer par le cocontractant, exiger des augmentations ou diminutions de ces prestations »*[959]. Il ressort de la doctrine pour ne citer que ces auteurs que la modification s'entend du changement intervenu à l'égard des devoirs du cocontractant dans l'exécution du contrat. Le pouvoir de modification unilatérale du maître d'ouvrage est un élément important du régime des contrats administratifs[960]. Il constitue le pouvoir exorbitant du droit commun dont dispose l'administration de modifier unilatéralement les obligations contractuelles mises à la charge de son cocontractant[961]. Ce pouvoir est affirmé comme l'essor de la catégorie des *« règles applicables aux contrats administratifs »*[962] et le pouvoir de modification unilatérale existe même sans texte ou stipulations contractuelles[963]. Pouvoir consacré en matière de concession d'un service public[964], le pouvoir de

---

[958] RIVERO (J), WALINE (J), *Droit administratif*, Paris, Dalloz, 2004, p.383.

[959] DE LAUBADERE (A), VENEZIA (J.C), GAUDEMET (Y), *Traité de droit administratif*, Paris, LGDJ, tome 1, 13e ed, 1994, p.722.

[960] BIAKAN (J), op. *cit.*, p. 91.

[961] *Ibid.*

[962] Posé en France dans l'affaire LITPUR, CE, 2 février 1983 A, n° 34027, Rec. P.33, affirmation répétée dans l'affaire ministre des PTT c/ Ricard. C.E 6 mai 1985, A, n° 47 861, Rec, p.144.

[963] C.E, 21 mars 1910, compagnie générale française des Tramways GAJA n° 25.

[964] C.E, 10 janvier 1902, Compagnie du gaz de Déville-Lès-Rouen, GAJA n° 9.

modification place les parties sous un régime de puissance publique, *« le régime caractéristique de la règle de droit administratif [...]. C'est la vieille et simple constatation de l'inégalité qui, à la base du rapport de droit public, s'oppose à l'égalité juridique sur laquelle repose le droit privé »*[965]. Des règles spéciales sont applicables à la matière contractuelle.

Le juge administratif camerounais reconnaît ainsi à l'administration le pouvoir de modifier unilatéralement le contrat. L'affaire GLEIZAL illustre la mise en œuvre par l'administration sur ce pouvoir, ce qui constitue une prérogative exorbitante[966]. Toutefois, le pouvoir de modification unilatérale est mis en œuvre sous certaines conditions.

ii. Un pouvoir de modification conditionné

Pour éviter que l'administration soit non seulement dépourvue des soumissionnaires à la commande publique, mais aussi source d'arbitraire, le juge a conditionné l'usage d'un tel pouvoir, même si ce pouvoir est encadré par des stipulations et documents contractuels. L'exercice de ce pouvoir au Sénégal est circonscrit dans les limites bien déterminées par le code des obligations de l'administration[967]. Tout d'abord, les modifications du contrat doivent se justifier par les exigences du service public, ensuite ces modifications doivent porter sur les clauses relatives au fonctionnement du service public, puis elles ne doivent pas dénaturer le contrat et enfin, elles ne doivent pas porter atteinte au principe de l'équilibre financier du contrat[968]. Le code des marchés publics par exemple fixe les limites du pouvoir de modification s'agissant du prix. Aux termes de l'article 145(1) dudit code, *« qu'il soit forfaitaire ou unitaire, le prix est ferme lorsqu'il ne peut être modifié en raison de mutations économiques prévisibles pendant la période d'exécution des prestations »*[969].

Les documents contractuels fixent les limites en ce qui concerne le bouleversement de l'économie générale du contrat et l'objet du contrat initial. L'exécution des obligations d'un entrepreneur peut engendrer la réclamation d'une compensation financière pour le préjudice supplémentaire engendré par les modifications apportées par la personne publique[970]. La conditionnalité de la mesure est double : elle ne doit pas, d'une part être entachée d'excès de

---

[965] RIVERO (J), *« Existe-t-il un critère du droit administratif ? »*, RDP, 1953, p.286.

[966] T.E. arrêt n° 107 du 29 avril 1960, Sieur GLEIZAL Michel c/ Mairie de Douala.

[967] V. Les articles 110 à 112 du code des obligations au Sénégal.

[968] DEMBA (S), Droit administratif, Dakar, L'harmattan, 2014, p. 342.

[969] V. L'article 145 (1) et (2) CMP.

[970] CS/CA, jugement n° 50/1985 du 1er février 1985 Amsécom-Amseconcom c/ État du Cameroun précité.

pouvoir[971] ; d'autre part, elle doit être équilibrée. Ainsi, le pouvoir de modification s'apprécie eu égard au motif de la modification, et ne peut porter sur le bouleversement de l'équilibre financier du contrat, ce qui nécessitera une indemnisation.

Le pouvoir de modification justifié par un motif d'intérêt général : pour limiter les tendances à l'arbitraire dû aux modifications unilatérales faites au gré de la volonté de l'administration, le juge administratif camerounais a pris la peine d'encadrer la modification. Son usage doit être justifié sur la base d'un motif légitime qui est l'intérêt général. Le changement du motif ou sa dénaturation ne doivent pas fonder un tel pouvoir.

Le juge administratif camerounais affirmait à ce propos dans l'affaire GLEIZAL que *« {...] considérant que, si l'administration dispose, dans certains cas du pouvoir exceptionnel de modifier unilatéralement les contrats qu'elle a souscrits, ce pouvoir ne lui a pas été donné, pour lui permettre de se soustraire à l'exécution de ses engagements ; qu'il ne peut en user que si le motif d'intérêt général l'exige, faute de quoi son action est abusive et injustifiée »*. Au sens au juge, le motif d'intérêt général légitime et limite l'usage par l'administration du pouvoir de modification unilatéral.

Dans l'exécution d'un marché public, le bouleversement de l'équilibre financier du contrat doit entraîner le droit à réparation du cocontractant lésé dans ses droits. Ainsi, les conséquences financières imprévisibles engendrées par le bouleversement de l'équilibre financier devront entraîner une compensation. L'on sait combien cette expression joue en cas d'imprévision, fait du prince ou force majeure.

Il est admis dans la jurisprudence que l'imprévision joue sur le plan économique. L'imprévision entraînant la modification du contrat doit tenir compte de la survenance des évènements non prévus de nature à influencer la poursuite de son exécution ou sa rupture[972].De manière plus originale encore, le bouleversement de l'équilibre économique du contrat doit être un évènement étranger à la volonté du cocontractant. Il y aurait dans ce cas fait du principe. La conséquence serait d'indemniser le cocontractant par l'intervention de l'administration. L'exigence soutenue par la jurisprudence réside dans la résiliation avec partage des responsabilités. Enfin, l'évènement extérieur entraîne un déséquilibre fondamental du contrat perturbant ainsi son

---

[971] N'est ici mise en œuvre que la règle classique propre à tout acte administratif. C'est bien un changement de circonstances qui doit conduire à la mise en œuvre de ce pouvoir : discrétionnaire, il ne doit pas être arbitraire. LANGELIER (E), L'office du juge... *op. cit.* note 1236, p.219.

[972] CS/CA ; jugement n° 145/2012 du 12 septembre 2012, affaire Société CARMCO c/ État du Cameroun.

exécution. Ici, le juge opère un contrôle en s'assurant de la conformité de la décision de l'administration à son régime juridique[973].

b. Le pouvoir de résiliation comme prérogative exorbitante

Le pouvoir de modification unilatérale est le produit des textes. Ce pouvoir originellement textuel trouve son fondement et son encadrement par les articles 180 à 185 du code des marchés publics. Le code pose le régime applicable à ce pouvoir. Une insistance est faite sur des préalables à la résiliation[974], sur les fondements de la résiliation[975] et les conséquences de celle-ci[976]. D'essence textuelle, le soin est également revenu au juge de reconnaître ce pouvoir (i) et d'en préciser les conséquences (ii).

i. La reconnaissance du pouvoir de résiliation

L'affirmation de ce pouvoir par le juge administratif camerounais est dépourvue d'ambiguïté. Alors même que le pouvoir de résiliation unilatérale doit être retenu comme le pouvoir reconnu à l'administration de mettre fin au contrat pour l'avenir[977], la jurisprudence administrative camerounaise l'établit en tant que règle générale. La résiliation doit être mise en œuvre à bon usage. Le juge formule ce pouvoir en affirmant: *« Attendu que le pouvoir de résiliation unilatérale dont dispose l'administration en matière de marchés publics est généralement considéré comme une prérogative exorbitante »*[978]. Une telle formule appréhendée pour les marchés publics est identifiée comme une prérogative de principe valable pour tout type de contrat public. En dehors de toute faute commise par le cocontractant et dans l'intérêt du service public, l'administration peut procéder à la résiliation d'un marché public.

Lorsque le juge camerounais reconnaît ce pouvoir, il établit une liaison entre la clause exorbitante de droit commun et le pouvoir de résiliation unilatéral. Ce pouvoir avait été reconnu à l'administration par le Conseil d'État en ces termes : l'administration *« peut en tout état de cause et en vertu des règles générales applicables aux contrats administratifs, mettre fin avant terme aux marchés publics, sous réserve des droits à indemnités des intéressés »*[979]. La résiliation unilatérale ainsi considérée comme une prérogative exorbitante, *« on peut ainsi prévoir que ce juge appliquera le même principe lorsqu'il sera confronté à d'autres types de contrats administratifs. Toute éventuelle discrimination serait une innovation*

[973] CS/CA, jugement n° 145/2012, affaire Société CARMCO c/ État du Cameroun.
[974] V. Les articles 180 à 181 CMP.
[975] V. Les articles 182 à 183 CMP.
[976] V. Les articles 184 à 185 CMP.
[977] RICHER (L), *op. cit.*, p.183.
[978] CS/CA, jugement n° 50/84-85 du 1er février 1985, TAMEGHI Boniface (Amsecom-Amseconcom) c/ État du Cameroun.
[979] C.E, Ass, 2 mai 1958, Distillerie de Magnac- Laval Rec., CE 1958, p.247.

difficilement justiciable quand on sait que son homologue français a longtemps posé que ce pouvoir dont dispose la puissance publique pour mettre fin au contrat qui le lie, en l'occurrence le pouvoir de résiliation unilatérale, doit être rangé parmi les règles générales applicables aux contrats administratifs et que même contractuellement, l'administration ne peut s'en priver »[980]. À titre de comparaison des termes de droit, la possibilité de résilier unilatéralement les termes d'un marché public est une règle générale applicable à tout type de contrat public. Le juge opère une singularité dans le paysage du contentieux en contrôlant les mesures de résiliation prises par l'administration envers son cocontractant.

ii. La précision des conséquences de ce pouvoir

Le juge contrôle si les mesures prises par l'administration envers son cocontractant sont intervenues dans des conditions ouvrant droit à indemnité. Le juge contrôle ainsi les conséquences des actes de résiliation. Il est indispensable pour le juge administratif d'opérer un contrôle du motif de la résiliation d'une part et d'entrevoir d'autre part les compensations par une indemnisation.

- **Le contrôle par le juge du motif de résiliation** : en cas d'abus par l'administration de son pouvoir de résiliation unilatérale, le juge est appelé à exercer un contrôle. À cet effet, la mesure de résiliation peut être dénaturée et porter sur une faute. À cet effet, dans le jugement Big Brothers Trading Compagny[981], le juge constate une rupture abusive par une résiliation unilatérale pour mauvaise conjoncture économique que l'administration tente de justifier en vain par l'indisponibilité du budget public et la formulation employée permet de lire ce qui suit *« [...] il est aisé, voir loisible au ministre [...] signataire du contrat de connaître la situation exacte du budget qui lui est alloué pour s'engager contractuellement »* et le juge poursuit son raisonnement en précisant que *« la résiliation est intervenue par la faute de l'administration [...] »,* la résiliation pour faute de l'administration tient compte de l'indemnisation du manque à gagner.
- **Un droit à indemnisation** : la résiliation intervenue par le fait de la personne publique ne peut ouvrir qu'un droit à indemnité au profit du cocontractant. Dans l'affaire Amseconcom, il a été admis la possibilité de chercher réparation du préjudice résultant de la résiliation unilatérale. À cet effet, il appartient au juge des contestations relatives aux marchés publics *« [...] de rechercher si ces actes sont intervenus dans des conditions de nature à ouvrir au profit de celui-ci un droit à*

---

980 ABA'A OYONO (J. C), *op. cit*, p. 178.

981 CS/CA, jugement n° 62/94-95 du 29 juin 1995, Big Brothers Trading Company (BBTC) c/ État du Cameroun (MINDIC) précité.

indemnité »[982]. Le comportement fautif de l'administration détermine l'ouverture du droit à indemnisation.

La résiliation du contrat entraîne normalement la *« réparation de l'intégralité du dommage qu'a pu lui causer la suppression unilatérale d'une partie de ses droits contractuels »*[983]. Le droit à indemnisation répond évidemment aux règles générales en matière de préjudice, notamment à la démonstration de sa réalité[984] . La résiliation anticipée du marché entraîne lorsque la preuve est apportée, droit à la réparation du préjudice. Cela recouvre le manque à gagner apprécié compte tenu du montant des travaux garantis par le contrat et non encore exécuté[985].

iii. La consécration et la consolidation du pouvoir de contrôle et de direction

Le contrôle dans les marchés publics recouvre des réalités diverses, de la signature à la réception. Le contrôle renvoie à la vérification (d'actes de droits, de documents) ou encore l'inspection[986]. L'entrepreneur n'a pas la faculté de s'opposer à cette vérification. Le pouvoir de contrôle figure dans le code des marchés publics[987]. Le suivi de l'exécution des marchés publics est assuré par le maître d'ouvrage, le maître d'ouvrage délégué à travers le chef de service, l'ingénieur du marché et le maître d'œuvre, le cas échéant[988]. Le maître d'œuvre est chargé par le maître d'ouvrage ou le maître d'ouvrage délégué de la direction et du contrôle permanent de l'exécution[989]. Le maître d'œuvre assure le contrôle de la qualité des prestations exécutées.

Le contrôle effectué par l'autorité des marchés publics porte sur le contrôle externe de l'exécution. À travers les contrôles inopinés, le ministre des marchés publics contrôle l'effectivité et la qualité des prestations réalisées et réceptionnées[990]. Les textes prévoient la possibilité pour la puissance publique de donner des instructions, on convoque notamment la surveillance, le contrôle de l'exécution des obligations par le cocontractant, ce qui oblige la personne publique à inspecter les services, les travaux, les installations et la documentation se rapportant audit marché. Ce contrôle s'exerce sur tout type de marché. Dans son Traité, monsieur DE LAUBADERE justifiait l'étendue

---

982 CS/CA, jugement n° 50 du 1er février 1985 TAMEGHI Boniface.

983 C.E Sect. 15 Juil. 1959, Sté des Alcools du Vexin, A, n° 37, 189, Rec. P.451.

984 *Ibid.*

985 C.E. 23 mai 1962, ministre des Finances et des Affaires économiques c/ Sté financière d'exploitation industrielle, A, n° 41 178, Rc. P.342.

986 GERARDIN (E), *Le Robert, Dictionnaire de la langue française*, Paris, éd. iFrance loisirs, 2006, p.355.

987 V. Les articles 40 à 44 CMP.

988 V. L'article 43 CMP.

989 V. L'article 46 CMP.

990 V. L'article 47 CMP.

de ce pouvoir dans les marchés de travaux publics en se focalisant sur leur objet. On peut lire à ce propos que ce n'est qu'*«indirectement que le marché de travail fournit à l'administration des moyens en vue d'une opération d'un intérêt général ; c'est cette opération qui constitue elle-même l'objet du contrat ; c'est pourquoi l'administration doit conserver constamment les moyens d'agir sur l'exécution de travail par l'entrepreneur »*[991]. Le juge administratif admet un contrôle important de la personne publique sur son cocontractant dans les marchés publics. Pour justifier l'ordre donné par l'administration, le juge administratif dans l'affaire OMBEDE révèle que *« le rôle de l'administration devrait être de vérifier l'exécution des clauses du cahier de charges »*[992]. Le pouvoir de contrôle en question résidait dans la surveillance de l'exécution du contrat conformément aux clauses du cahier de charges ; et le cocontractant doit s'y plier à défaut de voir son contrat résilié. L'entrepreneur ou le prestataire de services a l'obligation d'exécuter les ordres de services.

Le juge a été appelé à limiter le pouvoir que laissait à l'administration la possibilité d'édicter des ordres de service donnant son rythme au chantier[993]. S'il revient, soit au maître d'ouvrage soit au maître d'œuvre de déterminer par ordre de service le début du chantier, il ne saurait faire usage de ce pouvoir dans des conditions portant préjudice à l'entrepreneur[994]. Le juge administratif camerounais allant dans un sens proche du juge français déclare dans l'affaire Société équatoriale Business et Marketing SARL (EBM) *« que les prérogatives de puissance publique font obligation au cocontractant pour ne pas paralyser le fonctionnement du service public, de livrer les fournitures dans l'attente de la régularisation de la commande. Que c'est précisément dans le refus de la régularisation de la commande que réside la faute de l'administration »*[995]. L'appréciation par le juge de l'importante de la régularisation d'une commande s'explique par la réponse suivante : le juge déclare que *« le recours est justifié et l'État du Cameroun (MINREST) doit être condamné à payer la somme de 22 393 942 francs CFA au principal recourant représentant le total du prix de fournitures livrées et celle de 500 000 FCFA à titre de dommages et intérêts »*[996]. Le juge tire ainsi toutes les conséquences de l'usage du pouvoir de contrôle et exerce un contrôle

---

[991] DE LAUBADERE (A), MODERNE (F) et DELVOLVE (P), *Traité des contrats administratifs*, Paris, LGDJ, 2e éd. T.2, 1984, p. 441.

[992] CCA, arrêt n° 266 du 27 novembre 1953 OMBEDE Philippe Louis c/ Administration du Territoire.

[993] LANGELIER (E), L'office du juge administratif…op. cit. p.212.

[994] V. C.E 9 mars 1927, Assoc. Syndicale de la rivière de l'Agly, A, n° 69, 151, Rec. P.301 : le juge considère *« qu'un aussi long retard n'était pas justifié »* pour confirmer la résiliation du marché aux torts de l'association Syndicale cité par LANGELIER.

[995] CS/CA, jugement n° 112/2009 du 3 juin 2009 Société Équatoriale c/ État du Cameroun.

[996] *Ibid.*

juridictionnel des mesures prises par l'administration. Le pouvoir de contrôle peut recouvrer la simple surveillance dans la mesure où le cocontractant exécute simplement les prestations prévues. L'administration opère à ce moment une simple visite sur le chantier. Le juge administratif a une marge d'appréciation dans la détermination des limites variables du pouvoir de contrôle et de direction, pour que cette *« règle générale applicable aux contrats administratifs »* de contrôle et de direction ne se détourne pas sur un caractère irréel ou fantaisiste. Tout comme le pouvoir de contrôle et de direction, l'administration dispose également d'un pouvoir de sanction.

c. La reconnaissance du pouvoir de sanction

Il faut noter de prime abord que ce pouvoir vise à sanctionner les défaillances du cocontractant et représente une véritable *« règle générale applicable aux contrats administratifs »*[997]. Ce pouvoir protège non pas seulement l'intérêt général, mais vise aussi la répression des atteintes. Monsieur BRENET soutient que *« contrairement aux idées reçues, il [le but de ce pouvoir] ne s'agit pas du service public ou plus globalement de l'intérêt général, mais plus certainement de la nécessité de réprimer avec tact et mesure les atteintes portées au principe de la force obligatoire »*[998]. Monsieur BRENET n'a pas reconnu l'idée première à savoir l'intérêt général et le service public qui trouve son importance dans l'action administrative. Le contrat administratif trouvant sa tradition dans les moyens d'action de l'administration est *« financé sur les deniers publics [...] ce n'est que dans la perspective de servir l'intérêt général tel que défini alors par les pouvoirs publics qu'il trouve sa légitimité »*[999]. Le contrôle du juge s'effectue dans la vérification des limites encadrant le pouvoir de sanction dont dispose l'administration.

Il existe une gamme de sanctions offertes par l'administration. Elles sont classées en fonction de leur caractère : pécuniaire, représentant des pénalités de retard infligées par l'administration[1000] ; coercitif, représentant l'obligation faite à l'administration d'agir d'une certaine manière[1001], ou en la résiliation du marché pour faute du cocontractant[1002]. Ces sanctions mettent fin aux

---

997 C.E 2 février 1983, n° 34. 027, Union des transports publics urbains et régionaux, Rec. CE. 1983. P.33.

998 BRENET (F), *Recherche sur l'évolution du contrat administratif,* thèse dactylographiée, Université de Potiers 2002, 2t, p.460.

999 LANGELIER (E), *op. cit.*, p.227.

1000 CCA arrêt n° 702 du 13 juin 1958, MARINO Jacques c/ Territoire du Cameroun.

1001 L'édiction par l'autorité concédante des mesures palliatives du mauvais fonctionnement du service public. Le concessionnaire devant s'y plier.

1002 CS/CA, jugement n° 49/2009 du 28 janvier 2009, Société Cameroun Plaques internationales (CPI) c/ État du Cameroun (MINTRANSPORT)

relations contractuelles. Le juge légitime un pouvoir de sanction par la justification d'un intérêt général.

2. L'encadrement par le juge des pouvoirs de l'administration en matière d'exécution

La juge depuis l'affaire GLEIZAL contrôle l'usage par l'administration de ses pouvoirs par la justification d'un motif légitime qu'est l'intérêt général. La jurisprudence révèle que les parties recourent le plus souvent au juge lorsque le contrat est formé et attendent du juge du contrat une réparation du préjudice subi par les décisions prises par l'administration[1003]. Au demeurant, l'exécution du contrat permet au juge de fixer et de consolider les règles procédurales en matière de contentieux administratif en général, et contractuel en particulier[1004]. *« En fixant ces règles, il contribue à renforcer les prérogatives de puissance de l'administration dans le droit contractuel. Mais autant il reconnaît à l'administration le droit d'exercer ses prérogatives, autant il limite ces pouvoirs en garantissant au cocontractant un certain équilibre dans les rapports qui le tiennent à l'administration »*[1005].

Les mesures prises par l'administration en matière de modification, de résiliation, de contrôle ou de sanctions infligées sont encadrées par le juge administratif. Les mesures illégales annulées s'accompagnent des indemnisations adéquates. Les mesures prises par l'administration ne sont pas laissées à la merci des caprices desdites collectivités publiques contractantes. Comme nous l'avons vu dans les différents pouvoirs dont dispose l'administration, l'encadrement que fait le juge des pouvoirs est croissant dans la sphère contractuelle et opère un contrôle des actes d'exécution. Qu'en est-il des recours formés par les parties au marché public ?

C. Les recours ordinaires formulés par les cocontractants en matière de marchés publics

Le juge administratif est le régulateur des interventions admises des parties au marché public. En matière contractuelle, est désormais mise à mal la distinction des recours. Les parties ont la liberté de saisir le juge dans la sphère juridictionnelle. Saisi d'un litige afférent au marché public, le juge aborde la question selon qu'il statue dans le contentieux de l'excès de pouvoir (1) ou dans le contentieux de pleine juridiction en plein contentieux (2).

1. Le recours pour excès de pouvoir en matière des marchés publics

En principe, le contentieux entre les parties est la terre de prédilection du contentieux de pleine juridiction. Mais le juge administratif trouve au profit

---

1003 OTTOU MEBENGA (P.C.T), *op. cit*, p.174.
1004 *Ibid.*
1005 *Ibid.*

des parties au marché public la porte ouverte au recours pour excès de pouvoir. Ainsi les parties peuvent introduire un recours en annulation des actes détachables de l'exécution (a) et l'excès de pouvoir peut se situer entre l'irrecevabilité originelle pour une irrecevabilité dépassée (b).

a. Le recours en annulation des actes détachables de l'exécution

La détachabilité en droit camerounais est de deux ordres : elle peut avoir trait à des actes détachables de la conclusion. Mais aussi à des actes détachables de l'exécution. La détachabilité est ainsi un outil visant la classification des contentieux. Même si en matière de contentieux des marchés publics, cette classification est devenue superficielle. Cette distinction originelle, recours pour excès de pouvoir et de plein contentieux, trouve sa justification à l'article 2 alinéa 3 de la loi de 2006 sur les tribunaux administratifs. Une distinction est faite entre le recours en annulation pour excès de pouvoir au motif d'un vice de forme, d'incompétence, violation d'une disposition légale ou règlementaire, le détournement de pouvoir, des actions en indemnisation du préjudice causé par un acte administratif. L'article 17 alinéa 3 détermine les délais des recours gracieux liés au recours contentieux. Si le recours de plein contentieux ou en responsabilité en matière contractuelle est de 1er ordre, et que le recours pour excès de pouvoir est relégué au second rang, notons que le juge administratif camerounais dans l'optique de l'appréciation des mesures contractuelles, connaît des demandes d'annulation formulées par les parties au contrat pendant son exécution.

Pendant l'exécution du marché, les mesures techniques prises par le maître d'ouvrage peuvent être défavorables rendant le respect des engagements de l'entrepreneur impossible. Dans la phase de l'exécution financière des marchés publics, des contraintes de la comptabilité publique permettent de prendre des actes modifiant le montant initial du prix à payer. Tous ces actes sont susceptibles d'être notifiés, signés et signifiés au cocontractant et sont autant d'actes détachables susceptibles d'être contestés non pas devant le juge de plein contentieux, mais plutôt devant le juge de l'excès de pouvoir qui doit statuer sur la légalité de tels actes d'exécution. Comme précise monsieur DE LAUBADERE, hormis *« les actes supports »*, d'autres *« actes soutiens »* en cours d'exécution peuvent être séparés du contrat lui-même et portés devant le juge de l'excès de pouvoir[1006]. Dans l'exécution des obligations des parties au contrat, l'idée admise est que *« dans les contrats qu'il arrive de passer avec les particuliers, pour l'exécution du service public, l'État soumet ses cocontractants à des servitudes spéciales que le droit civil ne connaît pas. Il se réserve des prérogatives qui alourdissent gravement pour l'autre partie, les obligations qui sont susceptibles de naître normalement d'un contrat »*[1007].

[1006] DE LAUBADERE (A), *op. cit.*, p. 325.
[1007] LATOURNERIE (R), concl. Sur C.E, 9 mars 1928, Compagnie des Scieries africaines, RDP, 1928, p. 328.

Cette appréhension inégalitaire de l'exécution est ramenée à des proportions justes. L'option retenue par le juge administratif camerounais est d'envisager les obligations respectives des parties à un marché. Cela suppose que l'administration a les obligations vis-à-vis de son cocontractant comme illustre ce propos du juge : *« Attendu que [...] le ministre de la Défense n'a pas respecté les engagements contractuels qui lui faisaient obligation »*[1008].

En contentieux des contrats publics au Cameroun, l'illustration concrète d'un recours en annulation des actes détachables de l'exécution d'un contrat est illustrée dans l'affaire Compagnie Forestière Sangha-Oubangui[1009]. Étant donné que la concession de service public est un contrat public, cette possibilité n'est pas exclue pour les marchés publics. Dans cette décision, les actes détachables au contrat de concession font l'objet d'annulation par le juge saisi d'un recours pour excès de pouvoir[1010]. À ce sujet, il affirme *« que l'arrêté mettant en cause ladite convention portait atteinte aux intérêts de la Société concessionnaire et constituait pour elle un excès de pouvoir. Considérant que c'est à bon droit que le premier juge*[1011] *a annulé les dispositions de cet arrêté contraires à ladite convention »*[1012]. L'excès de pouvoir a été consacré en matière de la détachabilité des actes d'exécution du contrat.

b. L'excès de pouvoir entre irrecevabilité originelle et réception évolutive

Traditionnellement, le pouvoir de résiliation unilatérale dont dispose l'administration est une manifestation de l'exorbitance dans l'exécution du marché public. En principe, le recours pour excès de pouvoir ne s'applique pas à la décision de résiliation du marché public, car la convention crée une situation juridique individuelle dont la violation ne saurait constituer par elle-même un excès de pouvoir[1013]. Dans sa construction prétorienne, le Conseil du contentieux administratif dans l'affaire Société de commerce et transport affirme son incompétence *« à connaître des recours pour excès de pouvoir, c'est-à-dire des recours en annulation dirigés contre les actes administratifs contractuels »*[1014]. Les parties contractantes ne sauraient intenter le recours en

---

[1008] CS/CA, jugement n° 50/84-85, Amsécom-Amseconcom c/ État du Cameroun précité.

[1009] Arrêt n° 82/A du 9 octobre 2008 État du Cameroun (ministère de la Fonction publique) c/ Compagnie Forestière Sangha Oubangui.

[1010] Dans l'affaire EPANE Mercy de 2010, le juge affirme que *« Attendu que ... est constitutif d'excès de pouvoir au sens du présent article : - le vice de forme – l'incompétence – la violation d'une disposition légale ou règlementaire, - le détournement de pouvoir »*.

[1011] CS/CA, jugement n° 07/88-89 du 27 octobre 1958, Compagnie Forestière Sangha-Oubangui c/ État du Cameroun.

[1012] Arrêt n° 82/A du 9 octobre 2008, État du Cameroun c/ Compagnie Forestière précitée.

[1013] BIDJA NKOTTO (Th.), *op. cit.*, p. 959.

[1014] CCA, Décision n° 70 du 28 décembre 1995, Société Commerce et Transport Est Cameroun c/ Administration du Territoire

annulation contre le contrat lui-même : non seulement le recours pour excès de pouvoir ne peut être dirigé contre un acte de nature contractuelle, mais en tout état de cause, l'exception de recours parallèle leur oppose nécessairement le fait que, au stade de l'exécution des contrats administratifs, il existe précisément un juge administratif du contrat, statuant comme juge de plein contentieux, spécialement adapté à la résolution de toutes les difficultés pouvant naître entre les parties elles-mêmes, et pouvant même aller aujourd'hui jusqu'à ordonner la survie du contrat en cas de résiliation illégale[1015]. Il ressort de la construction prétorienne que le recours pour excès de pouvoir est irrecevable lorsqu'il s'exerce directement contre le contrat[1016].

Cette position jurisprudentielle classique est justifiée par plusieurs arguments : l'inattaquabilité de la décision administrative concrétise à première vue le principe de la séparation des autorités administrative et judiciaire posé par l'édit de Saint Germain de 1641 ; ensuite permet la distinction de l'excès de pouvoir, du plein contentieux ; enfin, un *« tel recours ne saurait atteindre un acte qui n'est pas la manifestation de la volonté unilatérale d'une autorité administrative »*[1017]. La position jurisprudentielle originaire a été affirmée en matière de marché public dans le jugement Amsecom en ces termes *« conformément à la jurisprudence établie, le juge des contestations relatives aux marchés de travaux publics n'a pas le pouvoir de prononcer l'annulation des mesures prises par le maître d'ouvrage envers l'entrepreneur ; qu'il lui appartient seulement de rechercher si ces actes sont intervenus dans des conditions de nature à ouvrir au profit de celui-ci un droit à indemnité »*[1018], se trouve distingué l'office du juge du contrat de l'office du juge de l'excès de pouvoir.

On peut désormais constater que le juge de l'excès de pouvoir n'est que compétent pour contrôler si la décision de résiliation est intervenue en toute légalité. Ainsi, la détachabilité est davantage l'outil d'une adaptation casuistique du caractère originellement rigide de la classification contentieuse[1019]. Dans son traité[1020], monsieur DE LAUBADERE arguait que le contrat n'était plus analysé comme un acte bilatéral, mais comme la juxtaposition deux actes unilatéraux. Dans cette hypothèse, l'acte de manifestation de la volonté de la puissance publique peut faire l'objet d'un recours pour excès de pouvoir. Ainsi, on distingue au sein du procédé contractuel des actes supports (étudiés) soumis au contrôle de l'excès de

[1015] PLESSIX (B), *op. cit.*, p. 1506.
[1016] Décision Société Commerce et Transport Est Cameroun.
[1017] AZIBERT (M) et FORNACCIARI (M), Chronique générale sous C.E Ass. 16 Avril 1986, Cie Luxembourgeoise de télédiffusion, *AJDA*, 1986, p.285.
[1018] Jugement n° 50/84-85, Amsecom (1er février 1985).
[1019] *Ibid.*
[1020] DE LAUBADERE (A), *op. cit.*, p. 328.

pouvoir. En matière de résiliation, les pouvoirs du juge de l'excès de pouvoir sont restreints sur un pouvoir de contrôle des causes justificatives de la décision et la décision administrative sera prise sur la base des éléments objectifs, et en toute objectivité, le juge de l'excès de pouvoir appréciera la régularité de ladite décision. Toutefois, lorsque le juge est saisi pour résoudre le différend relatif à l'exécution du contrat, le recours dirigé est de plein contentieux.

2. Le recours de plein contentieux

Le juge de plein contentieux est sollicité par les parties pour résoudre les litiges qui les opposent. Les parties peuvent formuler à titre principal des demandes d'indemnisation (a) et des demandes conjointes (b).

a. La formulation à titre principal des demandes d'indemnisation

Le recours en indemnisation formulé par les parties donne vigueur à cette affirmation d'ODENT selon laquelle *« il est des matières pour lesquelles la nature du litige implique nécessairement que ce litige ne peut être résolu que par un juge disposant des pouvoirs les plus larges, même si les requérants n'invoquent que des moyens et ne présentent que des conclusions mettant seulement en cause la légalité d'une décision administrative. C'est le cas de tout le contentieux contractuel »*[1021]. À ce propos, le juge du contrat dispose des compétences plurielles qui relèvent du plein contentieux. Au stade de l'exécution du marché, son office se borne principalement à des prérogatives de réparation. Sur des hésitations portées sur les pouvoirs du juge de l'excès de pouvoir et du juge de plein contentieux, concernant des mesures illégales prises en cours d'exécution d'un marché public, le juge administratif camerounais se refuse à aller au-delà de la réparation du préjudice subi et juge invariablement. *« Que conformément à la jurisprudence établie, le juge des contestations relatives aux marchés de travaux publics n'a pas le pouvoir de prononcer l'annulation des mesures prises par le maître d'ouvrage envers l'entrepreneur. Qu'il lui appartient seulement de rechercher si ces actes sont intervenus dans les conditions de nature à ouvrir au profit de celui-ci une indemnité »*[1022].

Cette jurisprudence clarifiée amène à tirer la conclusion selon laquelle la décision administrative de résiliation unilatérale privilégie les pouvoirs du juge de l'excès de pouvoir alors que les pouvoirs du juge des contrats

---

[1021] ODENT (R), Contentieux administratif 1977-1981, T. 2, reprint, Dalloz 2007, p. 9.

[1022] Jugement n° 84-854 du 1er février 1985, affaire TAMAGHI Boniface (Amsecom-Amseconcom) c/ État du Cameroun *op. cit.*

privilégient l'indemnisation. Dans l'affaire Amseconcom, la personne publique contractante a procédé à la résiliation du marché sans tenir compte ni des travaux réalisés et non entièrement payés ni des travaux supplémentaires non contractualisés, mais partiellement exécutés en raison de l'urgence. La résiliation du marché public par la personne publique suscite l'application des pouvoirs du juge du contrat.

Il est des litiges nés de l'exécution d'un marché public qui donnent la possibilité de formuler uniquement des demandes d'indemnisation. Le principe demeure inchangé, face à une modification unilatérale illégale, le juge des contestations contractuelles ne peut qu'octroyer des indemnités en réparation du préjudice subi. L'affaire[1023] CTT Cameroun contre État du Cameroun Fonader-Minader (MINAGRI) illustre à suffisance la formulation exclusive de la demande d'indemnisation. À la suite d'une demande importante d'un quantum d'indemnisation sollicité par la requérante auprès du Tribunal de Grande Instance, qui avait admis l'exception d'incompétence matérielle et déclaré son incompétence, la requérante saisira par la suite la Chambre administrative qui rendra le jugement dont les faits méritent d'être rappelés.

À la suite d'un appel d'offres national lancé le 24 mars 1986 par le Fonader (Fonds national de développement rural). La Société CTT Cameroun SA est retenue le 4 juillet 1986 pour l'exécution du marché n° 009/DG/DEO/Fonader/86 du 23 octobre 1986, relatif au transport de 4 853 tonnes d'engrais subventionnées de la campagne agricole de 1985-1986, visant le transport Douala-Kumba pour un montant de 24 061 174 FCFA. Les engrais devraient être acheminés entre Douala-Kumba par le moyen de locomotion fourni par la CTT Cameroun. Le Fonader avait pour tâche le chargement desdits engrais à Douala et la réception à Kumba des engrais s'opérait par le biais de la Coopérative Sowefcu représentant le Fonader.

Les deux parties ont signé le procès-verbal accusant réception de la prestation le 27 mars 1987. Mais, des malversations sont survenues, car le directeur de la SOWEFCU sollicitait l'exécution dudit marché en lieu et place de la CTT SA, en raison de l'indisponibilité des sites de l'entrepôt de dépôt des tonnes d'engrais, plusieurs relances initiées par la requérante sont vaines, le Fonader se désolidarise de SOWEFCU et s'oppose au règlement des sommes qui lui sont dues et des frais divers, le requérant ayant préalablement saisit le juge judiciaire qui déclara son incompétence, sollicitera directement du juge administratif *de « dire recevable et fondée l'action de la demanderesse une somme supérieure à 600 000 FCFA, mais dont le montant final sera fixé par les prochaines écritures en cours de débats [...] »*[1024]. Ledit

---

[1023] TA/YDE, jugement n° 291/2016 du 20 septembre 2016, CTT Cameroun c/ État du Cameroun, -Fonader/Minader/Minagri
[1024] *Ibid.*

montant final étant, *« suivant requête enregistrée le 8 décembre 1989 au numéro 116 [...], la somme de 1 800 720 244 FCFA »*[1025]. Les demandes d'indemnisation sont susceptibles d'être formulées par les parties tout comme les demandes conjointes d'annulation et d'indemnisation.

b. La formulation des demandes d'annulation et d'indemnisation

Au-delà de la particularité tenant à son objet principal qui est l'obtention des dommages-intérêts, en réparation du préjudice, les requérants sollicitent également et conjointement l'annulation d'une décision prise unilatéralement par la personne publique, et le paiement d'une indemnité du fait du dommage subi. Le cocontractant qui estime avoir subi un préjudice du fait de l'administration, sa demande peut être assortie d'annulation et de réparation. Tel est l'objet du jugement CARMCO.

La frontière entre l'excès de pouvoir et le plein contentieux se brouille dans la mesure où le juge administratif peut accorder les indemnisations en réparation des droits lésés, et envisager l'annulation qui résulterait d'une atteinte excessive due à l'usage illicite des pouvoirs par la personne publique. La distinction envisagée par le juge administratif entre l'excès de pouvoir et le plein contentieux tombe en désuétude, car la jurisprudence considère que le juge administratif contractuel doit prendre en compte les recours des parties liées à l'annulation et à la réparation. Face à une atteinte excessive, la collectivité publique doit prendre des mesures nécessaires pour protéger les intérêts du cocontractant. Le juge administratif dispose des moyens de sanctionner les irrégularités ayant affecté l'exécution du contrat. La possibilité pour le juge du contrat d'annuler une mesure malveillante de la personne publique à la demande d'une partie parce qu'illégale n'est pas antinomique du recours pour excès de pouvoir, mais complémentaire, car, la sécurité juridique est légitime. Une remise en cause des droits acquis par l'exécution conforme et achevée de la prestation par une entreprise irait à l'encontre des principes de la contractualisation. Dans cette perspective, l'équilibre doit être établi à la lecture de ce recours : un concurrent évincé doit pouvoir se tourner vers le juge en vue d'engager une procédure en contestation d'un manquement.

Dans le jugement Carmco, la prétention du requérant indique :

> *« Plaise à la Chambre administrative [...] article 2 : dire et juger que la décision attaquée n° 386/DMINTP/SG/CJ du 16 octobre 200/ du Ministère des Travaux publics portant résiliation du marché n° 0114/M/MINTP/CPM-ER/2007 pour l'exécution des travaux d'entretien routier courant ou périodique de certaines routes en terre dans les réseaux Ouest et Sud n'est pas justifié ; la déclarer par conséquent nulle et non avenue ; article 3 recevoir l'entreprise Carmco en sa demande en réparation intégrale de son préjudice matériel et moral résultant de la résiliation dudit marché. Condamner par*

[1025] *Ibid.*

conséquent l'État du Cameroun à lui verser la somme d'un milliard soixante millions deux cent vingt-six mille cent soixante-dix francs CFA, en réparation de ce préjudice [...] »[1026].

Le jugement Carmco fut confirmé en appel, ce qui justifie que le juge de plein contentieux peut en matière contractuelle en général et des marchés publics connaître des demandes hybrides : d'annulation et d'indemnisation. Si par principe la demande d'annulation relève de l'excès de pouvoir par la technique de la détachabilité, l'évolution des positions jurisprudentielles, le remaniement des frontières juridictionnelles, le juge du contrat va au-delà de l'indemnisation, car une modification ou résiliation abusive relève du renouveau du juge des contrats publics. Si l'examen des recours juridictionnels ordinaires concerne les parties, les tiers à une convention peuvent également formuler des recours.

Paragraphe 2 : le contentieux à l'initiative des tiers

Comme l'indique leur nom, les tiers sont extérieurs aux contrats administratifs[1027]. On peut comprendre qu'ils puissent être affectés par l'existence d'un contrat conclu dans l'intérêt de tous. On éprouve plus de difficultés à justifier leur immixtion dans l'exécution d'un contrat qui a été légalement conclu et qu'il revient aux parties d'exécuter, par-delà, les difficultés qu'ils peuvent rencontrer et qui, après tout, ne regardent qu'eux[1028]. Toutefois, la sphère contractuelle a fait le choix de laisser entrouverte l'intervention des tiers qui peut exercer un recours pour excès de pouvoir étant donné que l'effet relatif des contrats concerne la souscription des engagements par les parties. Le juge administratif a également ouvert la porte aux tiers par la voie du contentieux de pleine juridiction. Il convient d'envisager l'excès de pouvoir exercé à l'initiative des tiers (A) et le contentieux de pleine juridiction engagé par les tiers victimes de dommages causés par les travaux publics (B).

A. L'excès de pouvoir à l'initiative des tiers

Des tiers au lien contractuel peuvent invoquer des préjudices subis du fait des mesures d'exécution d'un marché public. Ainsi, les tiers peuvent formuler des demandes d'annulation des clauses règlementaires (1) et des actes détachables (2).

[1026] Cf. Le premier jugement Carmco : CS/CA, jugement n° 144/2012 du 12 septembre 2012 Société Carmco c/ État du Cameroun (MINDCAF) ; 2[d] jugement Carmco : CS/CA, jugement n° 145/212 du 12 septembre 2012 Société Carmco c/ État du Cameroun.
[1027] PLESSIX (B), *op. cit,* p. 1513.
[1028] *Ibid.*

1. La formulation des demandes d'annulation des clauses règlementaires

Le contentieux des clauses règlementaires ouvre aux tiers la voie de l'excès de pouvoir[1029]. « *Les clauses règlementaires constituent l'ensemble des dispositions impératives créant au sein d'un rapport contractuel, une situation objective, dans le cadre de l'organisation et du fonctionnement d'un service public, et dont les effets s'étendent au-delà du cercle formé par les parties* »[1030]. Les clauses du contrat favorisent l'immixtion de l'acte décisoire qui peut faire l'objet d'annulation au moyen d'un recours pour excès de pouvoir.

En raison de l'importance accordée par le droit administratif au droit de l'usager à un fonctionnement régulier, continu et égalitaire du service public, on en déduit depuis longtemps que le seul fait d'être usager d'un service public quel qu'il soit national ou local, administratif ou industriel, en régie ou en délégué, suffit à donner intérêt à agir pour contester tout acte qui se rapporte à l'organisation et au fonctionnement du service public[1031]. Cette politique jurisprudentielle d'ouverture pour excès de pouvoir est favorable à l'existence d'un contrat (délégation). Les clauses règlementaires illégales peuvent être contestées à l'appui d'un recours pour excès de pouvoir soulevé par tout usager.

Le juge administratif peut être invité à apprécier la légalité des clauses règlementaires, telles celles fixant le montant des péages autoroutiers ou précisant la responsabilité du concessionnaire d'eau potable, au regard aussi bien des lois et règlements en vigueur que des principes généraux du droit, notamment applicables aux services publics (continuité, égalité)[1032]. Le contrat de concession de travaux publics et de gestion du patrimoine de l'hydraulique urbain et péri urbaine au profit de la Camwater est emblématique des clauses règlementaires.

1029 *Ibid.*

1030 MADIOT (Y), Aux frontières du contrat et de l'acte administratif : recherches sur la notion d'acte mixte en droit public français, Paris, LGDJ, bibliothèque de droit public, 1971, p. 38.

1031 TENEYRE (P), Réflexions nouvelles sur *les « clauses à caractère règlementaire »* des contrats administratifs à objet de service public, RFDA, 2011, p. 893 pour une perspective historique : MESTRE (J.L), une justification historique de l'arrêt Cayzeele, in contrats publics : mel. en l'honneur du professeur GUIBAL (J.L), Montpellier, 2006, t.1, p.545 cité par PLESSIX (B), droit, p. 1498.

1032 C.E Ass. 9 Oct. 1996, n° 136071, Wajs et Monnier: Rec c.e. Giradot; JCPG 1997, II, 22777, note J-M Peyrical; RFDA 1997, p.726 colcl. J-D. combrexelle cite par PLESSIX (P), *op. cit.*, p. 1499.

Les cahiers des charges de ladite concession de travaux publics sont considérés comme clauses règlementaires[1033]. Tout comportement illégal des clauses règlementaires ouvre au tiers la voie de l'excès de pouvoir. Les tiers peuvent également formuler des demandes d'annulation des clauses détachables.

2. La formulation des demandes d'annulation des actes détachables

La théorie des actes détachables est le moyen par lequel les tiers peuvent espérer soulever des moyens de légalité. Par cette technique, un espace est ouvert au recours pour excès de pouvoir exercé à l'initiative des tiers. Le juge administratif s'en tient à ce contrôle lorsqu'il est saisi par les tiers. Dans l'identification des critères de l'acte détachable, le commissaire du gouvernement genevois les présente selon les termes suivants *« [...] est prise en considération également la personne concernée par l'acte : le cocontractant ou un tiers ; les droits ouverts aux tiers sont plus larges, car ils ne disposent d'aucun recours devant le juge du contrat ; a ainsi été jugée non détachable du contrat la fixation du montant d'une subvention prévue dans une convention entre une Chambre de Métiers et l'État, dont la Chambre des Métiers contestait la légalité »*[1034]. La complexité et la subtilité de la notion s'expliquent aisément par sa fonction : à travers elle, le juge module son contrôle sur la légalité de l'activité contractuelle avec le souci de concilier principe de légalité et sécurité des conventions[1035]. Lorsque le recours pour excès de pouvoir est recevable de la part d'un tiers contre un acte détachable relatif à l'exécution du contrat, il n'est possible au requérant d'invoquer que des moyens de légalité, puisqu'il s'agit d'un recours pour excès de pouvoir[1036]. Les tiers ainsi recevables ne peuvent toutefois invoquer que des moyens d'illégalité propres à l'acte unilatéral attaqué : au nom de l'effet relatif des contrats, les stipulations contractuelles sur le fondement desquelles a été prise la mesure d'application contestée, demeurent inopposables aux tiers[1037].

Cependant, certaines mesures ne peuvent être considérées comme détachables. À cet effet, *« ne peuvent être considérés comme détachables un ordre de service, une décision de prendre en charge certains travaux ou le choix de tel ou tel fournisseur, autant de mesures trop étroitement liées à l'application de ce qu'est la substance même*

[1033] À titre d'exemple l'article 23 du contrat de concession de travaux publics et de gestion du patrimoine de l'hydraulique urbaine et périurbaine au profit de la Camwater dispose que *« la durée de la concession est fixée à trente (30) années consécutives à compter de la date d'entrée en vigueur du [...] contrat de concession »* est une clause règlementaire.

[1034] Cf. CE 13 juin 1980, Chambre des Métiers de la Charente-Maritime p. 268 cité par RICHER (L), *op. cit.*, p. 344.

[1035] RICHER (L), *op. cit*, p. 344.

[1036] *Ibid.*

[1037] PLESSIX (B), *op. cit.*, p.1515.

des obligations contractées »[1038]. Comme précise HOEPFFNER, un recours formulé par un tiers sera irrecevable lorsque la personne publique se borne, par un acte d'apparence unilatérale, à tirer les conséquences d'une stipulation contractuelle[1039]. La faculté reconnue aux tiers d'introduire des demandes en annulation des actes détachables est une avancée de la jurisprudence française[1040]. Le juge administratif national ne s'est pas encore approprié la contestation des actes détachables initiés par les tiers. Pourtant il connaît bien des demandes formulées par des tiers victimes des dommages causés par les travaux publics.

B. Le contentieux de pleine juridiction ouvert aux tiers

Le juge administratif camerounais a ouvert la porte du prétoire du juge des contrats aux tiers. Cette ouverture est limitée aux mesures liées à l'exécution du marché public. Ainsi, il convient d'envisager les dommages causés par l'exécution des marchés publics de travaux (1) et l'indemnisation sollicitée par le tiers (2).

1. Les demandes formulées par les tiers victimes des dommages liés aux travaux publics

Que la victime soit un usager de l'ouvrage public ou un tiers, le dommage inhérent à l'exécution d'un ouvrage public doit être réparé. Monsieur PLESSIX distingue à cet effet les dommages permanents des dommages accidentels[1041]. Les dommages permanents, *« expression héritée du conflit de compétence entre le Conseil d'État et la Cour de cassation au XIXe siècle, ne doit pas être lue, aujourd'hui comme désignant les seuls dommages non provisoires causés par une opération de travaux publics. En réalité, le terme renvoie au dommage non accidentel, à celui qui ne dépend pas de facteurs*

[1038] Sont dépourvues de la détachabilité : dans le cadre d'une convention d'aménagement, la désignation de deux constructeurs (C.E. 19 Mars 1997, n° 148483, Cne de Soisy-Sous-Montmorency : Rec. C.E 1997, p. 105) : le refus du cocontractant public de saisir le juge du contrat d'une action en nullité, cas de l'annulation d'un tel acte par le juge de l'excès de pouvoir serait de surcroît un moyen de contourner les conditions du recours Tropic (CE, 17 Déc. 2008 n° 293836, Assoc. Pour la protection de l'environnement du Lunéllois : Rec. Ce 2008, p. 464 ; AJDA 2009, p.542, note J-D-Dreyfus ; BJCP 2009, p.141, concl. B. Dacosta ; contrats-marchés publ. 2009, comm. 61, note J.P Piétri ; JCP A 2009, 2304, note P. Subra de Bieusses) ; dans le cadre d'une concession de service public, la décision du concédant précisant les cas dans lesquels il assure la maîtrise d'ouvrage des travaux à réaliser (CAA, Bordeaux, 27 déc. 2012, n° 12BX00329, ERDF, contrats-marchés publ. 2013, comm 86, note J-P. Piétri. Cité par PLESSIX (B), *op. cit.*, p. 1515.

[1039] HOEPFFNER (H), Droit des contrats administratifs, n° 766, pp.571 et suiv.

[1040] C.E Ass, 16 juillet 2007, Société Tropic Travaux Signalisation, réq. N° 291545, AJDA 2007, n° 29, chron.

[1041] PLESSIX (B), *op. cit*, pp 1551-1552.

extérieurs, à celui qui est inhérent à l'exécution d'une opération de travaux publics [...] à l'instar de celui qui est intrinsèque à l'existence ou au fonctionnement d'un ouvrage public [...] »[1042]. Ainsi, *« relève de la compétence du juge administratif, l'action en responsabilité dirigée contre l'auteur d'un dommage de travail public, ou contre les dommages causés par un ouvrage public, même si cet auteur est une personne privée, entrepreneur ou concessionnaire par exemple »*[1043]. Le juge administratif est compétent si de telles conséquences dommageables se produisent à l'occasion de l'exécution d'un travail public[1044].

Il y a *« dommages accidentels lorsque l'exécution d'une opération de travaux publics ou l'entretien, le mauvais entretien ou l'absence d'entretien d'un ouvrage public est à l'origine d'un accident emportant des conséquences dommageables »*[1045]. Les victimes ayant qualité de tiers par rapport à l'exécution des travaux publics, bénéficie en matière de dommages de travaux publics accidentels le régime de la responsabilité sans faute. Et, monsieur PLESSIX précise que *« parce qu'ils sont précisément extérieurs à l'ouvrage public, parce qu'ils n'en tirent aucun profit d'utilisation, parce qu'ils n'ont aucun moyen de se prémunir et de faire face à d'éventuels dangers, les tiers ont droit au bénéfice d'un régime de responsabilité sans faute »*[1046] à l'image du riverain dont le mur s'effondre sous l'effet des travaux exécutés sur la voie publique[1047]. Que les dommages soient permanents ou accidentels, le juge administratif camerounais s'est frayé le chemin par le biais de sa compétence sur les litiges nés des dommages causés aux usagers par les travaux publics.

Dans l'affaire ONDOUA ATANGANA Paul, le juge administratif camerounais fixe sa compétence à la suite d'un litige à lui soumis relatif à l'effondrement du mur de soutènement de la clôture du Lycée d'Anguissa à la suite d'une pluie torrentielle qui a causé des dommages à ses biens. Le requérant sieur ONDOUA poursuit ainsi le ministère de l'Éducation devant le juge administratif. La teneur des attendus du juge est énoncée en ces termes : *« Attendu que l'argumentation de l'État du Cameroun ne saurait prospérer, qu'en effet, et contrairement aux assertions du représentant de l'État, un mur de soutènement n'est pas un mur de clôture et, par conséquent, ne peut être considéré comme un mur mitoyen ; d'autre part, les murs de soutènement doivent être présumés appartenir à celui dont ils soutiennent les terres et qui en profite, encore qu'en l'espèce, il n'est nullement contesté que le ministère*

1042 *Ibid.*

1043 PEISER (G), Contentieux administratif, Paris, Dalloz, 16e éd., les mémentos, 2014, p. 96.

1044 C.E 5 août 1911, Charabot c/ Ville de Paris : Rec., C.E. 1911, p. 956 ; C.E 19 janvier 1973, Société d'exploitation de la rivière du SANT.

1045 PLESSIX (B), *op. cit.*, p. 1552.

1046 *Ibid.*

1047 C.E 03 mai 1989, n° 71973, ville de Mont-Saint-Aignan.

de l'Éducation nationale qui a fait édifier le mur en question pour empêcher l'érosion de son terrain.

Que malheureusement, ledit mur de soutènement n'a pas été construit suivant les règles de l'art, notamment en évitant que les eaux d'érosion n'envahissent les terrains avoisinants et surtout que ledit mur sous les effets des eaux de pluie a fini par céder pour s'effondrer dans la propriété de ONDOUA ATANGANA Paul en y occasionnant les dégâts.

Attendu qu'il s'agit bel et bien de l'exécution des travaux publics dont la connaissance relève de la compétence du juge administratif »[1048].

L'article 1384 du Code civil a fait l'objet d'une application saine par le juge et il fixe par conséquent sa compétence en admettant aux tiers la possibilité d'assigner une mauvaise exécution des travaux publics qui lui cause d'énormes préjudices. Sur ce point, le juge administratif camerounais comme le juge français illustre un cas concret de la responsabilité sans faute de la personne publique.

Les dommages causés aux tiers pendant l'exécution d'un ouvrage public n'est pas un fait nouveau, car le juge administratif camerounais dans l'espèce TCHANY précisait que *« considérant que le défaut de signalisation des obstacles existants sur la chaussée et présentant un caractère anormal et dangereux pour les usagers de la route ainsi que l'a établi l'enquête, constitue une faute à la charge des ouvriers de travaux publics. Il échet en conséquence de retenir la responsabilité de l'État »*[1049]. Le recours des tiers est admis pendant l'exécution du contrat contre le maître d'œuvre qu'à la suite d'une mauvaise exécution des ouvrages publics. Si le dommage est établi, les actions en indemnisation peuvent également être engagées par les tiers, non-parties au contrat.

2. La sollicitation de l'indemnisation par les tiers au contrat

En raison de l'objet singulier des activités des travaux publics qui accomplit une mission d'intérêt général, les risques liés à l'activité doivent être supportés par la personne publique. Une personne étrangère au lien contractuel peut invoquer le préjudice subi du fait de l'exécution de l'ouvrage public. Le tiers peut ainsi solliciter auprès du juge une condamnation de l'État à leur verser un prix à titre de réparation du préjudice subi. Le paiement du prix est une indemnisation du préjudice.

[1048] CS/CA, jugement n° 12/91/92 du 26 décembre 1991, ONDOUA ATANGANA Paul c/ État du Cameroun.
[1049] CFJ/SCAY, arrêt n° 113 du 8 décembre 1970, TCHANY Jean c/ État du Cameroun oriental.

Ce recours du tiers introduit auprès du juge administratif réclamant l'indemnisation prospère dans nos prétoires administratifs. L'espèce TOKO Joseph en est une illustration jurisprudentielle[1050]. Le sieur TOKO sollicitait du juge administratif la condamnation de l'État à lui payer la somme de 900 000 FCFA au titre du préjudice subi du fait de l'exécution des travaux d'intérêt public effectués sur sa plantation, par les services de l'administration publique lors de la percée de la route Bonabéri-Nkongsamba. Le conseil du contentieux administratif condamna à cet effet l'administration du territoire à lui payer la somme de 100 000 FCFA à titre d'indemnisation. Le juge administratif exige l'indemnisation du sieur TOKO du fait du dommage causé lors de la réalisation d'un travail d'intérêt public (travail lié à la construction d'une route).

L'espèce EBONGOM[1051] démontre également à suffisance que le juge administratif connaît effectivement des demandes d'indemnisation initiées par de tiers non-parties à la réalisation de l'ouvrage. Le sieur EBONGOM sollicitait du juge la condamnation de la Société RAZEL à lui payer une indemnité de 273 000 F, en réparation de dommages que lui avait causés la Société RAZEL en détruisant les arbres fruitiers et cultures vivrières sur sa parcelle de terre lors de la construction de la route Douala-Edéa. Le juge jugera recevable en la forme la requête et se déclarera incompétent au fond pour se prononcer sur des questions de vie privée. Plusieurs jurisprudences illustrent l'indemnisation sollicitée par les tiers[1052]. Ainsi convient-il d'étudier le contentieux de la responsabilité contractuelle.

Paragraphe 3. Le contentieux de la responsabilité contractuelle

Lorsque les parties sont liées par une convention, elles sont tenues de respecter leur engagement. Le manquement à ses engagements engendre la responsabilité de son auteur et la réparation du préjudice subi vient ainsi sanctionner la violation d'une obligation antérieure. Ainsi, *« la responsabilité contractuelle c'est l'obligation pesant sur le contractant de verser des dommages et intérêts, soit à raison de l'inexécution de son obligation, soit à raison de son retard dans l'exécution, toutes les fois qu'il ne peut justifier son empêchement par une cause étrangère »*[1053]. L'ensemble des règles de mise en jeu de la responsabilité contractuelle est lié aux règles du contentieux administratif en général et spécifique aux règles liées au contentieux

[1050] CCA décision n° 584 du 27 mars 1954, TOKO Joseph c/ Administration du Territoire.
[1051] CCA décision n° 650 du 3 septembre 1955, EBONGOM Philippe c/ Administration du Territoire.
[1052] CCA décision n° 370CCA du 3 septembre 1954, VITTORI Pierre c/ Administration du Territoire. CFJ/CAY arrêt n° 25 du 15 novembre 1966, TCHANY Jean Pierre c/ État du Cameroun oriental.
[1053] *Lexiques des termes juridiques*, Paris, Dalloz, 25e édition, 2017-2018.

contractuel. La responsabilité contractuelle est liée à l'exécution et peut s'étendre exceptionnellement sur le plan post-contractuel notamment avec la garantie décennale. Le manquement aux obligations contractuelles, la nullité du contrat, l'imprévision et le fait du prince[1054] sont les causes qui engendrent en matière contractuelle la responsabilité. La garantie parfaite achèvement[1055], la garantie décennale sont des garanties post-contractuelles. En matière contractuelle, la responsabilité repose sur la faute en matière d'exécution et s'étend au-delà de la faute. L'analyse de la jurisprudence administrative permet de constater que le fait dommageable engendre un droit à réparation, ce qui suppose d'examiner le fait générateur de la responsabilité (A) et le préjudice réparable (B).

A. LE FAIT GÉNÉRATEUR DE LA RESPONSABILITÉ CONTRACTUELLE

Le régime de la responsabilité contractuelle présente structurellement un certain classicisme. Il convient d'affirmer qu'il existe des conditions d'ouverture de la responsabilité contractuelle qui est un fait générateur. L'originalité du fait générateur en matière contractuelle réside dans une faute liée directement à un comportement illicite. On peut envisager dans cette hypothèse le fait générateur fautif (1). On peut aujourd'hui envisager en matière d'exécution d'un marché public, le fait générateur non fautif (2).

1. Le fait générateur fautif

Lorsque les parties au marché public dans leur engagement commettent des erreurs, lorsqu'ils agissent à tort, la faute constitue de ce fait le fait générateur de la responsabilité. La faute doit relever un manquement à une obligation. À cet effet écrivait CHAPUS, *« la notion de faute est une et invariable »*[1056]. Pour mettre en exergue la faute contractuelle, on doit d'abord procéder à l'identification de la faute des parties contractantes à un marché public (a), ensuite envisager le principe du non-cumul de la faute contractuelle et extracontractuelle (b), enfin envisager les causes d'exonération (c).

a. Identification de la faute des parties à l'exécution d'un marché public

Le juge administratif camerounais emploie le terme de *« faute »* pour caractériser un comportement anormal des parties. Le juge s'inspire du droit privé des obligations si l'on se réfère à l'article 1382 du Code civil qui reconnaît la faute comme fait générateur de la responsabilité délictuelle. Dans le contentieux contractuel, le principe de la responsabilité en matière

[1054] SAVOIE (H), conl. Sur C.E, 29 septembre 2000, Société DEZEL LUS Métal Industrie, BJCP 2001, p. 157, cité par LANGELIER (E), *op. cit.*, p. 289.
[1055] C.E, 9 juillet 2010 Commune de Lorry-Lès-Metz, B, n° 310032.
[1056] CHAPUS (R), thèse précitée par LANGELIER (E), *op. cit.*, p. 301.

d'exécution d'un marché public est fondamentalement contractuel. Ainsi, la faute naît d'un manquement à une obligation qui peut être le fait de la personne publique (i) ou le fait du cocontractant (ii).

i. La faute de la personne publique

En matière d'exécution d'un marché public, lorsque la personne publique ne répond pas à ses engagements contractuels, un tel acte est constitutif de faute. Dans la vision contractualiste, le manquement est un motif qui engage la responsabilité. La faute dans le droit de la responsabilité contractuelle est un signe dont le juge a besoin pour guider son appréciation. Le juge administratif camerounais reconnaît la responsabilité de la puissance publique à l'égard de ses cocontractants. Dans l'affaire KOUNTCHOU Levi-Bord, il affirme qu' *« attendu que le défenseur de l'État ne prouve pas que l'administration se soit acquittée de ses obligations : que dans les circonstances de l'espèce, les défaillances relevées contre l'État sont de nature à engager sa responsabilité »*[1057], le juge a établi au passif de l'État une défaillance, un comportement amoral constitutif de faute. Ainsi, le dommage peut avoir pour origine, l'usage illicite des pouvoirs de l'administration, le non-respect des obligations financières vis-à-vis de son cocontractant.

La résiliation sans motif valable résulte de la mise en jeu de ses prérogatives[1058]. Le juge administratif a reconnu comme entachée d'excès de pouvoir la décision de résiliation unilatérale. Le juge tient toujours à s'assurer de l'existence du lien contractuel unissant les parties pour sanctionner tout excès de pouvoir de l'administration ou toute résiliation abusive par le contractant, car le défaut de contrat implique une absence de réparation du fait du manquement à une obligation[1059]. Le non-respect des obligations financières est de nature à engager la responsabilité de la puissance publique. Générées par l'administration, les manœuvres qu'elle entreprend pour ne pas régler la prestation exécutée par son cocontractant et veut entretenir le dilatoire[1060] sont sanctionnées par le juge. Les obligations financières de l'administration constituent pour le cocontractant de l'administration des avantages financiers qui ne peuvent être modifiés de façon unilatérale par la personne publique[1061]. On parle généralement d'équilibre financier du contrat[1062], ou du principe du paiement des travaux. Ce principe est consacré

[1057] Jugement n° 84-85 du 26 juin 1986, KOUNTCHOU Levi-Bord c/ État du Cameroun.

[1058] CS/CA, jugement n° 144/2022 du 12 septembre 2012, Société Carmco c/ État du Cameroun, *op. cit* ; CS/CA, jugement n° 140/2009 du 22 juillet 2009, Ets OPTIMA c/ État du Cameroun.

[1059] OTTOU MEBENGA (PCT, *op. cit.*, p. 181.

[1060] CS/CA, jugement n° 140/2009, du 22 juillet 2009, Ets OPTIMA c/ État du Cameroun.

[1061] CCA, arrêt n° 234 du 15 mai 1953, LAVIN c/ Administration du Territoire.

[1062] BINYOUM (J), Contentieux administratif, cours polycopié de 3e année de Licence, Université de Yaoundé, FDSE, 1992, p. 64.

dans l'affaire AMSECONCOM en ces termes : *« Attendu que la requérante affirme qu'il lui est dû la somme de 24 136 054 FCFA, montant des travaux de devis non réglés par l'administration »*[1063]. Ainsi, l'administration est-elle responsable lorsqu'elle ne paie pas une somme qu'elle s'est engagée à verser ou la paie en retard et est tenue de réparer le préjudice qui prend la forme d'un manque à gagner correspondant au *« bénéfice légitime »* que l'entreprise pouvait normalement espérer[1064] ?

La responsabilité de l'administration peut également être engagée en cas de non-respect des délais et des obligations matérielles. Ainsi, *« le ralentissement de l'entreprise par des agissements de l'administration, maître d'ouvrage dans le cadre des travaux publics est, le plus souvent constitutif de faute. Dans ces hypothèses, le retard est en réalité dû ou aggravé par le comportement des services techniques de l'administration responsable. Par exemple, l'approbation tardive des plans d'ensemble et de détail, du rejet injustifié des plans d'électricité du refus par l'ingénieur du marché de certifier les travaux déjà réalisés »*[1065].

Les sanctions injustifiées, la modification de la nature des prestations aggravant les charges du contrat[1066], la modification du prix sont des agissements de la personne publique mettant en jeu sa responsabilité. En matière d'exécution du marché public, la faute peut également être le fait du cocontractant.

ii. La faute du cocontractant

Le manquement à une obligation contractuelle peut également être le fait des agissements du cocontractant de l'administration. Les cas des responsabilités du cocontractant sont rares devant le juge des contrats publics, dans la mesure où l'administration dispose elle-même des moyens de contraintes à l'exécution[1067]. Il s'agit, en dehors des clauses exorbitantes de droit commun, des pouvoirs d'exécution forcée et d'office[1068]. La règlementation camerounaise des marchés publics prévoit en son article 180(1) la possibilité d'une mise en demeure préalable pour la résiliation-sanction.

[1063] CS/CA, jugement n° 50 du 10 février 1985, TAMEGHI Boniface (AMSECOM-AMSECONCOM) c/ État du Cameroun précité.

[1064] *Ibid.* v. NGUEDIA MEIKEU (H), thèse *op. cit.* p.362 et suiv.

[1065] CS/CA, jugement n° 21 du 31 janvier 2002, Société forestière Petra S.A c/ État du Cameroun cité par NGUEDIA MEIKEU (H), *op. cit.*, p. 362.

[1066] CS/CA, Affaire Entreprises SOTRACOME c/ État du Cameroun précitée.

[1067] NGUEDIA MEIKEU (H), *op. cit*, p. 363 et suiv.

[1068] AZEBOVE TETANT (G), L'exécution d'office en droit administratif camerounais, mémoire de DEA, Université de Yaoundé II, Soa, 2012.

Ainsi, aux termes dudit article, *« lorsque le cocontractant de l'administration ne se conforme pas aux stipulations du marché ou aux ordres de service s'y rapportant, suivant le cas, le maître d'ouvrage ou le maître d'ouvrage délégué le met en demeure de s'exécuter dans un délai déterminé »*[1069]. Aux termes de l'article 181(1), *« faute pour le cocontractant de l'administration de s'exécuter en application des dispositions de l'article 180 du présent code, le maître d'ouvrage peut :*

a) prescrire une régie totale ou partielle aux frais et risques dudit co-contractant ;

b) ou prononcer la résiliation du marché aux torts, frais et risques dudit cocontractant »[1070].

Si aucune autre règle n'est prévue pour les sanctions pécuniaires ou coercitives, notons qu'on peut classer les sanctions en quatre catégories principales[1071] :

« - les sanctions pécuniaires, à l'intérieur desquelles on peut distinguer les dommages et intérêts (...) :

- *Les sanctions coercitives*[1072] *qui sont des procédés de contrainte de durée provisoire, destinés à surmonter la défaillance du cocontractant. Pour continuer à faire fonctionner le service public, l'administration sans mettre fin au contrat initial est autorisée à en assurer l'exécution directement (...) ;*
- *Les sanctions résolutoires*[1073] *mettent fin à la convention pour faute grave du cocontractant (...) ;*
- *les sanctions*[1074] *pénales à la différence des précédentes, doivent avoir été prévues », voir par exemple l'article 430 du Code pénal.*

Dans la pratique de la jurisprudence, la faute du cocontractant est sanctionnée par le juge. Il rejette la requête du requérant tendant à l'annulation de la sanction pécuniaire[1075], ou résolutoire[1076] infligée par l'administration à son cocontractant défaillant, comme non fondée. *« Le juge prend ainsi acte de*

1069 V. article 180 alinéa 1 du CMP précité.

1070 V. L'article 181 alinéa 1 CMP.

1071 MOREAU (R), *Droit administratif*, Paris, PUF, 1990, p.290.

1072 La mise en régie d'un marché ou la mise sous séquestre d'une mission de service public.

1073 L'indélicatesse ou défaillance du cocontractant conduit l'administration à résilier le contrat et cette résiliation constitue la sanction infligée au cocontractant fautif. Il en est ainsi de l'abandon d'un chantier même à la suite d'une mise en demeure à lui par l'administration. CS/CA, jugement n° 63/99-2000, les Établissements le Paysan c/ État du Cameroun.

1074 V. notamment MOUNCHIPOU précitée.

1075 CCA, arrêt n° 702 du 13 juin 1958, Marino Jacques c/ Territoire du Cameroun.

1076 CS/CA, affaire Société Cameroun Plaques Internationales (CPI) c/ État du Cameroun précitée.

la sanction infligée, qui est à la fois indirecte et double. Elle est indirecte, car elle ne vient pas directement du juge, celle-ci s'appuie sur la sanction résolutoire de l'administration pour faire payer le cocontractant du manquement à ses obligations. Elle est double, car le rejet de la prétention de droit à l'indemnisation du cocontractant s'ajoute à la sanction de la personne publique. Le cocontractant ayant engagé des ressources dans le procès, le rejet de sa requête est une sanction supplémentaire dans la mesure où il espérait obtenir un quelconque gain financier à l'issue de l'affaire »[1077]. Ainsi, la faute qui fonde la responsabilité du cocontractant ayant pour base la mauvaise exécution ou le défaut d'exécution connaît une jurisprudence abondante. La jurisprudence est abondante en matière de responsabilité des constructeurs : architectes, entrepreneurs, bureaux d'études. L'entrepreneur qui ne respecte pas les prescriptions du marché et les ordres de services peut se voir sanctionner par l'administration et ces sanctions lorsqu'elles sont fondées sont entérinées par le juge.

La faute peut être fondée sur ce que le droit français appelle le *« parfait achèvement »*[1078]. On l'appelle simplement *« garantie »*[1079] en droit camerounais. C'est une obligation contractuelle prévue par le code des marchés publics et le cahier des clauses administratives générales (CCAG) camerounais qui fait peser sur l'entrepreneur d'une part la charge de la conservation en l'état et la réparation des désordres du fait des malfaçons et d'autre part, la responsabilité des dommages qui pourraient survenir envers les tiers[1080]. La durée est de (4) mois pour les travaux d'entretien[1081] et un an pour les autres[1082]. La mise en jeu de la responsabilité décennale peut être provoquée par certaines fautes. Il s'agit des désordres d'une certaine gravité,

---

1077 OTTOU MEBENGA (P. CT), *op. cit.*, p. 186.

1078 V. L'article 1992-6 du Code civil français révisé le 3 janvier 1967 et le 04 janvier 1978 in CHAPUS (R), *op. cit.* pp. 615-616.

1079 V. section VII *« Des garanties »* du CMP. Aux termes de l'article 137 CMP *« sous réserve des dispositions de l'article 143 du présent code »*, tout titulaire d'un marché est tenu de fournir :

a) un cautionnement garantissant l'exécution intégrale des prestations, ci-après désigné *« cautionnement définitif »* ;
b) un cautionnement garantissant le cas échéant la bonne exécution du marché et le recouvrement des sommes dont il serait reconnu débiteur au titre du marché, en remplacement de la *« retenue de garantie »* à prélever sur les acomptes du cocontractant de l'administration, ci-après désigné « *cautionnement de bonne exécution* ». Le code prévoit une caution de garantie destinée à couvrir une période de garantie ou une obligation d'entretien prévue.

1080 L'article 72(1) CCAG-travaux camerounais.

1081 En France, le délai est de 6 mois in NGUEDIA MEIKEU (H), *op. cit.* p. 36.

1082 L'article 70 CCA-travaux camerounais.

c'est-à-dire ceux qui compromettent la solidité d'un ouvrage et le rendent impropre à sa destination[1083].

Les désordres non apparents à la réception constituent aussi une faute[1084]. Après la réception en effet, le maître d'ouvrage ne peut en principe plus faire appel en garantie à l'entrepreneur pour les dommages provenant des malfaçons constatées pendant la réception[1085]. Pour cela, il revient au maître d'ouvrage d'apporter la preuve que ce désordre était justement invisible au moment de la réception. Le juge précise à cet effet : *« attendu (...) que les procès-verbaux de réception attestent de l'efficacité des prestations fournies. Que les fournitures devraient être payées dans un délai de 60 jours ainsi qu'il résulte de la pratique ayant cours au moment de la livraison »*[1086].

La responsabilité décennale est substituée par la prescription trentenaire ; elle s'exerce sur une durée de trente ans après la réception. Il s'agit des procédures exceptionnelles usitées en cas de fautes atteignant une particulière gravité et imputables au constructeur. Le maître d'ouvrage doit pour cela prouver les manœuvres frauduleuses ou dolosives du constructeur lors de la réception des travaux[1087]. La garantie biennale encore appelée garantie de bon fonctionnement[1088] concerne les autres éléments d'équipements de bâtiment. Son fondement en droit camerounais se trouve dans les articles 4 et 5 du décret n° 77-318 du 1 7août 1977[1089]. Aux termes de l'article 5 dudit décret, *« la responsabilité civile biennale ou décennale fait l'objet d'une assurance souscrite dans les trente jours qui précèdent la livraison de l'ouvrage »*[1090]. Il dure deux ans et est obligatoire pour tous les ouvrages d'une valeur minimale de 100 millions FCFA.

b. Le non-cumul de la faute contractuelle et extracontractuelle

Les demandeurs peuvent choisir d'engager soit l'action en responsabilité contractuelle soit l'action en responsabilité extracontractuelle. Le cumul est impossible en matière contractuelle. Le juge administratif camerounais décide que l'exécution du contrat ou la mauvaise exécution du contrat ouvre seule

---

1083 NGUEDIA MEIKEU (H), *op.cit.*, p. 365.

1084 La réception est l'acte par lequel le maître d'ouvrage déclare accepter un ouvrage avec ou sans réserve.

1085 *Ibid.*

1086 CS/CA, jugement n° 21 du 31 janvier 2002 Société Forestière Petra c/ État du Cameroun.

1087 Lire à cet effet, l'article 77-4, CCAG-travaux.

1088 MORNET (M), *« L'immeuble face au risque »*, th. DNR, Maine, novembre 2010.

1089 Décrets n° 77/318 du 17 août 1977 portant application de la loi n° 75/15 du 8 décembre 1975 rendant obligatoire l'assurance des risques relatifs à la construction.

1090 V. L'article 5 du décret n° 77/318 *ibid.* Lire également l'article 1792 du Code civil applicable aux ouvrages qui dispose que *« si l'édifice construit à un prix fait, périt en tout ou en partie par le vice de la construction même par le vice du sol, les architectes et entrepreneurs en sont responsables pendant dix ans »*.

l'action en responsabilité contractuelle. Dans l'affaire EBONGOM Philippe, le juge affirme que *« considérant qu'aux termes d'une jurisprudence constante et unanime (...), les litiges relatifs aux dommages causés aux tiers par l'entrepreneur d'ouvrage public à l'occasion de la construction de cet ouvrage sont incontestablement du ressort des tribunaux administratifs. Considérant qu'il échet en conséquence de décider que le présent recours en contentieux de pleine juridiction relatif aux travaux publics et portant sur un litige né entre un concessionnaire et un tiers victime du dommage causé lors de la construction d'un ouvrage public, rentre dans les attributions du conseil »*[1091]. Le contrat concerne l'exécution d'un ouvrage public, le juge connaît des actions intentées en réparation des préjudices nés du fonctionnement d'un service public[1092]. Il n'y a donc pas cumul de responsabilité en matière contractuelle.

c. Les causes d'exonération de la responsabilité

Comme dans tout système de responsabilité, la personne poursuivie peut s'exonérer de la responsabilité par la preuve de la force majeure. Le caractère exonératoire de la force majeure est admis en matière de responsabilité contractuelle. La force majeure est un évènement extérieur, imprévisible, indépendant de la volonté des parties et rendant l'exécution du contrat impossible[1093]. « *La force majeure exige des conditions très strictes qui sont au nombre de trois : d'abord, il doit s'agir d'un fait indépendant de la volonté du cocontractant. Le cocontractant ne doit ni l'avoir voulu ni l'avoir suscité. Ensuite, il doit s'agir d'un évènement qui résulte d'un fait imprévu et imprévisible. [...] enfin l'évènement doit rendre l'exécution du contrat absolument impossible* »[1094]. La force majeure résulte également d'un évènement imprévisible et irrésistible. Lorsque ces conditions sont remplies, même si le cocontractant a commis une faute, il est tenu pour irresponsable. Toutefois, on enregistre dans la jurisprudence les cas d'exonération partielle de responsabilité de l'administration[1095], notamment, la faute de la victime traduite par son imprudence. Toutefois, il existe des cas où la responsabilité peut être recherchée en dehors de la faute.

[1091] CCA, arrêt n° 364/A du 3 septembre 1955, EBONGOM Philipe c/ Administration du Territoire précité ; voir également CCA, décision n° 210 du 5 décembre 1952 Comeca c/ Bourdin et Chasse.

[1092] NGUEDIA MEIKEU (H), Thèse précitée p. 367 et suiv.

[1093] DEMBA (S), *op. cit.*, p. 339.

[1094] *Ibid.*

[1095] CFJ, 16 mars 1962, Dame Ferrière Marie c/ État du Cameroun, ici le défaut d'entretien constitue le fondement de la responsabilité de l'administration du fait des travaux publics. Mais l'imprudence de la victime va entraîner l'exonération partielle de l'État in NGUEDIA MEIKEU (H), *op. cit.*, p. 368 et suiv.

2. Le fait générateur non fautif

Une originalité de la responsabilité contractuelle de l'administration est l'existence d'un régime particulier, celui d'une responsabilité fondée sur l'absence de faute. Ce régime particulier est également lié à celui d'une responsabilité sans base fautive non seulement de la part de la puissance publique, mais aussi de la part du cocontractant. Il existe à cet effet une responsabilité du fait du prince (a) et une autre du fait du cocontractant (b).

a. Le fait du prince

Il s'agit d'une théorie construite par la doctrine et introduite dans le droit des contrats administratifs dans le but de couvrir des situations nouvelles découlant d'une intervention administrative extracontractuelle. Il correspond à l'aléa administratif dans l'exécution d'un marché public. C'est une mesure générale ou spécifique prise par l'administration et qui a pour effet de rendre plus onéreux pour le cocontractant l'exécution du contrat. À cet effet, SAROIT BADAOUI l'appréhende comme tout *« cas d'aggravation des charges du cocontractant par un acte régulier d'une autorité publique »*[1096]. Laurent RICHER précise que le fait du prince consiste en une décision ou même un comportement de l'administration qui ne peut être prévu lors de la conclusion du contrat et qui a des conséquences sur l'exécution de celui-ci[1097].

Les effets du fait du prince sont au nombre de deux :

- le cocontractant est obligé de poursuivre l'exécution du contrat lorsqu'il n'y a pas de force majeure ;
- le cocontractant de l'administration a un droit à réparation intégrale du préjudice subi du fait du prince[1098].

Le dommage doit avoir été causé par le service public que gère la personne poursuivie, il doit être la conséquence d'une activité de service public[1099]. La réparation de ce fait d'une autorité administrative couvre aussi bien le préjudice subi que le manque à gagner. Dans ce cas, la responsabilité est admise dès lors que le préjudice est certain et direct. La responsabilité sans faute ici ne concerne que le dommage causé par le fait d'une mesure administrative émanant de l'administration contractante. Ainsi, alors que le juge admet la mise en jeu de la responsabilité sans faute de la personne publique, restreint-il en pratique les possibilités d'ouverture[1100]. Il ne suffit pas que le fait du prince soit intervenu postérieurement à la conclusion du

1096 BADAOUI (S), *Le fait du prince dans les contrats administratifs*, Paris, LGDJ, 1955, p. 2.
1097 RICHER (L), *op. cit.* p. 229.
1098 DEMBA (S), *op. cit.* p. 345.
1099 ODENT (R), *Contentieux administratif*, Tome II, Paris, Dalloz, 2007, p.49.
1100 LANGELIER (E), *op. cit.*, p. 319.

contrat[1101], encore faut-il qu'aucun autre accord contractuel ne soit intervenu depuis, même sous forme d'avenant[1102].

b. Le fait du cocontractant non prouvé : le cas fortuit et la charge des risques

La démonstration d'un préjudice ouvre parfois droit à réparation même si aucune faute n'a à être constatée. C'est l'hypothèse du cas fortuit généralement défini comme un fait accidentel dont la cause est inconnue[1103]. Si l'origine d'un dommage ne peut être expliquée, la preuve d'une faute n'est pas alors administrée et en conséquence, la responsabilité est exclue dans les cas où elle est subordonnée à une faute[1104]. En effet, certaines solutions jurisprudentielles ont pour conséquence de mettre la réparation du préjudice subi par la collectivité publique à la charge du cocontractant, alors même que la preuve d'une faute n'est pas administrée[1105]. Lorsque l'administration n'apporte pas la preuve du fait du cocontractant, la demande est rejetée au motif qu'il n'a pas établi les faits. Cette règle résulte d'une jurisprudence abondante qui recherche si en fait il y a eu préjudice[1106]. Le fait du cocontractant non prouvé correspond à la responsabilité contractuelle sans faute prouvée du cocontractant : qu'en est-il de la charge des risques ?

Dans les marchés publics de travaux et dans les marchés de fournitures, le cocontractant a l'obligation de livrer un bien par le biais de la réception des travaux ou l'admission des fournitures, lequel bien entre dans le patrimoine de l'administration. Mais lorsque le bien est détruit en tout ou partie sans qu'aucune faute ne puisse être reprochée à l'entrepreneur avant le transfert de propriété, c'est le problème lié à la charge des risques.

La jurisprudence camerounaise est muette sur la question ; dans la jurisprudence française, la charge des risques est supportée par l'entrepreneur jusqu'à la réception de l'ouvrage sauf clause contraire : aux termes de la jurisprudence Sté Établissements Marius Sériés, la perte résultant de la destruction ou de l'endommagement de l'ouvrage par suite d'un cas de force

---

[1101] V. CE 13 Déc. 1961, ministre de Travaux publics c/ Sté nationale de Construction, A. n° 50, 341, Rec. P.706 : des difficultés imprévisibles ont permis de ne pas engager sa responsabilité au nom de retards accumulés dans la livraison in LANGELIER (E), *op. cit.*, p.319.

[1102] CE 15 déc. 1922, Ville de Rennes, A. n° 70 718, Rec., p. 945

[1103] RICHER (L), *op. cit.*, p. 237.

[1104] NGUEDIA MEIKEU (H), *op.cit.*, p. 370 et suiv.

[1105] *Ibid.*

[1106] CFJ/CAY, jugement n° 120 du 8 décembre 1970 BILAE Jean c/ État du Cameroun ; CCA, arrêt n° 120 du 28 juillet 1952, Nininne c/ État du Cameroun, CFJ/AP, arrêt n° 3 du 28 octobre 1970 ONANA Jean Pierre c/ État du Cameroun.

majeure ou d'un cas fortuit repose sur l'entrepreneur si la destruction ou les dommages sont antérieurs à la réception provisoire de l'ouvrage[1107].

Par dérogation à la règle de la responsabilité pour faute, la matière contractuelle et extracontractuelle admet l'existence de la responsabilité sans faute. La responsabilité de l'État à l'égard des tiers est une responsabilité sans faute basée, soit sur le risque anormal[1108], soit sur la rupture de l'égalité des citoyens devant les charges publiques[1109]. Qu'ils soient générés par l'administration ou l'entrepreneur, lorsque la responsabilité est établie, le préjudice est réparable.

B. Le préjudice réparable

Le fait générateur et le préjudice réparable sont deux conditions d'existence de la réparation étroitement liées. Cela suppose en effet qu'il serait vain de parler d'un quelconque fait générateur de responsabilités alors même qu'aucun dommage constitutif d'un préjudice réparable n'est invoqué[1110]. Le préjudice réparable est résumé par l'article 1382 du Code civil qui dispose que « *tout fait quelconque de l'homme qui cause à autrui un dommage oblige celui par la faute duquel il est arrivé de le réparer* ». L'auteur du dommage est tenu de la réparer. Ainsi, le préjudicie réparable présente un certain nombre de caractères (1) et se détermine selon ses modalités (2).

1. Les caractères du préjudice réparable

Le préjudice réparable c'est-à-dire celui qui ouvre droit à la réparation présente deux caractères : les caractères généraux d'une part et ceux spécifiques d'autre part.

Dans l'affaire BIAO c/ Administration du Territoire, le juge administratif camerounais présente les caractères généraux du préjudice en ces termes : « *considérant {...] que pour qu'une demande en dommage-intérêt puisse être accueillie par le tribunal administratif [...] le préjudice qui en est résulté est un préjudice certain, direct, et porte atteinte à une situation légitime* »[1111]. Monsieur ODENT précise que le caractère direct du préjudice réparable suppose que pour être indemnisable, le préjudice doit directement résulter de l'exercice de l'activité de service public[1112]. En l'absence de ce lien de causalité directe, le juge administratif sur ce point se déclare incompétent. L'affaire BANA NGUE en est une illustration, le juge affirme que,

---

1107 CE. Sect. 25 juin 1971, Sté Établissement Marius Sériés, A, n° 70874, 70875 et 70942, Rec. P.482. CE, 17 mars 1976, Cie les assurances générales de France, A, n° 87 659, Rec. p.1 66.

1108 CS/CA, 26 décembre 1991, ONDOUA ATANGANA Paul c/ État du Cameroun.

1109 CFJ/CAY, jugement n° 40 du 6 mai 1982, NYAM Joseph c/ État du Cameroun.

1110 CS/CA, jugement n° 40 du 6 mai 1982, NYAM Joseph c/ État du Cameroun.

1111 CCA, arrêt n° 352 du 12 juillet 1955 BIAO c/ Administration du Territoire.

1112 ODENT (R), *op. cit.*, p.165.

« considérant [...] que BANA NGUE, ne pouvant rapporter la preuve de l'existence d'un lien de causalité entre l'accident, l'administration et le préjudice qu'il a subi, devrait saisir le juge judiciaire d'une action en réparation »[1113].

Le préjudice certain suppose l'exclusion des préjudices éventuels. Le juge administratif ne répare que le préjudice *« actuel »* et refuse tout droit à indemnisation pour un préjudice futur. L'affaire CNPS démontre cette allégation. Le juge déclare que *« considérant [...] que la CNPS sollicite la condamnation de l'entreprise UCIC au paiement de l'intégralité des sommes qui seront payées aux transitaires et fournisseurs au titre de gardiennage des matériels et mobiliers et d'autres sommes dont il n'est pas possible d'évaluer le montant pour le moment [...].*

Considérant que ces prétentions ne sont pas fondées...

Qu'en effet, la CNPS [...] ne peut réclamer de l'entrepreneur que la réparation du préjudice actuel, qu'elle ne peut lui réclamer une indemnité quelconque en raison des mécomptes qu'elle pourra avoir »[1114].

Le juge administratif n'admet pas que le préjudice soit réparable lorsqu'il s'agit des dommages moraux dépouillés de tout élément matériel[1115]. Le caractère spécifique du préjudice ne concerne en réalité que la responsabilité sans faute[1116]. Le préjudice spécial est particulier à un individu ou à une catégorie d'individus. La réparation du préjudice obéit au fait dommageable (responsabilité pour faute) et à la responsabilité sans faute. En clair, le fait générateur entraîne la mise en œuvre de la réparation.

2. Les modalités de la réparation

Les modalités de la réparation concernent la charge de la réparation et les règles de celle-ci.

La charge de la réparation permet de déterminer sur qui pèse l'obligation de réparer. Le recours en réparation introduit auprès du juge, l'oblige à déterminer au préalable la partie devant réparer. Lorsque le cocontractant de l'administration est fautif, la question ne se pose pas. À l'inverse, lorsque la responsabilité de la puissance publique est engagée, en cas de dédoublement fonctionnel, qui répond de la demande en réparation de la victime ? Cette question correspond au cas de dédoublement fonctionnel. Ici, l'agent public agit pour le compte de plusieurs personnes publiques différentes. Dans la

---

[1113] CS/CA, jugement n° 29 du 28 décembre 1978, BANA NGUE Jean Michel c/ État du Cameroun.

[1114] Affaire CNPS c/ United Cameroun International Compagny précitée.

[1115] CFJ/CAY arrêt n° 10 du 16 mars 1967, KWEDI Augustine c/ État du Cameroun.

[1116] DE LAUBADERE (A), VBENEZIA (J.C), GAUDEMET (Y), *op. cit.*, p. 899.

décentralisation, l'autorité administrative est susceptible d'agir pour le compte de plusieurs personnes publiques selon qu'elle est intervenue comme représentant de telle ou telle collectivité, c'est la responsabilité de celle-ci ou de celle-là qui est engagée et c'est sur elle que repose la charge de la réparation[1117]. Ainsi, c'est la responsabilité de l'État qu'engage le maire lorsqu'il agit comme représentant de celui-ci, et celle de la commune lorsqu'il agit comme autorité municipale.

La seconde hypothèse du dédoublement fonctionnel concerne l'existence du pouvoir de tutelle, si l'autorité agit pour le compte de la collectivité sous tutelle, grâce à la technique de substitution, c'est cette dernière qui répond du dommage[1118]. La collectivité sous tutelle dispose dans ce cas d'une action récursoire contre l'État en cas de faute lourde commise par son représentant[1119]. Lorsqu'au contraire l'exercice de la tutelle ne s'analyse pas en une substitution, elle incombe plutôt à l'autorité de tutelle[1120]. Lorsqu'il s'agit d'un cas de collaboration à l'exécution même d'un service public, qui répond à la charge de la réparation lorsque plusieurs personnes publiques contractantes sont associées à une même activité ? André DE LAUBADERE reconnaît que si l'on fait la réserve du cas où le fonctionnement d'un service dépend étroitement d'une règlementation émanant de l'État, le principe est que la collectivité responsable du service pour lequel le contrat est conclu doit répondre du préjudice causé au cocontractant alors même qu'elle aurait bénéficié de la collaboration d'une autre collectivité[1121]. Cette thèse développée par DE LAUBADERE est retenue par la jurisprudence camerounaise[1122]. En définitive, il n'y a pas plusieurs personnes publiques, mais une seule ; cela suppose simplement dans l'hypothèse de mise en jeu de la responsabilité, seule la collectivité locale bénéficiaire du service résultant de la signature du marché est tenue de réparer le préjudice causé. La personne publique sur qui repose la charge de la réparation est tenue de réparer le préjudice causé.

La systématisation de la réparation concerne l'évaluation du préjudice et la fixation de l'indemnité. L'évaluation de la réparation au sens du juge administratif camerounais s'appuie sur l'autonomie de la réparation et l'indemnité sous la forme pécuniaire. Le juge administratif, concernant le principe de l'autonomie de l'évaluation évalue lui-même le préjudice et calcule en conséquence l'indemnité due au cocontractant victime du

[1117] NGUEDIA MEIKEU (H), *op. cit.* p. 379.
[1118] *Ibid.*
[1119] BINYOUM (J), *op. cit*, p. 94.
[1120] *Ibid.*
[1121] DE LAUBADERE (A), VENEZIA (J.C), GAUDEMET (V), *op. cit.*, p. 917.
[1122] CFJ/CAY, arrêt n° 1 du 4 novembre 1966, Dame MENGUE Marie c/ Commune rurale de Mbalmayo.

dommage. Mais exceptionnellement, lorsque ce préjudice résulte d'une obligation posée pour le législateur ou une stipulation contractuelle, il est lié. Ainsi, *« attendu (...) que les prix ont été fixés avant la livraison sur la base des devis – que les factures acceptées par l'administration témoignent de l'accord du recourant et de l'administration sur l'objet et sur le prix »*[1123]. Généralement, le juge administratif camerounais pour les dommages causés aux biens accorde une indemnité en argent et une indemnité en capital pour les préjudices causés à une personne.

Pour le moment de l'évaluation, le juge administratif camerounais affirme que *« considérant qu'il est nécessaire pour évaluer le montant du préjudice subi de se placer à la date où la victime aurait pu effacer les conséquences matérielles du dommage, c'est-à-dire le 31 janvier 1951, soit le lendemain de l'incident »*[1124]. Les dommages causés aux personnes ont pour date d'évaluation de l'indemnité, celle du prononcé du jugement. BINYOUM observe cependant que si le retard dans la fixation de l'indemnité est imputable à la victime, l'évaluation du préjudice se fait au jour où celui-ci aurait pu être paré[1125]. L'indemnisation est caractérisée par le principe de la réparation intégrale posée en matière de marché public dans l'affaire AMSECOM[1126] ; le juge pose que, *« attendu que le principe de la réparation intégrale unanimement admis par les juridictions administratives et celles de droit commun implique pour la partie lésée le droit d'être indemnisée par la totalité des charges qui sont la conséquence du fait dommageable »*. Dans le contentieux des marchés publics, si l'examen juridictionnel porte sur les recours ordinaires, il peut également s'étendre aux recours d'urgence.

Paragraphe 4. Le contentieux des procédures d'urgence

Le juge administratif camerounais procède à l'examen des procédures d'urgence dans le contentieux contractuel public. GUIMDO DONGMO définit l'urgence comme *« le caractère d'une situation ou d'un état de fait ou de droit susceptible de causer ou de provoquer un préjudice irréparable ou difficilement réparable s'il n'y est porté remède à bref délai »*[1127]. Cette définition s'adapte bien dans le cadre des marchés. Le décret de 2012 abrogé

[1123] CS/CA, jugement n° 21 du 31 janvier 2002, Société Forestière Petra c/ État du Cameroun.
[1124] Arrêt n° 163 du 12 décembre 1952, NDINGUE Jean c/ État du Cameroun
[1125] BINYOUM (J), *op. cit.* p.97.
[1126] CS/CA, jugement n° 50 du 10 février 1985 Amsecom-Amseconcom c/ État du Cameroun.
[1127] GUIMDO DONGMO (B.R), Le juge administratif camerounais et l'urgence : recherche sur la place de l'urgence dans le contentieux administratif camerounais, thèse en droit public, Université de Yaoundé II-Soa, 2004, p. 14 et S.

précisait que l'exécution d'un marché public doit se faire dans un *« délai déterminé »*[1128]. Cette exigence de la célérité dans la réalisation d'un marché public découle de l'urgence administrative[1129]. L'urgence retenue dans cette réflexion est celle aménagée par les instances juridictionnelles administratives. Ainsi, les décisions administratives de modification ou de résiliation unilatérale sont de nature à causer au cocontractant un préjudice irréparable ou difficilement réparable. L'urgence contentieuse[1130] met en exergue les principales procédures que sont le sursis à exécution (A) et le référé administratif (B).

A. Le sursis à exécution dans les marchés publics

L'usage illicite des pouvoirs de l'administration dans l'exécution du marché peut causer à son cocontractant un préjudice irréparable ; raison pour laquelle le législateur a organisé la procédure de sursis à exécution. Cette *« procédure de sursis qui tend à obtenir du juge administratif qu'il ordonne à l'administration de différer l'exécution de la décision incriminée jusqu'à ce qu'il soit statué au fond »*[1131]. Ainsi, *« le recours en sursis à exécution est un recours intenté contre un acte administratif, qui consiste à saisir le juge de l'urgence pour qu'il prenne des mesures de sauvegarde en attendant la résolution du litige au fond »*[1132].

Le sursis à exécution est ainsi une procédure conservatoire puisqu'il ne touche pas au fond du litige[1133]. Il permet de suspendre l'applicabilité d'un acte administratif faisant grief dans l'attente du jugement à rendre sur sa légalité[1134]. Dans le cadre des sanctions infligées par le MINMAP sur les mauvaises pratiques dans les marchés publics, sa décision de sanction ouvre une voie pour le requérant qui peut saisir le juge de l'urgence pour échapper à la sanction du MINMAP. En attendant l'issue de la décision rendue au fond, le requérant peut solliciter auprès du juge de l'urgence la suspension des effets attachés à ladite décision de sanction ou prendre des mesures de sauvegarde de ladite sanction. Le sursis à exécution trouve son champ d'action dans le contentieux des concessions de service public notamment dans l'affaire BOLLORÉ[1135]. Dans cette affaire, le juge administratif camerounais s'est

---

[1128] V. article 2 alinéa 1(a) du décret n° 2012/074 du 8 mars 2012 portant création organisation et fonctionnement des commissions de passation des marchés publics.
[1129] GUIMDO DONGMO (B.R), *op. cit.*, p. 20.
[1130] *Ibid.*
[1131] KEUTCHA TCHAPNGA (C), *op. cit.* p. 177.
[1132] ABANE ENGOLO (P. E), *op.cit.*, p. 261.
[1133] KEUTCHA TCHAPNGA (C), *op. cit*, p. 177.
[1134] *Ibid.*
[1135] Ordonnance n° 90/OSE/PTA/DLA/2019 du 16 août 2019 Société APM Terminals B.V et BOLLORÉ S.A c/ Port autonome de Douala et ordonnance n°144/OSE/PTAL/DLA/2019 du

révélé plus audacieux et plus efficace dans sa compétence en examen des demandes en sursis.

En se fondant sur les dispositions textuelles, l'on peut constater que l'article 30 de la loi de 2006/022 pose que : *« alinéa 1 : le recours gracieux contre un acte administratif n'en suspend pas l'exécution.*

Alinéa 2 : toutefois, lorsque l'exécution est de nature à causer un préjudice irréparable et que la décision attaquée n'intéresse ni l'ordre public, ni la sécurité ou la tranquillité publique, le Président du tribunal administratif peut, saisi d'une requête, après communication à la partie adverse et conclusion du ministère public, ordonner le sursis à exécution.

Alinéa 3 : il est statué sur la demande de sursis par ordonnance.

Alinéa 4 : l'ordonnance prononçant le sursis à exécution devient caduque à l'expiration du délai prévu à l'article 18 ci-dessus, c'est-à-dire si après soixante jours, le tribunal n'est pas saisi de la requête introductive d'instance »[1136]. Ainsi, on étudiera les conditions de recevabilité du sursis (1) et celles d'octroi de sursis (2).

1. Les conditions de recevabilité du sursis à exécution

Il est de principe constant dans la jurisprudence que tout recours dirigé contre une décision d'une autorité administrative doit être accompagné d'une copie de cette décision. À cet effet, l'exigence de l'adjonction d'une copie de la décision litigieuse et la justification d'un recours gracieux (b) seront étudiées. Aussi, la demande de sursis à exécution est irrecevable en l'absence d'un recours principal d'où la nécessité d'étudier l'exigence d'un recours principal à la demande de sursis (a).

a. L'exigence d'un recours principal

Aux termes de l'article 16 de la loi n° 2006/022 du 29 décembre 2006, *« le tribunal administratif territorialement compétent pour connaître d'une demande principale l'est également pour toute demande accessoire, incidente [...] relevant de la compétence des tribunaux administratifs ».* La demande de sursis à exécution n'est recevable que si le demandeur a introduit un recours contentieux principal visant l'annulation ou la reformation de la décision en cause devant le tribunal administratif territorialement compétent. Il s'agit en matière des marchés publics du lieu de l'exécution du marché[1137]. Mais à

---

31 décembre 2019, Société APM Terminals B.V et BOLLORÉ S.A c/ Port autonome de Douala.

[1136] V. L'article 30 loi n° 2006/022 précité.

[1137] V. article 15 (1) loi 23006/022 précité *« le tribunal territorialement compétent est celui :*

- *dans le ressort duquel a légalement son siège l'autorité qui a pris la décision attaquée ;*
- *de la résidence du demandeur*
- *de la situation des biens*

l'hypothèse de la réclamation préalable excipé comme recours principal, le juge administratif camerounais rétorque dans l'affaire société Camerounaise des Brasseries (UCB) *« que le juge du contentieux administratif n'est pas lié par le recours gracieux, mais plutôt par le recours contentieux »*[1138].

Dans la pratique, il y a une sorte d'inadaptation du temps processuel dans le contentieux des marchés publics. Le temps consacré pour la passation d'un marché est bref et cadre mal avec le temps par l'exigence d'un recours gracieux et les *« trois mois accordés à l'administration pour réagir offrent assez de temps pour que le préjudice s'aggrave [...] la meilleure option est d'effectuer une interprétation dans laquelle le recours principal est indifféremment un recours administratif ou un recours contentieux »*[1139]. Le contentieux de l'urgence est inadapté à la phase précontractuelle et mieux adapté au contentieux de l'exécution. Lorsque le juge du sursis est appelé à statuer, il exige systématiquement le recours principal lorsqu'il doit se prononcer sur les mesures urgentes. Le requérant doit également y adjoindre la décision querellée et justifier de l'introduction d'un recours gracieux.

b. L'adjonction d'une copie de la décision et la justification de l'introduction d'un recours gracieux

Les motifs d'irrecevabilité dans la pratique du contentieux des marchés publics concernent également la non-adjonction d'une copie de la décision querellée et la non-justification de l'introduction d'un recours gracieux. La non-adjonction à la requête de l'acte administratif litigieux est, en tout cas, un motif d'irrecevabilité[1140]. En cette matière, le juge administratif est constant même s'il admet quelques fois l'existence des décisions verbales[1141]. Aussi le défaut du recours gracieux est constitutif d'irrecevabilité et l'espèce Établissements Mouring et Compagnie en est une illustration[1142].

Dans cette affaire, l'entreprise MBGATOU classée deuxième au lot 2 en lieu et place de Mouring Compagny, première en ce même lot, le MINTP attribuait dans un communiqué n° 543/C/MINTP/CPM-ER/2008 du 8 octobre 2008, la commande aux Établissements MBGATOU. Pour contester cette décision, le requérant saisit le Président de la Chambre administrative de la Cour Suprême le 31 octobre 2008, sollicitant du Président de la juridiction un

- *du lieu d'exécution du contrat*
- *du fait dommageable si ce fait est imputable à une décision ».*

[1138] L'ordonnance n° 03/OSE/PCA/CS du 5 avril 2001, Société camerounaise des Brasseries du Cameroun (UCB) c/ État du Cameroun.

[1139] ABANE ENGOLO (P.E), *Traité de contentieux administratif du Cameroun*, Paris, L'Harmattan, 2019, p. 225.

[1140] KEUTCHA TCHAPNGA (C), *op. cit.*, p. 178.

[1141] CS/CA, jugement n° 8/74-75 du 19 décembre 1975, TOMKAM Pierre c/ État du Cameroun.

[1142] Cf. L'ordonnance n° 49/OSE/CCA/CS/2010 du 24 Juin2010 Établissements Mouring et Compagnie c/ État du Cameroun (MINTP) déclarant une demande de sursis irrecevable.

sursis à exécution du communiqué du MINTP portant publication des résultats partiels de l'appel d'offres du 29 mars 2008. Le requérant introduit un recours gracieux le 30 octobre 2008 pour un appel d'offres du MINTP publié le 8 octobre 2008. Conformément au code de 2004 des marchés publics en vigueur à cette époque, l'article 95(b) précisait que les réclamations des soumissionnaires devraient intervenir 5 jours ouvrables après la publication des résultats, le Président de la Chambre administrative décida *« que par ailleurs l'article 95(b) du décret n° 2004/275 du 24 septembre 2004 portant code des marchés publics dispose que : « entre la publication des résultats et la notification de l'attribution, les recours ne peuvent porter que sur l'attribution » ; « Il doit intervenir dans un délai de cinq (5) jours ouvrables après la publication des résultats ».*

Attendu en l'espèce qu'il ressort des pièces produites que la publication des résultats de l'appel d'offres a eu lieu le 8 octobre 2008, à travers le communiqué attaqué.

Qu'ainsi, le recours gracieux des établissements Mouring et Compagnie contre ladite attribution introduit le 30 du même mois, n'est pas intervenu dans le délai prescrit par le texte précité et s'avère irrecevable ;

Qu'il s'ensuit, contrairement aux conclusions du Ministère public, que leur demande de sursis à l'exécution accessoire à un tel recours gracieux encourt l'irrecevabilité »[1143].

Le juge dans cette procédure de passation des marchés publics s'assure de l'obligation d'un recours gracieux formulé par le requérant. En l'espèce, l'introduction tardive dudit recours équivaut à son défaut. Le juge fait œuvre de construction, car le recours contractuel se mue en recours gracieux puisqu'il s'est appuyé sur le délai de cinq jours posé par le code des marchés publics pour prononcer l'irrecevabilité dudit recours gracieux. Le juge a méconnu des délais classiques de la procédure contentieuse et s'est référé à l'urgence des délais de passation pour prononcer l'irrecevabilité de la demande de sursis.

2. Les conditions du prononcé du sursis

La loi de 2006/022 prévoit en son article 30 que l'octroi du sursis à exécution est subordonné au caractère irréparable du préjudice (a) et à l'exigence des conclusions du ministère public (b) à l'exclusion des décisions intéressant l'ordre public, rebelle à la matière contractuelle.

[1143] *Ibid.*

a. Le caractère irréparable du préjudice

L'exécution de la décision doit être de nature à causer un préjudice irréparable[1144]. La loi de 2006/022 parle d'un *« préjudice irréparable »*[1145]. La jurisprudence administrative camerounaise part d'un grave préjudice. L'espèce Établissement NZIKO André en est une illustration[1146]. Le juge ordonne le sursis à exécution suivant le motif que *« l'exécution immédiate est de nature à causer un grave préjudice au requérant »*[1147]. Un préjudice est irréparable lorsqu'il n'est pas susceptible d'être remis en état ou compensé par une indemnité en argent[1148]. GUIMDO DONGMO souligne pertinemment qu'un préjudice doit être considéré comme irréparable lorsque les effets entraînés par l'exécution immédiate de la décision ne peuvent être réparés, effacés ou compensés par un procédé quelconque, fût-il indemnitaire, en cas d'annulation par le juge du fond de la décision en cause[1149]. Ainsi la terminologie de la jurisprudence est en pratique, très fluctuante *« lorsque la loi parle de préjudice irréparable, certaines ordonnances font état tantôt d'un préjudice difficilement réparable ou grave »*[1150]. En tout état de cause, *« la procédure d'octroi du sursis à exécution reste contradictoire de bout en bout. Le Président du tribunal administratif doit la communiquer à la partie adverse et cela, les conclusions du ministère public entendues »*[1151].

b. Les conclusions du ministère public

Le juge de l'urgence peut accorder le sursis à exécution après conclusions du ministère public. L'expression *« avis conforme »* consacrée par la loi n° 75/17 du 8 décembre 1975[1152] fut substituée à celle de *« conclusion »*, ce qui permit de lever la complexité qui entourait la procédure du sursis à exécution. Après que les parties ont présenté leurs moyens, le ministère public doit produire ses conclusions ; les conclusions du ministère public constituent un avis obligatoire pour le juge de l'urgence qui est néanmoins libre de statuer dans le sens contraire[1153]. Le contentieux des marchés publics connaît des procédures d'urgence. Le plus souvent, le juge de l'urgence est saisi des

---

1144 C.E 27 novembre 1936 Mouvement social français des Croix de Feu cité par WEIL(L), BRA BAUL, les grands arrêts de la jurisprudence administrative 5e édition, 1969, p.255.
1145 V. article 30 loi n° 2006/022, *op. cit.*
1146 Cf. Ordonnance du sursis n ° 19/82-83/CS-PCA du 25 mai 1983, Établissement NZIKO André c/ État du Cameroun.
1147 *Ibid.*
1148 KEUTCHA TCHAPNGA (C), *op. cit.*, p.181.
1149 GUIMDO DONGMO (B.R), *op. cit.*, p.288.
1150 KEUTCHA TCHAPNGA (C), *op. cit.*, p.181.
1151 OWONA (J), *op. cit.*, p.109.
1152 V. article 16 alinéa 2 de la loi n° 75/17 du 8 décembre 1975 fixant la procédure devant la Cour Suprême statuant en matière administrative.
1153 ABANE ENGOLO (P.E), *op. cit.* p. 264.

recours du sursis à exécution porté sur les décisions de résiliation[1154], des décisions entachées d'excès de pouvoir[1155], des recours sur la suspension des effets d'une décision jusqu'à l'issue de la procédure au fond[1156], des recours de certaines décisions ayant fait l'objet d'un recours en annulation[1157] ou ayant été annulées[1158]. Le juge de l'urgence est régulièrement saisi d'ordonner le sursis à exécution, *« toutes ces demandes de sursis à exécution ont généralement fait l'objet soit de rejet pour absence de justification, soit d'irrecevabilité parce que l'exécution de l'acte attaqué est totalement achevée et de manière irréversible »*[1159].

Tel que posé par l'article 2 alinéa 3c-de la loi 2006/022, le contentieux administratif regarde également *« les litiges concernant les contrats [...] ou les concessions de service public »*[1160]. Ainsi les demandes en sursis sont bien connues dans l'environnement contractuel camerounais en général et dans le contentieux des marchés publics en particulier, tout comme les demandes en référé.

B. Le référé administratif dans les marchés publics

L'affaire NOUMSI Marie illustre fondamentalement qu'un requérant est fondé à solliciter que le juge de référé ordonne une ouverture provisoire de son débit de boissons fermé brutalement et soudainement par l'autorité administrative, afin de lui permettre de débrancher ses appareils de froid et de retirer sa marchandise susceptible de s'avarier[1161]. Le contentieux des marchés publics n'est pas indifférent à la procédure en référé. Le référé administratif est organisé par les articles 27, 28 et 29 de la loi de 2006/022. Ainsi l'article 27 alinéa 1 dispose que, *« dans les cas d'urgence, le Président du Tribunal ou le Magistrat qu'il délègue peut, sur requête, et si le demandeur justifie de l'introduction d'un recours gracieux, les parties convoquées et après conclusion du ministère public, ordonner en référé toutes mesures utiles sans faire préjudice au principal »*. Alinéa 2 : *« la notification de la requête est immédiatement faite au défendeur avec fixation d'un délai de réponse ne pouvant excéder 05 jours »*.

[1154] Recours n° 2202/RG/2015 du 1er décembre 2015, Société d'Industrie métallurgique des bâtiments et des Travaux publics (SIM-BTP S.A) c/ État du Cameroun (MINMA).

[1155] Recours n° 143/RG/2015 du 5 mars 2015, Société GULFIN S&T Co. S.A.

[1156] Recours n° 0024/RG/2016 du 14 janvier 2016, GULFIN S.A c/ État du Cameroun (MINMAP).

[1157] Recours n° 088/RG/2015 du 13 février 2015, Société LMT Group Axess c/ État du Cameroun (MINMAP).

[1158] Recours n° 1574/RG/2014 du 3 novembre 2014, Société SILK ROAD SARL c/ État du Cameroun (MINMAP).

[1159] BIANKAN (J), *op. cit.* p.73.

[1160] V. L'article 2 alinéa 3-c de la loi n° 2006/022 précité.

[1161] V. L 'ordonnance de référé n° 2/CS/PCA du 17 janvier 1983, NOUMSI Marie Hortense.

Article 28 : « *Il est statué sur la requête par ordonnance de référé. L'ordonnance est, dans les 24 heures, notifiée aux parties en cause* ».

Article 29 : « *l'ordonnance de référé est susceptible d'appel devant la Chambre administrative de la Cour Suprême. Toutefois, elle est exécutoire par provision* ».

Dans le contentieux des marchés publics, le recours au juge des référés est un moyen important de prévention et de l'imitation des abus de la collectivité publique contre les procédures d'exécution des marchés publics. En France par exemple, le juge des référés précontractuels doit rechercher si la personne qui saisit se prévaut des manquements qui, eu égard à leur partie et au stade de la procédure à laquelle ils se rapportent, sont susceptibles de l'avoir lésée ou risquent de la léser, fût-ce de façon indirecte, en avantageant une entreprise concurrente[1162]. La procédure de référé doit nécessairement satisfaire certaines conditions (1) auxquelles se greffent les pouvoirs limités du juge des référés (2).

1. Les conditions de recevabilité de la demande de référé

Dans le contentieux des marchés publics, le Président de la juridiction administrative lorsqu'il statue en référé, doit tenir compte de la justification de l'introduction d'un recours gracieux (a) et de la compétence originaire de la juridiction administrative (b).

a. La justification de l'introduction d'un recours gracieux

La construction jurisprudentielle initiale admettait que la requête en référé pouvait être formée sans recours gracieux préalable et avant la demande introductive d'instance[1163]. Mais, depuis l'affaire SOSSO contre Crédit foncier du Cameroun, objet de l'ordonnance de référé n° 6 du 8 décembre 1998, le juge de référé a exigé que le recours en référé doit être désormais accompagné d'un recours gracieux[1164]. Cette tendance liée au changement profond des conditions de recevabilité des requêtes en référé est consacrée par

---

1162 C.E, 03 octobre 2008, syndicat mixte intercommunal de réalisation et de gestion pour l'élimination des ordures ménagères du secteur Est de la SARTHE « SMIRGEOMES », n° 305420 REC.

1163 Le Président de la Chambre administrative précisait cela dans l'affaire SIGHOKO FOSSI en ces termes : « *[...] que la procédure en référé est indépendante de la saisine préalable de l'administrateur ; que les parties sont, dans la pratique, dispensées de cette formalité que ceci est heureux, car il faut que les mesures prises en référé interviennent rapidement* ». Cette construction découle de l'affaire SIGHORO FOSSI Abraham contre État du Cameroun, ordonnance de référé n° 12 du 18 juillet 1984.

1164 Voir KEUTCHA TCHAPNGNA (C), « *Une délicate révolution dans la procédure administrative contentieuse au Cameroun : à propos du traitement récent de l'urgence par le juge des référés* ». Note sous Cour Suprême du Cameroun, ordonnance de référé n° 06 du 8 décembre 1998, SOSSO Emmanuel c/ crédit foncier du Cameroun in *juridis périodique*, n° 45, Janvier-Février-mars 2001, pp.41-45.

l'article 27 qui exige que lorsque le juge statue en matière de référé, il exige la justification d'un recours gracieux. Le contentieux des marchés publics adhère à cette position consacrée par le législateur. Sur cette base, le juge des référés camerounais a par exemple ordonné des ordonnances avant dire droit en autorisant le transport sur le lieu d'exécution du marché à l'effet de déterminer l'assiette du matériel qui n'est plus nécessaire pour l'exécution dudit marché[1165]. Le juge des référés a régulièrement rejeté les demandes qui ne justifient pas de l'introduction d'un recours gracieux. Ce fut le cas dans l'affaire entreprise des travaux publics et GÉNIE civil SARL (ETPGC) contre État du Cameroun (MINTP). Le président de la Chambre administrative affirme sans ambiguïté que *« [...] il résulte que la saisine du juge des référés administratifs doit être consécutive à un recours gracieux. Attendu en l'espèce, que l'entreprise demanderesse ne justifie pas de l'introduction d'un tel recours. Qu'ainsi, ladite entreprise ne s'étant pas conformée au texte précité, son recours est irrecevable »*[1166]. Le juge de référé a été saisi pour la fixation du prix conformément aux prix pratiqués sur le marché et ordonné le paiement[1167].

Le juge des référés camerounais n'a pas encore intégré comme en France des procédures particulières appliquées en matière de référés dans le contentieux des contrats publics. Le référé précontractuel est créé en France par une directive[1168]. Le référé contractuel y est consacré par l'ordonnance du 7 mai 2009[1169]. Ce nouveau recours s'envisage dans la continuité du recours en référé précontractuel. Il *« permet de remédier aux manquements et aux obligations de publicité et de mise en concurrence »*[1170]. Au-delà de la justification du recours gracieux, il convient d'envisager la compétence originaire de la juridiction administrative.

[1165] Ordonnance n° 29/REF/ADD du 28 octobre 2016, Société Construcionnes GALDIANO SA c/ Caisse Autonome d'Amortissement.

[1166] CS/CA, ordonnance de référé n° 12/OR/2009 du 17 juillet 21009, entreprise de travaux publics et Génie civil SARL (E.T.P.G.C) c/ ÉTAT DU Cameroun (MINTP).

[1167] Recours n° 2059/RG/2015 du 25 septembre 2015. Groupe Sessangoula SA c/ État du Cameroun (MINADER).

[1168] Directive n° 89/665/CEE du 21 décembre 1989 introduit dans le droit français par la loi 92/10 du 4 janvier 1992, régit par les articles L551 alinéa 1 à L551-12 et R-551-1 a R551-6 du code de justice administrative (contrats publics).

L'article 551-5 dudit code prévoit que le juge de référé précontractuel ne peut pas statuer avant un délai minimum : seize (16) jours en procédure formalisée, à compter de la date d'envoi de l'information aux candidats évincés ;

- onze (11) jours en procédure adaptée, à compter de la publication de l'avis d'intention de conclure le contrat. Le juge des référés dispose conformément à l'article 551-6 des pouvoirs d'injonction, de suspension, d'astreinte.

[1169] Elle procède à une transposition de la directive 2007/66/CE du 11 décembre 2007 relative à l'amélioration de l'efficacité des procédures de recours en matière de passation des marchés publics.

[1170] BIAKAN (J), *op. cit.*, p. 80.

b. La compétence originaire de la juridiction administrative :

Le juge administratif camerounais consacre dans l'affaire NLIBA la compétence du juge référendaire consubstantielle à l'ordre juridictionnel dont il relève. Se reconnaissait ainsi *« incompétente à connaître en référé des litiges qui ne sont point de sa compétence au fond »*[1171]. La demande principale doit relever originairement de la juridiction administrative pour que la requête de référé soit recevable.

2. La limitation des pouvoirs du juge des référés

Bien que prévu par l'article 27 alinéa 1 de la loi 2006/022 du 29 décembre 2006, le juge de référé peut ordonner *« [...] toutes mesures utiles [...] »*, il lui est cependant interdit de faire obstacle à l'exécution d'une décision administrative (a) et de préjudicier le principal (b).

a. L'interdiction de suspendre l'exécution d'une décision

Le président de la Chambre administrative ne saurait outrepasser ses pouvoirs en ordonnant la suspension des effets d'une décision. Dans l'affaire entreprise SOGEBA, l'entreprise avait sollicité du juge son accès au chantier pour la continuation de l'exécution du marché malgré la résiliation prononcée de la personne publique contractante, demande qui a été rejetée, car le juge précise qu'il est *« [...] interdit au juge administratif statuant en référé, de suspendre une mesure susceptible de faire obstacle à l'exécution de la décision administrative : qu'en effet la procédure de référé administratif [...] est par son objet, radicalement différente de la procédure de sursis à exécution [...]. Attendu qu'en application de ce principe, il échet de nous déclarer incompétent pour ordonner la mesure sollicitée »*[1172]. Le juge de référé se déclare incompétent pour prononcer la suspension de l'exécution d'une décision administrative ; ce qui témoigne la distinction des pouvoirs du juge administratif dans les procédures d'urgence. On observe pour les procédures d'urgence que les requérants sollicitent le plus souvent la substitution les pouvoirs du juge référendaire à ceux du juge de sursis à exécution. Cet amalgame est souvent perçu dans la jurisprudence, car le juge des référés a été saisi afin d'ordonner le sursis à exécution de certaines décisions qui seraient entachées d'excès de pouvoir[1173]. Le contentieux français de la commande publique admet que l'entrepreneur dont le contrat est annulé puisse, dans le cadre du référé contractuel, aller sur le terrain quasi contractuel pour réclamer la restitution des dépenses engagées[1174]. Le recours

---

1171 CFJ/CAY, arrêt n° 159 du 13 mai 1971, NLIBA NGUIMBOUS c/ État fédéré du Cameroun oriental.

1172 Ordonnance de référé n° 7/87-88/CS/PCA du 8 septembre 1988, entreprise SOGEBA c/ État du Cameroun.

1173 Recours n° 143 RG/2015 du 5 mars 2015, Société GULFIN S & T Co . SA.

1174 C.E, 6 octobre 2017, Société CEGELEC Perpignan, n° 39 5268, Rec.

du sieur ATANGANA sollicitait la revendication d'une intervention du juge de l'urgence *« référé-suspension »*. Pour apprécier cette sous-catégorie des référés, abordé par exemple dans le cas de la passation pour pallier les insuffisances du référé – précontractuel, le Conseil d'État avait prévu dès 2007 qu'*« une requête contestant la validité d'un contrat peut être accompagnée d'une demande tendant, sur le fondement des dispositions de l'article l.521-1 du code de justice administrative, à la suspension de son exécution »* [1175]. Le référé-suspension est inexistant dans la jurisprudence camerounaise, mais l'expérience française permet d'observer que, *« dès lors le référé-suspension peut être appelé à avoir plus d'intérêt dans la mesure où, dans certaines hypothèses, il offre plus de potentialités que le référé précontractuel, puisque les moyens invocables ne ressortent pas uniquement des manquements aux obligations de publicité et de mise en concurrence »*[1176]. Néanmoins, la difficulté de la démonstration de l'urgence pourrait limiter toute tentative d'essor de cette nouvelle association, la transformant en un *« mariage stérile »*[1177]. La jurisprudence Bioméreux procède à un aménagement en déduisant l'urgence de l'illégalité ; ceci pour éviter comme LINDITCH suggère que l'urgence devienne un *« obstacle insurmontable à l'obtention du référé-suspension »*[1178]. Il est interdit au juge de référé camerounais de préjudicier le principal.

b. L'interdiction de préjudicier le principal

L'interdiction faite au juge de référé de ne pas prononcer des mesures portant *« préjudice au principal »* est une disposition prévue par l'article 27 de la loi 2006/200. Sur cette base législative, le juge référendaire ne peut outrepasser le champ de l'instruction. Dans l'affaire Société Construccionnes précitée, le juge référendaire n'a ordonné que l'instruction en autorisation que le transport sur le lieu de l'exécution du marché, à l'effet de déterminer l'assiette du matériel comme n'étant plus utile pour la réalisation de la prestation[1179]. Ainsi, le juge de référé considère alors que préjudicie au principal toute demande tendant à l'annulation d'une décision administrative[1180]. Ainsi, en matière contractuelle, le juge des référés a décidé

[1175] C.E Ass, 16 juillet 2007, Sté Tropic Travaux-Signalisation. A. n° 291545, Rec. P.360.

[1176] LANGELIER (E), *op. cit.*, p. 183.

[1177] BERTHON (C), *« La suspension juridictionnelle du contrat administratif entre « référé-suspensions » et « référé contractuel », »* *RFDA*, 2009 pp. 1215-1228.

[1178] LINDITCH (F), *« Recours Tropic : la condition tenant à l'urgence, obstacle insurmontable à obtention du référé-suspension »*, note sous T.A Besancon, ord. 12 Fév. 2008, CMP 2008, n° 14, pp. 31-34.

[1179] Ordonnance n° 29/REF/ADDE du 28/ octobre 2016 Société Construccionnes Galdiano S.A c/ Caisse Autonome d'Amortissement précitée.

[1180] KEUTCHA TCHAPGNA (C), *op. cit.*, p.188

qu'il ne peut annuler l'avenant contesté d'un contrat administratif[1181]. Ainsi, *« les pouvoirs du juge des référés sont différents de ceux du juge en matière de sursis à exécution parce que « les mesures utiles » prises par le juge des référés sont davantage tournées vers la révélation rapide de la vérité, contrairement à la conséquence du sursis à exécution qui a un effet direct sur l'acte administratif […] »*[1182]. Ainsi, il convient d'envisager les pouvoirs du juge administratif dans le contentieux des marchés publics.

Paragraphe 5. La détermination des pouvoirs du juge dans le contentieux des marchés publics

Comme le juge du contentieux administratif, le juge du contrat administratif dispose des pouvoirs reconnus, statuant en matière contractuelle. Les recours en matière de contrat administratif sont essentiellement des demandes d'annulation et d'indemnisation d'où l'examen des pouvoirs d'annulation et de réparation (A). Aussi, les demandes formulées portent également sur l'interprétation pour ce qui est du pouvoir d'injonction. Le principe demeure, et est relatif au juge administratif qui ne peut adresser des injonctions à l'administration. Les pouvoirs d'interprétation et d'injonction seront également abordés (B).

A. Le pouvoir d'annulation et de réparation

Dans le contentieux des marchés publics le juge du contrat peut exceptionnellement prononcer l'annulation des mesures illégales, car le contentieux des marchés publics qui est un contentieux contractuel et spécifique, par principe le juge du contrat n'a pas le pouvoir d'annuler les décisions contestées par les parties au marché, mais de rechercher si celles-ci sont intervenues dans des conditions de nature à ouvrir à son profit un droit à indemnité (affaire Amseconcom précitée). Exceptionnellement sera envisagé le pouvoir d'annulation (1) par principe et dans les marchés publics, sera envisagé le pouvoir de la réparation (2).

1. Le pouvoir d'annulation

En principe, le recours de pleine juridiction déclare l'irrecevabilité des recours en annulation des mesures d'exécution du contrat. Cette règle s'applique à toutes les mesures d'exécution et concerne toutes sortes de

---

[1181] CS/CA, ordonnance de référé n° 19/ORSE/PCA/86-87 du 17 septembre 1987, affaire OSSONGO Étienne François c/ État du Cameroun.

[1182] ABANE ENGOLO (P.E), *op. cit.*, p.261.

contrats administratifs : les marchés de travaux publics, de fournitures, de services ...[1183] Ce principe est justifié doublement.

La première justification est liée au fait que *« l'annulation d'une mesure d'exécution porterait atteinte aux prérogatives régaliennes de l'administration et nuirait ainsi au fonctionnement du service public. Elle est dangereuse parce qu'elle troublera la continuité du service public imposant à l'administration, pour des tâches placées sous sa responsabilité des concours techniques auxquels elle répugne »*[1184].

La seconde justification tient compte de *« l'écoulement de temps nécessaire au déroulement de la procédure contentieuse, la décision d'annulation restera lettre morte et l'intervention du juge sera inutile »*[1185]. Toutefois, le juge du contrat bénéficie des pouvoirs étendus en matière d'annulation de certaines mesures d'exécution. Dans la jurisprudence administrative camerounaise, le juge administratif s'est prononcé en annulant des actes détachables de l'exécution du contrat. Il s'agissait d'une annulation pour illégalité des mesures détachables durant la phase de l'exécution du marché. Dans l'affaire Entreprise camerounaise de construction et de nettoyage, en raison des pénalités de retard infligées à ladite entreprise par la collectivité publique, l'entreprise introduit un recours visant l'annulation de cette mesure illégale. Le juge à travers un considérant pertinent affirme qu'*« attendu que le retard à l'origine du litige est plutôt également imputable à l'administration qui a unilatéralement interrompu le chantier pour les travaux supplémentaires non prévus au contrat et dont la date de démarrage restait indéterminée. Qu'il s'ensuit que le recours est fondé et qu'il y a lieu d'y faire droit [...] »*[1186]. Généralement, la sanction du MINMAP se fait par le biais d'une décision ou d'un arrêté lorsqu'un vice entache sa décision pour excès de pouvoir. Laquelle décision querellée sera susceptible d'être annulée. Cette annulation d'un acte détachable par l'excès de pouvoir en cours d'exécution du marché peut entraîner la survivance du contrat ou le maintien du lien contractuel. Au sens de la jurisprudence, la reprise des relations contractuelles que projette imposer le juge devra s'apprécier *« eu égard à des vices constatés et, le cas échéant, à celles des manquements du requérant à ses obligations contractuelles, ainsi qu'aux motifs de la résiliation, si une telle reprise n'est pas susceptible de porter une atteinte excessive à l'intérêt général et, eu égard du contrat en cause au droit du titulaire au nouveau*

1183 OUMOUM (J.F), *La responsabilité contractuelle en droit administratif*, Paris, LGDJ, Extenso, 2014, p.354.
1184 *Ibid*., p. 534.
1185 *Ibid*., p. 539.
1186 Jugement n° 132/04-05 du 27 juillet 2005, Entreprise camerounaise de Construction et de nettoyage (ECCN) c/ État du Cameroun (ministère de l'Information et des Marchés publics) précité.

contrat dont la conclusion aurait été rendue nécessaire par la résiliation litigieuse »[1187].

Pour déterminer s'il fait droit à la demande de reprise des relations contractuelles, le juge doit comme dans le cadre d'un recours Tropic mettre en balance à la fois la gravité des vices constatés, les éventuels manquements du requérant, la motivation de la résiliation, l'intérêt général et le cas échéant les droits du titulaire du marché de substitution[1188]. Enfin, le juge autorise la reprise des relations contractuelles ou à défaut octroie les indemnités au cocontractant[1189]. Le contentieux indemnitaire relève en matière contractuelle des pouvoirs du juge de pleine juridiction.

2. Le pouvoir de réparation

Le principe applicable dans le contentieux de la réparation en matière contractuelle est le principe de la réparation intégrale du préjudice subi consacrée dans l'affaire Amseconcom en ces termes : *« Attendu que le principe de la réparation intégrale unanimement admis par les juridictions administratives et celles de droit commun implique pour la partie lésée le droit d'être indemnisé sur la totalité des charges qui sont la conséquence du fait dommageable »*[1190]. Ainsi, le juge de contrat par le biais d'un recours de pleine juridiction, dispose ainsi d'un pouvoir de réparation intégrale. Cette jurisprudence a été réitérée par le juge administratif dans l'affaire ENACAM en ces termes : *« Attendu que [...] les juridictions administratives et de droit commun admettent unanimement le principe de la réparation intégrale du préjudice, ce qui implique pour la partie lésée le droit d'être indemnisée de la totalité des charges qui sont la conséquence du fait dommageable ».*[1191]

Ainsi, la victime a droit au règlement des sommes dues. L'affaire MONTHE Lucas est révélatrice de la condamnation de la collectivité publique au règlement des sommes dues. Le recours de l'établissement Saint-Luc visait la condamnation de la Mairie de Mbanga à lui payer la somme de 8 716 477 FCFA à laquelle s'ajoute celle de 2 800 000 FCFA correspondant à la réparation des dommages-intérêts du préjudice subi. La juridiction administrative par une souscription partielle, formula ces termes : *« [...] Attendu qu'en l'espèce, l'exploitation des pièces du dossier de procédure*

[1187] C.E 21 mars 2011, Commune de Béziers II : le juge étend les pouvoirs du juge du contrat engagé par les décisions Tropic et Commune de Béziers I.

[1188] MBENDE BANGYA (P.C), *Les pouvoirs du juge administratif dans le contentieux des contrats de droit public au Cameroun*, thèse de doctorat, Université de Yaoundé II (Soa), 2020, p. 316 et suiv.

[1189] *Ibid.*

[1190] CS/CA, jugement n° 50/84-85 du 1er février 1985, Amsecom-Amseconcom c/ État du Cameroun précité.

[1191] T.A de l'Ouest, jugement n° 7/TA/BFM/2016, Établissement ENACAM c/ État du Cameroun (MINADER).

révèle que la demande en dommages et intérêts d'un montant de 2 800 000 FCFA n'a pas fait l'objet d'un recours gracieux préalable ; qu'il s'ensuit que cette demande doit être déclarée irrecevable [...] ».

Pour la demande principale de 8 716 477 FCFA, le juge administratif affirma qu' *« attendu qu'au regard des éléments du dossier de procédure, cette demande est justifiée ; que d'ailleurs, l'exécution des contrats y relatifs n'a point été contestée par la partie défenderesse ; qu'il échet d'y faire droit [...] »*[1192].

Le juge administratif formule en ces termes que le lien n'est pas automatique entre le paiement des sommes dues et des dommages et intérêts : *« Article 1er : la demande relative aux dommages et intérêts est irrecevable ;*

Article 2 : la demande afférente au paiement de la somme de 8 176 477 FCFA est recevable ;

Article 3 : elle est fondée ; par conséquent, la Commune d'arrondissement de Mbanga est condamnée à payer au requérant la somme de 8 716 477 FCFA [...] »[1193].

La réparation ne doit pas fournir un enrichissement sans cause au contractant lésé et l'indemnité correspond au manque à gagner. Ainsi, dans l'espèce Société Équatoriale Business et Marketing Sarl, le requérant sollicite le recours à l'enrichissement illicite et la condamnation de l'État à payer les indemnités diverses correspondant au prix des fournitures livrées et à titre de dommages-intérêts compensatoires. La Chambre administrative de la Cour Suprême y fera droit par cette formule : *« [...]. Qu'ainsi, en invoquant des dispositions d'une circulaire n° 0006/CF/MINEFI/B du 16 juillet 1999, pour se soustraire au paiement du prix convenu, le Ministère de la Recherche scientifique et technique a violé le principe de la non-rétroactivité ;*

Qu'il s'ensuit que le recours est justifié et que l'ÉTAT DU Cameroun (MINREST) doit être condamné à payer la somme de 22 392 945 FCFA au principal au recourant représentant le total du prix des fournitures livrées et celle de 5 000 000 de FCFA à titre de dommages-intérêts [...] »[1194].

Le juge invoque la non-rétroactivité et implicitement l'enrichissement sans cause, car le procès-verbal signé atteste la livraison des fournitures par la Société Équatoriale. La condamnation de l'État aux sommes dues s'illustre

[1192] Jugement n° 022/CA/17/TAL/DLA du 26 janvier 2017, MONTHE Lucas c/ Commune d'arrondissement de Mbanga précité.

[1193] *Ibid.*

[1194] CA/CS, jugement n° 112/2009 du 3 juin 2009, Société Équatoriale Business et Marketing SARL (EBM) c/ État du Cameroun (MINREST) précité.

également à travers l'affaire Société Tractafric Motors Cameroun S.A[1195]. L'Université de Douala débitrice à hauteur de 54 067 144 FCFA représentant le solde impayé de sa créance, suite à une livraison de quatre véhicules pick-up conformément aux quatre lettres-commandes passées après appel d'offres national ouvert. À la suite d'un règlement partiel de 18 000 000 FCFA et rejet implicite du recours gracieux introduit le 6 janvier 2013, la Société Tractafric saisit le tribunal administratif du Littoral à condamner l'Université au règlement du reliquat de 36 062 144 FCFA. Le tribunal administratif agira en ces termes : *« [...] Attendu qu'il est constant que la créance présentement réclamée n'a pas été réglée dans les délais de 30 jours prévus à l'article 17 du contrat ; qu'il y a lieu en application de la pénalité de 10% visée à l'alinéa 2 de la disposition susvisée ;*

Que toutefois, en l'absence de précision de la date de paiement des acomptes, cette pénalité ne sera appliquée que sur le reliquat de la créance, soit 42 662 144 FCFA ;

Attendu qu'il est de bon droit d'allouer la somme forfaitaire de FCFA 2 000 000 au titre de frais prévisionnels de procédure [...] »[1196].

Cette condamnation des sommes dues s'accompagne le plus souvent à l'allocation des dommages-intérêts. Ce fut le cas dans l'affaire Groupe Technicam. Le juge administratif souscrira la sollicitation du requérant visant la condamnation du Ministère de l'Agriculture et du Développement rural (MINADER) à lui payer la somme de quatre-vingt-dix millions de francs CFA (90 000 000 FCFA) en ces termes : *« [...] qu'ainsi en dénonçant le contrat régulièrement passé avec le recourant dans sa correspondance n° 247/MINADER/SG/DAG/SM du 26 avril 2005 sans observer les règles en la matière, le ministre de l'Agriculture a commis un excès de pouvoir ;*

Qu'il y a lieu par conséquent de condamner le MINAGRI à payer au recourant la somme de 24 930 000 FCFA en principal pour son préjudice financier et 10 000 000 de FCFA pour son préjudicie moral [...] »[1197].

Le principe de la réparation intégrale étudiée n'est pas sans limites. En cas de surévaluation par la victime du montant de la réparation, le juge administratif camerounais peut être amené à revoir le montant. Ce fut le cas dans l'espèce ENACAM. Le juge administratif estima que le montant sollicité par le requérant était surévalué et déclara : *« Attendu cependant que si cette demande est fondée, en son principe, elle est toutefois exagérée en son*

1195 TAL/DLA, jugement n° 066/CA/16 du 16 février 2017, Société Tractafric Motors Cameroun S.A c/ Université de Douala.

1196 *Ibid.*

1197 CS/CA, jugement n° 262/2010 du 22 septembre 2010, Groupe Technicam Sarl c/ État du Cameroun (MINADER) précité.

quantum ; que le tribunal se doit, après appréciation, de ramener à de justes proportions et l'évaluer ainsi qu'il suit :

- *Frais liés à la reconstruction des ouvrages : vingt-sept millions deux cent mille (27 200 000) FCFA ;*
- *Dépenses liées à la déforestation : seize millions cinq cent douze mille (16 512 000) FCFA ;*
- *Frais de location des engins lourds et carburant : cinq millions sept cent cinquante-deux mille neuf cent soixante et onze (5 752 971) FCFA »*[1198]

Le juge administratif a rejeté la demande d'indemnisation relative au préjudice moral au motif qu'elle n'était pas fondée et s'est limité à réparer le préjudice principal. Aussi, dans l'espèce ATANGANA Pascal précitée, la requérante sollicitait la condamnation de l'État à hauteur de *« [...] 30 941 280 640 (trente milliards neuf cent quarante et un millions deux cent quatre-vingt mille six cent quarante) FCFA représentant les pénalités de retard [...] »*[1199]. La Chambre administrative déclara : *« [...] s'agissant du quantum de la somme réclamée, à titre de préjudice, celle-ci est exagérée et la somme de 120 000 000 FCFA tous préjudices confondus est appropriée [...] »*[1200]. Dans le contentieux des marchés publics, outre le pouvoir d'annulation et la réparation du juge administratif, devront également être pris en compte les pouvoirs d'interprétation et d'injonction.

B. Les pouvoirs d'interprétation et d'injonction

Le pouvoir d'interprétation mis en œuvre par le juge administratif s'exerce lorsque le contrat conclu par les parties peut comporter des clauses ambigües. Ainsi sera envisagé en vue de combler les lacunes contractuelles, le pouvoir d'interprétation du contrat (1). Dans la jurisprudence camerounaise, sévit un principe fondamental selon lequel, le juge administratif ne peut adresser des injonctions à l'administration. Sera donc étudié le pouvoir d'injonction du juge (2).

1. Le pouvoir d'interprétation du juge du contrat

Le juge administratif camerounais a affirmé sa compétence pour interpréter une disposition contenue dans un marché public. Dans l'affaire Société Agriconseil, l'objet du contrat conclu par les deux parties portait sur un marché public de travaux de construction des salles de classe.

1198 TA de l'Ouest, jugement n° 07/TA/BPM/2010, Établissement ENACAM c/ État du Cameroun (MINADER) précité.

1199 Cf. CA-CS jugement n° 17/2010 du 3 février 2010, ATANGANA Pascal c/ État du Cameroun.

1200 *Ibid.*

L'article 36 dudit marché dispose que : *« Tout litige survenant entre les parties contractantes fera l'objet d'une tentative de conciliation par entente directe. À défaut du règlement à l'amiable, tous les différends découlant du présent marché seront soumis à la procédure d'arbitrage du tribunal administratif de Yaoundé, conformément à la législation en vigueur au Cameroun »* ; l'interprétation du juge qui résulte de cette disposition est la suivante : *« Considérant qu'il n'existe aucune procédure d'arbitrage au tribunal administratif du Centre ; qu'une juridiction étatique ne saurait d'ailleurs arbitrer une juridiction arbitrale ; que la clause à l'article 36 suscité s'apparente plutôt à une clause attributive de compétence ; qu'il convient de retenir la compétence du tribunal de céans ; considérant que le tribunal de céans n'a pas vidé sa saisine ; qu'il y a lieu de réserver les dépens ;*

Par ces motifs

Statuant publiquement, contradictoirement à l'égard de toutes les parties, en matière de contrats administratifs, en premier et dernier ressort ;

Décide par avant-dire-droit :

Article 1er : Le tribunal administratif est compétent »[1201]. Le juge administratif a dans cette affaire interprété l'article 36 contenu dans les clauses du marché comme une clause attributive de compétence et s'est déclaré compétent. Le juge administratif a statué avant dire droit sur la compétence de la juridiction administrative. La question préalable soulève le problème de la compétence juridictionnelle qui est d'ordre public et doit à cet égard être traité par le juge, nonobstant le fait que les parties n'en ont pas fait la demande[1202]. Cette compétence s'apprécie en fonction de l'objet du litige[1203]. Le juge statue à cet effet par voie d'avant dire droit.

La question préjudicielle dans le contentieux contractuel, trouve son fondement dans l'article 14 alinéa 2 de la loi 2006 précitée en ces termes : *« [...) les tribunaux administratifs doivent, lorsqu'ils se trouvent devant une difficulté d'interprétation ou d'appréciation de la légalité d'un acte administratif ou règlementaire, surseoir à statuer et renvoyer la question devant la Chambre administrative de la Cour Suprême »*[1204].

1201 *Ibid.*
1202 MBENDE BANGYA (P.C), *Les pouvoirs du juge administratif dans le contentieux des contrats publics au Cameroun*, thèse de Doctorat Ph. D, Université de Yaoundé II (SOA), 2020, p. 114.
1203 SALMON (J), *Dictionnaire de droit international public*, Bruxelles, 2001, p. 218.
1204 Article 14 alinéa 2 de la loi n° 2006/022 *op. cit.*

Par cette disposition législative, la question préjudicielle permet au juge administratif confronté à une question d'interprétation des dispositions d'un marché public ou d'un contrat public de saisir la Chambre administrative qui a compétence pour interpréter. L'interprétation du juge administratif saisi d'un recours sur renvoi en interprétation du marché ou d'un recours direct en interprétation, *« les juges du fond ne peuvent interpréter les conventions que si celles-ci sont obscures ou ambigües »*[1205]. Le juge interprète l'intrumentum, *« c'est donc à la volonté déclarée des parties qu'il faut donner un sens parce qu'elle est censée constituer l'exact reflet de leurs volontés internes »*[1206]. Les clauses contractuelles sont l'expression même de la manifestation du consentement des parties et renseignent le juge sur les engagements pris par les parties.

2. Le pouvoir d'injonction du juge

En France, à l'égard des personnes publiques, le Conseil d'État affirme que « *s'il appartient au juge de constater les obligations réciproques des parties, il ne saurait intervenir dans la gestion du service public en adressant sous une menace de sanctions pécuniaires des injonctions* »[1207]. Cette conception a évolué en France : la loi du 8 février 1995 accorde au juge administratif un pouvoir d'injonction à l'égard des personnes publiques ; ainsi, a été déjà appliquée l'injonction de résilier un contrat[1208]. Le juge dispose d'un pouvoir d'injonction à l'égard des parties et peut ordonner la poursuite du contrat sous réserve d'ajustement : il a la possibilité d'imposer une modification du contrat ou de prendre des mesures de régularisation de nature à permettre sa poursuite[1209].

La situation en droit camerounais est différente : la mutation des textes relatifs aux injonctions à l'égard de l'administration contraste avec la stabilité de la jurisprudence qu'on peut résumer en ces mots : le juge administratif ne peut adresser des injonctions à l'administration, tandis que le juge judiciaire est compétent pour adjoindre aux personnes publiques d'adopter un comportement déterminé[1210]. Le pouvoir d'injonction reconnu aux tribunaux

---

[1205] Cass. Civ. 1re, 29 mai 1996, Bull. civ. I, n° 233, p.155.

[1206] GRIMALDI (C), *« la valeur normative des directives d'interprétation », in colloque « l'interprétation une menace pour la sécurité des conventions ? », RDC*, 1er mars 2015.

[1207] C.E, Sect. 27 janvier 1933, LE LOIR, Rec. P.136, S. 1933 III, p.132, conclusions DETTON.

[1208] TA. Nantes, 11 avril 1996, Compagnie des Transports de l'Atlantique, AJDA 1996, p. 562 observations JF Millet, cité par BIDJA NKOTTO (T), *op. cit.*, p. 516.

[1209] BIAKAN (J), *op. cit.*, p. 107.

[1210] BIDJA NKOTTO (T), *op. cit.*, p. 516 ; l'article 16 de l'ordonnance n° 72/04 portant organisation judiciaire précise *« en matière non administrative » ainsi « le tribunal de Grande Instance est compétent pour connaître de toute requête tendant à obtenir, en matière non administrative, l'interdiction à toute personne ou autorité d'accomplir un acte pour lequel elle est légalement incompétente, ou pour connaître des requêtes tendant à obtenir en matière non administrative, l'accomplissement par toute personne ou autorité d'un acte qu'elle est tenue*

judiciaires dépend de la formule *« matière non administrative »*. Mais, le principe demeure en matière administrative[1211]. Même si l'on peut faire des interprétations de jurisprudence, car on peut constater que dans l'espèce NGUENA, l'usage du pouvoir d'injonction amène le juge dans le cas d'espèce à statuer son appréciation à celle du conseil d'administration de l'Université[1212].

Le contentieux de l'exécution du contrat est le domaine de prédilection du juge du contrat. En matière des marchés publics, les litiges survenus à l'occasion de l'exécution du contrat relèvent fondamentalement de la compétence du juge administratif. Cette compétence est liée au contentieux de l'exécution comme il a été étudié et celui de son extinction comme l'atteste la réflexion à suivre.

Section 3. Le contentieux de l'extinction du marché public

La fin normale des obligations contractuelles résulte de l'arrivée du terme pour les contrats à durée déterminée ou de la réalisation de l'objet du contrat[1213]. L'extinction normale coexiste avec la fin du contrat comme sanction de l'inexécution par les parties[1214]. Le contrat ayant force obligatoire, son inexécution est contraire au droit et appelle normalement une sanction, *« l'inexécution peut revêtir plusieurs formes : l'exécution tardive, la mauvaise exécution, l'exécution partielle ou le défaut d'exécution qui constituent la faute contractuelle susceptible d'engager la responsabilité de son auteur, à moins que l'exécution n'ait été rendue impossible par la force majeure »*[1215]. Ainsi, l'on distingue l'extinction normale des relations contractuelles, de l'extinction anticipée. À la lecture des textes relatifs aux marchés publics, l'expiration normale des marchés de travaux aux termes de l'article 67 et 72 CCAG – Travaux tiennent compte de la double réception : provisoire et définitive.

a) L'article 67-CCAG-Travaux prévoit « les opérations préalables à la réception provisoire comportent :

b) la reconnaissance des ouvrages exécutés ;

---

d'accomplir en vertu de la loi », in KAMTO (M), droit processus du Cameroun : que faire en cas de litige avec l'administration ? Yaoundé, PUC, 1990, pp.185-195.

[1211] CS/CA, jugement n° 09/89-90 du 23 novembre 1989, NGACHEU Adolphe c/ État du Cameroun.

[1212] CA Douala, arrêt n° 601/S du 29 septembre 1993, Chancelier de l'Université de Yaoundé c/ NGUENA Antoine cité par BIDJA NKOTTO (T), *op. cit.*, p.519.

[1213] BIDJA NKOTTO, *op. cit.*, p. 384.

[1214] *Ibid.*

[1215] *Ibid.*

c) les épreuves prévues notamment par le marché ;

d) la constatation éventuelle de la non-exécution de prestations prévues dans le marché, d'imperfections ou de malfaçons ;

e) *les constatations relatives à l'achèvement des travaux et au repliement éventuel des installations de chantier »*[1216]. Le délai de garantie est, sauf stipulation contraire du CCAP et sauf prolongation jusqu'à l'exécution par l'entrepreneur de ses obligations, de quatre (4) mois pour les travaux d'entretien et d'un (1) an pour les autres travaux[1217].

Pendant ce délai, l'entrepreneur est tenu d'assurer les réparations nécessaires, les imperfections et malfaçons constatées sur le procès-verbal de réception[1218]. Lors de la réception provisoire qui peut être avec ou sans réserve partielle ou totale, les parties doivent constater que l'entreprise a répondu à ses obligations[1219] et prononcer la réception définitive. Pour l'extinction normale des marchés de fournitures[1220] de services et de prestations intellectuelles, le principe posé est la vérification avant réception[1221].

Ainsi, les marchés publics peuvent prendre fin normalement par l'exécution des obligations réciproques des parties, l'accomplissement des objectifs stipulés, l'exécution du marché moyennant des contreparties financières, la fin du marché à la suite d'un décès d'une partie, ou lorsque sa durée est expirée, résiliation conventionnelle, c'est-à-dire d'un accord commun entre les parties au marché. Outre ces modalités classiques d'extinction du marché, le contentieux de l'extinction du marché concerne les cas spécifiques liés à l'hypothèse où il n'y a pas eu une fin normale du marché. La jurisprudence administrative révèle que les litiges contractuels sont pour la plupart consacrés à la résiliation. Ainsi, les fins anormales ou anticipées du marché sont source des contentieux. On étudiera l'extinction anticipée des relations contractuelles par le fait des parties (paragraphe 1) et le juge peut en tirer les conséquences, ce qui permettra d'envisager l'extinction par le juge du contrat (paragraphe 2).

[1216] Lire à cet effet, l'article 67 alinéa 1CCAG-Travauxprécité.

[1217] V. L'article 70 CCAG-Travaux

[1218] V. L'article 71 alinéa 1 et 2 CCAG-Travaux.

[1219] V. L'article 72 CCAG-Travaux.

[1220] V. L'article 29 et 38 CCAG-Fournitures.

[1221] V.L' article 34 et 35 CCAG-Services et prestations intellectuelles.

Paragraphe 1. L'extinction anticipée des relations contractuelles

Les parties peuvent résilier le contrat avant son terme. L'expiration anticipée des marchés publics intervient sur la base des causes liées aux parties, on peut ainsi envisager l'extinction à la demande des parties au marché. Il convient de préciser que l'expiration anticipée du marché peut intervenir sur la base des causes extérieures aux parties. Pour justifier cette affirmation, l'article 75 alinéa 1 de CCAG (Travaux) dispose qu' *« aucune des parties au marché n'est considérée comme ayant manqué ou ayant contrevenu à ses obligations contractuelles si elle en est empêchée par une situation de force majeure »*[1222] et aux termes de l'article 75(2) *« on entend par « force majeure »* [1223] *aux fins du présent article, les grèves, les lock-out ou autres conflits du travail, les actes de l'ennemi, les guerres déclarées ou non, les blocus, les insurrections, les émeutes, les épidémies, les glissements de terrain, les tremblements de terre, les tempêtes, la foudre, les inondations, les affouillements, les troubles civils, les explosions et tout autre évènement analogue imprévisible, indépendant de la volonté des parties et qu'elles ne peuvent surmonter en dépit de leur diligence »*[1224]. La force majeure peut induire la fin de l'exécution des prestations. Au regard de ce qui précède, les causes d'extinction peuvent être extérieures aux parties. Seront étudiées l'extinction à la demande du cocontractant à la suite d'un fait de l'administration (A) et l'extinction à la demande de l'administration par le fait du cocontractant (B).

A. L'extinction à la demande du cocontractant à la suite d'un fait de l'administration

L'extinction juridictionnelle du contrat par le juge peut être demandée par le cocontractant, personne privée de l'administration. La jurisprudence pose des limites aux pouvoirs de l'administration dans le domaine des contrats publics en général et des marchés publics en particulier. La décision de résiliation doit non seulement être motivée, mais doit aussi être accompagnée d'un décompte de liquidation, qui récapitule les débits de crédits du titulaire du marché après inventaire contradictoire des prestations réalisées[1225]. Lorsque l'administration a dépassé les limites des pouvoirs qui pouvaient être apportées au marché public, cela est constitutif d'une cause d'extinction,

---

[1222] V. L'article 75(1) des CCAG-Travaux.

[1223] Aux termes de l'article du CMP, *« nonobstant les dispositions de l'article du présent code, le maître d'ouvrage ou le maître d'ouvrage délégué peut, en cas de force majeure et après avis de l'autorité des marchés publics, prononcer la résiliation d'un marché en l'absence de toute responsabilité du cocontractant de l'administration, sans préjudice des indemnités auxquelles ce dernier peut prétendre »*.

[1224] V. L'article 75 alinéa 2 CCAG-Travaux.

[1225] BIAKAN (J), *op. cit.*, p. 110.

si le cocontractant en fait la demande. La demande d'extinction juridictionnelle du marché à l'initiative du cocontractant est envisagée dans les hypothèses suivantes :

- les manœuvres de l'administration modifiant le contrat et ayant pour conséquences de porter atteinte à sa viabilité ;
- lorsque l'administration à l'égard de son cocontractant n'exécute pas ses obligations contractuelles ;
- lorsque l'administration a franchi les limites de son pouvoir ;
- lorsque l'administration refuse de faire usage de ses pouvoirs, notamment en refusant d'utiliser son pouvoir de sanction à l'égard de son cocontractant. Dans ces hypothèses, le champ contentieux se développe sur le terrain de l'extinction du marché public auprès du juge administratif. L'administration ne peut de manière unilatérale procéder à une modification des éléments essentiels du contrat[1226]. Lorsque la modification est effectuée, et que l'administration refuse de résilier le marché, cette dernière ayant outrepassé les limites de la modification, le cocontractant de l'administration peut demander au juge du contrat d'y mettre fin.

La résiliation pour faute de l'administration est une cause d'extinction du marché public, un principe applicable aux contrats publics à la demande par le cocontractant auprès du juge. Ainsi, le cocontractant peut refuser la modification apportée au contrat si elle est de nature à porter atteinte à la poursuite de son exécution et demander au juge de procéder à une résiliation du contrat aux torts de l'administration[1227]. L'administration *« peut en tout état de cause et en vertu des règles générales applicables aux contrats administratifs, mettre fin avant terme aux marchés publics, sous réserve des droits à indemnités des intéressés »*[1228].

Ainsi, lorsque l'administration augmente les charges du cocontractant sans accorder de compensation à son cocontractant ni résilier le contrat, cela peut s'interpréter, soit comme des manœuvres fautives, soit comme des manœuvres entreprises pour ne pas remplir ses obligations contractuelles[1229] susceptibles de conduire à la résiliation du contrat à ses torts. Lorsque le prix qui est l'un des éléments essentiels du contrat change par rapport à la clause initiale, le cocontractant peut mettre fin au marché auprès du juge. Par ailleurs, l'extinction du contrat peut également être demandée par la personne publique.

1226 POILLARD (P), *Droit administratif*, Bruxelles, collec. Paradigme, Larcier, 5e éd. 2014, p. 239.
1227 OTTOU MEBENGA (CT), *op. cit.*, p.206.
1228 C.E. Ass. 2 Mai 1958 Distillerie de Magnac-Laval.
1229 CS/CA, affaire ETS OPTIMA c/ État du Cameroun.

B. L'extinction à la demande de l'administration par le fait de son cocontractant

Plusieurs fautes sont reprochées au titulaire du marché public. Ainsi, aux termes de l'article 182 du code des marchés publics, *« le marché est résilié de plein droit par le maître d'ouvrage dans l'un des cas suivants :*

a) décès du titulaire [...] ;

b) faillite du titulaire du marché [...] ;

c) liquidation judiciaire, si le cocontractant n'est pas autorisé par le tribunal à continuer l'exploitation de son entreprise ;

d) en cas de sous-traitance, de cotraitance ou de sous-commande, sans autorisation préalable du maître d'ouvrage ou du maître d'ouvrage délégué ;

e) Défaillance du cocontractant de l'administration dûment constatée et notifiée à ce dernier par le maître d'ouvrage ou le maître d'ouvrage délégué ;

f) le non-respect de la législation ou de la règlementation du travail ;

g) la variation importante des prix [...] ;

***h)** les manœuvres frauduleuses et corruptions dûment constatées »*[1230].

Dans l'hypothèse du refus par le cocontractant de l'administration d'une extinction conventionnelle du marché, l'administration peut solliciter auprès du juge du contrat l'élévation du litige. L'administration peut décider de présenter une demande d'extinction juridictionnelle du contrat. La demande de l'administration est due à une faute de son cocontractant et cette faute est une cause d'extinction juridictionnelle du marché public. Lorsque l'administration décide de résilier le contrat, elle peut donc par une demande auprès du juge des contrats publics solliciter une expiration anticipée des relations contractuelles. Les causes d'extinction juridictionnelle ont pour conséquences les solutions juridictionnelles en une extinction contentieuse de la relation contractuelle.

Paragraphe 2 : l'extinction par le juge du contrat

L'extinction par le juge du contrat est la conséquence d'une fin prononcée à la demande de l'une des parties au marché public. On distingue la résiliation par le juge du contrat (A) et la résiliation aux torts de l'une des parties au contrat (B).

[1230] v. article 182 du CMP précité.

A. La résiliation par le juge du contrat

La modalité spécifique d'extinction du contrat est la résiliation du contrat par le juge. Celle-ci est prononcée :

- pour des faits de force majeure, à la demande du cocontractant ;
- pour manquement au contrat commis ;
  - par l'administration ; les fautes doivent être graves ;
  - par le cocontractant ; l'administration peut exercer son pouvoir de résiliation unilatéral.
  - Lorsque la période d'imprévision devient permanente, à la demande de l'une ou de l'autre partie ;
  - pour bouleversement du contrat du fait de l'administration, à la demande du cocontractant[1231].

Le juge peut-il prononcer la résiliation du contrat sans prononcer des sanctions ?

- La première hypothèse envisageable est celle de la force majeure : l'établissement d'un cas de force majeure a pour conséquence la disparition de toutes responsabilités pour les parties au marché. La force majeure prévue dans le code des marchés publics a un effet exonératoire[1232] et le juge du contrat a l'obligation de tenir compte des stipulations contractuelles. Le caractère extérieur aux parties de l'évènement de force majeure est selon le code *« sans préjudice des indemnités auxquels ce dernier [l'entrepreneur qui l'invoque] peut prétendre »*[1233] et le juge du contrat fait une application de cette indemnisation. La force majeure exonère certes la responsabilité, mais elle ne peut empêcher l'indemnisation de l'entrepreneur qui l'invoque et le prouve pour le marché déjà exécuté partiellement, car la force majeure est sans préjudice du paiement par l'administration des prestations déjà exécutées.
- La seconde hypothèse correspond à la résiliation du marché à la demande de la personne publique, pour lui permettre de conclure un nouveau marché. En vertu du privilège du préalable de l'administration en matière contractuelle, elle n'est pas tenue de s'adresser au juge. Cette règle est un des fondements de l'action administrative[1234], car écrit LIET-VEAUX *« seuls les contrats privés passés par l'administration*

[1231] DE GAUDUSSON (J.D.B), *Droit administratif*, Bordeaux, Librairie Montaigne, 1999-2000, p.220.
[1232] V. L'article 183 CMP.
[1233] V. L'article 183 CMP in fine.
[1234] SCHWARTZENBERG (R.G), *L'autorité de la chose décidée*, Paris, LGDJ, 1969, pp.55-80.

demeurent à l'abri des changements unilatéraux par actes administratifs »[1235].

Mais l'administration pour prévenir un éventuel contentieux entre elle et son cocontractant, peut recourir au juge du contrat et solliciter l'extinction du contrat. Le juge peut entériner cette extinction du marché et par conséquent rompre les relations contractuelles, la bonne foi de l'administration doit être prouvée. Il appartiendra au juge d'envisager les responsabilités sur la base des comportements des parties pendant l'exécution du marché.

La possibilité pour l'administration de renoncer au privilège du préalable est exposée par WEIL dans sa note sous l'arrêt ville de Nice en ces termes : *« la faculté reconnue à l'administration de renoncer au privilège du préalable semble subordonnée à l'existence d'une menace de résistance de la part du particulier ; c'est parce que le cocontractant avait contesté par l'exploit d'huissier la validité de la résiliation prononcée par la ville que celle-ci, pour couper court à cette discussion, avait demandé au juge de confirmer la résiliation et de dire qu'elle produirait ses effets juridiques. Le juge administratif n'a pas à délivrer de consultation sur la validité des décisions dont rien ne laisse prévoir qu'elles ne seront pas obéies, sous cette réserve, la solution adoptée, en matière de contrat pourrait, semble-t-il, être généralisée »*[1236]. L'administration peut demander au juge de confirmer la résiliation, mais l'extinction du contrat nécessite la bonne foi de l'administration.

B. La résiliation aux torts de l'un des contractants

La résiliation dépend de la nature de la rupture du contrat. Ainsi, l'extinction juridictionnelle d'un marché public peut se solder par une résiliation aux torts, frais et risques des parties ou de l'une des parties.

Lorsque l'administration est reprochée pour un manquement aux obligations contractuelles, le cocontractant peut solliciter auprès du juge du contrat que la responsabilité de l'administration soit engagée en plus de la rupture du contrat sollicité. Le juge du contrat pour prononcer la résiliation aux torts de l'administration exige que la faute ait été commise, et apprécie rigoureusement la faute commise. Le juge a des pouvoirs étendus. Il préfère dans certains cas l'attribution des dommages et intérêts, condamner la partie fautive au paiement d'une indemnité et dans d'autres hypothèses en ordonner la résiliation. En règle générale, seules les parties au contrat peuvent s'adresser au juge du contrat pour un manquement constaté. La faute avérée de l'une des parties outre la résiliation prononcée par le juge du contrat, celui-ci peut

---

[1235] LIET-VEAUX, JurisClasseur administratif, fascicule 106.

[1236] C.E 20 avril 1956, ville de Nice, *RDP* 1956, p.580000 conclusions LONG ; *AJDA*, 1956 II p. 266 note WEIL (P).

engager la responsabilité de l'auteur de la résiliation du marché ou de la faute en condamnant la partie fautive au paiement des dommages et intérêts. Le juge du contrat peut mettre fin à une relation contentieuse à la demande de l'une des parties, il tire la conséquence de l'extinction. La sanction prononcée par le juge du contrat à cette extinction du contrat ou du marché public tient compte de la nature de l'extinction.

En définitive, il était question de démontrer la place importante de l'office du juge administratif dans le contentieux de la formation, de l'exécution et de l'extinction du marché public. Il en ressort que si le contentieux de la formation est moins fourni, celui de l'exécution constitue le contentieux par excellence de l'intervention du juge administratif. Aussi, les fins anticipées du marché sont source de son extinction, à cet effet, le contentieux de l'extinction fait l'objet d'encadrement par le juge administratif.

L'essentiel à relever se rapporte au régime qui gouverne le contentieux de la formation, de l'exécution et de l'extinction. Le contentieux du contrôle de la conformité matérielle et formelle de la formation des marchés publics étant encore en construction, celui de l'exécution est un acquis à préserver, car ce contentieux restreint moins la compétence du juge administratif. Dans le contentieux de l'extinction, le juge du contrat occupe la place centrale. Il peut tirer les conséquences de l'extinction en prononçant une résiliation ou une résiliation aux torts des parties. Il peut mettre fin au contrat à la demande de l'une des parties.

L'objectif était de démontrer la compétence dévolue à titre principal au juge administratif dans le contentieux des marchés publics. Depuis ses débuts, la juridiction administrative au Cameroun est attachée au contrôle de la validité du marché public. Car, il appartient au juge administratif sur la base de la loi et la jurisprudence établie d'en contrôler le respect des règles formelles et matérielles liées au marché public et d'en sanctionner conséquemment les violations.

Dans le contentieux de l'exécution du marché, les évolutions sont perceptibles. Le juge maintient l'équilibre entre la préservation de l'intérêt général et l'intérêt des parties à un marché public et la sauvegarde des intérêts du contractant, partenaire d'affaire de la puissance publique. Les hypothèses de reconnaissance des pouvoirs de l'administration contractante et de sa limitation par le juge, la sanction et réparation en faveur du cocontractant illustre à suffisance l'équilibre recherché par le juge dans le contentieux de l'exécution. En matière d'extinction d'un marché public, le juge est au centre du contentieux de la résiliation et de la sanction.

Au regard de ces analyses, le juge administratif par le biais de son office apparaît comme le centre du contentieux des marchés publics. L'attraction du contentieux des marchés publics est centrée sur les irrégularités liées à la formation, exécution et extinction. Mais le contentieux des marchés publics est partagé par les ordres de juridictions non seulement judiciaires, mais aussi financières.

CHAPITRE 2.

LE CONTENTIEUX DES MARCHÉS PUBLICS DÉVOLU AUX JURIDICTIONS JUDICIAIRES ET FINANCIÈRES

La question du rapport entre les marchés publics et les juges judiciaires et financiers trouvent leur siège en contentieux des marchés publics. De prime à bord, le lien ne semble pas évident, mais en réalité il existe des litiges qui ne relèvent pas de la juridiction administrative, mais qui sont soumis à la compétence des tribunaux judiciaires. De ce fait, les tribunaux judiciaires comme financiers interviennent également pour régler les litiges. Ceci participe de la garantie de l'intérêt collectif et de la complémentarité des matières administratives.

Le code des marchés publics situe certains litiges en deçà de la compétence de juge administratif et pose que *« sont passibles de sanctions prévues par les lois et règlement en vigueur, toute procédure passée en violation des dispositions du présent code, ainsi que les acteurs des mauvaises pratiques dans la passation ou l'exécution des marchés publics. Lorsque les cas de violation portent atteinte à la fortune publique, les auteurs sont passibles des peines prévues par l'article 184 du Code pénal »*[1237]. Cette disposition fonde juridiquement la compétence de la juridiction répressive ou du tribunal criminel spécial à connaître des atteintes à la fortune publique et de mauvaises pratiques dans les marchés publics. En règle générale, un marché public lie l'administration à un cocontractant de l'administration ou titulaire du marché. Cependant, la règlementation camerounaise relative aux marchés publics a prévu qu'un tel marché peut donner lieu à la sous-traitante[1238] favorisant ainsi l'accès des petites et moyennes entreprises à la commande publique et force est de constater l'encouragement des pouvoirs publics à l'activité de sous-traitante. Ainsi, à l'effet de trancher les litiges nés des rapports juridiques prouvés, la compétence du juge civil semble opportune.

[1237] V. L'article 188 al.1 et 2 du CMP précité.

[1238] V. L'article 131 à 134 du CMP.

La compétence résiduelle des juges judiciaires et des juridictions financières ne signifie pas une compétence minimisée, le caractère résiduel de ce contentieux est envisagé par rapport à un contentieux principal. Ainsi, l'intérêt général peut être garanti au-delà de la compétence du juge administratif. La nature administrative du marché public a fait du juge administratif le juge principal pour régler le contentieux des marchés publics. La nécessité de renforcer le contrôle juridictionnel de la dépense publique nécessite l'intervention de la Chambre des Comptes[1239]. Les litiges nés du marché public sont influencés par la nature administrative du marché, de ce fait, la complémentarité réside entre le juge principal étudié et le juge résiduel. Ainsi l'étude permettra successivement d'analyser la compétence des juridictions judiciaires (section 1) et financières (section 2) dans le règlement du contentieux relatif aux marchés publics.

Section 1. La compétence du juge judiciaire dans le contentieux des marchés publics

Le mythe d'un juge principal pour connaître du contentieux des marchés publics s'estompe lorsque l'on observe que la question de l'identification d'un contrat public n'est pas une construction close du juge administratif. Utopie d'une attribution unitaire du contentieux par exemple de la formation au marché public, elle trouve sa justification dans la nécessité pour le juge civil de préserver la crédibilité du procédé de formation de la volonté contractuelle. Aussi, les questions relevant des droits subjectifs relèvent du juge judiciaire. Ainsi en est-il des litiges entre cocontractants portant sur une demande en réparation, cela n'exclut pas que le juge judiciaire en soit saisi. La préservation des droits de la personne, le souci de faire respecter les principes gouvernant la validité du contrat, les questions financières nécessitent l'intervention du juge judiciaire, pour permettre une cohérence de l'ensemble de l'ordre juridique. Les requérants évincés ou potentiels disposent une variété d'actions contentieuses. Il est aujourd'hui dépassé de présenter le contentieux des marchés publics comme relevant de la compétence exclusive du juge administratif. Lorsqu'il s'agit de traiter de la répression des infractions, les juges administratif et pénal sont complémentaires. Ainsi, les soumissionnaires à la commande publique et les administrations publiques peuvent être des auteurs de comportements déviants. Ainsi, le contentieux des marchés publics ne relève pas d'un juge, mais de divers juges. Dans la première analyse, il convient d'envisager la compétence du juge judiciaire non répressif, notamment le juge civil. Ainsi cette analyse passera par la connaissance par le juge civil du contentieux des marchés publics (paragraphe 1).

[1239] V. loi n° 2003/5 du 21 avril 2003 fixant les attributions, l'organisation et le fonctionnement de la Chambre des comptes précitée.

Dans la deuxième analyse, on étudiera la compétence du juge judiciaire répressif. Par son action de protection des deniers publics, la connaissance par le juge pénal du contentieux des marchés publics est d'usage naturel, car il est le *« juge naturel »* des infractions pénales commises dans les marchés publics.

Paragraphe 1. La connaissance par le juge civil en contentieux des marchés publics

La protection de l'intérêt général dans un marché public nécessite l'intervention du juge civil non pas dans le but de s'immiscer dans la compétence réservée au juge administratif, mais en complément des espaces vides laissés par le juge administratif. La commande publique trouve matière à contestation par l'usage transposé des notions de droit civil comme l'enrichissement sans cause. Ainsi, *« une solide potion du contentieux afférent à l'exécution des marchés publics appartient bel et bien au juge judiciaire et se résout dans les termes du droit privé »*[1240]. Par conséquent, le juge civil intervient secondairement ou incidemment dans le contentieux de la formation (A) et de l'exécution (B) ; aussi, convient-il d'envisager le contentieux des irrégularités liées aux opérations d'exécution (C).

A. L'intervention périphérique du juge civil dans le contentieux de la formation du marché public

Le juge administratif contractuel est celui qui est compétent pour connaître du contentieux de la formation du marché public. Mais l'office du juge civil peut croiser l'office du juge administratif contractuel, l'objectif du juge civil sera de trancher les litiges. Lors d'un recours principal émanant des parties à un contrat, le juge civil de façon accessoire peut se prononcer sur l'examen des recours liés à l'identification d'un contrat public (1) et sur les recours en responsabilité en cas de vice dans le processus de la formation du contrat (2). Ses décisions ont une incidence sur la validité du contrat (3).

1. L'examen des recours liés à l'identification d'un contrat administratif par le juge civil

Le juge judiciaire est plus attendu dans la construction des règles de droit privé, ce qui ne rend pas évidente son intervention dans la construction des critères d'identification d'un contrat de droit privé. Ainsi, le juge civil statue sur les contrats civils. La structure d'un contrat peut avoir pour conséquence l'adoption d'une qualification exclusive ou distributive[1241]. D'une façon plus synthétique, la structure de la convention détermine une qualification nommée

---

[1240] NKAKE EKONGOLO (D.B), *op. cit.*, p.78.

[1241] GHESTIN (J), JAMIN (C), BILLIAU (M), *Traité de droit civil*, Paris, LGDJ, 3e édition, 2001, p.117.

ou une qualification innommée[1242]. Les contrats nommés sont ceux auxquels la loi, le règlement ou l'usage ont donné un nom et dont le régime est fixé par un texte[1243]. Les contrats innommés sont ceux que la loi ne règlemente pas sous une dénomination propre et qui relèvent donc avant tout du droit commun des contrats[1244]. Cette classification en droit privé est traditionnelle. Avec l'avènement de la liberté contractuelle ainsi que d'autre conception de droit, on a pu considérer que cette distinction était devenue inutile : qu'ils soient nommés ou innommés, les contrats sont valables et sanctionnés par l'action en justice[1245]. Il appartient au juge civil de reconnaître et de mesurer l'originalité des figures contractuelles.

On comprend par cette analyse que le juge civil statue sur les matières qui relèvent du droit commun. La compétence juridictionnelle est d'ordre public et doit être prise en compte par le juge. Pour décliner sa compétence en matière de contrats publics, le juge civil saisi d'un recours principal par les parties à un litige s'est de manière incidente prononcé sur cette question portée à son prétoire, liée à l'identification du contrat administratif. Il a amené à identifier le contrat administratif à travers les critères et s'est tout de même déclaré incompétent. La compétence dont il est question ici est prioritairement matérielle et désigne l'aptitude du juge à s e prononcer sur le litige qui lui est soumis : c'est la compétence qui s'apprécie en fonction de l'objet du litige[1246]. Le marché public est un contrat administratif qui répond aux critères définis par le juge civil. *« Le juge judiciaire définit parfois les notions de droit administratif auxquelles il recourt. Il s'agit le plus souvent des définitions positives qui exposent ce qu'il faut entendre par tel ou tel vocable ; (...) les notions faisant le plus fréquemment l'objet de définitions sont la voie de fait et le contrat administratif »*[1247].

Pour restituer le résultat du travail de construction de la notion de contrat administratif, l'affaire Société Forestière Petra S.A c/ Sylvestre NAAH ONDOA en est une illustration de la qualification du contrat fourni par le juge civil[1248]. Les faits de cette affaire méritent d'être rappelés : *« une convention de collaboration avait été signée par l'État représenté par le ministre de l'Économie et des Finances et la Société Forestière Petra (SOFOPETRA) ayant pour objet le fondement et l'exécution du projet de création et d'aménagement du sanctuaire à gorilles de Mengame dans le département de*

[1242] *Ibid.*

[1243] GHESTIN (J), *Les obligations, les contrats, formation*, Paris, LGDJ, 2e édition, 1988, p.71.

[1244] GRILLET-PONTON, *Essai sur le contrat innomé*, thèse Ronéot, Lyon III, 1982, n° 400, p. 465 ; GHESTIN (J), *op. cit.*, p. 71.

[1245] GHESTIN (J), *op. cit.*, p. 71.

[1246] SALMON (J), *Dictionnaire de droit international public*, Bruxelles, 2001, p.218.

[1247] VAN LANG (A), *Juge judiciaire et droit administratif*, Paris, LGDJ, 1996, p.36.

[1248] TGI du Mfoundi, jugement civil n° 277 du 9 février 2004, affaire Société Forestière Petra S.A c/Sylvestre NAAH ONDOA, État du Cameroun.

la Mvila et du Dja-et-Lobo dans l'actuelle région du Sud. L'État à l'issue de la première période triennale d'exécution, a rempli ses obligations contractuelles ; curieusement, par la suite, l'État s'est dérobé de ses obligations contenues dans la convention causant ainsi un énorme préjudice à la SOFOPETRA. La Société Petra par exploit d'huissier assigne sieur Sylvestre NAAH ONDOA et l'État du Cameroun devant le TGI de céans pour les voir condamner solidairement à lui payer la somme de 23 754 000 000 FCFA de dommages et intérêts.

En réplique, l'État du Cameroun soulève l'exception d'incompétence « ratione material » du tribunal de céans »[1249]. On peut constater que le juge civil se référant aux critères jurisprudentiels du contrat administratif affirme que : *« Attendu qu'à défaut d'une définition textuelle, la jurisprudence a retenu certains critères permettant de définir un contrat administratif ; qu'il s'agit du critère organique qui exige que l'une des parties au contrat soit une personne publique ; qu'il s'agit du critère matériel qui fait concurremment appel au critère de la participation directe du contrat à l'exécution même du service public et du critère de la clause exorbitante »*[1250]. Ainsi, le juge civil rejoint et ressuscite la position du juge administratif énoncé dans l'affaire RENUCCI[1251]. Ainsi, un marché public répond au critère de la participation du cocontractant à l'exécution même du service public et la présence de la clause exorbitante. Il répond au critère de la présence au marché d'au moins une personne publique. Le juge civil reprend en son compte l'exigence du critère organique qui impose que l'une des parties au contrat soit une personne publique. Il a qualifié ce critère de *« critère organique »*, et l'obligation de la présence cumulée de tous les critères matériels au contrat par l'expression *« concurremment »*. Ce critère matériel cumulé prend en compte en même temps le critère de la participation au service public, que celui de la clause exorbitante[1252]. Le juge civil a de manière accessoire identifié le contrat administratif dans le cadre d'un litige civil et s'est déclaré incompétent. Il décline sa compétence au profit du juge administratif. La responsabilité contractuelle peut également faire intervenir le juge civil.

2. Les recours en responsabilité en cas de vice dans le processus de la formation du marché public

Le juge administratif est en principe le juge naturel pouvant prononcer la nullité du marché. Mais, les conséquences de la nullité peuvent entraîner la compétence du juge civil. Le juge civil occupe une place importante en

---

1249 NGUEDIA MEIKEU (H), *op.cit.*, p. 244.

1250 TGI du Mfoundi, 9 février 2004, Société Forestière Petra S.A c/ Sylvestre NAAH ONDOA.

1251 CCA/arrêt n° 83 du 22 décembre 1951, RENUCCI c/Administration du Territoire.

1252 TGI du Mfoundi, 9 février 2004, Société Forestière Petra S.A c/ Sylvestre NAAH ONDOA.

matière des obligations découlant du marché, et en matière d'application des règles de la concurrence lors de la procédure de passation du marché.

L'enrichissement sans cause dans les recours en responsabilité n'est pas ignoré des marchés publics. L'action en enrichissement sans cause trouve sa source en droit romain par son appellation action *« de in rem verso »* et est d'origine jurisprudentielle. Elle fut fondée en droit français par un arrêt de la Cour de cassation[1253]. CHAPUS soutient que cette action *« permet d'assurer des indemnisations, que l'équité recommande, dans des cas notamment où des travaux ont été exécutés ou des prestations fournies sur la base d'un contrat qui, finalement n'a pas été conclu, qui est entaché de nullité, qui était arrivé à son terme, ou sans qu'aucun contrat n'ait été préparé, ou encore en marge d'un contrat »*[1254]. La réclamation de cette action se fait sur le terrain de la responsabilité extracontractuelle, car l'échange entre l'administration et un tiers est de pur fait et non formalisé.

Dans l'affaire Société Citécable rendue par le Conseil d'État français, le juge devait se prononcer d'une part sur le sort à donner à une demande d'annulation d'une décision de résiliation alors que le contrat était entaché de nullité ; et d'autre part sur indemnisation pour enrichissement sans cause, du fait de la nullité d'un contrat dont l'administration aurait bénéficié de son exécution[1255]. L'action *« in rem verso »* signifie selon le Conseil d'État que les prestations sont fournies à une personne publique, alors qu'aucun contrat, même verbal, n'a jamais été conclu[1256], ou lorsque le contrat a été formalisé, et a par la suite, été déclaré nul. En l'absence d'un contrat valide, le recours en responsabilité quasi contractuelle est justifié.

La compétence du juge civil en droit camerounais peut être admise en matière d'enrichissement sans cause dans les rapports avec la personne publique ; car le contrat en principe inexistant pourrait être un obstacle à la compétence du juge administratif. Alors l'enrichissement sans cause lorsqu'elle ne prospère pas auprès du juge administratif, la voie est ouverte pour le juge judiciaire.

Les entreprises ne doivent pas porter atteinte aux règles de la concurrence. Une pratique anticoncurrentielle est susceptible de sanction. Une pratique anticoncurrentielle est le comportement d'un agent économique qui aurait pour effet d'empêcher, de fausser ou de restreindre de manière sensible l'exercice de la concurrence au niveau du marché intérieur[1257]. La loi vise

[1253] Cass. Civ. 15 Juin 1892, D. 1892.1.596, 5.1893.1.81, note J. Labbé, cité par CHAPUS(R), *Droit administratif général*, tome I, Paris, 16e édition Montchrestien, coll. Domat droit public, 2001, n° 1397.

[1254] *Ibid.*, n° 1397.

[1255] C.E. Sect. 20 octobre 2000 Société Citécable Est.

[1256] C.E. Sect. 14 avril 1961, Société Sud-aviation, Rec. P. 236.

[1257] V. L'article 3 de la loi n° 98/013 du 14 juillet 1998 relative à la concurrence.

ainsi trois catégories de comportements : l'entente, l'abus de position dominante et la concentration économique. Les entreprises candidates[1258] à une concentration sont tenues de déclarer leur intention lorsque leurs chiffres d'affaires conjoints réalisés au cours de l'année précédant l'opération sont de quatre (4) milliards ou les parts de marché détenues par les entreprises candidates sont supérieures ou égales à 30%[1259]. Lorsque ces seuils ne sont pas atteints, l'opération échappe à l'autorisation préalable de la commission nationale de la concurrence.

La concentration est un abus de position dominante selon l'article 26 de la loi n° 98/013, elle réduit de manière sensible la concurrence sur le marché. Dans ce cas, elle doit être rejetée par la commission nationale de la concurrence (CNC) ou n'être autorisée que si les parties se départissent des actifs ou d'actions de manière à respecter le niveau de la concurrence sur le marché. La concentration est autorisée si elle apporte des gains d'efficience réels à l'économie dépassant les effets préjudiciables à la concurrence. L'autorité de la concurrence (car la personne publique qui intervient sur le marché doit se conformer aux règles de la concurrence prévues par la loi n° 98/013), le juge judiciaire et le juge administratif interviennent en matière des règles de la concurrence.

Relève de la compétence du juge administratif, l'appréciation de la licéité des actes par lesquels les personnes publiques organisent les appels d'offres préalables à l'attribution des marchés publics. Le contrôle de la légalité lui revient. La collectivité publique peut être responsable des comportements éventuellement anticoncurrentiels des entreprises soumissionnaires y compris si elles sont des entreprises publiques.

La méconnaissance des principes de la concurrence, de l'égalité de traitement des candidats dans l'examen de leurs offres suffit à constituer l'élément matériel de l'infraction. Le juge judiciaire pénal[1260] connaît également de la méconnaissance des obligations de publicité et de mise en concurrence. Le contrôle du juge judiciaire civil s'exerce sur la capacité à contracter de la personne physique. Ici, ce sont les règles du droit civil liées au statut des personnes qui s'appliquent et le juge civil pourrait statuer. En matière contractuelle publique en général et des marchés publics en particulier, aucune décision du juge civil en la matière n'est recensée, mais cela n'exclut pas au juge civil de se prononcer sur les incapacités d'exercice ou de jouissance liées à une personne physique violée.

En ce qui concerne la capacité de la personne morale privée contractante, la société ayant conclu le marché doit être légalement constituée. Pour les

[1258] V. L'article 18 de la loi n° 98/013 du 14 juillet 1998 relative à la concurrence.
[1259] V. L'arrêté du 16 février 2010 du ministre du Commerce.
[1260] V. article 188 (2) du CMP précité.

sociétés commerciales, l'acte uniforme prévoit que la création d'une société commerciale est libre sauf pour les personnes frappées d'incompatibilité ou d'incapacité[1261]. Le juge civil peut conclure à une invalidité du contrat lorsque ces règles sont violées. Ainsi, convient-il d'envisager les effets des décisions du juge civil créant une incidence sur la validité du contrat.

3. Les effets des décisions du juge civil sur les recours ayant une incidence sur la validité du contrat

Le juge civil est amené à tirer les conséquences qui émanent de sa saisine par le biais d'un recours. Les irrégularités constatées par le juge civil peuvent entraîner l'invalidité du contrat ; si la question est préjudicielle, elle a comme précise POUYAUD *« autorité relative de la chose jugée »*[1262].

Les imperfections constatées lors de la formation ou de l'attribution du marché public qui relèvent de la compétence du juge civil peuvent entraîner la nullité du marché. Parmi les causes d'invalidité du contrat établies par le juge civil, on cite les incapacités des cocontractants, les incompatibilités, le non-respect des règles liées à la qualité. Les conditions liées à la qualité de la personne privée à passer un marché ou un contrat public posé devant le juge administratif, celui-ci est tenu de renvoyer au juge judiciaire la décision rendue par le juge civil qui lie le juge administratif[1263].

Lorsqu'il est constaté que la société morale cocontractante de l'administration n'a pas été régulièrement constituée, c'est-à-dire qu'elle n'a pas rempli les conditions juridiques de son existence légale au moment de sa formation, le contrôle effectué par le juge civil peut entraîner la nullité du contrat. Dans la jurisprudence française, l'espèce Benielli[1264] en est une illustration. Dans cette affaire, la décision du préfet de la Seine déclarant la société française des Parcs Automobiles, adjudicataire de la concession de surveillance et de gardiennages des voitures en stationnement dans la ville de Paris avait été annulée, car la haute juridiction, décida que ladite société n'était pas légalement constituée[1265]. La jurisprudence consacra donc dans cette espèce la nullité de la décision d'approbation du contrat, car la société était constituée de façon irrégulière et au mépris des exigences du cahier de charges. En droit camerounais, on ne décèle pas cette collaboration entre le juge administratif et civil à propos de la validité ou l'invalidité d'un contrat public.

[1261] V. article 7 de l'Acte uniforme relatif au droit des sociétés commerciales et au groupement d'intérêt économique, 17 avril 1997 ; JO. OHADA n° 2, 1er octobre 1997.

[1262] POUYAUD (D), *op. cit.*, p. 45.

[1263] *Ibid.*, p. 46.

[1264] C.E 13 Juin 1934, Benielli, p. 669.

[1265] *Ibid.*

Relativement à la question préjudicielle posée devant le juge civil en matière de contrat public en général, il faut noter qu'elle a *« une autorité relative de la chose jugée »*[1266]. Cette décision du juge civil est liée au cas en cause. Le juge administratif statuant à titre principal sur l'illégalité constatée par le juge civil. Le juge civil s'est limité à constater l'illégalité et il appartiendra au juge administratif d'apprécier sa gravité. Lorsque le juge civil est saisi des questions non préjudicielles, il statue sur les matières posées devant lui. Le juge civil est lié par le contentieux de la formation d'un marché comme celui de l'exécution.

B. L'intervention du juge civil dans le contentieux de l'exécution des marchés publics

Le règlement juridictionnel des différends survenus à l'occasion de l'exécution d'un marché public offre une possibilité d'une intervention du juge civil. La règlementation des marchés publics aménage des modalités telles que la sous-traitance[1267]. Il ressort de ces dispositions que, la sous-traitance met en présence deux relations contractuelles qui sont liées dans les faits, mais séparées juridiquement. Il y a d'une part le marché principal qui lie le maître d'ouvrage et le cocontractant de l'administration. D'autre part la sous-traitance qui lie le cocontractant de l'administration et le tiers. Si le contrat principal est fondamentalement régi par les règles de droit public, cela n'exclut pas l'intervention du juge civil pour connaître de certains aspects liés au contrat principal.

Il s'agira d'examiner l'intervention du juge civil dans le contentieux relatif au contrat principal (1) et le contrat accessoire (2) des fautes de l'entrepreneur (3).

1. La compétence du juge judiciaire commercial dans le contentieux relatif au contrat principal

L'article 51 alinéa 2 dispose : *« ne peuvent postuler à la commande publique et sous réserve des dispositions de l'article 52 du présent code des marchés publics les candidats :*

a- *En état de liquidation judiciaire ou en faillite »***[1268]**.

Mais le cocontractant peut avoir conclu normalement son contrat et est dans l'impossibilité d'achever son exécution, parce que faisant l'objet d'une procédure collective. Deux séries de procédures collectives[1269] sont à

[1266] POUYAUD (D), *op. cit.*, p.47.

[1267] V. article 131-134 CMP ;

[1268] V. article 51 alinéa 2-a CMP.

[1269] Elles visent *« essentiellement à organiser la protection des créanciers et accessoirement, également celle du commerçant lui-même qui se place « sous la protection de la justice » pour*

distinguer[1270]. Le code des marchés publics[1271] et les cahiers de clauses administratives générales relatifs aux marchés publics de travaux font allusion au redressement judiciaire, à la liquidation des biens et à la faillite. Le juge civil intervient dans la phase de l'exécution du contrat public ou marché public pour rendre une décision qui lie le sort du cocontractant de l'administration victime d'un redressement judiciaire et de liquidation des biens. S'appliquent à ces titulaires des marchés publics, personnes privées physiques ou morales, les textes OHADA régissant les procédures collectives.

Le cocontractant de l'administration en état de cessation de paiement doit saisir le juge pour faire constater l'évolution de sa condition économique pour que cela n'entraîne pas des conséquences sur les rapports contractuels. La constatation de la situation d'un cocontractant faisant l'objet d'une procédure collective notamment les marchés publics du redressement judiciaire ou de liquidation des biens résulte *« d'une décision de la juridiction compétente »*[1272].

La juridiction judiciaire statuant en matière commerciale[1273] est compétente pour constater la situation du cocontractant de l'administration en situation de cessation de paiements concernant les modalités de la saisine de la juridiction judiciaire commerciale, l'acte uniforme prévoit que :

- la juridiction compétente peut s'autosaisir[1274] ;
- la saisine sur la demande d'un créancier;[1275]
- la saisine sur la déclaration du débiteur[1276]

La saisine de la juridiction judiciaire commerciale suspend l'exécution des obligations du débiteur jusqu'à désignation des autorités intervenant dans la procédure. Lorsque la cessation de paiements est constatée par le juge judiciaire commercial, elle pourrait aboutir au *« redressement judiciaire ou à la liquidation des biens »*[1277]. Ce prononcé est lié à un concordat sérieux

---

obtenir, en cas de règlement judiciaire notamment, une certaine trêve avec ses créanciers, pendant qu'il cherche, avec le concours d'un mandataire de justice, à redresser sa situation financière lorsque celle-ci n'est pas irrémédiablement comprise », ÉQUIPE HSD, *Droit commercial et des sociétés en Afrique*, EDICEF/AUPELF, Paris, 1989, p.35.

1270 Première série règlement préventif (article 2 AUPCAP. Article 2 l'Acte uniforme du 10 avril 1998 portant organisation des procédures collectives, d'apurement du passif) la 2de série :
- le redressement judiciaire
- la liquidation des biens.

1271 Lire à cet effet, l'article 51 CMP.

1272 Lire à effet, l'article 30 AUPCAP.

1273 V. La loi n° 2006/015 du 29 décembre 2006 portant organisation judiciaire au Cameroun.

1274 V. L'article 29 l'AUPCAP.

1275 V.L' article 28 AUPCAP.

1276 V. L'article 25 AUPCAP.

1277 V. L'article 33(1).

proposé par le débiteur au cas contraire, la liquidation des biens est prononcée[1278]. Concernant la procédure, l'Acte uniforme prévoit qu'après le prononcé du redressement judiciaire ou la liquidation des biens, la juridiction nomme un juge commissaire ayant pour mission d'accélérer la procédure et préserver les intérêts en présence.

L'action du syndic chargé d'apurer le passif est supervisée par ledit juge qui nomme les contrôleurs qui surveillent le syndic. L'article 108 de l'Acte uniforme dispose : *« Le syndic conserve seul, quelle que soit la procédure ouverte, la faculté d'exiger l'exécution des contrats en cours à charge de fournir la prestation promise à l'autre partie. Les recours liés à la garantie d'exécution entre le cocontractant et son garant »*[1279]. Aux termes de l'article 108, peut être mis en demeure le syndic d'exercer son option ou fournir la prestation promise dans un délai de trente jours, sous peine de résolution, de plein droit du contrat[1280].

L'Acte uniforme a ouvert une brèche pour le sort des contrats en cours d'exécution en précisant en son article 107 que « hormis pour les contrats conclus en considération de la personne du débiteur, et ceux prévus expressément par la loi de chaque État partie, la cessation des paiements déclarée par décision de justice n'est pas une cause de résolution et toute clause de résolution pour un tel motif est réputée non écrite »[1281].

L'application de cet article et le code des marchés publics permettent de constater que :

Au terme de l'article 182(a) « le marché est résilié de plein droit par le maître d'ouvrage dans l'un des cas suivants :

b- faillite du titulaire du marché [...]

c- *liquidation judiciaire [...] ».*

Le constat du juge judiciaire de la mise du cocontractant sous liquidation judiciaire permet de donner droit à l'administration de la résiliation de plein droit. Mais au terme de l'article 182 alinéa b *in fine*, le marché est résilié si *« [...] le cocontractant n'est pas autorisé par le tribunal à continuer l'exploitation de son entreprise »*, la liquidation judiciaire dépend de la décision du juge.

En ce qui concerne la faillite, *« [...] le maître d'ouvrage peut accepter s'il y a lieu, des propositions qui peuvent être présentées par les créanciers pour*

1278 V. L'article 33(2).
1279 L'article 108 AUPCAP.
1280 L'article 108(3).
1281 V. L'article 107 AUPCAP.

la continuation des prestations »[1282]. La faillite du cocontractant est une cause de résiliation du marché public. Elle est par conséquent considérée comme une sanction de nature civile, c'est une mesure d'interdiction qui frappe les personnes physiques commerçantes ou dirigeantes d'une personne morale. Au terme de l'article 196 de l'Acte uniforme portant organisation des procédures collectives, le juge civil est susceptible de prononcer dans le cadre d'une procédure de redressement la faillite personnelle des personnes privées ayant commis des actes de mauvaise foi, des imprudences inexcusables ou ayant fait l'objet d'une condamnation de nature pénale[1283]. La faillite est une cause de rupture des liens contractuels. Cette rupture ne s'effectue qu'après l'intervention du juge judiciaire. L'Acte uniforme prévoit que la décision de faillite à l'encontre d'une personne a pour effets :

- *« l'interdiction générale de faire le commerce et notamment de diriger, gérer, administrer ou contrôler une entreprise commerciale à forme individuelle ou toute personne morale ayant une activité économique » ;*
- *« l'interdiction d'exercer une fonction publique élective et d'être électeur pour ladite fonction publique » ;*
- *« l'interdiction de n'exercer aucune fonction, administrative, judiciaire ou de représentation professionnelle »[1284].*

La faillite a pour conséquence à l'égard du cocontractant[1285] défaillant la déchéance et les incapacités. L'intervention du juge judiciaire apparaît également dans l'hypothèse d'un contrat accessoire.

2. L'extension de l'intervention du juge judiciaire dans le contrat accessoire

Le règlement des différends survenus à l'occasion de l'exécution d'un marché public offre l'opportunité d'une intervention du juge judiciaire civil, le code des marchés publics aménage les modalités telles que la sous-

---

[1282] V. L'article 182(b) CMP.

[1283] Selon l'article 196, la faillite personnelle est susceptible d'être prononcée contre les personnes qui ont :
« 1- soustrait la comptabilité de leur entreprise, détourné ou dissimulé une partie de son actif ou reconnu frauduleusement des dettes qui n'existaient pas ;
2- exercé une activité commerciale dans leur intérêt personnel, soit par personne interposée, soit sous couvert d'une personne morale masquant leurs agissements ;
3- usé du crédit ou des biens d'une personne morale comme des leurs propres ;

[1284] V. article 203 AUPCAP.

[1285] Lire l'article 182 (b, e).

traitance[1286] (a) et la cotraitance[1287] (b). Les prétoires judiciaires interviennent également sur les litiges portant sur les garanties [1288]financières (c).

a. Le contentieux lié au contrat de sous-traitance

La sous-traitance apparaît comme une modalité d'exécution des marchés publics qui met en relation le cocontractant de l'administration et son sous-traitant. Au plan purement juridique, la sous-traitance se présente comme une convention par laquelle le cocontractant de l'administration confie l'exécution partielle de ses obligations à une autre entreprise tout en restant pleinement responsable du contrat administratif initial[1289]. Un contrat de sous-traitance peut se former dès lors que l'offre faite par l'entrepreneur principal est acceptée dans tous ses éléments par le sous-traitant[1290]. Ainsi, il ressort de l'article 131 alinéa 1 du Code de 2018 que tout marché public faisant l'objet d'une sous-traitance doit *« [...] obtenir l'autorisation préalable du maître d'ouvrage ou du maître d'ouvrage délégué »*[1291].

La sous-traitance crée un rapport contractuel parallèle. Elle se superpose au contrat principal et le contentieux y relatif relève de ce fait de la juridiction judiciaire. Le titulaire de la commande principale passe un contrat de droit privé avec un cocontractant personne privée. À priori, il s'agit d'un contrat conclu entre deux personnes privées. Même si le contrat est relatif à l'exécution d'un marché public de fournitures, de travaux ou de prestations intellectuelles, le contrat de sous-traitance relève de la compétence du juge judiciaire. La sous-traitance met en relation le titulaire du contrat principal et une tierce personne prestataire en marge de la commande principale.

On a donc là l'hypothèse de la mise en exergue des critères d'identification de la sous-traitance : organiquement, le contrat de sous-traitance est conclu entre deux personnes privées et matériellement, les règles de l'implicite privé régissent un tel contrat. Le caractère public de la commande n'interfère pas sur la prestation à réaliser par le sous-traitant. Sauf hypothèse où elle a été autorisée, ouvrant ainsi exceptionnellement l'intervention de la personne publique à procéder à un règlement financier direct du sous-traitant lorsqu'il en fait une demande, car selon les termes du code des marchés publics, *« nonobstant tout recours à la sous-traitance ou une sous-commande, l'entreprise principale demeure responsable de l'exécution de toutes les*

[1286] V. L'article 131-134.
[1287] V. L'article 135-136 CMP.
[1288] V. L'article 137-142 du CMP sur les garanties.
[1289] ADIANG NTSAGO (J), *Le contrat de sous-traitance en droit des marchés publics au Cameroun*, thèse de Doctorat Ph. D en droit public interne, Université de Douala, 2020-2021, p.23.
[1290] *Ibid.*
[1291] V. L'article 131 CMP.

obligations résultant du marché »[1292]. Cette disposition fonde la responsabilité exclusive du cocontractant de l'administration titulaire du marché du fait de son sous-traitant et à l'égard de la collectivité publique. L'entière responsabilité des travaux réalisés y compris ceux sous-traités est assumée par l'entrepreneur principal. La personne publique pourra engager la responsabilité du titulaire du marché et non celle du sous-traitant devant le juge administratif. Lorsque la sous-traitance lie le titulaire du contrat à une personne publique sous-traitante qui agit pour le compte d'une personne privée, le contrat demeure un contrat de droit privé[1293], sauf si la loi en dispose autrement et indépendamment de la volonté des parties de se soumettre aux dispositions du code des marchés publics[1294]. La sous-traitance n'est pas confinée aux règles de droit public. Elle emprunte de manière significative les règles de droit commun en matière de sous-traitance, car cela est justifié par l'emprunt des règles de la responsabilité contractuelle qui gouvernent les rapports entre le sous-traitant et l'entrepreneur principal.

Aussi, les solutions dégagées par le juge français, en raison de la proximité des règles juridiques, peuvent inspirer le contentieux contractuel camerounais. Comme évolution de la sous-traitance, notons que l'espèce Société Wanner ISOFI[1295] a été une innovation. Car en droit administratif français, a été reconnu comme administratif un contrat conclu entre un titulaire d'un contrat et son sous-traitant. Dans l'affaire Wanner ISOFI, *« le tribunal des conflits français considère que, est soumis à la compétence de la juridiction administrative, le litige opposant une société chargée de la construction d'une centrale nucléaire à ses sous-traitants, auxquels a été confiée sa construction et sa mise en service. Eu égard au raisonnement du juge des conflits, ce qui justifie une telle solution c'est l'objet du contrat, à savoir la construction d'un ouvrage public, concourant à la réalisation des objectifs que remplis Électricité de France, qui possède 51% du capital de la société prestataire et dont les employés, bénéficient du même statut que ceux d'Électricité de France »*[1296].

En l'état actuel du droit camerounais, on ne saurait citer de jurisprudence nécessitant l'intervention du juge civil; raison pour laquelle la référence a été faite à la jurisprudence française. Pourrait-on justifier ce mutisme par

---

[1292] V. L'article 131(2) CMP.

[1293] V. C.E, 3 juin 2009, OPAC du Rhône.

[1294] V. C.E, avis, 29 juillet 2002, Société MAJ Blanchisserie de Pantin, A, n° 246921.

[1295] V. MARTIN P, concl. Sur TC, 10 mai 1993, Société Wanner Isofi Isolation, CJEG, 1994, p.89, cité par OTTOU MEBENGA.

[1296] Il convient de noter qu'en l'espèce, le tribunal des conflits français est allé à l'encontre des conclusions de son commissaire du gouvernement, qui pensait que les liens étroits qui existaient entre la société sous-traitance et Électricité de France ne suffisaient pas à considérer que la première agissait pour le compte de la seconde. V. MARTIN P. cité par OTTOU MEBENGA (PCT), *op. cit.*, p. 254.

l'absence de contentieux en la matière ? Question relative, car c'est un domaine à construire. Par la méthode du droit étranger, la sous-traitance en France est régie par une loi spécifique[1297] alors qu'au Cameroun la sous-traitance est intégrée dans un décret et selon la hiérarchie dégagée par KELSEN le décret est inférieur à la loi. Étant donné que *« la sous-traitance apparaît comme un mécanisme permettant de contribuer à la bonne exécution des marchés publics au Cameroun »*[1298] d'où la nécessité de parfaire et renforcer le cadre juridique spécifique de la sous-traitance.

En droit camerounais, au regard des éléments de la sous-traitance étudiée, la compétence de la juridiction judiciaire est de principe en matière de règlement des différends. La sous-traitance relève de l'implicite privé posé par l'article 3 de la loi du 29 décembre 2006. Car, il appartient au juge judiciaire de connaître des litiges nés entre le sous-traitant et l'entrepreneur. Ici, les parties sont liées par un contrat de droit privé, ce qui relève de la compétence du juge judiciaire. Tout contentieux survenu à l'occasion de l'exécution d'un marché public qui oppose le titulaire du marché et son sous-traitant relève de la juridiction judiciaire. Le juge judiciaire intervient de ce fait dans le contentieux de l'exécution. Qu'en est-il du contentieux né de l'exécution sous groupement d'entreprises ?

b. Le contentieux opposant les cotraitants lors d'un marché exécuté sous groupement d'entreprises

Il y a cotraitance lorsque les prestations, objet d'un marché, sont réalisées par des entreprises distinctes dans le cadre d'un groupement[1299]. Les cahiers des clauses administratives particulières doivent préciser si les entreprises groupées sont conjointes ou solidaires. La compétence du juge judiciaire en cas de litiges opposant les marchés exécutés sous groupement peut être admise. Mais, avant d'envisager l'espace réservé au juge judiciaire, notons que les modalités d'exécution du marché en groupement tiennent compte du fait que les entreprises groupées peuvent exécuter le marché de façon conjointe ou solidaire.

Concernant ces deux types de modalités d'exécution des marchés en groupement, le code des marchés publics précise que *« les entreprises groupées sont solidaires lorsque chacune d'elles est engagée pour la totalité du marché et doit pallier une éventuelle défaillance de ses partenaires. L'une d'entre elles doit être désignée dans le cahier des clauses administratives particulières comme mandataire et représenter l'ensemble des entreprises vis-à-vis du maître d'ouvrage ou du maître d'ouvrage délégué. Les cotraitants*

1297 V. La loi n° 75-1334 du 31 décembre 1975 relative à la sous-traitance, loi intégrée dans le code français des marchés publics par la réforme de 2019.
1298 ADIANG NTSAGO (J), *op. cit.*, p.394.
1299 V. L'article 135(1) du CMP.

se répartissent les sommes qui sont réglées par l'administration dans un compte unique »[1300]. Dans le cadre de l'exécution solidaire, le paiement des sommes devant revenir aux entreprises groupées équivaut aux prestations réalisées par chaque co-exécutant du marché et est réglé par la personne publique dans un compte unique.

Par contre, *« les entreprises groupées sont conjointes lorsque, les prestations étant divisées en lots dont chacun est assigné à l'une de ces entreprises, chacune d'entre elles est engagée pour le ou les lots qui lui sont assignés. L'une d'entre elles doit être désignée dans le cahier de clauses administratives particulières comme mandataire, celui-ci étant solidaire de chacune des autres entreprises dans les obligations contractuelles à l'égard du maître d'ouvrage ou du maître d'ouvrage délégué. Le mandataire représente l'ensemble des entreprises conjointes vis-à-vis du maître d'ouvrage ou du maître d'ouvrage délégué, pour l'exécution du marché. Chaque entreprise est payée par l'administration dans son propre compte »*[1301].

Dans l'exécution conjointe, les tâches sont réparties en lot et chaque entreprise est engagée pour le lot qui lui est assigné et le mandataire désigné par le document contractuel représente chacune des entreprises dans leurs obligations contractuelles à l'égard du maître d'ouvrage. S'agissant du mode de paiement, chaque entreprise est payée dans son propre compte. La répartition des tâches à réaliser dans l'exécution du marché et les modes de paiement des sommes dues permettent de distinguer l'exécution solidaire de l'exécution conjointe. Ainsi, les contestations nées des rapports entre les cotraitants solidaires ou conjoints nécessitent l'intervention du juge judiciaire. Ici, le contentieux oppose des personnes morales de droit privé et le litige est de nature privée.

Mais, en cas de défaillance d'un mandataire de son devoir de redistribuer les sommes payées par la collectivité publique dans le compte unique dans le cadre de la cotraitance solidaire, l'administration peut être sollicitée en garantie devant le juge judiciaire. Mais, un autre type de contentieux est à distinguer : celui qui peut opposer en cas de cotraitance solidaire, les cotraitants au maître d'ouvrage, le mandataire représentant chacune des autres entreprises cotraitantes[1302] à l'égard de la personne publique. Dans cette hypothèse, la compétence du juge administratif l'emporte. Car, le litige oppose les cotraitants au maître d'ouvrage. En dehors de cette hypothèse, les litiges opposant les parties aux sous-contrats, la compétence du juge judiciaire

---

[1300] V. L'article 136(2) CMP.
[1301] V. L'article 136(3) CMP.
[1302] CS/CA, jugement n° 531/87-88 du 31 mars 1988 Groupement Dragage Satom c/ État du Cameroun.

civil est admise ; car l'aspect judiciaire de la matière fait foi. Qu'advient-il du contentieux des garanties financières ?

c. Les litiges portant sur les garanties financières

Après la notification de la commande publique, les sûretés sont exigées par le maître d'ouvrage : le cautionnement qui garantit l'exécution intégrale de la prestation et la *« retenue de garantie »*[1303] couvrant la période de garantie.

En phase d'exécution du marché, lorsqu'elles sont expressément prévues dans le cahier de clauses administratives particulières, on peut avoir le cautionnement[1304] d'avance de démarrage ; où l'avance pour approvisionnements est accordée au cocontractant de l'administration en vue de la réalisation des opérations liées à l'exécution des prestations prévues dans le marché[1305]. Il survient lorsque le cocontractant de l'administration titulaire du marché sollicite et obtient du maître d'ouvrage par le biais d'une simple demande, une avance de démarrage. Le code prévoit que le montant de cette avance de démarrage *« ne peut excéder vingt pour cent (20%) du prix initial TTC du marché de travaux ou de service et prestations intellectuelles et quarante pour cent (40%) pour les marchés de fournitures »*[1306]. Ces garanties financières sont considérées par BAHOKEN [1307]comme des contrats innommés, hybrides qui donnent l'occasion d'une revendication de compétence tant par le juge judiciaire que par le juge administratif.

Pour ce qui est des rapports de droit privé, notons que la convention conclut entre l'institution bancaire, le garant et le donneur d'ordre – le titulaire de la commande publique est une convention qui relève du droit privé malgré que la convention ait pour base un marché public.

Dans le cadre de l'exécution de marché public, le juge judiciaire civil a affirmé sa compétence sur les litiges portant sur les garanties financières exigées. L'affaire la Commercial Bank Cameroun SA c/ le Ministère des Travaux publics (MINTP)[1308] permit au juge judiciaire de s'exprimer en ces termes : *« [...] depuis la défaillance de l'entreprise UDECTO dans l'exécution de ses obligations relatives à la réhabilitation du pont sur le Wouri, la CBC n'a pas cru devoir restituer les cautions de bonne fin telles que prévues dans la convention ;*

[1303] V. L'article 137(a) CMP.

[1304] V. L'article 137(b) CMP.

[1305] V. L'article 159 CMP.

[1306] V. L'article 160 in fine du CMP.

[1307] V. BAHOKEN (V.L), *« Le droit des sûretés OHADA et les contrats publics »*, *Revue trimestrielle de droit africain*, 127e année, n° 901, Octobre-Décembre 2017, pp. 602-603.

[1308] Cf. jugement n° 258/Civ du 8 mars 2012, La Commercial Bank Cameroun S.A c/ Le Ministère des Travaux publics (MINTP).

Que pour être conforté dans ses droits, le Ministère des Travaux publics a saisi le Président du Tribunal de Grande Instance du Mfoundi d'une requête aux fins d'injonction de payer d'où l'ordonnance querellée ;

Qu'au regard de ce qui précède, il convient de constater que la créance dont le recouvrement est poursuivi remplit les conditions de certitude, de liquidité et d'exigibilité requises par la loi et condamne par conséquent la Commercial Bank Cameroon S.A au paiement au Ministère des Travaux publics de ladite somme »[1309]. Le juge judiciaire par ce considérant intervient dans le contentieux opposant le garant au donneur d'ordre ou maître d'ouvrage. Le contentieux des garanties financières est né en présence d'un marché public principal, ce qui peut justifier l'affirmation selon laquelle « le marché public et les garanties afférentes s'avèrent donc indissociables, car, dans le cas contraire et par principe, aucun des contrats ne survivrait »[1310]. Cette décision relève de la compétence du juge judiciaire sur les garanties financières. Aussi, le juge judiciaire intervient dans le contentieux de la réparation des fautes personnelles de l'entrepreneur dans le cadre des marchés publics de travaux.

3. Le contentieux de la réparation des fautes personnelles d'un entrepreneur dans le cadre des marchés publics de travaux

La compétence du juge civil s'enracine sur les litiges d'ordre judiciaire qui adviendraient lors de la réalisation des prestations objet du marché. Il peut arriver que lors de l'exécution d'un marché public, un dommage soit causé par les cocontractants, personnes privées. Ces dommages constitutifs de fautes personnelles permettent d'engager la responsabilité de ladite personne privée devant les tribunaux de droit commun. Le titulaire du marché qui cause un dommage par le fait personnel verra sa responsabilité personnelle engagée devant la juridiction de droit commun.

Dans quelques espèces des décisions rendues par le juge, celui-ci a attesté sa compétence en matière de responsabilité pour faute personnelle de l'entrepreneur des marchés publics de travaux. Pourtant, ce différend pourrait être rangé dans le cadre de la responsabilité administrative du fait de la réalisation d'un marché public de travaux. Mais les espèces société Bourdin et Chaussée c/ NGAMENI Samuel[1311] et Société KETCH c/ NGOUENDJIN YOTNDA[1312] permirent au juge civil de trancher régulièrement le litige. Dans

---

[1309] *Ibid.*

[1310] BAHOKEN (v. L), *« La compétence du juge judiciaire en matière de contentieux de l'exécution des marchés publics à l'aune de l'Acte Uniforme OHADA sur les sûretés (réflexion au regard du droit camerounais des marchés publics) », Revue juridique et politique*, n° 4, 70e année, octobre-décembre 2016, p.605.

[1311] Lire l'arrêt n° 56/CS/CC du 10 juillet 1986, Société Bourdin et Chaussée c/ NGAMENI Samuel.

[1312] Lire l'arrêt n° 222/CA/CC du 5 avril 2000, Société KETCH c/ NKOUENDJIN YOTNDA.

l'affaire Société Bourdin et Chaussée, les faits méritent d'être rappelés. À la suite de l'incident subi par M. ZE OLINGA qui, dans la nuit du 6 au 7 février 1981, conduisant un gros porteur, lors de son retour à Yaoundé tombe dans une fausse transversale sur la route Yaoundé-Sangmélima creusée par l'entreprise Bourdin et Chaussée. Cet incident causa sa mort. Le propriétaire du camion en la personne de sieur NGAMENI, sur le fondement de l'article 1384 alinéa 1 du Code civil, fait notifier une assignation à comparaître au chef de chantier Bourdin et Chaussée en la personne du sieur TAUFI Jean ainsi qu'à la société d'assurance, assureur de ladite Société devant le Tribunal de Grande Instance (TGI) du Dja et Lobo.

Ledit propriétaire sollicite du Tribunal de Grande Instance que sieur TAUFIN, chef chantier de la Société Bourdin et Chaussée soit déclaré responsable de l'incident qui causa le décès du conducteur ZE OLINGA et ayant permis la mise en épave de son camion chargé de casiers de boissons alcoolisées, immatriculé CS-974 C ; et sollicite que l'entreprise Bourdin et son assureur soient déclarés civilement responsables des condamnations pécuniaires prononcées à l'encontre du sieur TAUFIN. Le plaignant allègue l'absence des panneaux règlementaires sur la chaussée.

Les défendeurs allèguent qu'il y avait à l'endroit de l'incident deux panneaux de signalisation : le premier fixé à 50 mètres de cet endroit, indiquant *« déviation travaux à 50 mètres »* le second placé plus en avant et portant la même indication. Le TGI du Dja et Lobo condamne solidairement Jean Charles, Société Bourdin et Chaussée et la société Nouvelle d'Assurances à verser au sieur NGAMENI Samuel, un montant de 10 139 480 FCFA de dommages-intérêts, pour toutes causes de préjudices confondus.

La partie adverse interjette appel auprès de la Cour d'appel du Centre. Ladite Cour d'appel du Centre par arrêt n° 113/Civ du 4 avril 1984, confirme le 1er jugement et majore même le montant des dommages-intérêts. Les défendeurs se pourvoient en cassation par un moyen unique de dénaturation des faits de la cause. La Chambre civile de la Cour Suprême par un attendu net, les déboute : *« Attendu qu'usant de ce pouvoir souverain d'appréciation, le jugement confirmé par l'arrêt attaqué a pu à bon droit, retenir la responsabilité du chef du chantier de la Société Bourdin et Chaussée dans l'accident de la circulation litigieux, en estimant que l'absence de signalisation adéquate a exposé le conducteur du véhicule au danger créé par le préposé de Bourdin et Chaussée civilement responsable »*[1313].

Le danger spécial a été créé par le préposé et la responsabilité personnelle de l'entrepreneur de la personne publique engagée. La signalisation irrégulière a été la cause du danger et a suscité un risque énorme pour la circulation de

1313 V. L'arrêt n° 56/CS-CC du 10 juillet 1986, Société Bourdin et Chaussée c/ NGAMENI Samuel.

l'usager sur la voie publique. Le juge civil a identifié une faute personnelle imputable solidairement à l'entrepreneur et son assureur. À la base il s'agit d'un marché public de travaux liant l'entrepreneur au maître d'ouvrage qui est la collectivité publique. L'acte détachable de l'objet du service public lié à la construction de l'ouvrage public a contraint l'entrepreneur de l'obligation de réparation. Cet acte détachable est matérialisé par la signalisation insuffisante qui a causé un danger spécial et entraîné la mort du chauffeur de camion.

L'affaire Société KETCH illustre la responsabilité pour dommages causés aux particuliers pendant l'exécution des marchés publics de travaux. En l'espèce, en vue de la construction de l'axe routier carrefour Biyem-assi/sous-préfecture de Yaoundé VI, le groupe KETCH fut retenu comme adjudicataire dudit marché.

Selon l'organisation de ladite construction, l'entrepreneur procède à une répartition duale de ses travaux : le tronçon pharmacie des Acacias/carrefour Biyem-assi constituait le second tronçon de ses travaux. Ainsi, pour réaliser efficacement lesdits travaux, l'entrepreneur décida de bloquer la circulation. Ce blocage du tronçon empêcha ainsi M. NKOVENDJIN YOTNDA, un des riverains du secteur, de rallier son domicile avec ses véhicules les 02 et 21 septembre 1997. M. NKOUENDJIN s'estimant lésé dans sa liberté d'aller et venir, saisit le TGI du Mfoundi et sollicite la condamnation de l'entrepreneur KETCH au paiement des dommages et intérêts. Le plaignant argue auprès du juge qu'une possibilité de diviser la voie publique en deux parties se présentait à l'entrepreneur. Pour permettre ainsi aux usagers d'aller et venir d'un côté pendant que les travaux s'exécutent de l'autre. L'entrepreneur pour sa part soutient que la construction d'une telle route mobilise des prestations périphériques qui ne peuvent être effectuées qu'après blocage de la superficie totale sur laquelle ladite construction est réalisée. C'est ce qui justifie que pour les besoins d'accomplissement de ce service, il a dû bloquer ladite superficie.

Le second argument de l'entrepreneur milite en faveur de l'incompétence matérielle du juge judiciaire d'instance motif pris de ce que les travaux réalisés sont d'utilité publique. De plus, que sa responsabilité au regard de la nature de l'activité ne saurait être engagée devant le juge civil. Que seul le juge administratif est compétent et peut en connaître. En date du 25 novembre 1998, statuant en matière civile et commerciale par jugement n° 94, le TGI du Mfoundi se déclare compétent et condamne le cocontractant KETCH au paiement de 200 000 FCFA de dommages-intérêts en réparation du préjudice matériel et moral causé à la victime.

Le défendeur interjette appel en réaffirmant l'exception d'incompétence de la juridiction civile et réitère son irresponsabilité à assurer la réparation des préjudices, car selon lui il s'agit d'une responsabilité qui incombe au maître d'ouvrage au regard de la nature de l'activité de travaux publics qu'il réalise.

Par contre, le demandeur estime qu'il est un tiers à la convention passée entre la société KETCH et la Commune de Yaoundé VI.

La confirmation par le juge d'appel du premier jugement se fait par un attendu net : *« considérant que les dommages causés aux particuliers lors de l'exécution des travaux publics doivent être indemnisés par les adjudicataires ou exécutant devant les tribunaux de droit commun sur la base des articles 1382 et suivants du Code civil ;*

Que l'argument de la Société KETCH selon lequel il soutient l'incompétence des tribunaux de l'ordre judiciaire en faveur de la juridiction administrative ne pouvait prospérer en l'espèce que si l'autorité municipale avait pris un arrêté pour interdire la circulation sur la chaussée à réparer, qu'il s'ensuit que les tribunaux de l'ordre judiciaire sont compétents [...] ;

Considérant que maître NKOUENDJIN a établi le préjudice par lui subi [...] suite au blocage du chemin qui mène chez lui par la Société KETCH qui le reconnaît d'ailleurs [...] déclare les tribunaux de l'ordre judiciaire compétents ; condamne la Société KETCH à payer au sieur NKOUENDJIN YOTNDA la somme de 3. 301 170 FCFA à titre de dommages-intérêts, soit 2 610 170 FCA le préjudice de dommages-intérêts, soit 2 610 170 FCFA le préjudice matériel et 700 000 FCFA pour le préjudice moral [...] »[1314]. La compétence du juge civil trouve son fondement sur l'article 1382 code civil. Il s'agit d'une responsabilité pour faute personnelle du cocontractant de l'administration ; et conformément aux cahiers de clauses administratives générales/travaux, « l'entrepreneur doit conduire les travaux de manière à maintenir dans des conditions convenables, les communications de toute nature traversant la suite de travaux, notamment celles qui intéressent la circulation des personnes »[1315]. Fondamentalement, la compétence de la juridiction civile s'explique par le fait que la faute personnelle détachable de l'exécution de l'objet du marché public de travaux permet d'engager devant le juge civil la responsabilité de l'entrepreneur. Aussi, la protection de la propriété échoit également à l'ordre juridictionnel judiciaire. Ainsi, convient-il d'envisager le contentieux des litiges connexes au marché public.

C. Le contentieux des irrégularités liées aux opérations d'exécution du marché public

Dans le contentieux des marchés publics, il existe des domaines de compétence que le juge administratif partage avec le juge judiciaire. Mais, il s'agira d'envisager dans cette analyse les champs de compétences du juge judiciaire civil. Notons que, dans les marchés publics de travaux, sont

---

[1314] V. Cour d'appel du Centre, arrêt n° 222/Civ du 5 avril 2000, Société KETCH c/ Maître NKOUENDJIN YOTNDA.

[1315] V. L'article 50 alinéa 8 du CCAG-Travaux.

concernés, l'expropriation pour cause d'utilité publique. Les irrégularités qui surviennent également pendant l'exécution d'un marché concernent l'emprise et la voie de fait. Ainsi, le contentieux lié à l'indemnisation pour expropriation d'utilité publique (1), les irrégularités constitutives d'emprise et de voie de fait (3) en matière contractuelle (2) relèvent certes des compétences partagées avec les juridictions de l'ordre administratif, mais seront envisagées uniquement les compétences des juridictions de l'ordre judiciaire.

1. Le contentieux de l'indemnisation pour expropriation pour cause d'utilité publique

La constitution du Cameroun consacre la propriété comme le droit d'user. La privation de ce droit pour cause d'utilité publique est conditionnée par l'indemnisation. Ladite constitution pose dans son préambule que *« la propriété est le droit d'user, de jouir et de disposer des biens garantis à chacun par la loi. Nul ne saurait en être privé si ce n'est pour cause d'utilité publique et sous la condition d'une indemnisation dont les modalités sont fixées par la loi »*[1316]. Allant dans le même sens que le constituant, le législateur précise que *« pour la réalisation des objectifs d'intérêt général, l'État peut recourir à la procédure d'expropriation. Cette procédure est engagée soit directement lorsqu'elle vise à réaliser des opérations d'intérêt public, économique ou sociale, soit indirectement à la demande des communes, des établissements publics ou des concessionnaires de service public [...] »*[1317]. Et la doctrine camerounaise y voit une *« opération d'utilité publique pour laquelle l'administration acquiert des biens immobiliers contre juste et préalable indemnisation »*[1318].

Dans les marchés publics de travaux, la personne publique ou son mandataire procède à une appropriation de la propriété immobilière appartenant aux personnes privées dans le but de libérer leur emprise. La loi sur l'expropriation prévoit que *« dans certains cas le bénéficiaire de l'expropriation peut, avant paiement effectif de l'indemnité, occuper les lieux dès la publication du décret d'expropriation »*[1319].

La contestation sur le montant de l'indemnité emporte la compétence du juge judiciaire. Dès lors que le montant de l'indemnisation crée un conflit avec l'exproprié ; car n'emporte pas son acception, le contentieux peut être adressé au juge civil. Ainsi, aux termes de l'article 12 de la loi n° 85/09, *« alinéa 1.*

[1316] Préambule de la loi n° 96/06 du 18 janvier 1996 portant révision de la constitution du 2 juin 1972, modifiée et complété par la loi n° 2008/001 du 14 avril 2008.

[1317] V. L'article 12 ordonnance n° 74/1 du 6 juillet 1974 fixant le régime foncier.

[1318] ABANE ENGOLO (P.E), *op. cit.*, p. 589

[1319] V. article 4 alinéa 3 de la loi n° 85/09 du 4 juillet 1985 relative à l'expropriation pour cause d'utilité publique et aux modalités d'indemnisation.

En cas de contestation sur le montant des indemnités, l'exproprié adresse sa réclamation à l'administration chargée des domaines.

Alinéa 2 : S'il n'obtient pas satisfaction, il saisit dans un délai d'un mois, à compter de la date de notification de la décision contestée, le tribunal judiciaire compétent du lieu de situation de l'immeuble »[1320]. Aux termes de la loi n° 85/09 il revient au juge judiciaire de statuer sur le montant de l'indemnité en matière d'expropriation. La jurisprudence État du Cameroun[1321] c/ Société Renault permis au juge administratif de se prononcer sur l'incompétence du juge civil en ce qui concerne le contentieux de la légalité du décret d'expropriation pour connaître du contentieux du montant de l'indemnité d'expropriation, le juge judiciaire est compétent. Il est en outre incompétent pour connaître du contentieux portant sur le montant de l'indemnité de déguerpissement de l'occupant du domaine national[1322]. *« La juridiction administrative est compétence pour connaître des contestations sur la fixation de l'indemnité d'éviction nées dans le cadre de la procédure d'incorporation »*[1323]. En matière contractuelle, les irrégularités constitutives d'emprise et de voie de fait relèvent également de la compétence du juge judiciaire.

2. Le régime du contentieux de l'emprise et de la voie de fait en matière d'exécution d'un marché public

Avant d'envisager l'emprise et la voie de fait (b) analysons les fondements (a).

a. Les fondements de l'intervention du juge judiciaire dans le contentieux de l'emprise et de la voie de fait

Il convient d'envisager les fondements de l'intervention du juge judiciaire en matière d'emprise et de voie de fait. De la lecture de l'article 3 alinéa 1 et 2 de la loi de 2006/022, il apparaît clairement que le juge judiciaire connaît de l'emprise et de voie de fait. On peut y lire que : *« les tribunaux de droit commun [...] connaissent, en outre, des emprises et des voies de fait administratives et ordonnent toute mesure pour qu'il y soit mis fin.*

Toutefois, il est statué par la Chambre administrative de la Cour Suprême sur l'exception préjudicielle soulevée en matière de voie de fait administrative et d'emprises ». À la lecture de cette disposition, les juridictions administratives statuent sur l'exception préjudicielle soulevée par une des

[1320] V. article 12 loi n° 85/09 du 4 juillet 1985 relative à l'expropriation pour cause d'utilité publique et aux modalités d'indemnisation.
[1321] Arrêt n° 9/A/CS-CA du 26 décembre 1996, État du Cameroun (premier ministère) c/ Société Renault-Cameroun.
[1322] MASSOUKA (J.Y), *op. cit.*, p.992
[1323] Arrêt n° 15/A/CS/CA du 24 mars 1983, ATANGANA ESSOMBA Protais c/ État du Cameroun (MINFI).

parties du procès. Le contentieux de l'emprise et de la voie de fait à la lecture de cette disposition textuelle obéit à deux phases à savoir la constatation et la réparation. Sans toutefois plonger dans le débat doctrinal[1324], notons que la constatation relevait de l'Assemblée plénière de la Cour Suprême sous l'ordonnance de 1972 et la réparation du juge judiciaire. Mais, depuis la loi 2006/022 notamment en son article 3 alinéa2, « *[...] Toutefois, il est statué par la Chambre administrative de la Cour Suprême sur l'exception préjudicielle soulevée en matière de voie de fait administrative et d'emprise* ». La juridiction administrative intervient en cas d'exception d'incompétence soulevée par l'une des parties au procès. En matière de réparation des préjudices subis par les parties en matière contractuelle, dans le cadre des victimes de voie de fait et d'emprise, le juge judiciaire doit être saisi. Le juge judiciaire en ce qui concerne la réparation des irrégularités constitutives d'emprise et de voie de fait déclare : « *Si en matière de contentieux des marchés publics, la compétence de principe est celle des juridictions administratives, il reste que les tribunaux de l'ordre judiciaire deviennent compétents en cas d'agissements générateurs d'un dommage dont la demande d'indemnisation est fondée sur les théories de l'emprise ou de la voie de fait, dès lors que les conditions de celles-ci sont réunies* »[1325].

À la lecture de ce considérant, la compétence attribuée au juge judiciaire concerne la réparation. La Cour Suprême affirme que « *doit être cassé, l'arrêt d'une Cour d'appel qui ne se déclare incompétente en matière de contentieux des marchés publics fondés sur les théories de l'emprise et de la voie de fait* »[1326]. Le juge judiciaire est appelé à ordonner la réparation des dommages causés par les agissements de l'administration en matière d'emprise et de voie de fait, car il est gardien des droits et libertés fondamentales, après constatation de la Chambre administrative de la Cour Suprême. La constatation est un procédé par lequel un magistrat, dans la recherche de la vérité, observe et examine de manière concrète les éléments de fait nés des

---

[1324] ABANE ENGOLO (E.P) observe qu'« *une interprétation laissait croire que la constatation relevait du juge judiciaire, ce qui n'est pas exact [...] la jurisprudence administrative et judiciaire reste constante sur l'incompétence du juge judiciaire ordinaire en matière de constatation* » in ABANE ENGOLO (P.E), *op. cit.*, pp.287-288 ;
OWONA (J) admet que « *comme pour la voie de fait, deux conséquences sont ici à souligner : d'abord les tribunaux judiciaires ont, en matière d'emprise une compétence expresse non seulement de constater l'emprise, mais aussi de réparer le préjudice causé par celle-ci [...]* » in OWONA (J), *Droit administratif spécial de la République du Cameroun*, Paris, EDICEF, 1985, p. 198.
[1325] CS/CC, arrêt n° 26 du 23 octobre 1980, NJI MBOUE MBOUE Simon c/ Sté Itinera.
[1326] *Ibid.*

comportements ou des agissements d'une personne[1327]. Par la technique de la constatation, le juge procède à une sorte d'inspection judiciaire[1328].

Avec l'évolution de la jurisprudence. On se rend compte que le juge judiciaire constate courageusement la voie de fait administrative. Dans l'affaire DONGMO Étienne JIOFACK Jacques et NDASSA Édouard contre le sous-préfet de l'arrondissement de Nkong-Ni, le juge s'exprime ainsi : *« Attendu qu'une descente effectuée par nous sur les lieux a permis de constater l'effectivité des scellés n° 19, 20, 21 apposés en date du 2 décembre 2011 par monsieur le sous-préfet de Nkong-ni »*[1329]. Ainsi, la constatation peut être faite soit à travers la mise en place d'une expertise[1330], soit à travers un transport ordonné par le juge[1331]. Le juge judiciaire n'hésite pas à constater la voie de fait, de même à la qualifier quand aucune des parties ne soulève l'exception d'incompétence in limine litis.

Concrètement, tout cocontractant victime d'une voie de fait du MINMAP au moment de la formation, de l'exécution ou de l'extinction du marché public, saisit le juge judiciaire par voie d'assignation[1332]. Toutefois, en matière de réparation de la voie de fait, le juge judiciaire dispose d'une compétence exclusive. Mais, le constat et la qualification de la voie de fait se font sous réserve de la compétence de la Chambre administrative. Ainsi, le fondement de la compétence du juge judiciaire explicité, encore faut-il saisir ce que l'on entend par irrégularités constitutives d'emprise et de voie de fait.

b. Les irrégularités constitutives d'emprise et de voie de fait en matière des marchés publics

L'emprise s'entend comme une atteinte portée par l'administration à une propriété privée immobilière sous la forme d'une prise de possession régulière ou irrégulière, momentanée ou définitive[1333]. Le juge administratif appréhende l'emprise comme une prise de possession par l'administration à titre provisoire ou définitif d'une propriété immobilière privée[1334]. Elle peut

---

[1327] BIPELE KEMFOUEDJO (J), *« La place du juge dans le nouveau droit des marchés publics », RCDA*, n° 37, p.38.

[1328] MOUNCHEROU ABDOUL (A), *op. cit.*, p. 114.

[1329] Président du Tribunal de Première Instance de Dschang, ordonnance de référé n° 21/Ord du 8 décembre 2011 ; ordonnance de référé n° 791/Ord du 10 avril 2022, Président du Tribunal de Première Instance de Douala DEIDO Pharmacie, ordonnance n° 19/ORD, 16 septembre 2009 rendue par le Président du Tribunal de Première Instance de Dschang dans l'affaire Succession FOKOUA Pierre représentée par mme FOKOUA née MEDIE Augustine c/ la Commune de Dschang et le Dr MOMO Bernard.

[1330] V. article 116 à 128 du code de procédure civile et commerciale.

[1331] V. articles 72 à 76 de la loi n° 2006/0022 *op. cit.* et devant le juge judiciaire, voir les articles 113-115 du code de procédure civile et commerciale.

[1332] Voir l'article 7 du code de procédure civile et commerciale.

[1333] KEUTCHA TCHAPNGA (C), *op. cit.*, p.106.

[1334] CFJ/CAY, arrêt n° 157 du 13 mars 1973, MEDOU Gaston c/ État du Cameroun.

être régulière ou irrégulière. Ainsi deux conditions cumulatives constituent l'emprise :

- dépossession temporaire ou définitive de la propriété privée ;
- atteinte ou mainmise sur la propriété immobilière. L'emprise irrégulière relève de la compétence principale du juge judiciaire, protecteur du droit de propriété.

En matière contractuelle publique, l'emprise concerne surtout l'exécution des marchés publics de travaux et porte le plus souvent *« sur un droit réel immobilier privé »*[1335].

Lorsqu'un cocontractant pour la réalisation des prestations objets d'un marché public, occupe irrégulièrement un terrain appartenant à une personne privée (un riverain par exemple), un tel agissement est constitutif d'emprise. Les mesures constitutives d'emprise et de voie de fait relèvent des tribunaux de l'ordre judiciaire comme en témoigne l'arrêt Société ASQUINI ENCORAD c/ EBONGUE Hubert[1336]. À la suite de l'exécution d'un marché public de travaux, l'entrepreneur s'est ravitaillé en gravier et en sable sur la propriété d'un particulier sans son consentement, faits constitutifs d'atteinte au droit de propriété, ce qui permettra au juge de dire que *« le contentieux des marchés publics relève de la juridiction administrative. Le principe s'applique aussi bien dans les litiges se rapportant à l'exécution des marchés publics qu'aux actions en responsabilité fondées sur les dommages causés par ceux-ci. Cette compétence de la juridiction administrative s'exerce sous réserve de celle dévolue aux tribunaux de droit commun pour la connaissance des litiges relatifs aux contrats conclus même implicitement sous l'empire du droit privé par les personnes morales de droit public [...] »*[1337].

Mais, relativement aux agissements constitutifs d'emprise et de voie de fait, dans le cadre de l'exécution d'un marché public de travaux, le juge dira : *« Encourt la cassation, pour défaut des motifs et manque de base légale, l'arrêt qui condamne l'entrepreneur au paiement des dommages-intérêts envers le propriétaire d'un terrain d'où le premier avait extrait des matériaux (sable et gravier) dans le cadre de l'exécution d'un marché public de travaux, sans constater la réalisation d'une emprise et alors que n'étaient pas réunies les conditions de la voie de fait administrative »*[1338]. Dans sa mission de

---

1335 CHAPUS (R), *op. cit.*, p. 106.
1336 Lire l'Arrêt n° 25/CS/CC du 5 mars 1981, ASQUINI ENCORAD c/ EBONGUE Hubert.
1337 *Ibid.*
1338 *Ibid.*

répression de l'emprise, le juge judiciaire ordonne la réparation et la cessation. Ce constat relève d'une jurisprudence constante, entériné par le législateur[1339].

L'emprise irrégulière en matière contractuelle, influence l'exécution du contrat. La voie de fait permet également au juge judiciaire de fixer sa compétence en tant que gardien de la propriété privée et des libertés fondamentales. La voie de fait est appréhendée par la jurisprudence camerounaise comme un acte grossièrement illégal qui porte atteinte à une liberté fondamentale ou à la propriété privée[1340]. La voie de fait administrative est un *« acte manifestement insusceptible de se rattacher à l'exécution d'un texte législatif ou règlementaire [ou] à un pouvoir appartenant à l'administration »*[1341]. Ainsi, lorsque l'administration abuse de son pouvoir dans l'application d'un acte, il y a voie de fait. Les mesures susceptibles de donner lieu à la voie de fait en matière des marchés publics nécessitent l'intervention du juge judiciaire. Dans le cadre de l'exécution d'un marché par exemple, les décisions du MINMAP empreintes d'illégalités grossières et portant atteinte aux droits et libertés des entrepreneurs, acteurs de la commande publique, sont susceptibles de recours devant le juge judiciaire. En dehors des cas spécifiques de la réparation, de la violation d'un droit, ou d'une liberté, ordonnés par le juge judiciaire à l'occasion de l'exécution d'un marché public de travaux ; il ne peut ordonner la démolition d'un ouvrage constitutif d'une irrégularité, implanté sur un terrain privé[1342]. Seul le juge administratif peut annuler la décision de refus de l'administration de procéder à la démolition ou au déplacement de cet immeuble[1343]. En matière des travaux publics, le principe de l'intangibilité de l'ouvrage public pose un frein à la compétence du juge de l'ordre judiciaire et admet exceptionnellement le principe de la protection des droits et libertés fondamentales par les juridictions de l'ordre administratif.

En sa qualité de juge accessoire dans le contentieux des marchés publics, le juge judiciaire intervient pour régler les contentieux nés de la formation comme de l'exécution d'un marché public. Son intervention transcende le contentieux civil et commercial pour s'étendre à celui de la répression des infractions commises dans les opérations contractuelles.

[1339] V. L'article 3 al.2 de la loi n° 2006/022. *Op. cit.* Les tribunaux de l'ordre judiciaire *« ordonnent toute mesure pour qu'il y soit mis fin »*.

[1340] CFJ/CAY/AP, arrêt n° 10 du 17 octobre 1968, MVE NDONGO Abraham c/ État du Cameroun.

[1341] T.C 8 avril 1935, Action française, Rec. Lebon, 1935, p.1226, concl. JOSSE.

[1342] CHAPUS (R), *op. cit.*, p. 106.

[1343] *Ibid.*

Paragraphe 2. La connaissance par le juge répressif du contentieux des marchés publics

Le code des marchés publics consacre la soumission des marchés publics au juge pénal. Allant dans ce sens, l'article 193 dudit code dispose : *« l'autorité chargée des marchés publics peut à titre conservatoire, prendre une décision d'interdiction de soumissionner pendant une période n'excédant pas deux (2) ans, à l'encontre de tout soumissionnaire ou cocontractant de l'administration pour trafic d'influence, de conflits d'intérêts, de délit d'initiés, de complicité, de fraude, de corruption ou de production de documents non authentiques [...] sans préjudice des poursuites pénales qui pourraient être engagées contre lui »*[1344]. Un nombre croissant de décisions du juge pénal illustre des dysfonctionnements dans l'usage de l'argent public. L'intervention du juge répressif ne vise pas seulement à sanctionner les soumissionnaires à un marché public, mais *« les agents relevant du service public, les soumissionnaires et les titulaires de marché, ainsi que toute personne intervenant à quelque titre que ce soit dans la chaîne de la passation, d'exécution, de contrôle et de régulation des marchés [...] »*[1345]. La consécration explicite des irrégularités liées à la passation comme à l'exécution renforce la compétence du juge répressif dans le contentieux des marchés publics. L'étude se propose d'identifier des infractions constitutives d'atteinte à la fortune publique (A) et la répression desdites irrégularités par le juge répressif ordinaire (B) et spécial (C).

A. L'identification des infractions constitutives d'atteinte à la fortune publique

La source textuelle mentionnée plus haut est un indice qui fait apparaître l'intervention du juge répressif, *« juge naturel »* des infractions pénales ; et l'originalité de ladite intervention réside en ce que ces infractions trouvent leur origine dans le domaine de la commande publique tant en ce qui concerne aussi bien sa passation que son exécution. Ainsi, il conviendra d'identifier les irrégularités fondant l'intervention du juge répressif dans le code des marchés publics (1) et l'identification jurisprudentielle des infractions commises dans les marchés publics (2).

1. L'identification des irrégularités fondant l'intervention du juge répressif dans le code des marchés publics

Les infractions mentionnées par le code des marchés publics ressortissent dans la majorité du Code pénal, *« est pénalement responsable celui qui volontairement commet les faits caractérisant les éléments constitutifs d'une*

[1344] V. L'article 193 CMP.
[1345] V. L'article 196 CMP.

infraction avec l'intention que ces faits aient par conséquent la réalisation de l'infraction »[1346]. Il ressort de cette disposition que la commission d'une infraction met en phase l'élément intentionnel qui concourt à la réalisation de celle-ci. Dans le domaine des marchés publics, plusieurs irrégularités commises concourent à réalisation des infractions. Ainsi pourront être identifiés, les actes constitutifs d'infraction en matière de passation (a) comme en matière d'exécution (b) ; sans toutefois ignorer les auteurs des infractions identifiées dans les marchés publics (c).

a. Les actes constitutifs d'infraction en matière de passation

L'autorité règlementaire du code des marchés publics de 2018 a énuméré certains actes susceptibles d'être qualifiés d'infractions. Aussi, de la lecture analytique du code, certaines irrégularités sont ainsi commises et concernent surtout les violations aux règles qui gouvernent la bonne passation des marchés dans le cadre de sa formation. Toutes ces infractions qui sont identifiées sont commises en marge de la règlementation. Il s'agira d'égrainer l'ensemble des infractions pouvant conduire à la saisine du juge pénal. On peut ainsi énumérer :

- **Les atteintes aux règles de la concurrence et de la transparence comme actes constitutifs de détournement et de complicité de détournement dans les marchés publics**

La transparence est *« une nouvelle vitrine des finances publiques »*[1347] et a pour objectif la bonne utilisation des deniers publics. La protection des deniers publics a pour support les règles posées par la comptabilité publique révélées à travers l'insaisissabilité, monopole et responsabilité des comptables publics dans le maniement et la garde de ceux-ci. Afin de veiller au bon maniement des deniers publics et garantir aux soumissionnaires un libre et égal accès à la commande publique, le législateur a prévu la répression des infractions liées aux règles de la concurrence et de la transparence. Sans prétention à l'exhaustivité, l'on retiendra les cas permanents liés aux détournements des deniers publics et infractions de détournement, complicité et corruption. Citons le fractionnement, la surfacturation, le recours à des procédures non justifiées, l'attribution d'un marché à des soumissionnaires dépourvus d'existence légale, le délit de corruption, le délit de complicité, le délit d'initiés, les conflits d'intérêts, les manœuvres frauduleuses, les pratiques collusoires, coercitives et obstructives, la passation des marchés injustifiés, la passation d'une commande à des prix non conformes à ceux de la mercuriale.

[1346] V. article 74, loi n° 2016/007 du 12 juillet 2016 portant code pénal de la République du Cameroun.

[1347] BESSALA (A.G), le principe de la sincérité budgétaire… *op. cit.*

- **Le fractionnement** est la pratique qui consiste à scinder une dépense dont le montant total atteint ou bien dépasse un seuil à partir duquel s'appliquent une règlementation et des procédures spécifiques, en plusieurs factures qui n'atteignent pas ce montant, ceci afin d'éviter lesdites règlementations et procédures[1348]. Le fractionnement pour les praticiens des marchés publics, procède de la non-soumission des prestations inférieures à cinq (5) millions de francs CFA[1349] aux règles posées par le nouveau code des marchés publics, et par conséquent, le recours abusif aux bons de commande d'un montant inférieur à cinq (5) millions de francs CFA[1350], mais dont le cumul dépasse cinquante (50) millions. Il procède également du recours abusif à la pratique des lettres de commande en réduisant une dépense qui aurait donné lieu à un marché public d'un montant au moins égal à 50 millions en plusieurs lettres-commande qui ne sauraient atteindre ce montant, mais dont le cumul le dépasse. Ce double visage du fractionnement a donné naissance à la pratique quatre millions neuf, pratique qui a cours dans le système camerounais des marchés publics. Le fractionnement est une procédure passée en violation du code des marchés publics et passible de sanction[1351]. C'est une pratique anticoncurrentielle, car le soumissionnaire retenu est celui choisi par le maître d'ouvrage sans intervention des règles de concurrence, des procédures de passation, sans l'intervention des commissions de passation compétentes. Il constitue dès qu'il est identifié et prouvé, un élément constitutif de l'infraction de détournement et par conséquent d'atteinte à la fortune publique. Dans l'affaire Belinga Gilles Roger, le juge répressif assimile le fractionnement aux atteintes à la règlementation et affirme ainsi que *« [...] l'examen des contrats passés par la SIC a montré que la règlementation sur les marchés publics est systématiquement violée par les pratiques des marchés passés sans appel à la concurrence, fractionnement des marchés et leur non-enregistrement, d'avance de démarrage au-dessus du quota légal »*[1352]. Les éléments incriminants et déterminants sont la subdivision en lettre-commande du marché, les atteintes aux règles de la concurrence. Dans une autre affaire similaire, le juge répressif assimile le fractionnement à une infraction de détournement. Il ressort de l'affaire ministère public et État du Cameroun c/ MOUNCHIPOU Seidou et Co qu': « *Attendu que*

1348 Lire audit *a posteriori* des marchés publics au Cameroun, exercice 2003, rapport final, mars 2006 des cabinets 2AC/ACP, ARMP, p.48.

1349 V. L'article 5(q) du CMP.

1350 V. L'article 5(g) CMP.

1351 V. L'article 188 CMP.

1352 TGI du Mfoundi, jugement n° 680/Crim du 27 septembre 2007, MP et Société Immobilière du Cameroun (SIC) c/ BELINGA Gilles Roger et autres, 13e et 14e rôles.

s'agissant des câbles et accessoires, il a également procédé au fractionnement en scindant les commandes pour obtenir les lettres-commandes d'un montant inférieur à 5 000 000 de Francs afin d'éviter la commission des marchés [...] ».

« Qu'au vu des développements qui précèdent, il appert que MOUNCHIPOU a été non seulement l'instigateur, l'auteur intellectuel du détournement, mais encore il a pris une part active à travers [...] le fractionnement... ».

« Qu'il convient de requalifier les faits initialement qualifiés de complicité de détournement de deniers publics en ceux de coaction de détournement de deniers publics et l'en déclarer coupable »[1353].

Le juge répressif réprime la division des marchés en marchés de moindre envergure, car il caractérise cette pratique d'infraction de détournement des deniers publics. Aussi la complicité de détournement en coaction met en exergue le degré d'implication pour la constitution de l'infraction.

- **La surfacturation** : Notons d'abord qu'une mercuriale est fixée par l'administration du commerce. Au terme de l'article 1er de l'arrêté du Mincommerce, *« sont fixés, à compter de la date de signature du présent arrêté, les prix et tarifs de référence hors TVA des équipements, fournitures, travaux et services divers destinés aux administrations publiques et parapubliques, au titre de l'exercice 2018 [...] »*[1354]. Toutefois, *« en cas de contradiction entre les prix et tarifs contenus dans les supports informatiques et papier, les prix et tarifs à considérer sont ceux du support papier paraphé par la direction de la métrologie, de la qualité et des prix »*[1355]. La fixation des prix des commandes publiques doit tenir compte de ces normes en matière de prix, c'est-à-dire des prix conformes à ceux de la mercuriale. La mercuriale est ce document officiel, notamment celui édicté par un arrêté du Mincommerce qui prévoit des prix estimatifs pour biens et fournitures opposables en principe aux acteurs du système camerounais des marchés publics et la notion de prix unitaire[1356] dans le code des marchés publics tient compte de la mercuriale des prix rédigée par les autorités compétentes en l'occurrence le Ministère du Commerce.

[1353] TGI du Mfoundi, jugement n° 93/CRIM du 28 novembre 2003, ministère public et État du Cameroun (MINPOSTEL) c/ MOUNCHIPOU Seidou et Co.

[1354] V. L'article 1er alinéa 1 de l'arrêté n° 0076/MINCOMMERCE du 17 janvier 2018 fixant les prix et tarifs de référence des équipements, fournitures travaux et services divers destinés aux administrations publiques et parapubliques au titre de l'exercice budgétaire 2008.

[1355] V. L'article 5 alinéa 2 de l'arrêté suscité.

[1356] V. L'article 144 et 145 CMP.

Pour le juge pénal, l'un des éléments constitutifs de détournement des deniers publics est la surfacturation. Plusieurs expressions désignent la surfacturation pour le juge pénal. Il s'agit de la *« hausse illicite des prix »* ; *« gonflement des prix »*, la surfacturation est également établie, précisément par le fait d'octroyer au cocontractant les prestations à livrer en quantité et en qualité sans toutefois présenter les prix de façon détaillés[1357]. Mais, plus tôt présenter dans la fiche du projet que le coût global ; *« le règlement des sommes au-delà de la valeur du matériel fourni »*, la pression sur les prix entraînant la hausse illicite des prix constitue également l'infraction de détournement.

Ainsi, le juge pénal présente les manœuvres de surfacturation en soutenant : *« Mais attendu que s'agissant de l'État, ce même législateur a regroupé toutes ces attitudes d'un éventuel délinquant dans un même article »*, l'article 184 du Code pénal dispose que *« quiconque par quelque moyen que ce soit obtient ou retient frauduleusement quelque bien que ce soit mobilier ou immobilier appartenant, destiné, ou confié à l'État fédéral ou fédéré ou à une coopérative, collectivité ou établissement public, ou soumis à la tutelle administrative de l'État, ou dont l'État détient directement ou indirectement la majorité de capitaux »* ;

« Que c'est à tort que la défense sollicite la requalification des faits de détournement de deniers publics en ceux de pression sur les prix pour enfin dire que le tribunal est mal saisi » ;

« Que la surfacturation aboutissant au gonflement intentionnel des prix et les deniers appartenant à l'État, elle ne peut être qualifiée que de crime de détournement des deniers publics du seul fait du propriétaire de ces derniers »[1358]. En l'espèce, la surfacturation aboutissant au gonflement intentionnel des prix est qualifiée comme manœuvre d'atteinte à la fortune publique et sanctionnée par le juge répressif comme illustre l'affaire MOUNCHIPOU.

- **Le recours aux procédures non justifiées** : le marché de gré à gré est conditionné par l'autorisation préalable de l'autorité chargée des marchés publics[1359].

Le recours aux marchés de gré à gré sans l'accord de l'autorité compétente est l'irrégularité la plus patente qui est sanctionnée par le juge répressif. Le juge répressif l'assimile à une atteinte à la fortune publique et par assimilation à un détournement de deniers publics, un marché conclu par un maître d'ouvrage sans autorisation de l'autorité chargée des marchés publics. Dans l'affaire OLANGUENA OWONO, le juge estime que : « *Considérant que*

[1357] V. Ministère public et État du Cameroun (MINPOSTEL) c/ MOUNCHIPOU Seidou.
[1358] Ministère public et État du Cameroun (MINPOSTEL) c/ MOUNCHIPOU Seidou et Co.
[1359] V. L'article 108 CMP.

l'accusé OLANGUENA OWONO Urbain n'a pas rapporté la preuve de l'obtention d'une telle autorisation pour passer ce marché avec l'association camerounaise de marketing social selon la procédure de gré à gré à la suite d'une négociation directe avec elle [...] ; considérant que l'article 87 (nouveau) bis du décret susvisé dispose que l'inobservation des dispositions régissant la passation, l'exécution et le contrôle des marchés publics est constitutive d'atteinte à la fortune publique ; qu'il s'agit d'un détournement de deniers publics par assimilation »[1360]. Cette décision illustre la sanction effective des agissements incohérents de certains maîtres d'ouvrage dans le système de passation des marchés publics au Cameroun.

- **Attribution d'un marché à des soumissionnaires dépourvus d'existence légale** : l'un des fondements de la résiliation d'un marché public repose sur l'un des critères suivants : lorsqu'un candidat est en faillite, en état de liquidation judiciaire[1361], ou alors frappé de l'une des interdictions ou déchéance prévues par les lois et règlements en vigueur. Le juge répressif pose des conditions légales d'existence d'une société commerciale en précisant qu'*« Attendu que l'entête d'une société seule ne permet pas de gagner un marché ; qu'il faut que cette société existe, que son existence soit soumise à certaines conditions, entre autres l'inscription au registre du commerce, le titre de patente, le numéro de compte et le numéro de contribuable [...] »*[1362]. Lorsqu'une société ne se constitue pas légalement elle se livre à une atteinte à la règlementation des marchés publics.

Il s'agit au sens du juge répressif d'une atteinte à la fortune publique. Il illustre un tel comportement par une affirmation précise : *« [...] qu'en effet au moment de la signature par [le prévenu] de la lettre commande n°194 du 26 septembre 2001, le cabinet Word Wilde Engineering Service n'avait pas encore d'existence légale pour avoir été créé en octobre 2001 ; qu'il suit dès lors que ce faisant, il a violé les dispositions de l'article 105 alinéa 2 du décret n°2004/275 du 24 septembre 2004 portant code des marchés publics, l'adjudication d'un marché au profit d'un prestataire sans existence légale étant considérée comme constitutive d'atteinte à la fortune publique »*[1363]. Le juge répressif sanctionne systématiquement les atteintes à la règlementation des marchés publics par les agissements déviants des maîtres d'ouvrage.

[1360] Cf. TCS, arrêt n° 014/CRIM du 14 juin 2013, MP et État du Cameroun (ministère de la Santé publique) c/ OLANGUENA OWONO Urbain, 29e rôle.

[1361] V. L'article 182 (b-c) CMP.

[1362] Cf. TGI du Mfoundi, jugement n° 371/CRIM du 27 juin 2007, MP et FEICOM c/ ONDO NDONG Emmanuel et autres, 71e rôle.

[1363] Cf. CA du Littoral, arrêt n° 38/CRIM du 11 juin 2009, MP et Port autonome de Douala (PAD) c/ SIYAM SIEWE Alphonse, ETONDE EKOTTO Édouard Nathanaël et autres, 46e rôle.

- **La cotraitance fictive** est également susceptible de répression pénale, car constitue une atteinte à la règlementation des marchés publics. Il peut arriver que dans les prestations réalisées en groupement d'entreprises, seule une entreprise est capable d'exécuter le marché, les autres entreprises ne sont que fictives, c'est-à-dire qu'elles n'existent pas, alors un tel comportement dénaturant le groupement d'entreprises est constitutif de détournement de biens.
- **Le délit de corruption** : C'est l'une des infractions les plus patentes du système des marchés publics. Est convaincu d'acte de ''corruption'' quiconque offre, donne, sollicite ou accepte un quelconque avantage en vue d'influencer l'action d'un agent public au cours de l'attribution ou de l'exécution d'un marché[1364]. Dans la définition du délit de corruption, le Code pénal distingue la corruption active de celle passive. Pour la corruption active, l'article 134(1) pose qu'*« est puni d'un emprisonnement de cinq (5) à dix (10) ans et d'une amende de deux cent mille (200 000) à deux millions (2 000 000) de Francs, tout fonctionnaire ou agent public national [...] qui, pour lui-même ou par un tiers, sollicite, agrée ou reçoit des offres, promesses, dons ou présents pour faire, s'abstenir de faire ou ajourner un acte de sa fonction »*[1365] ; la corruption passive quant à elle aux termes de l'article 134 (1) s'entend comme *« quiconque, pour obtenir soit l'accomplissement, l'ajournement ou le refus d'accomplissement d'un acte, soit des faveurs ou des avantages [...] fait des promesses, offres, dons, présents ou cède à des sollicitations tendant à la corruption, est puni [...], que la corruption ait ou non produit son effet »*[1366]. Le délit de corruption est une atteinte à la règlementation des marchés publics, sanctionné par le juge pénal.
- **Les manœuvres frauduleuses**, pratiques collusoires, coercitives et obstructives : se livre à des *« manœuvres frauduleuses »*[1367], quiconque déforme ou dénature des faits afin d'influencer l'attribution ou l'exécution d'un marché. ; sont convaincus de *« pratiques collusoires »*[1368] deux ou plusieurs soumissionnaires qui s'entendent dans le but de maintenir artificiellement les prix des offres à des niveaux ne correspondant pas à ceux qui résulteraient du jeu de la concurrence. Elle consiste pour le juge répressif en la divulgation des critères de sélection des soumissionnaires à l'un des soumissionnaires proche de l'autorité contractante afin de lui faire remporter l'offre en

---

1364 V. L'article 197(1) CMP.
1365 V. L'article 134 alinéa 1 de la loi portant code pénal de la République du Cameroun.
1366 V. L'article 134-1 alinéa 1 de la loi portant code pénal.
1367 V. L'article 197(2) CMP.
1368 V. L'article 197(3) CMP

concours[1369], portant ainsi atteinte à la concurrence et favorisant les surfacturations[1370].

Se livre à des ***« pratiques coercitives »***, quiconque porte atteinte aux personnes ou à leurs biens ou profère des menaces à leur encontre de manière directe ou indirecte, afin d'influencer leurs actions au cours de l'attribution ou de l'exécution d'un marché[1371].

Se livre aux ***« pratiques obstructives »***[1372], quiconque commet des actes visant à la destruction, la falsification, l'altération ou la dissimulation des preuves sur lesquelles se fonde une enquête ou toutes fausses déclarations faites aux enquêteurs ou encore toute menace, harcèlement ou l'intimidation à l'encontre d'une personne aux fins de l'empêcher de révéler des informations relatives à une enquête, ou bien de poursuivre celle-ci, tous ces actes irréguliers accomplis en marge du règlement sont susceptibles d'être sanctionnés par le juge répressif.

- **Les délits d'initiés et conflits d'intérêts** : *« les consultants ayant contribués à l'élaboration d'un dossier de consultation ne peuvent participer à ladite consultation »*[1373], le **délit d'initiés** survient alors, lorsqu'un organisme public à caractère industriel et commercial placé sous tutelle d'une administration contractante est retenu à présenter une offre dans la sphère d'une consultation lancée par cette dernière[1374].

Le **conflit d'intérêts** quant à lui *« s'entend de toute situation dans laquelle le titulaire d'un contrat ou surveillant des procédures de passation et/ou de l'exécution du marché pourrait tirer des profits directs ou indirects d'un marché conclu par le maître d'ouvrage ou le maître d'ouvrage délégué, d'une affectation ou de toute situation dans laquelle il a des intérêts personnels ou financiers suffisants pour compromettre son impartialité dans l'accomplissement de ses fonctions ou de nature à affecter défavorablement son jugement »*[1375]. Lorsque les présidents, les experts, les membres des commissions de passation des marchés et des commissions de contrôle des marchés et ceux des sous-commissions d'analyse, les observateurs indépendants compromettent leur objectivité en disposant d'un intérêt financier, personnel ou autre lié au marché en examen, ils sont susceptibles d'être sanctionnés de conflit d'intérêts.

1369 Ministère public et État du Cameroun (MINPOSTEL) c/ MOUNCHIPOU Seidou et Co.
1370 *Ibid.*
1371 V. L'article 197(4) CMP.
1372 V. L'article 197(5) CMP.
1373 V. L'article 198(1) CMP.
1374 V. L'article 198(2) CMP.
1375 V. L'article 199(1) CMP.

En cas de conflit d'intérêts, les acteurs susindiqués qui ne signalent pas *« par écrit au maître d'ouvrage, ou au Président de la commission, avec copie à l'organisme chargé de la régulation des marchés publics »* encourent des sanctions prévues par la règlementation en vigueur. Une attitude passive comme celle du défaut de dénonciation du Président de la commission de passation des marchés auprès de la communauté urbaine de Limbé, auteur d'un conflit d'intérêts constitué par l'attribution d'un marché à un membre de la commission est une atteinte à la règlementation des marchés publics[1376]. L'on note aussi le défaut de production des études préalables, requises par la règlementation en vigueur avant la passation et l'exécution d'un marché de forage ; défaillance ayant débouché sur la non-atteinte de l'objectif visé, et engendré un préjudice financier de 14 749 682 à la charge du délégué du gouvernement de Limbé[1377]. Ces clichés[1378] illustrent à n'en point douter que les atteintes à la règlementation des marchés publics sont sanctionnées.

- **Le délit de complicité** : la responsabilité de tout surveillant des procédures de passation ou d'exécution est engagée en cas de complicité[1379]. Elle s'entend comme

« a) l'omission ou la négligence d'effectuer les contrôles ou de donner les avis techniques prescrits ;

b) l'abstention volontaire de porter à la connaissance du maître d'ouvrage ou de l'autorité compétente, les irrégularités constatées lors de la réalisation de ses missions »[1380].

Le délit de complicité est expressément posé à l'article 98 du Code pénal en ces termes : *« (1) est complice d'une infraction qualifiée crime ou délit :*

a) celui qui provoque, de quelque manière que ce soit, la commission de l'infraction ou donne des instructions pour la commettre.

[1376] En violation de l'article 199 alinéa 3 CMP.

[1377] BEGNI BAGAGNA, *« Recherches sur la notion de faute de gestion en droit public financier camerounais »*, *Juridis périodique* n° 107, juillet-août-septembre 2016, p.123.

[1378] Décision du conseil de discipline budgétaire et financière, juridiction mi- administrative (créé par un acte règlementaire) : décret n° 2008/028 du 17 janvier 2008 du Président de la République et rattaché au Ministère délégué à la Présidence, chargé du Contrôle supérieur de l'État) et mi-juridictionnel (v. article 3 du décret n° 2005/374 du 11 octobre 2005 portant organisation des services du contrôle supérieur de l'État) : *« les services du contrôle supérieur de l'État concourent à la sanction, des ordonnateurs et gestionnaires des deniers publics dans les conditions précises par les lois et règlements. À ce titre, le Ministère chargé du Contrôle supérieur de l'État concourt à la sanction, des ordonnateurs et gestionnaires des deniers publics dans les conditions précises par les lois et règlements. À ce titre, le ministre chargé du Contrôle supérieur de l'État préside le conseil de discipline budgétaire et financière (...) »*, juste en passant parce que la réflexion vise le juge répressif.

[1379] V. L'article 200 CMP

[1380] V. L'article 200 alinéa 2(a-b) CMP.

b) Celui qui aide ou facilite la préparation ou la consommation de l'infraction.

2- la tentative de complicité est considérée comme la complicité elle-même »[1381]. Le délit de complicité fait partir des irrégularités susceptibles d'être sanctionnées par le juge pénal. Les pratiques illicites sont éparses, raison pour laquelle il convient d'envisager les atteintes en phase d'exécution.

b. Les actes constitutifs d'infraction en matière d'exécution

En phase d'exécution, les infractions attentatoires à la fortune publique sont commises par les prévenus. Ces infractions commises se distinguent des précédentes par le moment de la commission. Nous sommes en phase d'exécution, mais les irrégularités aboutissent également aux sanctions. Les dérives managériales des biens publics sont commises lors de l'exécution du marché et les acteurs de ces comportements non conformes aux règles de la gestion publique sont tenus pour responsables. L'inobservation des obligations posées par la règlementation des marchés publics ou les règles financières ou comptables constitue des atteintes. À ce titre, lorsque l'irrégularité est prouvée, la responsabilité de l'auteur est engagée, ceci dans le souci de protéger la fortune publique. Ainsi convient-il d'envisager les atteintes de nature financière constitutives de détournement et d'étudier par la suite, les atteintes de nature non financière constitutives de détournement.

- **Les atteintes de nature financière constitutives de détournement** : toute modification irrégulière des crédits affectés au règlement d'un marché exécuté, toute distraction des crédits ou tout changement de destination de fonds affectés à la réalisation d'un marché sont des atteintes de nature financière susceptibles d'être réprimées par le juge répressif[1382]. À la lecture[1383] du code des marchés publics, les auteurs des mauvaises pratiques tant pendant la passation ou l'exécution des marchés publics sont passibles de sanctions. Aussi, lorsque ces cas de violations portent sur l'atteinte à la fortune publique, ces auteurs sont passibles de peines prévues par l'article 184 du Code pénal[1384]. Le prix du marché rémunère le co-contractant de l'administration[1385]. Après la réalisation de la prestation objet du marché, le prix doit être la contrepartie de ce service rendu au maître d'ouvrage. Aux termes de l'article 158 *« [(...) tout règlement relatif à un marché public intervient par transfert sur un compte domicilié dans un établissement bancaire ou un organisme financier de droit camerounais (...)] »*.

[1381] V. L'article 97 alinéa 1 et 2 de la loi portant code pénal.
[1382] Affaire ministère public et FEICOM, *op. cit.*
[1383] V. L'article 188(1) CMP.
[1384] V. L'article 188(2) CMP.
[1385] V. L'article 144(1) CMP.

Il est donc versé au terme de la réalisation du marché en tenant compte des avances[1386] ou acomptes[1387] s'ils ont été effectués. La distraction des fonds destinés au paiement de la prestation réalisée par le cocontractant constitue un acte de détournement. La répression pénale est justifiée par ces propos : *« attendu que ONDO ONDONG Emmanuel est accusé d'avoir courant 2005 retenu frauduleusement la somme de 104 000 000 de francs à travers une quittance de paiement partiel libellée au nom des établissements [...] qu'il convient en conséquence de le déclarer coupable des faits qui lui sont reprochés, crime prévu et réprimé par les articles 74 et 184 du Code pénal... »*[1388].

Le juge répressif réprime ainsi la rétention des fonds alloués au règlement du marché exécuté. Ces fonds étaient destinés au prestataire, mais ont été détournés. Le juge répressif réprime également le changement de destination des fonds destinés au règlement d'un marché déjà exécuté, soustrait pour payer un marché différent de celui imputé au budget[1389].

- **Les atteintes de nature non financière constitutives de détournement** : les atteintes liées à l'exécution du marché décrié dans le système des marchés publics qui fondamentalement ne sont pas de nature financière même si conséquemment ils peuvent en découler et en constituent une palette. Les actes à l'origine de l'atteinte sont non financiers, car dépourvus de l'aspect pécuniaire du marché et sont assortis des actes accomplis par les acteurs du système des marchés publics. On peut citer l'exécution fictive d'un marché et le recours abusif aux avenants.

L'exécution fictive du marché consiste à conclure un marché avec l'intention de ne pas l'exécuter, mais simulant son exécution effective. Aussi, un maître d'ouvrage autorise des paiements à un prestataire de services fictifs dans le but de détourner les fonds : d'où l'implication financière de cette atteinte de nature non financière à la base. Ce mécanisme irrégulier est récurrent dans les marchés publics[1390]. Le plus souvent, les adresses des fournisseurs sont introuvables, les numéros de téléphone de la liste sont faux, les commandes n'existent pas effectivement. Le détournement des fonds à d'autres fins que celles pour lesquelles ils ont été initialement octroyés, notamment des services *« fantômes »* sont des actes qui démontrent que les marchés sont fictifs ; l'expérience a montré que les auteurs de l'accomplissement de ces actes ont tendance à utiliser les noms des entreprises similaires à ceux d'entreprises réelles pour générer des factures fictives. Dans

---

[1386] V. L'article 159 CMP.

[1387] V. L'article 162 CMP.

[1388] Ministère Public et FEICOM. *Ibid.*

[1389] *Ibid.*

[1390] Ministère public c/ ÉTAT DU Cameroun (MINPOSTEL) c/ MOUNCHIPOU Seidou et Co.

le cadre de la lutte contre ces mécanismes des marchés publics fictifs, le juge répressif sanctionne le paiement[1391] des travaux non exécutés ou exécutés partiellement[1392]. De tels marchés fictifs génèrent des factures fictives, des coûts élevés et les paiements y sont associés en absence du contrat non exécuté. Sont généralement concernés par ces actes les maîtres d'ouvrages, les comptables, les responsables des affaires administratives et financières[1393].

L'avenant est un acte contractuel modifiant ou complétant certaines clauses du marché de base pour l'adapter à des évènements survenus après sa signature[1394]. Toutefois, l'avenant ne peut modifier ni l'objet, ni le titulaire du marché, ni la monnaie de règlement, ni la formule de révision des prix ou d'actualisation des prix[1395]. Le montant global des avenants est plafonné à trente pour cent (30%) du montant du marché de base[1396]. Le recours à l'avenant de façon abusive ayant l'intention de bouleverser l'économie parce que son objet ne serait plus le même est constitutif d'une atteinte pouvant donner lieu à une répression pénale. Cette pratique déviante est susceptible d'être assimilée aux atteintes à la fortune publique.

c. Les auteurs des infractions identifiées dans les marchés publics

Ces infractions identifiées impliquent une pluralité d'auteurs intervenant dans le processus de la dépense (i) et les personnes impliquées dans la commande publique (ii).

i. Les personnes impliquées dans le processus de la dépense telles que les ordonnateurs et les comptables sont généralement visées dans la commission des infractions. Le juge pénal affirme : *« Attendu que les détournements dénoncés (aux dires de l'accusation) sont essentiellement imputables aux personnes impliquées dans la chaîne de la dépense [...] et aux prestataires de services »*[1397]. Les prévenus concernés sont cités en leurs noms et qualités. Il s'agit des directeurs généraux en charge des administrations publiques gérant les fonds publics, les responsables d'administrations et d'entreprises publiques,

---

[1391] CA du Centre, ordonnance de non-lieu partiel et renvoi du 28 décembre 2006, ministère public et CNPS c/ ENGO Pierre Désiré et Co. le juge affirme que : *« Attendu [...] dans le détournement de 388 982 392 francs fonds publics mis à la charge de DAUVIN Francis Gilbert Ghislain »* ; *« Attendu que l'instruction a démontré que ce paiement obtenu de P.I.G.T S.A.R.L. par six international LTD l'était à base des travaux fictifs ». « Que DAUVIN Francis Gilbert Ghislain a donc perpétré le crime de détournement de deniers publics pour ce montant et doit en répondre ».*

[1392] Ministère public et FEICOM c/ ONDO ONGONG Emmanuel et Co.

[1393] Ministère public et État du Cameroun (MINPOSTEL) c/ MOUNCHIPOU Seidou et Co.

[1394] V. L'article 5 (f) CMP.

[1395] V. L'article 130 (2) CMP

[1396] V. L'article 130 4) CMP.

[1397] Ministère public et FEICOM c/ ONDO ONDONG Emmanuel et Co.

les chefs de service de la dépense, les directeurs des finances et du matériel, les contrôleurs financiers du fonds, les sous-directeurs du budget, des marchés et contrats, les agents comptables, les chefs des services de dépense… Dans la première catégorie de commettants identifiés par le juge, il s'agit de toutes les personnes impliquées dans la chaîne de la dépense et posant des actes ayant une incidence financière.

ii. La seconde catégorie de commettants de l'infraction concerne des prestataires des services et les cocontractants. Les infractions liées aux marchés publics sont réprimées par le juge répressif. Les mis en cause sont identifiés par le juge soit comme auteurs, co-auteurs ou complices d'infractions constituant des atteintes à la fortune publique. Sont sanctionnées les personnes physiques ou les personnes morales[1398]. Il appartient au juge répressif de déterminer les éléments constitutifs d'une infraction.

2. L'identification jurisprudentielle des infractions commises dans les marchés publics.

Le juge répressif camerounais a eu l'occasion de se prononcer sur des infractions en matière de marchés publics. Ces infractions identifiées sont plurielles. Nous mettrons l'accent sur les plus récurrentes. Ainsi, on envisagera les infractions principales identifiées (a) et les infractions accessoires (b)

a. Les infractions principales identifiées

Dans le cadre des marchés publics, le détournement de deniers publics et la complicité de détournement sont les infractions les plus réprimées et constituent le reproche permanent fait aux personnes publiques. Le détournement c'est le fait pour un détenteur précaire, de ne pas restituer le bien qui lui avait été confié (en vertu d'un contrat de détention : dépôt, prêt, mandat, etc.), élément de l'abus de confiance[1399]. On parle de détournement de fonds qui est un fait qui tombe sous le coup de plusieurs incriminations, de faire obstacle, en abusant de la confiance dont on a bénéficié, aux droits d'autrui sur une chose ou sur des fonds ou même s'approprier ceux-ci[1400]. Les deniers publics sont les *« deniers de l'État, des collectivités publiques et des établissements publics soumis aux règles de la comptabilité publique »*[1401]. Le détournement des deniers publics est réprimé par le Code pénal. Ainsi, au terme de l'article 184 du Code pénal camerounais, *« quiconque par quelque*

[1398] V. L'article 18 de la loi n° 2016/007 du 12 juillet portant Code pénal de la République du Cameroun précitée.

[1399] CORNU (G), *Vocabulaire juridique*, Paris, PUF, 2012, p. 339.

[1400] *Ibid.*

[1401] *Ibid.*, p. 324.

moyen que ce soit, obtient ou retient frauduleusement quelque bien que ce soit, mobilier ou immobilier, appartenant, destiné ou confié à l'État unifié, à une coopérative, collectivité ou établissement public ou soumis à la tutelle administrative de l'État ou dont l'État détient directement ou indirectement la majorité du capital, est puni (...) »[1402] concernant l'élément matériel, ce texte fait allusion à l'ensemble des efforts tels que l'obtention qui caractérise la situation du résultat consommé, l'acte devient effectivement un détournement lorsqu'il entraîne un changement de possession du bien. Quant à l'élément moral, le détournement est une infraction intentionnelle[1403].

Concernant le caractère évaluable du bien détourné, le Code pénal prévoit trois cadres d'évaluation des deniers[1404]. Au sens du juge répressif, l'infraction du détournement peut être commise seule[1405], en coaction[1406] ou en complicité. Le juge pénal en ce qui concerne la complicité affirme : *« Attendu qu'au terme de l'article 97 du Code pénal, la complicité ne peut être constituée que s'il existe une infraction principale qualifiée de crime ou délit »* ; *« attendu par conséquent que l'infraction principale suivie contre NOLOUKAN n'est pas constituée »* ; *« qu'il y a en conséquence lieu de déclarer les accusés non coupables de complicité de détournement de deniers publics »*[1407]. La complicité provoque ou facilite la préparation ou la consommation d'une infraction[1408]. L'infraction de complicité est liée à l'infraction principale. Absence d'une infraction principale entraîne l'absence de l'infraction de complicité.

Dans l'affaire ministère public et Chantier naval et industriel du Cameroun (CNIC) c/ ZACCHAEUS MUNGWE FORJINDAM et autres[1409], le juge répressif qualifiera les faits reprochés au directeur général de l'entreprise de détournement de deniers publics, en ces termes : *« [...] Que s'agissant de la nature des biens de cette société, l'article 8 de ses statuts prévoit clairement que ces biens relèvent du domaine public [...], que la précision apportée par l'article des statuts du CNIC fait formellement de ses fonds de deniers*

1402 Lire l'article 184 du Code pénal.

1403 LE GUHENEC (F) ; Responsabilité pénale, élément moral de l'infraction, Droit pénal, vol. 1, n° 97, 2002, p.12.

1404 Qualification portant sur les biens ou les fonds inférieurs à 100 000 FCFA, compris entre 100 000 et 500 000 FCFA et supérieur à 500 000 FCFA.

1405 Ministère public et Crédit foncier du Cameroun c/ BOOTO À NGON André, EDOU Joseph et Co.

1406 Ministère public et FEICOM c/ ONDO ONDONG Emmanuel et Co. Ministère public et Crédit foncier du Cameroun c/ BOOTO À NGON André, EDOU Joseph et Co.

1407 Ministère public et FEICOM c/ ONDO ONDONG.

1408 V. article 97(1) Code pénal.

1409 TGI du Wouri, jugement n° 196 ADD/CRIM du 9 juin 2009 et Chantier naval industriel du Cameroun (CNIC) c/ ZACCHAEUS MUNGWE FORJINDAM et autres.

publics »[1410]. Le juge répressif rejette la qualification de délit passible d'un simple emprisonnement d'un (1) à cinq (5) ans sollicités par les parties pour retenir la qualification de détournement de deniers publics, de détournement et complicité de détournement.

b. Les infractions accessoires identifiées

La prise d'intérêt est une infraction réprimée par le Code pénal camerounais. Il peut être défini comme le fait pour *« [...] Un fonctionnaire ou un agent public de prendre ou recevoir directement ou indirectement un intérêt ;*

a) dans les actes ou adjudications soumis à son avis ou dont il avait la surveillance, le contrôle, l'administration ou la passation ;

b) dans les entreprises privées, les coopératives, les sociétés d'économie mixte ou participation financière de l'État, les régies, les concessions soumises à sa surveillance ou à son contrôle ;

c) dans les marchés ou contrats passés au nom de L'État ou d'une collectivité publique, avec une personne physique ou morale ;

d) dans une affaire pour laquelle il est chargé d'ordonnancer le paiement ou d'opérer la liquidation »[1411]

L'intérêt personnel est réprimé par la loi pénale et le juge répressif en fait une application dans l'espèce ministère public et FEICOM c/ ONDO ONDONG. Le juge affirme : *« Attendu que BESSALA NSANA est également accusé d'avoir en proposant l'établissement SEB Services, pour la fourniture des ordinateurs et climatiseurs dans un service et en déchargeant les chèques réglant les prestations à cet établissement, pris un intérêt dans un acte dans une affaire pour laquelle il était, en tant que contrôleur financier, chargé d'ordonnance le paiement... »* ;

« Que BESSALA NSANA, a déclaré qu'il connaît ZE Gérard Saturnin, qu'il est de sa région d'origine et que c'est pour cela qu'il l'a proposé à la livraison des biens dont avait besoin le contrôle financier de FEICOM » ;

« ...Que ces paiements se sont effectués dans son compte bancaire » ;

« Qu'au vu de ce qui précède, BESSALA NSANA a aidé une entreprise à laquelle lui-même était intéressé » ;

« Qu'il y a lieu de le déclarer coupable de délit d'intérêt dans un acte [...] ». Le contrôleur financier est mis en cause pour prise d'intérêt dans un acte. Sa culpabilité est avérée et ce délit de prise d'intérêt constitue une infraction pénale réprimée par le juge répressif. Ce contrôleur financier a

---

[1410] *Ibid.*

[1411] Lire à cet effet, l'article 135 du Code pénal.

proposé un prestataire qui en principe devrait être soumis à la concurrence, et a déchargé les paiements à la place du prestataire.

- **Le délit de favoritisme** : en vertu de l'article 143 du Code pénal, il est prévu : « *Est puni d'un emprisonnement de un à cinq ans tout fonctionnaire qui décide par faveur ou par inimitié contre l'une des parties* »[1412]. Le code des marchés publics n'a pas expressément prévu cette irrégularité, mais qui peut découler de la notion de manœuvres frauduleuses expressément prévue[1413]. Se livre à des « *manœuvres frauduleuses* » quiconque déforme ou dénature des faits afin d'influencer l'attribution ou l'exécution d'un marché. Il peut également s'assimiler à une prise illégale d'intérêt. Le conflit d'intérêts étant appréhendé à l'article 199 du code des marchés publics déjà cité. Concernant le favoritisme, le fait de se procurer ou tenter de se procurer un avantage injustifié au mépris des règles garantissant la liberté d'accès et l'égalité des candidats dans les marchés publics est passible de sanctions pénales ; car constitue une infraction pénale.

Tout dépositaire de l'autorité publique chargé d'une mission de service public ou investi d'un mandat, ou exerçant des fonctions d'agent d'une collectivité publique, d'un établissement public qui pose des actes allant à l'encontre des principes gouvernant l'attribution d'un marché public par la commission d'une infraction de favoritisme, mérite d'être sanctionné. La reconnaissance de la culpabilité par le juge pénal, de l'infraction d'octroi d'avantages injustifiés permet d'admettre les sanctions dissuasives, car le juge pénal est le gardien des procédures de passation. Puisque l'infraction consommée concerne l'attribution, l'affaire ministère public et MINPOSTEL c/ M précitée en est une illustration du favoritisme dans l'attribution des marchés publics. Le juge dira pour droit qu' :

> « *Attendu qu'il est reproché à l'accusé d'avoir directement ou indirectement intérêt dans un acte ou adjudication soumis à son avis ou dont il avait la surveillance, pris au nom de l'État notamment en fournissant des prestations au Ministère des Postes à travers les sociétés GEKA et COMMINTER dont son épouse était la promotrice […].*
>
> *Attendu qu'étant impliqué dans la procédure des marchés du Ministère des Postes en sa double qualité de membre de la commission de réception et comptable matière, l'accusé était chargé de constater le service accompli et procéder à la liquidation de la dépense publique ; qu'il était par conséquent inopportun qu'il traite un dossier dans lequel les établissements de son épouse étaient impliqués de par la communauté des biens existant entre eux ; qu'il a consommé ce délit en dépit de ses dénégations ; qu'il échet d'entrer en voie de condamnation contre lui* ».

[1412] V. L'article 143 Code pénal.
[1413] V. L'article 197 P (2) CMP.

De tels comportements pourraient bien rentrer dans l'escarcelle de l'article 143 du Code pénal camerounais précité. Dans une telle hypothèse, l'élément matériel devrait tenir dans le fait d'attribuer une commande publique à une personne physique ou morale, au moyen de la violation des règles y relatives et l'élément intentionnel, dans la seule constatation de la violation d'une obligation légale ou règlementaire[1414]. Le juge pénal construit le régime des sanctions.

B. La répression des irrégularités par le juge répressif ordinaire

La pénalisation des infractions commises en matière de commande publique est sans cesse croissante et importante. L'effet curatif recherché à partir du champ matériel de l'infraction justifiée pourra conduire le juge pénal à l'application des sanctions non pécuniaires (1) et des sanctions pécuniaires (2).

1. L'application des sanctions non pécuniaires par le juge pénal

La sanction en général est la conséquence attachée à un comportement répréhensible. La sanction présente juridiquement deux caractères : en matière civile la sanction se résout en dommages et intérêts, la responsabilité civile est de fait engagée. En matière pénale, on assiste à un processus de la répression pénale qui vise à condamner un coupable d'une infraction, celui-ci répond de ce fait pénalement auprès du juge pénal. Le juge pénal peut infliger à ce niveau des sanctions de nature non pécuniaires. À ce titre, on a des sanctions infligées à titre principal (a) et le prononcé des sanctions accessoires (b).

a. Les sanctions infligées à titre principal

La répression des irrégularités dans le processus de la commande publique est marquée par le prononcé de la sanction. Le juge pénal après qualification expresse de la surfacturation, livraisons fictives, fractionnement excessif des marchés publics, de détournement de deniers publics, la sanction automatique infligée est la privation de la liberté et selon le Code pénal camerounais, l'emprisonnement est reconnu comme une peine privative de liberté, à vie, ou à temps, en fonction de la valeur juridique du bien objet de détournement[1415]. Dans l'affaire ministère public et État du Cameroun, le juge constate comme faits constitutifs de l'infraction : *« l'exécution partielle des travaux », « livraison non conforme », « ordonnances de paiement objet des marchés surfacturés fictifs »* et condamne à vingt (20) ans d'emprisonnement ferme les inculpés. L'article 184 du Code pénal prévoit qu'au cas où la valeur des biens détournés excède cinq cent mille Francs, la peine encourue va de quinze (15)

[1414] DJILA (R), « Libres propos sur la sanction pénale de la violation des procédures de passation des marchés publics au Cameroun », *Revue de science criminelle et de droit pénal comparé*, n° 4, 2014, pp.761-775.
[1415] V. L'article 24 du Code pénal.

à vingt (20) ans et de cinq (5) à dix (10), au cas où la valeur du bien est inférieure ou égale à cent mille[1416]. L'office du juge pénal quant au montant infligé en matière de détournement des deniers publics sur des excuses atténuantes peut être considéré. À cet effet, l'article 184(3)[1417] prévoit dans l'application de l'article 87 les excuses atténuantes. Une peine encourue en cas de crime peut ainsi être réduite à une peine privative de liberté de un à cinq ans[1418]. Si le juge prononce effectivement les peines privatives de liberté, il peut lors de son office, faire bénéficier certains contrevenants ayant commis le délit de favoritisme ou de prise illégale d'intérêt des circonstances atténuantes[1419] outre les sanctions principales à savoir l'emprisonnement, le juge prononce également des sanctions accessoires qui viennent les compléter.

b. Le prononcé des sanctions accessoires

Le détournement des deniers publics constitue une atteinte à la règlementation des marchés publics. À cet effet, le juge répressif conformément au Code pénal, adjoint aux sanctions principales, les sanctions accessoires. Le Code pénal prévoit comme sanctions accessoires :

- les déchéances[1420],
- la publication de la décision de la juridiction à l'égard du condamné,
- la fermeture d'établissement,
- le placement sous surveillance judiciaire et la confiscation du *« corpus délicti »*[1421]. En droit pénal camerounais, les peines accessoires les plus prononcées sont les déchéances, la saisie des biens[1422] et la publication de la décision. L'espèce MOUNCHIPOU permit au juge pénal de prononcer les peines suivantes :
- la déchéance : l'article 184(4) du Code pénal dispose que *« [...] la déchéance de l'article 30 est obligatoirement prononcée, pendant cinq ans au moins et 10 ans au plus »*. Ceci en fonction de la gravité du crime. Les accusés de l'espèce MOUNCHIPOU à l'exception de NJIKI Jean ont été déchus pendant (05) cinq ans.
- La publication du jugement des auteurs d'infraction de détournement dans les journaux d'annonces égales.
- La saisie de tous les biens meubles et immeubles appartenant aux condamnés, ceci se fondant sur l'article 184(4) du Code criminel qui

[1416] V. article 184 (1) du Code pénal.
[1417] V. article 87 du Code pénal.
[1418] *Ibid.*
[1419] Ministère public et CFC c/ BOOTO À NGON André et Co.
[1420] V. L'article 30 du Code pénal.
[1421] V. L'article 30 à 35 du Code pénal.
[1422] V. L'article 30 alinéa a 35 du Code pénal.

prévoit qu'en cas de *« condamnation pour crime ou délit, le juge peut ordonner la confiscation de tous les biens meubles ou immeubles appartenant au condamné et saisit, lorsque ceux-ci ont servi d'instrument pour commettre l'infraction ou qu'ils en sont le fruit »*[1423].

La confiscation est faite au profit de l'État au titre de la réparation d'une infraction de détournement[1424] par le délinquant. Elle est obligatoire du fait de sa culpabilité. Le Code pénal prévoit la confiscation comme sanctions pécuniaires, car elle atteint le patrimoine du délinquant.

2. L'application des sanctions pécuniaires

Le Code pénal prévoit comme sanction pécuniaire applicable l'amende (a) et la confiscation des biens. Le prononcé par le juge pénal de la condamnation au paiement des dommages et intérêts (b).

a. Les amendes comme peines principales pécuniaires

Les amendes sont identifiées comme des pénalités pécuniaires consistant en un paiement au Trésor public d'une somme d'argent. Le Code de procédure pénale prévoit que toutes les condamnations de nature pécuniaire, à l'exception des dommages et intérêts, sont exécutoires sur le champ par consignation au greffe de la somme concernée et qu'à défaut du paiement, le condamné est astreint par corps[1425]. Dans l'affaire MOUNCHIPOU[1426], le sieur NJIKI, contrôleur financier au MINPOSTEL, a tiré un profit personnel dans un marché, cet acte a consisté à fournir des prestations au MINPOSTEL à travers la société RELANCE dont il était le promoteur. Il s'est donc rendu coupable de l'infraction de prise illégale d'intérêt dans un acte ayant entraîné une distraction des deniers publics au détriment de l'État. Cette infraction est un fait préjudiciable de l'ordonnateur et le juge lui attribue simultanément une peine de 150 000 FCFA d'amende. La prise illégale constitue un fait préjudiciable à une personne morale de droit public et entraîne la responsabilité de son auteur, raison pour laquelle la juridiction répressive prononce des amendes, qui sont des peines pécuniaires, obligeant le prévenu reconnu coupable des faits à lui reprochés à verser une certaine somme d'argent au trésor public. Le Code pénal prévoit la punition qui prend la forme d'une amende de 50 000 à 500 000 francs[1427] pour ce qui est de cette peine classique. Le juge pénal condamne également au titre de dommages-intérêts.

[1423]V. L'article 184(4) Code pénal.

[1424] Ministère public et SIC c/ BELINGA Gilles Roger et Cie.

[1425] V.L' article 393 alinéa 1b.

[1426] Ministère public et État du Cameroun (MINPOSTEL) c/ MOUNCHIPOU Seidou et Co.

[1427] V. L'article 184(1-c) du Code pénal.

b. La condamnation au paiement des dommages et intérêts et à de lourds dépens

La condamnation à la réparation du préjudice subi est liée au préalable de la constitution de la partie civile. L'administration publique contractante peut se constituer partie civile en invoquant devant le juge judiciaire le préjudice[1428] direct, certain et actuel[1429] qu'aurait causé son cocontractant en portant atteinte à la règlementation des marchés publics ou aux clauses contractuelles. L'action civile tend à la réparation du dommage causé par une infraction[1430] et peut être engagée par toute personne physique[1431] ou morale. Dans l'affaire MOUNCHIPOU, le juge répressif affirme : *« Attendu que l'État du Cameroun s'est constitué partie civile ; qu'il a soutenu qu'au moyen de la surfacturation du fractionnement excessif, de livraisons fictives et autres, les accusés ont facilité le décaissement frauduleux des caisses de l'État au profit de certains opérateurs économiques. ; que l'État a ainsi souffert d'un préjudice financier et d'un manque à gagner né des manœuvres frauduleuses des accusés à son encontre [...] ».*

« Que l'État du Cameroun ayant souffert d'un préjudice dans ses finances par la faute des accusés, il sollicite :

- préjudice matériel 1 926 884 FCFA
- préjudice financier 200 000 000 FCFA
- manque à gagner 300 000 000 FCFA

Soit au total 2 436 886 194 FCFA ».

Les dommages et intérêts au titre de la réparation des préjudices subis constituent à la lecture de la loi, une sanction civile prononcée par le juge pénal à verser à la victime. Dans cette espèce, le juge répressif reconnaîtra comme fondées les demandes formulées par l'État. Ainsi, il condamne au titre du paiement des dommages et intérêts les accusés dont la culpabilité est avérée. L'office du juge pénal lui permettra de fixer le montant au regard des motifs et des prétentions des parties. À ce titre, pour le préjudice matériel la réparation exigée par le juge porte uniquement sur les marchés payés de manière fictive ; pour le manque à gagner, la condamnation des accusés s'élève à 200 millions. Le préjudice financier s'élève à 30 millions. Les prévenus sont condamnés à verser un montant calculé en fonction de deux modalités : d'abord sur la base du montant principal issu de l'évaluation des biens détournés, ensuite sur le manque à gagner, dû au détournement,

[1428] V. article 71-1 du Code de procédure pénale.
[1429] *Ibid.*
[1430] V. L'article 159 (3) du Code de procédure pénale.
[1431] En dehors des mineurs non émancipés et les incapables. Lire à ce sujet : l'article 71 Code Procédure pénale.

augmenté des frais de procédure engagés dans l'affaire en instance[1432]. Le juge judiciaire outre les sanctions pénales et condamnations civiles, *« condamne par ailleurs les inculpés au remboursement de tous les dépens quant à la somme de 55 733 695 FCFA »*[1433]. Aussi, convient-il d'envisager la répression des infractions par le juge criminel.

C. La répression des irrégularités par le juge répressif spécial

Selon les règles ordinaires, la compétence des juridictions pénales est déterminée au regard de trois critères qui sont la situation personnelle de la personne poursuivie, la nature ou la gravité des faits commis, la localisation géographique de l'infraction[1434]. L'article 21 du Code pénal reconnaît la distinction des infractions en crimes, délits et contraventions, construisant ainsi les règles de compétence matérielle. Désormais, la qualification des faits et le degré de complexité des affaires sont devenus des critères essentiels pour la détermination de la compétence matérielle des juridictions pénales spécialisées[1435]. S'agissant du Tribunal criminel, sa compétence matérielle est déterminée sur la base de la qualification des faits infractionnels et du montant du préjudice[1436]. Le Tribunal criminel spécial réprime les infractions commises dans les marchés publics. Ainsi, l'article 2 de la loi n° 2011/028 du 14 décembre 2011 portant création d'un Tribunal criminel spécial et modifié par celle n° 2012/011 du 16 juillet 2012, détermine sa compétence comme suit : « Le Tribunal est compétent pour connaître, lorsque le préjudice est d'un montant minimum de 50 000 000 FCFA, des infractions de détournements de deniers publics et des infractions connexes prévues par le Code pénal et les conventions internationales ratifiées par le Cameroun ».

S'agissant des infractions connexes, selon la doctrine camerounaise, *« on peut espérer que le législateur ait plutôt voulu faire allusion aux infractions assimilées au détournement »*[1437]. Sur le fondement de l'article 2 sera visée la réparation pécuniaire des infractions de détournement de deniers publics (1). Outre la condamnation pécuniaire, « le Tribunal criminel spécial de 2011

[1432] OTTOU MEBENGA Pie (C.T), *op. cit.*, p. 324.
[1433] Ministère public et État du Cameroun (MINPOSTEL) c/ MOUNCHIPOU Seidou et Co.
[1434] YAWAGA (S), *« Avancées et reculades dans la répression des infractions de détournement des deniers publics au Cameroun : regard critique sur la loi n° 2011/028 du 11 décembre 2011 portant création d'un Tribunal criminel spécial »*, *Revue de droit et de science politique*, n° 90, Avril-Mai-Juin 2012, p. 49.
[1435] *Ibid.*
[1436] *Ibid.*
[1437] *Ibid.*

innove avec la restitution du « corpus delicti »[1438]. Sera envisagée à cet effet la réparation pécuniaire par le biais de la restitution du corps du délit (2).

1. La réparation pécuniaire des infractions de détournement des deniers publics

Le souci de la protection des deniers publics a incité le législateur à spécifier la sanction de l'infraction de détournement des deniers publics en fonction du montant. Il appartient au juge criminel saisi des faits, dans la répression qu'il estime devoir prononcer, s'il les considère comme établis, de caractériser le comportement de l'accusé, de façon précise, en faisant ressortir sa gravité, compte tenu de l'importance de la valeur du bien et déterminer avec précision, le montant du détournement commis, le montant du dommage subi en guise de réparation. Le bien détourné est évaluable en argent. Il faudrait bien que soit établie l'existence des éléments constitutifs de l'infraction de détournement et le préjudice financier. Dans le processus criminel, deux hypothèses peuvent être envisagées : le commencement d'exécution détermine le caractère punissable de l'acte, car il a pour conséquence directe et spontanée la consommation de l'infraction ; car l'auteur s'étant incrusté dans la période d'exécution. Mais, lorsque l'irrégularité n'a pas empêché l'exécution du marché, ces agissements sont constitutifs d'actes préparatoires. Les actes simplement préparatoires sont ceux qui ne constituent pas l'exécution du délit projeté, mais se rattachent à ce délit, dans l'intention de l'agent et qui tendent à son exécution[1439]. En conséquence, la violation des règles de passation des marchés pourrait dans cette hypothèse, être considérée comme une étape préalable à la commission du détournement des fonds, le désistement toujours possible s'étant matérialisé par l'exécution effective des prestations[1440]. Il est dès lors normal que, dans une telle situation, l'acte ne soit pas puni, parce qu'il n'a produit aucun mal déterminé[1441].

Lorsqu'il y a eu exécution partielle, inexécution des prestations, ou même surfacturation des prix, l'attribution irrégulière des marchés publics devient un procédé inévitable qui, couplé avec d'autres, permet de s'approprier de manière frauduleuse, des fonds publics[1442]. La non-exécution des prestations, les procès-verbaux de réception desdits marchés quand ils sont établis attestent faussement de l'exécution des prestations[1443]. Une incrimination adaptée à ce genre de comportement est indispensable afin de bannir

---

[1438] MONEBOULOU MINKADA (H.M), *« Le tribunal criminel spécial au Cameroun et les grands principes de la justice criminelle : étude comparative des lois de 1961 et 2011 »*, *Revue de droit et de science politique*, n° 93, janvier-février-mars 2013, p. 61.
[1439] GARRAUD (R) et (P), *Précis de droit criminel*, Paris, 15e édition, 1934, p. 194.
[1440] DJILA (R), *op. cit.*, pp. 1761-775
[1441] *Ibid.*
[1442] *Ibid.*
[1443] *Ibid.*

l'enrichissement illicite. Les sanctions sur le plan répressif sont aussi nombreuses que riches d'enseignements. Plusieurs décisions rendues par le Tribunal criminel spécial illustrent à suffisance que l'atteinte à la fortune publique, encore qualifiée de détournement de deniers publics, le Tribunal criminel spécial connaît une *« répression sélective »*[1444] pour les auteurs de détournements des deniers publics d'un montant minimum de 50 000 000 FCFA[1445]. Sur sa compétence matérielle, en conséquence, *« on observe une compatibilité entre le Tribunal criminel spécial et le principe de la légalité criminelle »*. Les marchés fictifs ont emporté la conviction de la compétence du Tribunal criminel spécial qui considère des mécanismes utilisés par certains accusés comme des violations à la règlementation des marchés publics constitutives de détournement des deniers publics. L'ablation des autorisations spéciales pour la conclusion des marchés de gré à gré et le caractère fictif des marchés publics aboutissent à l'infraction de détournement des deniers publics réprimé par le Tribunal criminel spécial dans l'affaire NTONGO ONGUENE et MONTI EKANI[1446] dont il est nécessaire de reproduire les faits, la procédure suivie et la position du Tribunal criminel.

Dans les faits de cette espèce précitée, Messieurs NTONGO OUNGUENE Roger (ex-directeur général de la Société des Aéroports du Cameroun ADC) et MONTI EKANI Gallus (Entrepreneur) ont courant 2004 à 2008 retenu frauduleusement la somme de 175 250 000 FCFA appartenant à ladite société par le biais des attributions d'un marché fictif n° 06/MA/ADC/AONO/2008. Marché attribué par la procédure de gré à gré aux établissements ARODES le 14 avril 2008 et pourtant les prestations attendues ayant été réalisées par le groupe FIXIT pour la somme de 322 672 739 FCFA le 7 avril 2008, ledit marché relatif à l'exécution des travaux d'entretien et d'aménagement du salon VIP de l'aéroport de Douala avait été attribué à la société DOUAL'AIR en partenariat avec MTN-CAMEROUN par accord de l'ex-directeur général.

Par la suite, le paiement frauduleux de ce marché fictif imputé à la comptabilité des ADC au compte 4081, compte non encore justifié ; en conséquence, le paiement au profit des prestataires a été fait au mépris des

[1444] ONGOLO FOE, *« Libres propos sur le principe de l'égalité des droits dans la loi n° 2011/028 du 14 décembre 2011 »*, in Miroir.

[1445] Même s'il est démontré dans la doctrine camerounaise que *« c'est par erreur que la loi du 14 décembre 2011 a pu fonder la compétence d'une juridiction sur le montant du préjudice »*. Parmi ses raisons, il évoque un argument émis par la doctrine française : *« Tout en n'étant pas indifférent aux disciplines répressives, le préjudice se veut fuyant, indécis, souvent sans consistance. Le modèle du droit civil n'est pas un bon modèle pour le droit pénal, qui intègre difficilement la notion, accusant ainsi une double résistance en ce qu'elle représente, tant substantielle que formelle »*. MAYAUD (Y), la Résistance du droit pénal au préjudice, in les droits et le droit, Mel. BOULOC (B), Dalloz, 2007, p. 807 et suivantes cité par YAWAGA (S), « Avancées et reculades… », *op. cit.* p.52.

[1446] Cf. arrêt n° 022/Crim/TCS du 30 août 2013, affaire ministère public et État du Cameroun (Aéroports du Cameroun) c/ NTONGO ONGUENE Roger et MONTI EKANI GALLUS.

factures l'attestant, ce qui reviendra à constituer messieurs NTONGO OUGUENE et MONTI EKANI comme *« [...] accusés de coaction de détournement de deniers publics »*[1447].

Concernant la procédure suivie, il ressort du 2e et 3e rôle que le Président du Tribunal criminel spécial en la personne de monsieur YAP Abdou a dans le cadre de cette affaire et conformément à l'article 338(1) du Code de Procédure pénale, fait vérifier par le biais du greffier l'identité des accusés. Le Président a fait notifier aux accusés les faits qui leur sont reprochés, après audition des témoins, réquisitions du Ministère public et observations de la partie civile, les accusés ont plaidé coupables, après avoir présenté leur défense dans le strict respect du contradictoire.

Sur l'exception d'incompétence soulevée par la partie défenderesse portant sur la nature juridique de la personne morale des fonds détournés qui argue que ADC est une société d'économie mixte, dont les actions de l'État sont de l'ordre de 28,9% et ne sont donc pas majoritaires ; le TCS sur le fondement de l'article 184 du Code pénal[1448] considère qu'à la base *« [...], le ministre des Transports et le Président directeur général des ADP Management, l'État est devenu actionnaire majoritaire, avec 63% du capital social depuis octobre 2005 »*[1449] et conclut que *« l'État du Cameroun a toujours assuré la tutelle administrative de cette société ; [...] les faits de la cause entrent dans le champ d'application de l'article 184 du Code pénal, rendant ainsi le Tribunal criminel spécial compétent pour connaître des faits de détournement de deniers publics reprochés aux accusés NTONGO ONGUENE et MONTI EKANI »*[1450].

Sur l'ablation des autorisations spéciales pour la conclusion des marchés de gré à gré et le caractère fictif des marchés publics, le tribunal retient qu'*« [...] il appert des pièces produites et des débats publics, que le marché n° 06/MA/ADC/AONO/2008 attribué aux Ets ARODES n'a jamais existé, puisqu'il n'a jamais suivi le processus normal d'attribution des marchés prévu par le code des marchés publics applicable à la Société ADC qui disposaient en son sein d'une commission des marchés publics »*[1451] ; *« Que monsieur NTONGO OUGUENE n'a jamais requis l'autorisation de l'autorité*

1447 Cf. arrêt n° 022/Crim/TCS du 30 août 2013, ministère public et État du Cameroun (Aéroports du Cameroun c/ NTONGO ONGUENE Roger et MONTI EKANI Gallus) précité notamment le 2e rôle.

1448 Aux termes de l'article 184 du Code pénal, *« quiconque, par quelque moyen que ce soit, obtient ou retient frauduleusement quelque bien que ce soit [...] ou dont l'État détient directement ou indirectement la majorité du capital, commet l'infraction de détournement de deniers publics »*.

1449 Cf. affaire ministère public et État du Cameroun ('Aéroports du Cameroun) c/ NTONGO et Co. 17e rôle.

1450 *Ibid.* 17e rôle.

1451 *Ibid.* 18e rôle.

des marchés […] pour passer un marché de gré à gré »[1452]. En plus, *« que tous les signataires du procès-verbal de réception provisoire du marché, à l'exception de MONTI EKANI, ont dénoncé ce procès-verbal »*[1453].

Civilement sur le montant de 314 681 250 FCFA sollicité par le conseil des ADC à verser solidairement par NTONGO ONGUENE et MONTI EKANI Gallus, le Tribunal rétorqua *« que cette demande, bien que recevable en la forme, et fondée dans son principe est néanmoins exagérée en son quantum. Qu'au regard des éléments d'appréciation suffisants, dont dispose le tribunal de céans, il est convenable de ramener ce montant à la somme de 200 250 000 FCFA […] puis de débouter la partie civile du surplus de sa demande comme non fondée »*[1454].

Reprenant une motivation identique à celle ci-dessus rapportée, le Tribunal criminel spécial a retenu la culpabilité du sieur OLANGUENA OWONO en déclarant *« l'accusé OLANGUENA OWONO Urbain coupable de :*

1) détournement de la *somme* de 322 000 000 FCFA, soit :

   a) 200 000 000 FCFA à travers la convention signée avec l'ACMS, en violation de la procédure de compensation des marchés publics,

   b) 122 000 000 FCFA à travers les conventions signées avec les associations pour la production des dépliants en violation de la procédure de passation des marchés publics […]

2- *tentative de détournement de la somme de 60 000 000 FCFA à travers la signature du bon d'engagement n° 277/MSP/SG/DRFP du 5 juillet 2004 […] »*[1455]. La compétence du tribunal criminel spécial s'est résumée aux questions liées à la violation des règles de passation des marchés publics, des marchés de gré à gré, des détournements et tentative de détournement des deniers publics[1456]. Aussi, convient-il d'envisager l'hypothèse de la réparation pécuniaire par la restitution du corps du délit.

2. La réparation pécuniaire par la restitution du corps du délit

Le Tribunal criminel spécial innove en admettant la restitution du corps du délit. Cette restitution du *« corpus delicti »* a été formalisée par la loi du 14 décembre 2011 portant création du Tribunal criminel spécial. La restitution du corps du délit offre la possibilité d'une réparation pécuniaire de l'infraction.

[1452] *Ibid.*

[1453] *Ibid.*

[1454] *Ibid.*, 18e et 19e rôles.

[1455] Cf. L'arrêt n° 014/CRIM/TCS du 14 juin 2013, affaire ministère public et État du Cameroun (ministère de la Santé publique) c/ OLANGUENA OWONO Urbain.

[1456] MASSOUKA (J-Y), *op. cit.*, pp. 1031-1035.

Elle privilégie ainsi le remboursement des sommes qui lui sont reprochées et permet à l'inculpé d'éviter la prison. La loi prévoit la restitution du corps du délit en spécifiant qu'*« en cas de restitution du corps du délit, le procureur Général près le Tribunal peut, sur autorisation écrite du ministre chargé de la Justice, arrêter les poursuites engagées avant la saisine de la juridiction de jugement. Toutefois, si la restitution intervient après la saisine de la juridiction de jugement, les poursuites peuvent être arrêtées avant toute décision au fond et la juridiction saisie prononce les déchéances de l'article 30 du Code pénal avec mention au casier judiciaire »*[1457]. La restitution du corps du délit concerne deux étapes : avant la saisine de la juridiction du jugement, le Procureur général près le Tribunal peut arrêter les poursuites déjà engagées à condition que l'autorisation écrite soit accordée par le ministre de la Justice. Cette innovation de la loi de 2011 porte atteinte au *« principe de l'indépendance de la justice, par l'emprise de l'exécutif »,*[1458] car *« le pouvoir du parquet est subordonné à l'autorisation écrite du ministre de la Justice »*[1459].

Au-delà de ces restrictions, la restitution du corps du délit offre la possibilité à l'inculpé ou au prévenu d'exprimer un repenti actif et *« permet à l'État de récupérer aisément les sommes détournées »*[1460] ; ceux qui peuvent rembourser, en cas de poursuite devant le tribunal, sont libres avec un casier judiciaire vierge ; ceux qui n'ont pas de moyens sont poursuivis devant le Tribunal criminel spécial[1461]. La consécration de la restitution du corps du délit est certes *« une dénaturation de la répression »,*[1462] mais permet à l'inculpé dès lors qu'il a réparé le dommage à la société, d'être dispensé de la peine et recouvrer sa liberté même si *« la garantie de cette mise en liberté est du ressort du ministre de la Justice Garde des Sceaux »*[1463].

La restitution après la saisine de la juridiction du jugement établit la liberté au prévenu sous le prononcé des déchéances de l'article 30 du Code pénal avec mention au casier judiciaire. Avec l'avènement du Tribunal criminel spécial, par la restitution du corps du délit et d'après les informations fournies par Justicia, près de 4 088 390 196 FCFA ont été recouvrés par le tribunal criminel spécial auprès des inculpés de détournement des deniers publics[1464]. Pour bannir les infractions de détournement de deniers publics occasionnés

---

1457 V. L'article 18 de la loi n° 2011/028.

1458 MONEBOULOU MINKADA (H.M), *op. cit.*, p.62.

1459 *Ibid.*

1460 MINKOA SHE (A), *« Lutte contre les détournements »*, Cameroun Tribune n° 9983/6184 du 5 décembre 2011, p. 9.

1461 Ce qui constitue une violation de tous les citoyens devant la loi pénale démontré par MONEBOULOU MINKADA (H.M), *op. cit.*, p.62.

1462 *Ibid.*

1463 *Ibid.*

1464 Justicia, n° 011, juin 2018, p. 42.

par les acteurs du système des marchés publics au Cameroun, le remboursement exact du montant du bien détourné ne devrait être qu'une cause d'atténuation de la peine. Mais cette restitution devrait s'accompagner des dommages et intérêts et au manque à gagner causé à la société.

La répression des infractions dans le cadre de la formation ou de l'exécution des marchés publics est l'apanage du juge répressif ordinaire et spécial. La répression des infractions est un outil indispensable de protection de la fortune publique. L'efficacité de la sanction est visible et prend la forme des peines principales et accessoires aux effets dissuasifs. Le juge répressif par l'obligation de réparer, protège le patrimoine. La restitution du corps du délit offre la possibilité de rembourser les sommes distraites dans le cadre de la commande publique ; c'est une orientation nouvelle de forme de répression. Le caractère éclaté du contentieux des marchés publics a permis au juge judiciaire d'intervenir pour régler les irrégularités liées à la formation comme exécution d'un marché public.

La compétence du juge civil s'est fondé sur la formation du contrat notamment les recours liés à l'identification d'un contrat administratif, les recours en responsabilité en cas de vice tels que l'enrichissement sans cause, les abus des positions dominantes, les incapacités…

L'intervention du judiciaire dans le contentieux de l'exécution du marché public a permis au juge civil commercial d'intervenir sur la situation juridique des cocontractants faisant l'objet des procédures collectives, toujours en matière d'exécution, le juge civil dans sa posture de protecteur des droits et libertés fondamentales, règle les irrégularités commises lors de l'exécution du marché constitutives de voie de fait ou d'emprise. Le juge judiciaire transcende le contentieux civil et commercial pour s'étendre sur la sanction des infractions se rapportant aux marchés publics. Ainsi, une place importante de cette répression des infractions commises lors des marchés publics est accordée au juge répressif.

Le juge pénal ordinaire prononce des peines classiques telles que l'emprisonnement de cinq à dix ans et d'une amende de 50 000 à 500 000 FCFA[1465]. L'emprisonnement est une réponse de tout inculpé de détournement des deniers publics. Il prononce également les peines classiques accessoires telles que les déchéances[1466], la publication du jugement[1467]. Les irrégularités en matière des marchés publics ont été mentionnées par le code des marchés publics de 2018, renforcé par le Code pénal camerounais et la loi portant création du Tribunal criminel spécial[1468], réprimant les infractions de

[1465] V. L'article 184 (1-c) CP.
[1466] V. L'article 30 à 32 du Code pénal.
[1467] V. L'article 33 du Code pénal.
[1468] V. La loi n° 2011/028 du 14 décembre 2011.

détournement des deniers publics d'un montant spécifique. Le contentieux des marchés publics n'échappe pas à la compétence du juge judiciaire tout comme celle des juridictions financières.

Section 2. Le contentieux des marchés publics dévolu aux juridictions financières

La sécurisation des deniers publics et le développement économique et social constituent le fondement théorique de l'intervention des juridictions financières dans le contentieux des marchés publics. La transparence des fonds, le respect de la démocratie financière sont déterminants pour le développement dans un État. La recherche de l'efficacité et de l'efficiente de la dépense publique à pour levier fondamental la performance budgétaire par le biais du budget programme. Ainsi, la loi n° 2018/011 du 11 juillet 2011 portant code de la transparence et de la bonne gouvernance dans la gestion des finances publiques prévoit en son article 30 que *« chaque catégorie de dépense est prévue et autorisée selon une nomenclature stable et claire permettant de déterminer l'autorité responsable de la gestion du crédit, la nature économique de la dépense et la politique publique à laquelle elle contribue »*. D'où la nécessité de soumettre les financements des budgets des administrations publiques à un contrôle juridictionnel des comptes. Aussi, le support formel dans lequel s'inscrit la compétence du juge des comptes est l'article 3 alinéa 1(a,b,c et d) du Code des Marchés publics, l'article 3(1) prévoit que *« les dispositions du présent code des marchés publics s'appliquent à tout marché public financé ou cofinancé :*

a) par le budget de l'État ;
b) sur fond d'aide extérieure, bilatérale ou multilatérale ;
c) sur emprunt avalisé par l'État ;
d) *par le budget d'un établissement public ou d'une collectivité territoriale décentralisée »*[1469].

Sur la base de ce fondement, la sanction des opérations budgétaires afférentes aux marchés, ressortit de la compétence de la juridiction des comptes. Les deniers publics sont utilisés pour désintéresser les cocontractants de l'administration et toutes irrégularités afférentes aux comptes sont réglées par la Chambre des comptes. Si les compétences non juridictionnelles de cette juridiction tournent autour de la production des rapports annuels comme le prévoit la loi n° 2003/005 du 21 avril 2003 fixant les attributions, l'organisation et le fonctionnement de la Chambre des comptes, la Cour suprême, notamment en son article 3 : *« La Chambre des comptes produit*

[1469] V. L'article 3 alinéa (a, b, c, d) CMP. V. comme fondement communautaire le règlement n° 06/09/UEAC-201-CM-20 portant procédures de passation, d'exécution et règlement des marchés publics de la communauté.

annuellement au Président de la République, au Président de l'Assemblée nationale et au Président du Sénat, un rapport exposant le résultat général de ses travaux et les observations qu'elle estime devoir formuler en vue de la réforme et de l'amélioration de la tenue des comptes et de la discipline des comptables. Ce rapport est publié au journal officiel de la République ». Notons que c'est l'aspect juridictionnel de son intervention qui sera entériné par le biais de son contrôle. Pour corroborer cette affirmation, l'article 3 de la loi du 21 avril 2003 dispose que *« la Chambre des comptes contrôle et juge les comptes ou les documents en tenant lieu des comptables publics patents ou de fait de l'État et de ses établissements publics et parapublics, des collectivités territoriales décentralisées et de leurs établissements publics, des entreprises du secteur public et parapublic »*[1470].

Les marchés publics constituent dès lors l'essentiel du budget d'investissement et de fonctionnement de l'État. Comme seconde juridiction financière, nous avons le CDBF. Dans ce cadre, l'apport du conseil de discipline budgétaire et financière est déterminant pour infliger les sanctions des ordonnateurs, gestionnaires gérants des crédits publics. L'article 2 du décret n° 2008 dispose que *« le conseil est chargé de prendre des sanctions à l'encontre des agents publics, patents ou de fait coupables des irrégularités et fautes de gestion ayant pour effet de porter préjudice aux intérêts de la puissance publique »*[1471] .

L'aspect des sanctions juridictionnelles sera abordé, car comme toute juridiction le Conseil de discipline budgétaire et financière procède à l'instruction des affaires et ses décisions et les sanctions sont rendues publiques. Il sera abordé l'aspect mi- juridictionnel pour illustrer les sanctions relatives à la violation de la règlementation des marchés publics. Les litiges relatifs aux marchés publics nés de la formation ou de l'exécution de nature financière relèvent des juridictions financières susdécrites. Il sera question de déterminer les infractions spécifiques qui relèvent de la compétence des juridictions financières. Il conviendra d'envisager les infractions dévolues à la compétence de la Chambre des comptes et les sanctions y afférentes (paragraphe 1) et celles dévolues au Conseil de discipline budgétaire et financière (paragraphe 2).

[1470] V. L'article 2 alinéa 1 de la loi n° 2003/005 du 21 avril 2003 fixant les attributions, l'organisation et le fonctionnement de la Chambre des comptes de la Cour Suprême.

[1471] V. L'article 2 du décret n° 2008/028 du 17 janvier 2008 portant organisation et fonctionnement du conseil de discipline budgétaire et financière.

Paragraphe 1. L'identification des infractions sanctionnées par la cour des comptes

Le juge des comptes intervient dans le contentieux des marchés publics en y décelant des irrégularités de nature financière dont seraient coupables les comptables des marchés publics. L'importance de l'intervention de la juridiction financière se situe sous le prisme de la spécificité de son office de juger et de contrôler les comptes des comptables publics[1472]. Ainsi, au regard de la législation, on distingue les comptables en deniers et valeurs et les comptables d'ordres[1473]. L'utilisation des fonds publics dans les marchés publics généralise et légitimise la possibilité du contrôle effectué par la Chambre des Comptes. Il s'agit de deux hypothèses de comptables susmentionnées.

- *« Les comptables en deniers et valeurs sont des personnes habilitées à procéder au maniement et à la conservation des fonds publics, des valeurs qui sont des valeurs en portefeuille, des bons, traités, obligations, rentes et actions de société.*
- *Les comptables d'ordre sont ceux qui centralisent et présentent dans leurs écritures et leurs comptes, les opérations financières exécutées par d'autres comptables ».*

À la lecture de la législation, ces comptables publics sont patents ou de fait[1474]. Ainsi, *« est comptable public patent [...] toute personne régulièrement préposée aux comptes et chargée du maniement des deniers ou valeurs de la comptabilité matières »*[1475], le comptable de fait désigne *« [...] toute personne qui, n'ayant pas la qualité de comptable-matières, s'immisce dans les opérations de recettes, de garde et d'affectation des matières appartenant à une personne morale de droit public ou de droit privé dans laquelle l'État détient au moins vingt pour cent du capital »*[1476]. Que ces comptables soient patents ou de fait, « *la Chambre de comptes contrôle et juge les comptes ou des documents en tenant lieu des comptables publics patents ou de fait de l'État et de ses établissements publics et parapublics, des*

[1472] V. L'article 5 alinéa 2 de la loi n° 2003/005 du 23 avril 2003 fixant les attributions, l'organisation et le fonctionnement de la Chambre des comptes de la Cour Suprême : *« sont comptables publics : les comptables du trésor – les comptables des domaines ; - les receveurs municipaux dans la mesure où les recettes municipales sont générées par les personnes autres que les comptables du Trésor. Les comptables matières et tous ceux désignés comme tels par les dispositions législatives ou règlementaires particulières ».*

[1473] V. L'article 15 du décret n° 2013/16 du 15 mai 2013 portant règlement général de la comptabilité publique.

[1474] *Ibid.*

[1475] V. L'article 5 alinéa 1 de la loi n° 2003/005 du 23 avril 2003 fixant les attributions, l'organisation et le fonctionnement de la Chambre des comptes de la Cour Suprême.

[1476] V. L'article 6 alinéa 2 de la loi n° 2003/005 précitée.

collectivités territoriales décentralisées et de leurs établissements publics, des entreprises du secteur public et parapublic »[1477]. C'est à l'aune de cette compétence que le juge financier identifie des infractions sanctionnées (A) et prononce des sanctions à l'encontre des comptables défaillants (B).

A. L'identification des infractions sanctionnées

Le juge financier a en charge de déterminer les irrégularités financières liées à l'exécution des marchés publics et prononce les sanctions. Les sanctions sont ainsi prononcées à l'encontre des comptables défaillants. Les irrégularités peuvent advenir pendant l'exécution du marché et concernent l'inexistence du contrat et la non-conformité de l'objet social aux clauses du contrat (1), ces irrégularités sont de nature financière et sont liées aux opérations comptables (2), elles concernent également l'invalidité du prix du marché et son incident (3).

1. L'inexistence du contrat et la non-conformité de l'objet social aux clauses du contrat

On rencontre de nombreux vices dans un marché public. Il en est ainsi des marchés exécutés, mais dont le contrat est inexistant. Ou alors des marchés non enregistrés en ce qui concerne des bons de commande et des lettres de commande. C'est dans ce sillage que la Chambre des comptes dans une affaire concernant les achats fictifs dans les marchés publics statue en ces termes : *« Attendu que par mandat représenté, la Chambre des comptes a débloqué les fonds pour le paiement du carburant pour un montant de 3 500 000 FCFA ; attendu que ces dépenses sont effectuées par déblocages des fonds au profit de monsieur MOHAMAN SALLAOU sans aucune pièce justificative et en violation de la circulaire du MINFI sur l'exécution du budget 2014, lequel avait suspendu les déblocages relativement à la mise à disposition des fonds ; attendu que l'absence des pièces justificatives (factures, bon de réception, dossier administratif et fiscal des prestataires) laisse penser à un achat fictif ; qu'il convient de lui enjoindre de reverser cet argent dans les caisses de développement de la pêche maritime »*[1478].

Concernant également la gestion du compte de l'Université de Douala pour l'exercice 2006-2007, la Chambre des comptes a dans un arrêt du 27 novembre 2013, constaté l'exécution d'un marché public sans base légale.

[1477] V. L'article 2 alinéa 1 de la loi n° 2003/005 précitée.

[1478] Arrêt n° 53/D-CF/LSC/CDC/S3, Compte de gestion de la caisse de développement de la pêche maritime, exercice 2004 et 2005, comptable de fait monsieur MOHAMMAN SALLAOU.

Irrégularité constatée également dans le compte de gestion de l'Hôpital général de Yaoundé[1479].

L'objet social s'appréhende comme *« le programme des activités auxquelles la société peut se livrer en vue de faire des bénéfices ou des économies et d'en faire profiter ses membres »*[1480]. L'objet social est un élément important pour la collectivité publique. Les actes de gestion accomplis par les dirigeants doivent être conformes à l'intérêt social. L'exécution du marché se fait conformément aux clauses, mais aussi en tenant compte des considérations relatives à l'environnement, l'intérêt social... la prestation réalisée devra tenir compte de l'objet social.

La Chambre des comptes dans l'arrêt du 23 mai 2012[1481], précise dans l'injonction n°6 qu' : *« Attendu que l'injonction 6 de l'arrêt provisoire enjoignait à monsieur WANANG Michel d'apporter dans les deux (2) mois qui suivent la notification du présent arrêt la preuve du reversement de la somme de 24 500 000 FCFA, à la caisse de la CHAGRI au besoin de ses deniers personnels, ou toute autre justification.*

Qu'en fait, il s'agissait d'un déblocage des fonds d'un montant de 44 116 7800 FCFA justifié uniquement par des décisions de mise à disposition alors que la procédure de mise à disposition des fonds a été interdite par la note circulaire n° 001/004/MINFI/B du 8 janvier 2004 portant instructions relatives à l'exécution et au contrôle de l'exécution du budget de l'État et des organismes subventionnés. Qu'en réponse, le comptable a fait parvenir des documents photocopiés tenant lieu de compte d'emploi ». On peut constater des dépenses dont l'objet social est non conforme avec la prestation supposée réalisée.

2. Les irrégularités de nature financière liées aux opérations comptables

La compétence rationae personae de la juridiction des comptes recouvre également les comptables publics chargés du contrôle interne[1482]. Ceux-ci sont des fonctionnaires et agents régulièrement habilités à prendre en charge et à manier les deniers et valeurs[1483]. En général, les comptables principaux sont justiciables devant la juridiction des comptes, et leur responsabilité

1479 Arrêt n° 29/AO/S3/13 du 27 Novembre 2013, compte de gestion de l'Hôpital général de Yaoundé (HGY) exercice 2006-2007-2008.

1480 RIPERT (G), ROBLOT (R), *Traité de droit commercial*, Paris, LGDJ, 17e édition, 1998, p. 822.

1481 Arrêt n° 05/AD/S3/12 du 23 janvier 2012, compte de gestion Chambre d'Agriculture de l'élevage et des forêts du Cameroun (CHAGRI), exercice 2004-2005.

1482 AKHOUNE (F), *Le statut du comptable en droit public financier*, Paris, LGDJ, 2008, p.271.

1483 Cf. Les directives CEMAC et UEMOA portant règlement général sur la comptabilité publique.

pécuniaire s'étend *« aux opérations des comptables publics secondaires placés sous leur autorité et à celles des régisseurs [...] »*[1484], dès lors qu'ils ont failli à leurs obligations de surveillance[1485]. Cette obligation est réitérée à l'article 51 alinéa 1 de la loi n° 2003 en ces termes : *« à titre subsidiaire, la responsabilité pécuniaire d'un comptable s'étend aux opérations des comptables secondaires et des régisseurs qui lui sont rattachés dans la limite des contrôles auxquels il est tenu à leur égard »*[1486].

La Chambre des Comptes de la Cour Suprême dans l'affaire LEBONGO en fait une application[1487]. Il est reconnu que les comptables *« doivent produire automatiquement leurs comptes à la juridiction des comptes »*[1488]. *« Ce n'est pas la présence d'un comptable public qui détermine la compétence de la Chambre, mais le caractère public de deniers gérés par la Société »*[1489]. La compétence du juge des comptes, fondée sur les comptes publics lui permet de prononcer des sanctions. Lorsque *« les comptes des comptables publics sont présentés à la Chambre des comptes en vue du jugement »*[1490], la Chambre des comptes peut constater les gestions irrégulières liées au paiement d'un marché public et engager la responsabilité desdits comptables. Cette responsabilité est en matière des marchés publics fondée sur nombre des charges telles : le paiement des dépenses sans ordonnancement[1491], l'absence des pièces justificatives[1492] probantes[1493], la violation de la règlementation bancaire, le retard dans l'exécution de l'obligation des comptes[1494]. Les gestions irrégulières entraînent la responsabilité de leurs auteurs et le juge des

---

1484 Lire l'article 32 de la directive CEMAC portant règlement général sur la comptabilité publique.

1485 SIETCHOUA DJUITCHOKO (C), La Chambre des Comptes de la Cour Suprême du Cameroun, les principaux arrêts, avis, rapports de certification du compte général de l'État et rapports d'observations définitives à des fins de contrôle commenté, 1re édition, Yaoundé, les Éditions le Kilimandjaro, 2016, p. 65.

1486 V. L'article 51(1) de la loi n° 2003/058.

1487 Arrêt n° 23/AD/CSC/SR du 13 décembre 2012, LEBONGO Blaise, régisseur de la caisse d'avance n° 15-209-9 du Ministère de l'Éducation de Base du Cameroun.

1488 BEGNI BAGAGNA, *« La juridictionnalisation de finances publiques en Afrique noire d'expression française »*, revue trimestrielle de droit économique, n°2, avril/juin,2017, p. 172.

1489 Rapport annuel de la Chambre des comptes de la Cour Suprême du Cameroun, 2006, p. 25.

1490 V. article 26 alinéa 2 de la loi n° 2003/005 précitée.

1491 BOUVIER (M), ESCLASSAN (M.C) et LASSALE (J.P), *Finances publiques*, Paris, LGDJ, 2010, 10e édition, p. 463.

1492 MAGNET (J), VALLERNAUD (L) et VUGHT (T), *La Cour des comptes, les institutions associées et les chambres régionales des comptes*, Paris, Berger-Levrault, 2007, p.393.

1493 FABRE (F-P), FROMENT-MEURICE (A), BERTUCCI (J-Y) et GROPER (N), *Les grands arrêts de la jurisprudence financière,* Paris, Dalloz, 5e édition, 2007, pp.199-200.

1494 SIETCHOUA DJUITCHOKO (C), « L'obligation de production des comptes des comptables publics dans l'office du juge des comptes : un corridor clair-obscur à la Chambre des Comptes de la Cour Suprême du Cameroun », in ANOUKAHAHA (F) et OLINGA (A-D), *L'obligation*, Études offertes à POUGOUE Paul Gérard, Paris, l'Harmattan, APRODA, 2015, pp.857-873.

comptes détermine les motifs de façon extensive. Les infractions recensées dans la juridiction des comptes concernent, dans le domaine de la commande publique, l'irrégularité du paiement du marché public, la rétention du cautionnement pour ne citer que ces deux infractions. Le juge des comptes dans l'arrêt compte de gestion de la Caisse Nationale de Prévoyance sociale (CNPS) exercice 2004 et 2005[1495] sensibilise les comptables sur l'emploi irrégulier des fonds détenus ou maniés qui est constaté par le paiement d'une commande irrégulière, le comptable de la CNPS avait payé irrégulièrement la somme de 21 894 215 FCFA représentant le montant d'un marché ; sans justification de la lettre-commande.

La Chambre des comptes dans une autre décision conclut l'irrégularité de la passation du marché. Cette décision offre au juge des comptes l'occasion d'affirmer *« mais attendu que la phase pédagogique se poursuit pour la Chambre des comptes pour permettre aux comptables de prendre la mesure de leur responsabilité et d'être beaucoup plus vigilants »*[1496]. Sauf régularisation[1497] ou remises éventuelles[1498], la responsabilité du comptable est engagée lorsque, *« autant il y a violations des règles formelles d'ordre comptable, autant il y a défaut de tenue incorrecte des documents comptables, tels les États financiers qui peuvent être manipulés et donner droit plus tard à la sanction de la Chambre des comptes de la Cour Suprême »*[1499]. Le code des marchés publics stipule que *« le prix du marché rémunère le co-contractant de l'administration »*[1500], les rémunérations illégales par les comptables de fait constituent un fait générateur perceptible qui vise comme le précise la directive sur la comptabilité publique *« les fonds ou valeurs extraits irrégulièrement des caisses d'un organisme public »*[1501]. La directive sur la comptabilité affirme que *« toute personne qui reçoit ou manie directement ou indirectement les fonds ou valeurs [...] »*[1502] est un comptable de fait et peut par conséquent être sanctionnée par la Cour des comptes. Tout maniement des fonds publics en violation des textes en vigueur en matière de comptabilité publique est sanctionné, tout comme la rétention ou la distraction du cautionnement.

1495 Arrêt n° 01-b/CSC/CDC/S2 du 5 juin 2008, compte de gestion de la Caisse Nationale de Prévoyance sociale (CNPS), exercice 2004 et 2005.

1496 CS/CC, arrêt n° 1/D/SC/CDC/S2 du 8 avril 2009, compte de gestion de la Commune rurale de Ndop exercice 2004.

1497 MAGNET (J), « La régularisation de la gestion de fait », *RFFP*, n° 66, 1999, p.82

1498 HERTZOG (R), « La nécessaire réforme de la procédure de gestion de fait », *RFFP*, n° 66, 1999, pp.87-105.

1499 BEGNI BAGAGNA, *op. cit.*, p.124.

1500 Code des M.P notamment article 144 alinéa 1.

1501 Lire la directive CEMAC portant règlement général sur la comptabilité publique, *op. cit.*

1502 *Ibid.*

L'observation portée sur les actes résultant de l'activité juridictionnelle du juge des comptes donne à estimer son dynamisme jurisprudentiel doublé de son expertise en matière administrative[1503]. La haute juridiction des comptes dans son activité de contrôle sur les opérations réalisées par les comptables de fait peut constater en matière de bonne administration de la justice[1504] la distraction du cautionnement fait constitutif d'atteinte à la législation bancaire. Lorsque le cocontractant a rempli ses obligations envers l'administration, *« la retenue de garantie est libérée ou le cautionnement de bonne exécution restitué consécutivement à une mainlevée délivrée par le maître d'ouvrage ou le maître d'ouvrage délégué à compter de la réception définitive des travaux, des fournitures ou des services, intervenue après l'expiration du délai de garantie »*[1505]. La restitution du cautionnement se fait à l'expiration d'un délai de trente (30) jours calendaires sur simple demande du cocontractant de l'administration[1506]. Lors du contrôle opéré par la Cour des comptes, le manquement à une obligation règlementaire[1507] telle que la restitution du cautionnement prévue par le code des marchés publics peut engager la responsabilité d'un comptable sur la violation des dispositions du code des marchés publics ; car la distraction du cautionnement est susceptible de causer un manquement énorme au cocontractant de l'administration. Les irrégularités peuvent également porter sur le défaut de validité du prix du marché.

3. Les atteintes liées au défaut de validité du règlement du prix du marché et du défaut de paiement de la contrepartie du cocontractant

L'exigence du règlement du prix du marché participe de l'exigence de la transparence au même titre que le paiement de la contrepartie pour le marché réalisé par le cocontractant et réceptionné par la puissance publique. Le juge financier dans l'exercice de son office de contrôle peut déceler une irrégularité liée à une erreur sur le destinataire de la créance et en tirer des conséquences[1508] de tout manquement en deniers ou en valeurs constaté. Il se trouve que le véritable cocontractant de l'administration n'a pas été effectivement désintéressé. De ce fait, le comptable à l'origine de ce manquement ou imprudence doit engager sa responsabilité. En vertu des textes, tout déficit et prix irrégulièrement réglé, toute irrégularité dans la tenue

1503 BEGNI BAGAGNA, *op. cit.*, p. 178.
1504 ROBERT (J), *« La bonne administration de la justice »*, *AJDA* Spécial, 1995, pp. 117-132.
1505 V. L'article 141(1-b) CMP.
1506 V. L'article 141(2) CMP.
1507 V. L'article 17 alinéa 2 du décret n° 2013/160 du 15 mai 2013 portant règlementation de la comptabilité publique.
1508 V. L'article 48 alinéa 1 loi n° 2003/005.

des comptes sont sanctionnés par la Cour des comptes[1509]. La gestion irrégulière entraîne pour les comptables déclarés coupables des sanctions. Le défaut de paiement de la contrepartie des prestations réalisées constitue une irrégularité. Le désintéressement du cocontractant correspond à la prestation réalisée. Le cocontractant de l'administration doit effectivement être payé pour la prestation exacte réalisée. En matière des marchés publics, l'irrégularité décelée par le juge financier est constituée selon deux exigences : la première exigence est liée à la prestation payée qui est supérieure au service rendu ; la deuxième exigence est liée au fait que le règlement de la prestation réalisée est fait en faveur de toute personne autre que le titulaire de la commande publique.

La décision compte de gestion du Trésorier Payeur général (T.P.G) de l'Extrême Nord à Maroua exercice 2004[1510] illustre la sanction des rémunérations illégales d'un trésorier payeur par le juge financier après avoir constaté *« [...] la discordance de montant entre les factures et les bons de commande »*[1511], condamne le comptable à *« [...] verser de ses deniers propres au Trésor public dans un délai de soixante jours, la somme de 180 881 FCFA ou d'apporter toute autre justification à décharge »*[1512]. Mais, après justification liée à la production des quittances justifiant l'excédent du montant payé par le Trésorier Payeur, le juge des comptes par une décision juste et équitable, s'incline face aux éléments de preuve produits et affirme : *« Attendu que la quittance est par définition la contrepartie des sommes au Trésor et constitue en l'espèce une justification de la satisfaction ; qu'il y a lieu de la lever [...] »*[1513]. Ainsi, une Cour des comptes représente *« des contreforts et remparts pour la démocratie, pour une protection sociale et solidaire, pour la transparence des administrations et pour les garanties des administrés »*[1514].

Ainsi, dans l'assurance de la démocratie pour une transparence, le juge des comptes peut prononcer une injonction pour l'avenir lorsqu'il s'est trompé par le biais des soupçons en affirmant des *« [...] dépenses mandatées au profit des faux bénéficiaires »*[1515], il reconnaît qu'il s'est trompé en ces termes : *« Attendu qu'il apparaît que ces deux agents publics n'ont aucun lien avec les établissements propriétaires desdites factures ; que compte tenu de la*

1509 *Ibid.*

1510 CS/CC, 1re section, arrêt n° 5/CSC/CDC/S1 du 13 septembre 2011, compte de gestion du trésorier-payeur général (T.P.G) de l'Extrême Nord à Maroua exercice 2004.

1511 *Ibid.*

1512 *Ibid.*

1513 *Ibid.*

1514 APPAILLANCE (P), *« Avant-propos »*, in les institutions de contrôle des comptes publics à l'étranger, Paris, LGDJ, RFFP, n° 36, 1991, p.7.

1515 CS/CC, 1re section arrêt n° 6/CSC/CDC/S1 du 20 septembre 2011, compte de gestion du Trésorier-Payeur général (T.P.G) du Nord-Ouest à Bamenda exercice 2004.

circonstance de l'espèce, il convient d'enjoindre au comptable pour l'avenir de veiller au strict respect de la concordance des noms qui figurent sur le titre de règlement et la facture objet du paiement »[1516]. Si l'activité juridictionnelle du juge des comptes lui autorise d'effectuer le contrôle et déceler des irrégularités, il lui autorise également de réprimer les comptables publics fautifs.

B. La sanction des infractions des comptables fautifs

La sanction vise à traquer toute mesure susceptible de préjudicier aux intérêts de la personne publique. La sanction est une punition rétributive de la violation d'une obligation. Du point de vue de l'entendement du juge financier, la sanction en matière d'une irrégularité budgétaire peut se concevoir en des injonctions pour l'avenir (1) ou engager la responsabilité personnelle et pécuniaire et la mise en débet du comptable défaillant (2).

1. La prononciation des injonctions pour l'avenir

L'injonction pour l'avenir est distincte de l'injonction ferme qui couvre le champ suivant : la production des pièces justificatives qui permet à la Chambre des comptes de contrôler et de juger les comptes.

La Chambre des comptes dans sa première section relevait que : *« [...] l'examen des pièces justificatives transmises à la Chambre des comptes fait ressortir d'une part l'absence de 464 pièces pour un montant de 34 151 650 477 FCFA ; et d'autre part, l'absence des pièces justificatives des postes comptables à l'étranger »* ;

« Attendu qu'en l'espèce, le comptable est responsable de la transmission de toutes les pièces justificatives » ; *« que la non-transmission desdites pièces lui est imputable ».*

« Que cette production a pour dessein de permettre la poursuite de l'instruction du compte ». « Que sa responsabilité est dès lors engagée »[1517].

L'injonction de reversement s'applique lorsqu'il y a violation des règles prescrites en matière financière. Pour s'assurer du manquement constaté, la Chambre des comptes enjoint au comptable de reverser la somme représentant le montant des dépenses effectuées irrégulièrement ou à défaut la production des justifications requises à décharge dans les délais impartis.

La Chambre des comptes de la Cour Suprême attache du prix au respect des règles qui encadrent les marchés publics notamment, la gestion publique et la comptabilité publique. Cette juridiction contribue pour une saine gestion

[1516] *Ibid.*
[1517] Arrêt du 15 mai 2008 compte de la paierie générale du Trésor, exercice 2004.

par *« ses rapports contenant des recommandations et suggestions d'amélioration de la gestion, à la consolidation du cadre juridique, industriel et économique des finances publiques »*[1518]. Dans cette optique, le juge des comptes peut faire des injonctions pour l'avenir à l'instar des injonctions faites sur le respect de la règlementation sur la passation des marchés publics. Dans ce cas, l'on peut citer quelques exemples tirés des décisions de la Cour des comptes. Il en va ainsi de la violation d'une obligation formelle liée à l'autorisation de l'autorité chargée des marchés publics qui est réprimée d'une injonction pour l'avenir ; à l'instar de l'arrêt compte de gestion de l'Université de Dschang exercice 2004, le juge des comptes se prononce en déclarant que *« [...] l'injonction n° 5 pour l'avenir relative au paiement d'un marché de gré à gré à hauteur de 61 633 067 FCFA sans autorisation préalable de l'autorité chargée des marchés publics »* ; *« Attendu que cette injonction avait été prononcée à l'encontre du comptable au motif indiqué ; [...] que le comptable n'a pas apporté de réponse à ce manquement reconnaissant de ce fait le caractère illégal de l'opération qui engage sa responsabilité personnelle et pécuniaire ;*

Qu'il y a lieu de maintenir l'injonction n° 5 pour l'avenir [...] tout en demandant au comptable de s'abstenir dorénavant d'effectuer le paiement d'un marché de gré à gré au cas où l'autorisation préalable de l'autorité chargée des marchés publics fait défaut. L'injonction n° 5 pour l'avenir est par conséquent maintenue »[1519].

L'on peut également mentionner l'arrêt compte de gestion de la Commune rurale de Ndop exercice 2004 précité ou le juge de comptes décide : « Attendu en effet que par mandat n° 143, le receveur municipal a payé de sa caisse un montant de 9 998 295 FCFA en l'absence d'une lettre-commande ;

Attendu que la note circulaire n° 004/ 001/MINEFI/B du 8 janvier 2004 susvisé énonce que pour une prestation d'un montant supérieur ou égal à 5 000 000 FCFA, il faut recourir à la procédure de passation des marchés publics ;

Attendu que le maire a commandé directement une TOYOTA HILUX à) un fournisseur le 6 janvier 2004 sans faire appel à la concurrence et que le receveur municipal a accepté la liasse de dépense sans contestation aucune ;

Mais attendu que le mandat de paiement n° 143 de cette voiture était appuyé de la facture du 10 février 2004 et d'un procès-verbal de réception de la TOYOTA singé de 9 personnes, dont le maître et le comptable-matière ;

[1518] BEGNI BAGAGNA, *op. cit.*, p. 171.

[1519] SIETCHOUA DJUITCHOKO (C), note de la Cour Suprême, Chambre des comptes, 3e section, arrêt du 18 février 2009, compte de gestion de l'Université de Dschang (U.D.S), exercice 2004, *Juridis périodique*, n° 84, 2010, pp.73-86.

L'injonction n° 4 de l'arrêt provisoire est maintenue pour amener le receveur municipal à bien surveiller à l'avenir le seuil d'engagement d'une dépense et d'exiger une lettre commande lorsque le montant de la prestation est compris entre 5 et 30 millions »[1520]. La nature des injonctions pour l'avenir témoigne de leur valeur juridique limitée, car il n'y a aucune possibilité de contraindre le comptable à leur exécution[1521]. À ce titre, les injonctions pour l'avenir doivent être prises au sérieux par les comptables. Ces clichés tirés des décisions de la Chambre des comptes illustrent à suffire l'injonction pour l'avenir prononcée à l'encontre du comptable public qui ne respecte pas une obligation formelle d'une procédure de passation des marchés publics et cette injonction peut être un préalable à la mise en jeu de la responsabilité d'un comptable défaillant.

2. La mise en jeu de la responsabilité et la mise en débet des comptables défaillants

La mise en jeu de la responsabilité procède à l'avance de l'implication réelle du comptable dans la réalisation de l'irrégularité. Leur responsabilité personnelle et pécuniaire est engagée dès lors qu'ils ont failli à leur obligation de surveillance[1522]. Le juge des comptes peut soit faire des injonctions pour l'avenir, soit engager la responsabilité du comptable. Certes, le contentieux des comptes publics est un contentieux comparable à celui de l'excès de pouvoir[1523], mais il faut reconnaître qu'en exerçant son contrôle juridictionnel sur la réalité des comptes, le juge apprécie par la même occasion la responsabilité pécuniaire des comptables[1524]. En matière de contentieux des comptes publics, *« le compte saisit le juge »* des comptes en sa qualité de juge de droit commun de la régularité des comptes. À ce titre, le juge des comptes met en jeu la responsabilité personnelle et pécuniaire d'un receveur municipal en déclarant : *« Attendu que le receveur municipal a accepté cette dépense sans pièce justificative règlementaire en engageant sa responsabilité personnelle et pécuniaire [...] que monsieur AYONG Moses n'a apporté aucun argument susceptible de dégager sa responsabilité personnelle et pécuniaire et qu'il sera constitué débiteur envers la Commune de Ndop. En conséquence, monsieur AYONG Moses est constitué débiteur envers la*

[1520] Arrêt n° 1/D/CSC/CDC/S2 du 8 avril 2009, compte de gestion de la Commune rurale de Ndop, exercice 2004.

[1521] SIETCHOUA DJUITCHOKO (C), La Chambre des comptes de la Cour, les principaux arrêts, avis, rapports de certification du compte général de l'État et des rapports d'observations à fin de contrôle commenté, ELK, 1re éd. 2016, p. 191.

[1522] SIETCHOUA DJUITCHOKO (C), *op. cit.*, p. 65.

[1523] VEDEL (G), La Cour des comptes et le juge administratif de droit commun, in la Cour des Comptes d'hier à demain, actes des journées cour des comptes, Université Strasbourg, Paris, 13-14 mai 1977, LGDJ, p.29.

[1524] BOUVIER (M), *Finances publiques*, Paris, LGDJ, 2000, pp .402-420.

Commune de Ndop d'un montant de 250 000 FCFA »[1525]. L'engagement de la responsabilité du comptable le constitue comme débiteur de la puissance publique ; et le juge des comptes par cette responsabilité établit et prononce une mise en débet. Le juge des comptes prononce ainsi un arrêt de débet à l'encontre du receveur municipal. Le juge prononce la mise en débet de l'agent comptable pour *« quatre paiements de frais de fonctionnement de la commission de passation des marchés publics de la CSPH, de location de bus et autres prestations sans pièces justificatives pour un montant total de 35 392 000 FCFA »*[1526]. Le comptable est condamné par une mise en débet. Les indemnités de session sont supportées par les budgets des maîtres d'ouvrage ou des maîtres d'ouvrage délégués[1527] et font l'objet d'un contrôle, car les sommes sont détenues et manipulées par un comptable et la jurisprudence précitée atteste que l'absence de pièce justifiant la tenue d'une session fonde l'irrégularité d'un paiement et ouvre le prononcé d'une mise en débet. Les irrégularités liées à la comptabilité publique en matière de formation et d'exécution des marchés publics sont en conséquence sanctionnées par la Chambre des comptes. Les sanctions sont envisageables en cas de non-enregistrement de la lettre-commande comme en témoigne[1528] l'arrêt n° 72/D/CSC/CDC/S2 du 29 septembre 2011 concernant le compte de gestion de la commune urbaine de Garoua, exercice 2004 est concerné. Monsieur MAHAMAT ADAM, receveur municipal. L'injonction n° 3 liée à l'absence d'enregistrement d'une lettre commande.

Par le biais de l'injonction n° 4, le receveur municipal était invité par l'arrêt provisoire à verser dans la caisse de la commune un montant total de 1 490 951 FCFA réparti comme suit :

- 175 444 pour le non-enregistrement de la lettre commande
- 1 315 507 pour les diverses taxes non reversées.

Attendu que pour les taxes non reversées, ses arguments sont acceptés et de ce fait, aucune justification n'est plus attendue de ce dernier.

Attendu que pour l'absence d'enregistrement de la lettre commande, les réponses du receveur sont évasives puisqu'il dit que dès réception de l'arrêt provisoire, il a saisi le directeur des établissements RAZAK Said et sœurs qui lui a promis un exemplaire de la lettre commande enregistrée ; que ce dernier lui a même promis que si cela n'avait pas été fait, il lui remettait une quittance de 175 444 FCFA relative à cet enregistrement : *« Mais attendu que pour*

[1525] Cf. L'arrêt compte de gestion de la Commune rurale de Ndop précité.

[1526] Cf. CS/CC, arrêt n° 09/AD/CSC/S3 du 1er juillet 2011, compte de gestion de l'agent comptable de la caisse de stabilisation des prix des hydrocarbures (CSPH), exercice 2004.

[1527] V. L'article 21 et 22 CMP.

[1528] Arrêt n° 72/D/CSC/CDC/S2 du 29 septembre 2011 sur le compte de gestion de la commune urbaine de Garoua exercice 2004 ; receveur principal concerné Monsieur MAHAMAT ADAM.

l'absence d'enregistrement de la lettre-commande, le receveur municipal a confirmé la thèse du magistrat rapporteur qui soutenait que ce dernier n'aurait pas été vigilant en acceptant dans sa comptabilité une lettre-commande non enregistrée conformément aux dispositions de la lettre circulaire du ministre des Finances portant instructions relatives à l'exécution et au contrôle de l'exécution du budget de l'État et des organismes subventionnés ». Attendu que les réponses du receveur municipal ne sont pas convaincantes à ce sujet et que par conséquent, un débet d'un montant de 175 444 FCFA est mis à sa charge. Ainsi, le contentieux des marchés publics nécessite de ce fait l'intervention du juge des comptes et du conseil de discipline budgétaire et financière.

Paragraphe 2. Le contentieux des marchés publics dévolu au conseil de discipline budgétaire et financière

Le conseil de discipline budgétaire et financière est abordé en tant que juridiction financière chargée d'assurer le contrôle de l'exécution des marchés publics. Il apparaît comme bras séculier de la répression des atteintes à la fortune publique. Ainsi, au terme de l'article 2 du décret n° 2008/028 du 17 janvier 2008 *« le conseil est chargé de prendre des sanctions à l'encontre des agents publics, patents ou de fait coupables des irrégularités et fautes de gestions ayant pour effet de porter préjudice aux intérêts de la puissance publique »*[1529]. Les irrégularités et fautes de gestion commises par les ordonnateurs et gestionnaires de crédits sont sanctionnées par le Conseil de discipline budgétaire et financière. Ainsi, il convient d'identifier les faits constitutifs de faute de gestion (A) et l'application des sanctions (B).

A. Identification des faits constitutifs de faute de gestion

Le législateur énonce qu'*« est considérée comme irrégularités au sens de la présente loi, toute faute de gestion préjudiciable aux intérêts de la puissance publique »*[1530]. Ainsi, au sens du législateur, la faute de gestion est qualifiée d'irrégularité. Est considéré comme faute de gestion *« tout acte, omission ou négligence commis par tout agent de l'État d'une collectivité publique, par tout représentant, administrateur ou agent d'organisme, manifestement contraire à l'intérêt général »*[1531]. La sanction de gestion est prononcée par une instance

---

[1529] V. L'article 2 du décret n° 2008/028 du 17 janvier 2008.

[1530] V. article 3 de la loi n° 74/18 du 5 décembre 1974 relative au contrôle des ordonnateurs, gestionnaires et gérants de crédits publics et des entreprises d'État, telle que modifiée et complétée par la loi n° 76/4 du 8 juillet 1976.

[1531] V. article 88 alinéa 1 de la loi n° 2018/012 du 11 juillet 2018 portant régime financier de l'État et des autres entités publiques.

spéciale à savoir le conseil de discipline budgétaire et comptable. Il s'agira de présenter la faute de gestion comme une atteinte à l'obligation formelle et matérielle (1) présentant un caractère intrinsèque (2) et présenter la procédure (3).

1. Une violation de l'obligation formelle, matérielle et managériale

La faute de gestion est un défaut qui entraîne un acte ou une situation non conforme au droit[1532]. Elle procède de l'inobservation d'une obligation donnée, résultant des règles ou des conditions formelles[1533].

La violation des obligations formelles se ramène à la commission des actes illicites ou au non-respect des règles et conditions de formes qui encadrent la gestion publique[1534]. Le contrôle de gestion des fonds publics consiste à vérifier la régularité des opérations financières et le bon emploi des crédits, fonds et valeurs qui peut aboutir à une faute de gestion[1535]. Ainsi, dans les marchés publics, l'autorité contractante s'expose à la faute de gestion tout comme le comptable public interpellé pour le paiement des prestations exécutées dans le domaine des marchés publics, les fautes de gestion usuelles demeurent la violation de la règlementation des marchés publics, à l'instar du reproche adressé à l'ex-recteur de l'Université de Yaoundé II (Soa), Jean TABI MANGA par le conseil de discipline budgétaire et financière (CDBF)[1536].

L'attitude passive résulte de *« l'inapplication des lois et règlements et statuts par l'ordonnateur »*[1537]. On peut noter à titre illustratif, le défaut de dénonciation du président de la commission de passation des marchés auprès de la Commune urbaine de Limbé auteur d'un conflit d'intérêts constitué par l'attribution d'un marché à un membre de la commission[1538] statuant sur l'affaire de l'ex-délégué du gouvernement auprès la Commune urbaine de Limbé, et des trois ex-collaborateurs, pour la période allant de 2002 à 2008, on peut citer la faute de gestion n° 4 relative au nom respect de la règlementation des marchés publics sur la passation et l'exécution[1539] des marchés publics. Ces décisions illustrent les atteintes de l'obligation formelle.

[1532] CORNU (G), *Vocabulaire juridique*, Paris, PUF, 2012, p.572.
[1533] BEGNI BAGAGNA, *op. cit.*, p.123.
[1534] *Ibid.*
[1535] ABOUBAKAR DJIME, « Le contrôle de l'exécution des marchés publics au Cameroun : le cas de la Communauté urbaine de Douala », mémoire MASIEUJI, Université de Douala, 2016-2017, p.83.
[1536] V. La faute de gestion n° 1 retenue contre l'intéressé Jeune Afrique économique, n° 388-Été 2012, p. 41.
[1537] BEGNI BAGAGNA, *op. cit.*, p.123.
[1538] En violation de l'article 199 alinéa 3 CMP précité.
[1539] V. La décision intégrale dans Jeune Afrique économique, *op. cit.*, pp.43-44.

Dans le cadre de la violation de l'obligation matérielle ou managériale, l'on vise des fautes de gestion commises relativement au contenu des actes ou en violation des règles non écrites d'éthique[1540]. Les atteintes de l'obligation matérielle peuvent consister du défaut d'établissement de polices d'assurance dans le cadre de deux marchés publics, comme en témoigne l'affaire concernant l'ex-recteur de l'Université de Yaoundé II (Soa)[1541].

La violation de l'obligation managériale *« peut consister en la négligence ayant pour conséquence la distraction ou le gaspillage de la fortune publique »*[1542], l'engagement des marchés sans études préalables ou[1543] les commandes excessives. La violation de l'obligation managériale concerne l'*« obligation non écrite résultant du devoir d'éthique, voire des bonnes mœurs ou simplement de bon sens »*[1544]. La faute de gestion peut prendre la forme d'une imprudence permettant ainsi d'envisager les caractères de la faute de gestion.

2. Le caractère de la faute de gestion

Le caractère intrinsèque de la faute de gestion résulte tantôt d'un fait volontaire, tantôt d'un fait involontaire[1545]. L'étude des caractères de la faute de gestion dans l'univers des finances publiques pourrait aussi permettre de situer la faute de gestion dans l'univers des atteintes à la fortune publique[1546]. Ainsi, au terme de l'article 2 alinéa 1 du décret n° 2008/028 du 17 janvier 2008 portant organisation et fonctionnement du CDBF, *« le conseil est chargé de prendre des sanctions à l'encontre des agents publics, patents ou de fait, coupables des irrégularités et fautes de gestion, commises dans l'exercice de leurs fonctions, irrégularités et fautes ayant eu pour effet de porter préjudice aux intérêts de la puissance publique. À ce titre, il sanctionne les irrégularités et fautes de gestion commises par les ordonnateurs et gestionnaires de crédits de l'État, des collectivités territoriales décentralisées, des entreprises et organismes publics et parapublics et toutes autres personnes agissant en cette qualité »*. Dans ce sillage, le conseil de discipline budgétaire statuant au cours de sa session du 13 juin 2012, dans l'affaire de l'ex-délégué du gouvernement auprès de la Commune urbaine de Limbé a retenu comme faute de gestion n° 4 : le non-respect de la règlementation et l'exécution des marchés publics, se traduisant par le fractionnement des marchés. Des avances de démarrage

---

1540 BEGNI BAGAGNA, *op. cit.*, p.124.

1541 V. la faute de gestion n° 1 retenue contre le mis en cause, in *Jeune Afrique Économique*, *op. cit.* p. 41.

1542 BEGNI BAGAGNA, *op. cit.*, p.124.

1543 Cf. affaire concernant l'ex-délégué du gouvernement auprès de la Commune urbaine de Limbé, *op. cit.*

1544Cf. secrétariat permanent du CBDF, la responsabilité de l'ordonnateur, http://w.w.w.dynamique.mag.com/article/faute de gestion cité par BEGNI BAGAGNA, *op. cit.*, p. 124.

1545 BEGNI BAGAGNA, *op. cit.*, p. 124.

1546 *Ibid.*

servies au-delà des seuils règlementaires ; la réception des prestations non conformes aux prescriptions d'un marché de construction d'une route, ayant induit un préjudice financier de sept millions huit cent cinquante-neuf mille six cent quatre-vingt-dix FCFA, somme imputable au mis en cause, solidairement avec l'un de ses collaborateurs ; soit trois millions neuf cent vingt-neuf mille huit cent quarante-cinq francs au titre de la responsabilité personnelle du délégué du Gouvernement concerné.

Dire que la faute de gestion est un fait volontaire, c'est établir qu'il s'agit d'un acte délibéré et donc intentionnel[1547]. L'intention est *« la conscience éclairée et libre de transgresser les prescriptions »*[1548]. En ce sens, *« l'élément intentionnel permet de rapprocher la faute de gestion du détournement des deniers publics »*[1549]. Mais, en les distinguant, la faute de gestion peut constituer un fait involontaire. La faute de gestion involontaire telle que consacrée par le Conseil de discipline budgétaire et financière peut prendre la forme des commandes trop importantes passées par l'ordonnateur alors que la société est déficitaire ; il en va de même de la passation des marchés sans études préalables, en l'absence ou avec défaillance du système de contrôle interne, tel qu'il a été reproché à Monsieur BEKOLO EBE Bruno[1550] d'avoir lancé les lettres commandes n° 50010 et 0011/UD/SD/DIPPD/DIEM/SCE/NAC/08 du 9 avril 2008 pour la construction de deux forages à l'Université de Douala, en l'absence d'études préalables et une mise à l'écart de l'ingénieur de contrôle ; cet état de choses a conduit à l'application de prix illicites entraînant un préjudice financier pour l'Université de Douala évalué, à dire d'expert, pour un montant de 14 102 616 FCFA. La faute de gestion s'appréhende également par ses caractères. Les fautes de gestion relevées mentionnent juste quelques échantillons que le Conseil de discipline budgétaire et financière peut constater à l'encontre des mis en cause. Le Conseil de discipline budgétaire et financière est une *« quasi juridiction administrative spécialisée »*[1551] qui exerce une fonction contentieuse en matière de contrôle des ordonnateurs et gérants de crédits publics[1552]. Ainsi, par son activité spécifique qui vise du point de vue matériel à sanctionner les ordonnateurs et gestionnaires des crédits publics, il convient d'envisager la procédure devant cette instance.

[1547] *Ibid.*

[1548] *Lexiques des termes juridiques.*

[1549] AKONO ONGBA (S), « La distinction entre la faute de gestion et le détournement de deniers publics », *Revue africaine des Sciences juridiques*, n° 1, 2014, p. 280.

[1550] Voir la faute de gestion n°10 retenue contre l'intéressé dans l'affaire le concernant cité par BEGNI BAGAGNA, *op. cit.*, p. 126.

[1551] MPESSA (A), « Le Conseil de discipline budgétaire et financière à l'épreuve de la protection de la fortune publique au Cameroun », *Juridis périodique*, n° 92, oct. novembre-décembre 2012, p. 84.

[1552] *Ibid.*, p.85.

3. La procédure devant le conseil de discipline budgétaire et financière

La saisine du CDBF est particulière au regard de la particularité des autorités qui ont compétence à la saisir. À la lecture de l'article 14 du décret n° 2008/028 du 17 janvier 2008, on note que, *« dans le cadre de la sanction des responsabilités des agents publics patents ou de fait mis en cause, le conseil est saisi par :*

- *le Président de la République ;*
- *le Premier ministre ;*
- *le ministre chargé du Contrôle supérieur de l'État ;*
- *les ministres supérieurs hiérarchiques des agents mis en cause ou ceux chargés de la tutelle des entreprises et organismes publics ou parapublics concernés ;*
- *toute autre autorité prévue par les textes en vigueur ».*

Ainsi, trois caractéristiques au moins permettent de rapprocher la procédure devant le Conseil de discipline budgétaire et financière de celle actuellement suivie devant les tribunaux administratifs : elle est essentiellement écrite, inquisitoriale et contradictoire[1553]. Aux termes de l'article 15 du décret n° 2005/028 du 17 janvier 2008 fixant l'organisation et le fonctionnement du Conseil de discipline budgétaire et financière, *« dès qu'il est saisi, le Président du conseil désigne un rapporteur et un secrétaire de séance. Le rapporteur a qualité pour procéder à toutes enquêtes et investigations utiles, de se faire communiquer tous les documents et entendre tout témoin.*

Les séances du Conseil se déroulent à huis clos. Le Conseil ne peut délibérer que si les deux tiers des membres sont présents. Les décisions sont prises à la majorité des voix. Les décisions du Conseil sont notifiées aux intéressés avec ampliations :

- *au Premier ministre ;*
- *au Secrétaire général de la Présidence de la République ;*
- *au ministre des Finances ;*
- *à l'autorité dont relèvent les mis en cause ;*
- *à l'autorité qui a saisi le conseil, ainsi qu'à toutes autres autorités prévues par les textes en vigueur* ».

Un rapporteur est désigné par le Président du Conseil de discipline budgétaire et financière pour l'instruction de l'affaire. Dans sa phase

---

[1553] *Ibid.*, p. 85.

préjuridictionnelle, ces décisions ne sont pas susceptibles de recours gracieux préalable d'après l'article 16 alinéa 1 du décret n° 2008/028 précité ; l'exception à cette phase importante de la procédure administrative contentieuse au Cameroun s'explique par la volonté d'éviter des manœuvres dilatoires de la part des ordonnateurs et gérants de crédits publics mis en cause[1554]. Cependant, ces décisions peuvent faire l'objet du recours en annulation devant la juridiction administrative compétente (c'est-à-dire devant le tribunal administratif compétent) sans que ce recours soit suspensif (article 16 alinéa 2)[1555].

Devant le Conseil de discipline budgétaire et financière, l'instruction des affaires est conduite par un rapporteur ayant qualité de mener les enquêtes et investigations nécessaires. Les inspecteurs du contrôle supérieur de l'État peuvent diligenter sur le terrain des enquêtes et investigations. À cette phase, tous les documents financiers susceptibles de les éclairer sur l'affaire doivent être produits. Au terme de cette phase, un premier rapport qui fait l'objet de restitution contradictoire est rédigé.

Dans la seconde phase, le Président du CDBF convoque le mis en cause à se présenter devant ledit conseil. Le conseil siège et délibère en présence des deux tiers des membres présents et ses décisions prises à la majorité des voix sont notifiées aux mis en cause avec des ampliations :

- *au Premier ministre ;*
- *au Secrétaire général de la Présidence de la République ;*
- *au ministre chargé des Finances ;*
- *à l'autorité dont relèvent les mis en cause ;*
- *à l'autorité qui a saisi le Conseil, ainsi qu'à toutes autres autorités prévues par les textes en vigueur.*

L'exposé de cette procédure met en exergue la juridictionnalisation qui caractérise le Conseil de discipline budgétaire et financière. Aussi la nature des sanctions infligées aux ordonnateurs et aux gérants de crédits publics permet de considérer le CDBF comme une *« quasi juridiction administrative spécialisée »*[1556].

B. L'application des sanctions par le CDBF

Dans son volet répressif, le CDBF inflige des sanctions à l'encontre des ordonnateurs peu conscients de la gestion saine des finances publiques. La

1554 MPESSA (A), *« Le Conseil de discipline budgétaire et financière à l'épreuve de la protection de la fortune publique »*, *op. cit.*, p. 86.
1555 *Ibid.*
1556 *Ibid.*

sanction de la faute de gestion justifie qu'un lien de causalité soit établi entre le fait de l'ordonnateur et le préjudice subi par la personne morale publique[1557]. Trois types de sanctions sont infligés par le CDBF en l'absence de justifications satisfaisantes : il s'agit de l'arrêté de débet (1) de l'amende spéciale (2) et la déchéance (3).

1. L'arrêté de débet

Le débet est la situation d'une caisse publique dont la comptabilité révèle une insuffisance de fonds, par suite d'un déficit ou de toute autre cause (erreur de calcul, dépense irrégulière...)[1558]. C'est également la situation d'une personne qui détient à tort des deniers publics[1559]. Le débet est constaté par le CDBF et l'arrêté de débet est prononcé par le ministre délégué à la Présidence chargé du Contrôle supérieur de l'État. Le débet signifie simplement le remboursement par l'agent fautif des sommes d'argent représentant le montant réel du préjudice subi par l'État ou alors une personne morale visée, comme en témoigne cette décision du CDBF : *« le conseil a constitué le Doyen de la faculté des sciences économiques et de gestion débiteur, envers l'Université de Yaoundé II (Soa), de la somme de 102 614 994 FCFA (cent deux millions six cent quatorze mille neuf cent quatre-vingt-quatre), représentant le préjudice subi par l'Université de Yaoundé II-Soa et qu'il est condamné à rembourser »*[1560]. L'arrêté de débet est exécuté par le Trésor public au profit de l'État ou de la personne morale de droit public bénéficiant du privilège du Trésor[1561]. Le remboursement s'exécute ainsi par la retenue à la source opérée par le Trésor public, car *« le Trésor a un privilège sur les meubles et effets mobiliers et dispose d'une hypothèque légale sur les immeubles (...) de toute personne chargée du maniement des fonds de l'État à titre permanent ou temporaire [...] »*[1562].

Ont ainsi été constitués respectivement débiteurs envers l'Université de Yaoundé II et l'Agence de régulation des marchés publics, le Recteur pour une somme de 61 millions de francs, le doyen de la Faculté des Sciences juridiques et politiques pour 162 millions, 62 millions pour le Directeur de l'ARMP, chiffre dont dispose le Conseil au cours de ses sessions des 11 et 12 juin 2012. Le pouvoir de sanction de l'agent fautif s'illustre également dans

1557 BEGNI BAGAGNA, *op. cit.*, p. 129.
1558 *Ibid.*
1559 CORNU (G), *op. cit.*, p. 254.
1560 Voir Jeune Afrique économique, *op. cit.*, p.42-43.
1561 Conformément à l'article 1er de la loi n° 73/7 du 7 décembre 1973 relative à la sauvegarde de la fortune publique.
1562 *Ibid.*

l'affaire Yap Jean Emile[1563]. Dans cette affaire, le nommé Yap Jean Emile, commissaire divisionnaire et chef de service à la Délégation générale à la Sûreté nationale est accusé de modification irrégulière de l'affectation de crédits, passation des marchés à des prix supérieurs à ceux contenus dans les mercuriales officielles et de passation de marché avec un prestataire sans exigence légale[1564], irrégularités constitutives de fautes de gestion réprimées par le CDBF. La sanction peut également se constituer en une amende spéciale.

2. L'amende spéciale

L'amende est prononcée par le CDBF présidé par le ministre délégué à la Présidence de la République chargé du Contrôle supérieur de l'État[1565]. Elle est spéciale et varie entre 200 000 francs et 2 000 000 francs et est prononcée à l'encontre de l'ordonnateur mis en cause. Plusieurs affaires illustrent l'amende spéciale infligée aux mis en cause. C'est une sanction pécuniaire constituée d'une amende spéciale d'un montant de 1 000 000 FCFA infligée au Président de la Commission de Passation des Marchés auprès de la Communauté urbaine de Limbé, pour sa gestion irrégulière ouvrant sa responsabilité dans le cadre de l'exercice 2002 à 2008 dans l'affaire relatif à l'ex-Délégué du Gouvernement auprès de la Communauté précitée. Le Conseil de discipline budgétaire et financière par le biais du ministre délégué à la Présidence de la République a en sa session de juin 2012, infligé une amende spéciale de 2 000 000 de francs à l'encontre du directeur de l'Agence de régulation des marchés publics (ARMP). Outre l'amende spéciale, le CDBF peut prononcer la déchéance.

3. La déchéance

La déchéance est une sanction administrative qu'encourent les gérants de la fortune publique, reconnus coupables de faute de gestion par le Conseil de discipline budgétaire et financière. La déchéance est prononcée par son Président qui en assure aussi l'exécution prévue par l'article 14 alinéa 1(b) de la loi de 1974[1566]. *« Tout agent reconnu fautif par le Conseil de discipline budgétaire et comptable peut encourir l'une des déchéances ci-après suivant la gravité des faits commis telle qu'appréciée par le conseil :*

a) l'interdiction d'assumer pendant un délai de cinq ans les fonctions d'ordonnateurs, de gestionnaires de crédits ou de comptable dans un

[1563] CS/CA, jugement n° 14/94-95 du 26 janvier 1995, Yap Jean Émile c/ État du Cameroun in BILONG (S), in *Memento de la jurisprudence administrative du Cameroun*, Yaoundé, Éd. Clé, septembre 2014, p. 481.
[1564] *Ibid.*
[1565] V. L'article 13 alinéa 3 de la loi n° 74/18 du 5 décembre 1974.
[1566] V. L'article 14 alinéa 1(b) loi n° 74/18 du 5 décembre 1974.

service, organisme public ou dans les entreprises d'État tel que défini à l'article 2 ;

b) *l'interdiction d'être responsable à quelque titre que ce soit pendant un délai de cinq à dix ans, de l'administration ou de la gestion des services et entreprises ci-dessus visées. Les décisions du conseil de discipline budgétaire et comptable portant déchéances sont obligatoirement publiées par arrêté de son Président qui en assure l'exécution ».* La déchéance est une sanction qui empêche l'ordonnateur fautif d'être nommé dans les délais ci-dessus indiqués.

Dans le domaine des marchés publics, la responsabilité du maître d'ouvrage ou de tout surveillant fautif à travers la complicité, la négligence d'effectuer un contrôle ou d'émettre des avis techniques prescrits encourent des sanctions. Notons qu'aux termes de l'article 17 du décret 2008, *« la saisine du Conseil de discipline ne fait obstacle, ni à l'exercice de l'action disciplinaire, ni à celui de l'action pénale.*

Si le Conseil estime qu'indépendamment des sanctions pécuniaires infligées ou proposées par lui, une sanction disciplinaire est encore susceptible d'être encourue, il communique le dossier accompagné d'un avis en ce sens à l'autorité ministérielle dont relève l'agent et à celle investie du pouvoir disciplinaire ;

Si l'instruction laisse apparaître des faits susceptibles d'être qualifiés des crimes ou délits, le Président du Conseil transmet le dossier à l'autorité judiciaire. Cette transmission vaut plainte au nom de l'État, de la collectivité publique, de l'entreprise publique ou de l'organisme public ou parapublic concerné contre l'agent mis en cause ». Les décisions du CDBF sont également susceptibles de recours en annulation devant le juge administratif avec la précision qu'elles sont exemptées du recours gracieux préalable. L'agent fautif en cours des sanctions telles que le débet, les amendes ou la déchéance prononcés par le CDBF. Cette répression effectuée au terme d'une procédure spéciale s'achève par la répression des ordonnateurs défaillants.

Au demeurant, l'intervention des juridictions financières dans le contentieux des marchés publics en particulier celui de la formation ou de son exécution témoigne de la volonté des pouvoirs publics de contrôler et de sanctionner la violation à la règlementation des marchés publics. Le fait d'un comptable ou d'un ordonnateur est préjudiciable à la collectivité publique et entraîne la responsabilité de son auteur.

La connaissance des litiges relatifs aux marchés publics s'est étendue aux juridictions judiciaires et financières. La compétence des juridictions judiciaires s'est révélée par la connaissance par le juge civil du contentieux de formation dévoilé au travers de recours liés à la qualification du contrat public, et des recours en cas de vice dans le processus de la formation d'un marché public. Dans le contentieux de l'exécution, les rapports du titulaire du marché et ses préposés permettent d'engager la responsabilité des cocontractants privés de la collectivité publique. La compétence des juridictions judiciaires s'est également illustrée par l'intervention du juge répressif ordinaire et spécial dans la répression des infractions constitutives de détournements des deniers publics ; la sanction s'avérant être un outil de protection de la fortune publique.

La compétence des juridictions financières dans le contentieux des marchés publics s'est révélée par l'identification des infractions connues par la juridiction des comptes et la répression prononcée par ladite juridiction à l'encontre des comptables défaillants. Le Conseil de discipline budgétaire et financière abordé en tant que juridiction financière spécialisée connaît en matière des marchés publics, des irrégularités constitutives de faute de gestion dont la répression prend la forme du débet, amende spéciale et déchéance. Toutes ces juridictions abordées dans la connaissance des litiges nés des marchés publics témoignent à suffisance le soutien important qu'apportent les juges dans la sécurisation et la sauvegarde de la fortune publique.

CONCLUSION GÉNÉRALE

Au demeurant, la recherche qui s'achève donne à constater que le contentieux des marchés publics au Cameroun peut trouver une issue favorable par la voie de la résolution non juridictionnelle et par celle de la résolution juridictionnelle. La floraison des litiges relatifs aux marchés publics a donné lieu à la dualité des voies de solution. Ainsi, à chaque typologie de solution correspond une résolution spécifique. Les parties à un marché public ne sont pas tenues de résoudre leur différend devant une instance juridictionnelle. Elles optent pour la résolution administrative du différend par le biais des recours administratifs.

Dans le but de faire examiner les sollicitations qui sont contenues dans les recours adressés à la collectivité publique contractante, il est opportun d'adresser ces recours aux organes compétents et dans les délais prescrits. Ces recours qui favorisent la résolution administrative des contentieux sont introduits en phase de formation, d'exécution par les soumissionnaires auprès des autorités adressataires aux fins de régler les contestations qui opposent la collectivité publique à ses cocontractants. L'examen du litige par la collectivité publique ou par les instances appropriées comme le comité d'examen de recours a pour objectif de conférer aux partenaires d'affaires une issue favorable. Dans un contexte marqué par l'option de la saisine du juge, l'introduction d'un recours gracieux s'avère indispensable. Car le recours juridictionnel non précédé du recours gracieux est irrecevable. En matière contractuelle, le recours administratif prend la forme de réclamations du recours gracieux, du recours hiérarchique visant ainsi et de façon unique pour le cocontractant, à soumettre à la collectivité publique des décisions qui lui sont défavorables en vue de solliciter la remédiation.

La résolution alternative en tant que mode non juridictionnel de règlement du contentieux des marchés publics privilégie la négociation pour trancher le différend. Dans la gamme des procédés de règlement alternatif, l'amiable occupe une place principale en raison de son assise textuelle et jurisprudentielle. Sans toutefois dénigrer les modes alternatifs tels que la médiation, la transaction, l'arbitrage administratif. Tous ces modes alternatifs étudiés en raison de leur rapidité et de leur efficacité sont marqués par un aménagement de plus en plus croissant dans les relations d'affaires impliquant la collectivité publique et ses partenaires. La résolution non juridictionnelle du contentieux des marchés publics est ainsi traduite par l'institution des recours administratifs et par la résolution alternative. La résolution alternative connaît un aménagement mis en exergue par le juge administratif au travers de son application et de son effet juridique. À la suite d'une insatisfaction à l'issue de la résolution non juridictionnelle des litiges, les plaideurs disposent de l'aptitude à recourir aux juridictions instituées dans l'optique de trouver une issue favorable à leur litige. Le contentieux relatif au marché public peut trouver satisfaction auprès des juges par le biais de la résolution juridictionnelle. L'office du juge administratif occupe une place primordiale et la dévolution normative est fondée sur les textes. Il appartient au juge administratif de connaître des irrégularités centrées sur le contentieux de l'annulation. Il examine les recours formulés par les parties en contrôlant le respect des règles formelles et matérielles et décide de sanctionner les irrégularités découlant du marché public.

Le contrôle de la validité du marché public est une matière administrative qui relève de la compétence du juge administratif outre le contrôle des règles de formation du marché, les litiges liés à l'exécution du marché dont la nature administrative ne peut être contestée, relèvent de la compétence du juge administratif. Outre le contrôle des règles de formation du marché, les litiges liés à l'exécution du marché dont la nature administrative ne peut être contestée relèvent de la compétence du juge administratif. Le juge veille à la garantie des droits des parties au contrat et établit l'équilibre entre les droits des parties et les pouvoirs de l'administration dans l'exécution du contrat. On reconnaît certes des prérogatives à la puissance publique, mais elles sont limitées pour éviter l'arbitraire. Elles doivent être justifiées par le motif d'intérêt général, dans le cadre de l'exécution d'une mission de service public.

En systématisant ses pouvoirs en matière contractuelle, l'étude a permis d'observer que le juge dispose du pouvoir d'annulation, de réparation, d'interprétation. La question du rapport entre les marchés publics, les juges judiciaires et financiers participe du rendu du règlement juridictionnel et gagne de plus en plus d'intérêt en droit camerounais.

Certaines matières relevant des marchés publics sont soumises au juge civil : le juge civil a eu à examiner de manière indirecte la question liée à l'identification d'un contrat public. Concernant l'exécution dans le cadre d'un contrat principal, la faillite d'un titulaire du marché ou sa mise en liquidation nécessite l'intervention du juge civil pour la remédiation des effets sur l'exécution du contrat principal. Les irrégularités constitutives de voie de fait ou d'emprise en matière de litiges connexes au contrat relèvent de l'ordre judiciaire, ainsi que les rapports privés qui découlent du marché comme les contentieux liés à la sous-traitance.

Aussi l'étude a mentionné que la pénalisation des infractions commises dans le cadre de la formation ou de l'exécution du marché public révèle la place importante du juge répressif ordinaire comme celui spécial. La sanction des infractions de détournements des deniers publics par l'obligation de réparer le dommage causé au Trésor public contribue à protéger la fortune publique. Toutes les irrégularités découlant du bien public sont sanctionnées.

En matière des marchés publics, les litiges relatifs aux marchés publics qui ont une nature financière relèvent des juridictions financières. La Chambre des comptes effectue le contrôle des comptes et peut identifier des paiements fictifs, des paiements sans autorisation, des paiements des prestations non exécutées et procède à la sanction des acteurs responsables du circuit du marché. Ainsi, la Chambre des comptes peut infliger aux comptables défaillants des sanctions pécuniaires ou ordonner des injonctions pour l'avenir.

L'apport du Conseil de discipline budgétaire et financière est indéniable en matière de l'exécution des marchés publics. Les irrégularités de nature financière et les fautes de gestion commises par les ordonnateurs et gestionnaires des crédits publics sont sanctionnées par le Conseil de discipline budgétaire et financière. Le Conseil peut ainsi prononcer trois séries de sanctions : l'arrêté de débet, l'amende spéciale et la déchéance. Il convient d'examiner la Chambre des comptes dans l'exécution des marchés publics. La Chambre des comptes est un organe juridictionnel chargé du contrôle des comptes de gestion des collectivités publiques. La mise en jeu de la responsabilité d'un comptable relève de sa compétence. La Chambre des comptes est chargée dans le contentieux des marchés publics de réprimer les comptables défaillants. L'aspect procédural concernant la passation comme l'exécution nécessite l'intervention de la Chambre des comptes en vue de régler les irrégularités de nature financières. Au demeurant, plusieurs juridictions interviennent pour régler le contentieux des marchés publics.

BIBLIOGRAPHIE

I- Ouvrages généraux

AKA, FONEON, TCHAKOUA, *Le nouveau droit de l'arbitrage et de la médiation en Afrique (OHADA), commentaire de l'Acte uniforme relatif au droit de l'arbitrage, du règlement d'arbitrage de la CCJA et de l'Acte uniforme relatif à la médiation du 23 novembre 2017*, Paris, LGDJ, Lextenso, 2018 ;

AKHOUNE, *Le statut du comptable en droit public financier*, Paris, LGDJ, 2008 ;

ALLIOT, *Le droit et le service public au miroir de l'anthropologie*, Paris, Karthala, 2003 ;

AUDIT (Mathias), *Les conventions transnationales entre personnes publiques*, Paris, LGDJ, 2002 ;

BILONG (Salomon), *Memento de la jurisprudence administrative du Cameroun, éditions Les Clés*, Presse universitaire de Dschang (PUD), août 2014. ;

BINYOUM (Jacques), *Les grands arrêts de la jurisprudence camerounaise*, éd. Édicef, 2008 ;

BIYOUM (Jacques) et NGOLE NGWESE (PH), *Éléments de contentieux administratif camerounais*, L'Harmattan, 2010, 264p. ;

BONNARD (Richard), *Le contrôle juridictionnel de l'administration*, études de droit comparé, 1934 ;

BOUVIER (Michel), ESCLASSAN (M. C) et LASSALE (J. P), *Finances publiques*, Paris, JGDJ, 2010, 10e édition ;

BOUVIER (Michel), *Finances publiques*, Paris, LGDJ, 2000 ;

BRAIBANT (Guy), STIRN (Bernard), *Le droit administratif français*, Paris, Dalloz, 2002 ;

BRAIBANT (Guy), *Traité de contentieux administratif*, Paris, LGDJ, tome I, 1984 ;

BRECHON-MOULENES (Christine), LLORENS (François), BAZEX (Michel), GUISOLPHE (Ghyslaine), AUBY (Jean-Bernard), DELVOLVE (Pierre), *La concession de service public face au droit communautaire*, Paris, Sirey, 1992 ;

BRISSON (Jean François), *Les recours administratifs en droit public français : Contribution à l'étude du contentieux administratif non juridictionnel*, Paris, bibliothèque de droit public, tome 185, 1996 ;

CARBONNIER (Jean), *Flexible droit, pour une sociologie du droit sans rigueur*, Paris, LGDJ, 10e édition, 2001 ;

CHAPUS (René), *Droit administratif général*, Paris, Montchrestien, 15e édition, tome I, 2001 ;

CHAPUS (René), *Droit du contentieux administratif*, Paris, Montchrestien, 4e édition, 1993 ;

CHAPUS (René), *Droit du contentieux administratif*, Paris, Montchrestien, 13e édition. 2008 ;

DE GAUDUSSON (Jean du Bois), *Droit administratif II*, Bordeaux, Librairie Montaigne, 2000 ;

DE GAUDUSSON (Jean du Bois), *Droit administratif, 2e année DEUG*, Bordeaux, Librairie Montaigne, 2000 ;

DE LAUBADERE (André), VENEZIA (Jean Claude), GAUDEMET (Yves), *Traité de droit administratif*, Paris, LDGJ, tome I, 13e éd. 1994 ;

DEBRASCH (Charles), RICCI (Jean Claude), *Contentieux administratif*, Paris, Dalloz, 8e édition, 2001 ;

DEMBA (Sy), *Droit administratif*, Dakar, L'Harmattan, 2014 ;

DODZIK KOKOROKO, *Les grands thèmes du droit administratif*, Lomé, PUC, 2e édition, 2018 ;

DUFAU (Jean), *Le domaine public*, Paris, Moniteur, 2 tomes, 1993 ;

DUGUIT (Léon), *Traité de droit constitutionnel*, tome 2 éd. de Boccard, 3e édition., 1928, 888p. ;

FABRE, *Les grands arrêts de la jurisprudence financière*, Paris, Dalloz, 5e édition, 2007, 417p. ;

FEVER, *Contrats nord-sud et transfert de technologie, in Les contrats internationaux et pays en voie de développement*, sous la direction de CASSAN, Paris, 1989 ;

FOILLARD (Philippe), *Droit administratif*, Bruxelles, collec. Paradigme, Larcier, 5e édition, 2014 ;

FONTAINE (Marcel), *Avant-propos, Le contrat économique international ; stabilité et évolution*, Bruxelles, 1975 ;

FOUCHARD (Ph), *L'arbitrage international, bibliothèque de droit international privé*, Paris, Dalloz, 1965 ;

GAUDEMET (Yves), *Traité de droit administratif*, Paris, LGDJ, 1994, tome 2, 10e édition ;

GAUDEMET (Yves), *Traité de droit administratif*, Paris, LGDJ, 2001, 11e édition, tome 1 ;

GHESTIN (Jacques), *Les obligations, les contrats, formation*, Paris, LGDJ, 2e édition, 1988 ;

GHESTIN (Jacques), JAMIN (Christophe), BILLIAU (Marc), *Traité de droit civil, Les effets du contrat*, Paris, LGDJ, 3e édition, 2001 ;

GOHIN (Olivier), *La contradiction dans la procédure administrative contentieuse*, Paris, LGDJ, 1998 ;

HOSTIOU (René), *Procédure et forme de l'acte administratif unilatéral en droit français*, Paris, LGDJ, 1974 ;

JACQUET (Jean Michel), *Le contrat international, connaissance du droit*, Paris, Dalloz, 2e édition, 1999 ;

JEAN MICHEL, *Les recours administratifs, gracieux, hiérarchiques et de tutelle*, Paris, B.U, 1996 ;

KAMTO (Maurice), *Pouvoir et droit en Afrique, Essai sur les fondements du constitutionnalisme dans les États d'Afrique noire francophone*, Paris, LGDJ, 1987, 545p. ;

KEUTCHA TCHAPNGA (Célestin), *Précis du contentieux administratif au Cameroun, aspects de l'évolution récente*, Paris, L'Harmattan, 2013, 324p. ;

KEUTCHA TCHAPNGNA (Célestin), *Les grands arrêts annotés de la juridiction administrative au Cameroun*, Paris, L'Harmattan, 2017, 734p. ;

LAFERRIÈRE (Édouard), *Traité de la juridiction administrative et des recours contentieux*, Paris, Berger-Leurault et Cie, 2e édition, 1989 ;

LUCHAINE, *Le cadre inter-français de l'action extérieure des collectivités territoriales in Le droit de la coopération interrégionale en Europe, ouvrage collectif sous la direction de la Commission de l'Union européenne et de l'Assemblée des régions d'Europe*, Paris, LGDJ, 1995 ;

MAGNET (Jacques), *La Cour des comptes, les institutions associées et les Chambres régionales des comptes*, Paris, Berger-Levrault, 2007 ;

MBOME (François), *Grands arrêts de la jurisprudence administrative camerounaise,* Yaoundé pâques, 1986 ;

MOREAU (Jacques), Droit *administratif*, Paris, PUF, 1990 ;

NGANGO YOUMBI (Éric-Marcel), *Les prérogatives de puissance publique au Cameroun : La part respective du droit et des perceptions psychosociales*, Paris, l'Harmattan, 2014 ;

NGONGO, *Histoire des institutions et faits sociaux du Cameroun*, Paris, Berger-Levrault, tome I, 1987 ;

NYETAM TAMGA (André), *Contribution à l'élaboration du droit de la répression administrative au Cameroun,* Yaoundé, PUY, 2020 ;

ODENT (Raymond), *Contentieux administratif*, Paris, Dalloz, tome 1 (fascicule 1 à 3) et tome 2 (fascicule 4 à 6) ;

ONDOA (Magloire) et ABANE ENGOLO (Patrick Edgard), *Les fondements du droit administratif camerounais*, Paris, L'Harmattan, 2016 ;

OWONA (Joseph), *Droit administratif spécial de la République du Cameroun-fonction publique expropriation – marchés publics – contentieux administratif*, Yaoundé-Edicef, 1985 ;

OWONA (Joseph), *Le contentieux administratif de la République du Cameroun*, Paris, L'Harmattan, 2011 ;

PEISER, *Contentieux administratif*, Paris, Dalloz, 16e éd., Les mémentos, 2014 ;

PLESSIX (Benoît), Droit administratif général, Paris, Lewis Nexis, 2e édition, 2018 ;

RIPERT (Georges), *Les forces créatrices du droit*, Paris, LGDJ, 1955 ;

RIVERO (Jean), WALINE (Jean), *Droit administratif*, Paris, Dalloz, 20e éd. 2004 ;

ROUALT (Marie-Christine), *Droit administratif*, Paris, Gualino, 5e édition, 2009 ;

ROUQUETTE (Remi), *Petit traité du procès administratif, contentieux administratif, juridictions générales et spéciales*, Paris, Dalloz, 4e édition, 2010 ;

SAVAS, *Privatisation et partenariats public-privé*, nouveaux horizons, 2002 ;

SCHWARTZENBERG (Roger Gérard), *L'autorité de la chose décidée*, Paris, LGDJ, 1969 ;

SEROUSSI (Roland), *Introduction au droit comparé*, Paris, Dunod, 2e édition, 2003 ;

SIETCHOUA DJUITCHOKO (Célestin), *La Chambre des comptes de la Cour Suprême du Cameroun, Les principaux arrêts, avis, rapports de certification du compte général de l'État et rapports d'observations définitives à des fins de contrôle commenté*, Yaoundé, les éditions le Kilimandjaro, 1re édition, 2006 ;

TRUCHET (Didier), *Droit administratif*, Paris, PUF, 5e édition, 2013 ;

VAN LANG (Agathe), *Juge judiciaire et droit administratif*, Paris, LGDJ, 1996, 359p. ;

VEDEL (Georges), DELVOVE (Pierre), *Le système français de protection des administrés contre l'administration*, Paris, Sirey, 1991 ;

II- Ouvrages spécialisés

BIAKAN (Jacques), *Droit des marchés publics au Cameroun : contribution à l'étude des contrats publics*, Paris, l'Harmattan, 2011 ;

BIAKAN (Jacques), *Précis de contentieux des contrats publics au Cameroun*, Paris, l'Harmattan, 2017, 150p. ;

CENDRE-MALINAS (Sylvie), *Le temps dans les marchés publics*, Paris, Presses de l'A.N.R.T., 1997 ;

CHARLES (Hubert), *Actes rattachables et actes détachables en droit administratif français,* Paris, LGDJ, bibliothèque en droit public, 1968 ;

DE LAUBADERE (André), MODERNE (Fra), DELVOLVE (Pierre), *Traité des contrats administratifs,* Paris, LGDJ, tome 1, 2e éd., 1983 ;

GRETIER WYCKOFF (Patricia), *Le mémento des marchés publics*, Paris, Groupe Eyrolles, 2007 ;

GUETTIER ('Christophe), *Droit des contrats administratifs*, Paris, PUF, 3e édition, 2001 ;

LAAZOUZI (Malik), *Les contrats administratifs à caractère international*, Paris, Economica, 2008 ;

LAGRANGE (P), La *qualification des contrats entre personnes publiques* : Dr Adm. 2000, étude ;

LEMAIR (Sophie), *Les contrats internationaux de l'administration*, Paris, LGDJ, 2005 ;

MESENGUE AVOM (Bernard), *La gouvernance des marchés publics au Cameroun*, Yaoundé, Kilimandjaro, 2013 ;

RCIHER (Laurent), *Droit des contrats administratifs*, Paris, LGDJ, 6e édition, 2008 ;

RICHER (Laurent), *Droit des contrats administratifs*, Paris, LGDJ, 1995 ;

III- Articles, contributions aux mélanges

ABA'A OYONO (Jean Calvin), « Les mutations de la justice à la lumière du développement constitutionnel de 1996 », *juridis périodique* n° 44, 2000, pp.74-85 ;

ABA'A OYONO (Jean Calvin), « Les fondements constitutionnels du droit administratif : de sa vertueuse origine française à sa graduelle transposition vicieuse dans des États stables et instables de l'Afrique francophone » in ONDOA (Magloire) et ABANE ENGOLO (Patrick Edgard), *Les fondements du droit administratif* ; actes du colloque organisé à l'Université de Yaoundé II le 3 et 4 novembre 2015, Paris, l'Harmattan 2016, 342p.

AKONO ANGBA (Sedena), « La distinction entre la faute de gestion et le détournement de deniers publics », *Revue africaine des sciences juridiques*, n° 1, 2014, pp. 249-287 ;

AUBERT, « La notion du litige distinct dans le contentieux de l'exécution des marchés publics », *AJDA*, 2014 ;

AUDIT (Mathias), « Les contrats de travail conclus par l'administration à l'étranger », *Rev. Crit. Dr Int. Priv.*, 2002, pp. 39 et S ;

BADARA FALL (Aliou), « Réflexion sur quelques procédés non juridictionnels de règlement des litiges administratifs », in CONAC (Gérard) et DARBON (Didier), (dir), *La création du droit en Afrique*, Paris, Karthala, 1998, pp.421-441 ;

BAHOKEN (V. L) ; « Le droit des sûretés OHADA et les contrats publics », *Revue trimestrielle de droit africain*, n° 901, octobre-décembre 2017, pp. 421-449 ;

BAHOKEN (V. L), « La compétence du juge judiciaire en matière de contentieux de l'exécution des marchés publics à l'aune de l'Acte Uniforme OHADA sur les sûretés (réflexion au regard du droit camerounais des marchés publics) », *Revue juridique et politique*, n° 4, octobre-décembre 2016, pp. 584-608 ;

BEGNI BAGAGNA, « La juridictionnalisation des finances publiques en Afrique noire d'expression française », *Revue trimestrielle de droit économique*, Avril-Juin, 2007-2, pp. 154-194 ;

BEGNI BAGAGNA, « Recherches sur la fonction arbitrale du Président de la République en Afrique francophone », *Juridis périodique*, n° 110, avril-mai-juin 2017, pp. 81-92 ;

BEGNI BAGAGNA, « Recherches sur la notion de faute de gestion en droit public financier camerounais », *Juridis périodique*, n° 107, juillet-août-septembre 2016, pp.120-132 ;

BIAKAN (Jacques), « L'obligation dans le processus de formation des contrats publics », in l'Obligation, Études offertes au Pr POUGOUE (Paul Gérard), Cameroun, Harmattan, 2015, pp.136-146 ;

BIAKAN (Jacques), « La délégation des services publics en droit camerounais », *RAJS*, vol. 7, n° 1, 2010, pp.219-236 ;

BIPELE KEMFOUEDJO (J), *« La place du juge dans le nouveau droit des marchés publics »*, *RCDA*, n°37, pp. 27-53 ;

BIPOUM WOUM (Jean-Marie), « Recherches sur les aspects actuels de la réception du droit administratif dans les États d'Afrique noire d'expression française : le cas du Cameroun », *RJPIC*, n° 3, juillet-septembre 1972, pp.359-388 ;

BRACONNIER (Stéphane), « Les contrats de partenariat et les collectivités locales entre mythe ou réalités », *BJCP*, n° 36, 2004, p.340 ;

CAILLOSE (Jacques), « Droit public-droit privé : sens et portée d'un partage académique », *AJDA*, 1996, pp.955-970 ;

CHABANOL, « Modes alternatifs de règlements des conflits : vertus et limites, contrats publics », n° 100, 2010 ;

CHABANOL (D), « Une autre façon de juger : la conciliation juridictionnelle dans les tribunaux administratifs », Gaz. Pal., 1987 ;

CHEVALLIER (Jacques), « Le droit administratif, droits de privilège » ? *Pouvoirs*, n° 46, 1988, p.57-50 ;

CONAC (Gérard), « L'État de droit », in Mélanges BRAIBANT (Guy), Paris, Dalloz, 1996 ;

DE GAUDUSSON (Jean Dubois), « Le statut de la justice dans les États d'Afrique francophone », *Afrique contemporaine* (n° 15 Spéc.), 156, la justice en Afrique, 4e trimestre in la documentation française, 1990 ;

DJILA (Rose), *« Libres propos sur la sanction pénale de la violation des procédures de passation des marchés publics au Cameroun »*, Revue de science criminelle et de droit pénal comparé, n° 74, 2014, p.761-775 ;

DUBREUIL (C. A), Le référé-provision en matière contractuelle, RFDA, 2001 ;

DURAND (Guy), *« Les modes de gestion des services publics locaux et la comptabilité publique »*, in Mélanges en l'honneur de GUIBAL (Michel), Contrats publics, Paris, Presse de la Faculté de Montpellier, 2006, pp. 607-616 ;

FISETTE (Jacques) et SALMI (Mustapha), « Le désengagement de l'État en Afrique et les initiatives locales ; la naissance de nouvelles formes de partenariat », *Cahiers de géographie du Québec*, vol. 35, n° 95, 1991, pp.349-368 ;

FROGER (C), *« La médiation administrative : mérite et limites »*, *AJDA*, 2021 ;

GAUDEMET (Yves), *« Le précontentieux : le règlement non juridictionnel des conflits dans les marchés publics »*, numéro spécial annuel, actualité des marchés publics, *AJDA*, 1994, p.84 ;

GIACVZZO (J. F), « Un ensemble contractuel à la croisée des jurisprudences », Atlar Béziers I et II », *AJDA*, 2013 ;

GUIMDO DONGMO (Bernard Raymond), « Le droit d'accès à la justice administrative au Cameroun, contribution à l'étude d'un droit fondamental », *RRJ, droit prospectif*, n° XXXIII-121, 2008-1, pp.453-498 ;

HERTZOG (Robert), « La nécessaire réforme de la procédure de gestion de fait », *RFFP*, n° 66, 1999, pp.87-105 ;

IZORCHE (Marie Laure), *Revue internationale de droit comparé*, vol. 53, n° 2, 2001 ;

IZORCHE (Marie Laure), « Réflexion sur la distinction », Mélanges en l'honneur de MOULY (Christian), Litec, Paris, 1998, tome 1, pp. 53-68 ;

JACQUET (Jean Michel), « Le contrat d'État », JurisClasseur, Dr Int. 1998, fasc. 565-60 ;

JAROSSON (Ch.), « L'arbitrage en droit public », *AJDA*, 1997 ;

KAMTO (Maurice), « La fonction administrative contentieuse de la Cour Suprême au Cameroun, contribution à l'étude d'un droit fondamental », in les Cours Suprêmes en Afrique, T1, sous la direction de CONAC (Gérard) et de DUBOIS DE GAUDUSSON (Jean), Paris, Economica, 1198 ;

KENFACK DOUAJNI (Gaston), L'obligation dans l'arbitrage OHADA, pp. 407-418, in Études offertes à POUGOUE (Paul-Gérard) ;

LAFAIX (J. F), *« La loyauté des relations contractuelles au regard de la théorie du contrat »,* in À propos des contrats des personnes publiques ; Mel. en l'honneur du Professeur RICHER (Laurent), Paris, LGDJ, 2013, p.365 ;

LALIVE (Jean-Flavien), « Les contrats entre États ou opérateurs étatiques et opérateurs privés étrangers ; développement récent », *RCADI*, vol. III, 1983, p.46 ;

LAVESSIERE (J), « Le droit à l'information à l'épreuve du contentieux à propos de l'accès aux documents administratifs », D. 1987, Chron., Droit du contentieux administratif, p.274 ;

LEBEN (Charles), « Retour sur la notion de contrat d'État et sur le droit applicable à celui-ci », in Mélanges HUBERT (Thierry), Paris, Pedone, 1998, pp. 248 et suiv. ;

LEBRETTON (Gilles), *« Y a-t-il un progrès du droit » ?* Recueil Dalloz, 1991, 14e cahier, chronique, pp.99-104 ;

LEMASSON, Redécouvrir le bail emphytéotique, Petites affiches, 1992 ;

LEVEL, « La médiation et la conciliation en droit sénégalais : libres propos sur un texte règlementaire », *Bulletin de droit économique*, 2017 /2 ;

LEVY (Michel), « La conciliation par le tribunal administratif et le rôle du juge de l'instruction des litiges », *AJDA,* 1987, pp.499-519 ;

LUU VAN DAT, « Investissements étrangers en B.O.T », *Rev. Int. Dr Comparé*, n° 4, 1997, pp. 869 et S. ;

MAGNET, « La régularisation de la gestion de fait », *RFFP*, n° 66, 1999 ;

MBALLA OWONA (Robert), « L'arbitrage dans le contentieux des contrats de partenariat public-privé en Afrique subsaharienne francophone : l'exemple du Togo », *Revue de la recherche juridique*, XXIV-174, 2018, pp.1779-1796 ;

MEZGANI (Ali), « Débats, souveraineté d'État et arbitrage », *Rev. Arn.*, 1985, p.671 ;

MOHAMED SALAH (Ben Aissa), « L'identification du contrat administratif », *Contrats publics*, n° 17, 2011, pp.34-34 ;

MOMO FOUTHIM (Claude), « La régulation économique au Cameroun », *RRJ*, 2007-2 ;

MONEBOULOU MINKADA (Hervé Magloire), « Le Tribunal criminel spécial au Cameroun et les grands principes de la justice criminelle : Étude comparative des lois de 1961 et 2011 », *Revue de droit et science politique*, n° 93, Janvier-Février-Mars 2013, pp.49-63 ;

MPESSA (Aloys), « Le conseil de discipline budgétaire et financière à l'épreuve de la protection de la fortune publique », *Juridis périodique*, n° 92, octobre-novembre-décembre 2012, pp.77-91 ;

NKAKE EKONGOLO (Bienvenu), « Emprunt obligataire de l'État et théorie du droit au Cameroun », *Revue africaine de droit et de science politique*, vol. II, n°4 juillet-décembre 2014, édition le Kilimandjaro, pp.107-125 ;

ONDOA (Magloire), « Ajustement structurel et réforme du fondement théorique des droits africains postcoloniaux : le cas du Cameroun », *RASJ*, vol. 2, 2001, pp.75-118 ;

PEKASSA NDAM, « La consolidation de l'idéologie libérale dans le domaine des services publics au Cameroun », in ONDOA (Magloire) et ABANE ENGOLO (Patrick Edgard), *Les fondements du droit administratif camerounais*, actes du colloque organisé à l'Université de Yaoundé II le 2, 3 et 4 novembre 2015, Paris, l'Harmattan, 2016, 342p. ;

PELLISSIER (Gilles), « Pour une revalorisation de la spécificité des recours administratifs : réflexions sur la fonction des recours administratifs dans l'ordre juridique français », *RFD*, A. 14(2) Mars-Avril 1998, pp.317-333 ;

PEQUEANT, *« Les règlements amiables : un procédé trop méconnu »*, MTP, 1995 ;

PEYRICAL (Jean Mars), « Régime de passation des contrats publics : le droit des délégations comme modèle », *AJDA*, chronique, 2004, pp.2136-2141 ;

PUISOYER, *« Les délégations de signature »*, *ADJA*, 1960 ;

RICHER (Laurent), « Constitution contrats et commande publique », *Nouveaux cahiers du Conseil constitutionnel,* octobre 2012 ;

RICHER (Laurent), « Les modes alternatifs de règlement des litiges et le droit administratif », *AJDA*, 1997 ;

RINCON SALCEDO (J. G), *« Les recours juridictionnels en matière contractuelle. Analyse comparée des droits français et colombien »*, *RFDA*, 2008 ;

RIVERO (Jean), « Existe-t-il un critère du droit administratif ? », *RDP*, 1953, pp.279-296 ;

RIVERO (Jean), « Les phénomènes d'imitation des modèles étrangers en droit administratif », in DE LAUBADERE (André), MATHIOT (André), RIVERO (Jean), VEDEL (Georges), *Les pages de doctrine*, Paris, LGDJ, tome I, 1re édition, 1980, pp. 459-523 ;

ROBERT (J.), « La bonne administration de la justice », *AJDA*, spécial, 1995, pp.117-132 ;

SIETCHOUA DJUITCHOKO (Célestin), « L'obligation de production des comptes des comptables publics dans l'office du juge des comptes : un corridor clair-obscur à la chambre des comptes de la Cour Suprême du Cameroun », pp. 857-873, in ANOUKAHAHA (François) et OLINGA (Alain Didier), *L'obligation, Études offertes à POUGOUE (Paul Gérard)*, Paris, L'Harmattan, Aproda, 2015 ;

TERNEYRE (Philippe), « Les montages contractuels complexes », *AJDA*, 1994, chroniques, p.43 ;

THIBAULT, *« Les procédures de règlement amiable des litiges au Canada »*, Revue générale de droit, 2001, pp.391-390 ;

TREMEAU (Jérôme), « La caducité des lois incompatibles avec la constitution », *AIJPC*, vol. VI, 1990, pp.219-316 ;

YAWAGA SPENER, « Avancées et reculades dans la répression des infractions de détournements des deniers publics au Cameroun : regard critique sur la loi n° 2011/028 du 11 décembre 2011 portant création d'un Tribunal criminel spécial », *Revue de droit et de science politique*, n° 90, avril-mai-juin 2012, pp.41-64 ;

A- Thèses

ABA'A OYONO (Jean Calvin), *La compétence de la juridiction administrative en droit camerounais*, thèse de Doctorat en droit public, Université de Nantes, 1994, 510p ;

ABANE ENGOLO (Patrick Edgard), *L'application de la légalité par l'administration au Cameroun*, thèse de Doctorat Ph. D en droit public, Université de Yaoundé II (SOA), 2009, 566p ;

ADI'ANG NTSAGO (Jean), *Le contrat de sous-traitance en droit des marchés publics au Cameroun*, thèse de Doctorat Ph. D en droit public interne, Université de Douala, 2020-2021, 563p ;

BERLIN (Dominique), *Le régime juridique international des accords conclus entre États et ressortissants d'autres États*, thèse, Paris, 1981 ;

BIDJA NKOTTO (Thomas), *Les contrats de l'administration au Cameroun*, thèse pour l'obtention du Doctorat en droit public, Université Paris I, Panthéon, Sorbonne, 2000, 587p. ;

BRENET (François), *Recherche sur l'évolution du contrat administratif*, thèse dactylographiée, Université de Poitiers, 2002 ;

ELLAINGAN (H.), *Aspects juridiques des nouvelles formes d'investissements dans les pays d'Afrique zone franche*, thèse, Nice, 1998 ;

GATSI (Jean), *Le contrat cadre*, thèse de Doctorat en droit privé, Université de Paris V, 1996 ;

GUESSELE ISSEME (Leonel Pierre), *L'apport de la Cour Suprême au droit administratif camerounais*, thèse de Doctorat Ph. D en droit public, Université de Yaoundé II (Soa) 2010 ;

GUIMDO (Bernard Raymond), *Le juge administratif camerounais et l'urgence, recherche sur la place de l'urgence dans le contentieux administratif camerounais*, thèse de Doctorat d'État en droit public, Université de Yaoundé II (Soa), 2003-2004, 607p. ;

JACQUEMOT (F), *Le standard européen de société démocratique,* Université de Montpellier, Faculté de Droit : Essai sur l'élaboration jurisprudentielle du droit administratif camerounais, thèse de Doctorat Ph. D, Université de Yaoundé II Soa ; 2014 ;

KADIDI KHALED, *Contrats internationaux des travaux publics en droit Libyen*, thèse Dijon, 1978 ;

KONTCHOU JOUNANG (Anne-Marie), *Le partenariat public-privé au Cameroun, cas des contrats*, thèse Doctorat Ph/D, Université de Yaoundé II Soa ;

MARCUS (Laure), *L'unité des contrats publics*, Paris, Dalloz, coll. Nouvelle bibliothèque de thèses, vol. 96, avril 2011 (Thèse soutenue le 8 décembre 2008), Dalloz, Paris, 2010, 608p.

MASSOUKA (Jean Yves), *Le contentieux des contrats publics au Cameroun*, thèse de Doctorat Ph. D en droit public, Université de Douala, 2019-2020, 2 tomes ;

MBENDE BANGYA (Pauline Christelle), *Les pouvoirs du juge administratif dans le contentieux des contrats publics au Cameroun*, thèse de Doctorat Ph. D en droit public, année académique 2019-202, Université de Yaoundé II (Soa) ;

MOHAMED EL-BEHERRY (Ibrahim Rafât), *Théorie des contrats administratifs et marchés publics internationaux,* thèse pour le Doctorat, humanities and social sciences, Université de Nice Sophia-Antipotis, 2004, 565p ;

MOUANGUE KOBILA (James), *Le Cameroun face à l'évolution du droit international des investissements*, thèse de Doctorat en droit public, Université de Yaoundé II (Soa), 2004, 674p ;

MPESSA (Aloys), *Essai sur la notion et le régime juridique des biens domaniaux au Cameroun*, thèse de Doctorat Université Paris 1 Panthéon Sorbonne 2, tomes 3, 1998 ;

MVE EBANG (Francis Rostand), *L'urgence dans les marchés publics au Cameroun*, thèse de Doctorat Ph. D en droit public, Université de Douala, 445p ;

NGUEDIA MEIKEU (Hortence), *Le juge et les critères du contrat administratif au Cameroun*, thèse pour le Doctorat Ph. D en droit public, Université de Yaoundé II (SOA), 2015 ;

ONDOA (Magloire), *L'économie des deniers publics dans l'administration camerounaise*, thèse pour le Doctorat de 3e cycle en droit, Université de Yaoundé, 1989.

ONDOA (Magloire), *Le droit de la responsabilité publique dans les États en développement, contribution à l'étude de l'originalité des droits africains*, thèse de Doctorat d'État, Université de Yaoundé II (SOA), 1997, tome 1 ;

OUEDRAGO, *Les compétences nationales en matière fiscale et la communautarisation des règles dans l'espace ouest-africain*, thèse pour le Doctorat en droit, Université de Bordeaux, 2015 ;

OWONA (Serge Matthieu), *Les mutations récentes du droit administratif camerounais*, thèse de Doctorat en droit public, Université de Yaoundé II (SOA), 2015 ;

PALVADEAU (E), *Le contrat en droit pénal*, thèse Université Montesquieu, 2011, version électronique ;

PATRIKIOS (Apostolos), *L'arbitrage en matière administrative*, thèse de Doctorat, Paris, LGDJ, 1997, T. 189 ;

REGLI, *Contrats entre État et personnes privées étrangères*, thèse, Lausanne, 1989 ;

SANGUE FOTSO, *L'efficacité de la structure de contrôle des entreprises camerounaises*, thèse de doctorat en sciences de gestion, Université Franche-Comté, 2011 ;

B- Mémoires

ABOUBAKAR DJIME, « Le contrôle de l'exécution des marchés publics au Cameroun : le cas de la Commune urbaine de Douala », Mémoire Master II en droit public, Université de Douala, 2016-2017 ;

AKONO ANGBA (Sedena), « Les modes de résolution des litiges relatifs aux marchés publics au Cameroun », Mémoire de DEA en droit public, Université de Yaoundé II (SOA), 2005-2006, 97p ;

AZEBONE TETANT, « L'exécution d'office en droit administratif camerounais », Mémoire de DEA, Université de Yaoundé II (SOA), 2012 ;

BASSAMAGNE MOUGNOK, « La coopération décentralisée entre la France et le Cameroun : un véritable partenariat ? », Mémoire Master 2, recherche en science politique, Université de Yaoundé II (SOA), 2007 ;

KAMAMEN NZEGOUE, « Le contentieux des marchés publics au Cameroun », Mémoire DEA, Université de Yaoundé II-SOA, 2006 ;

KAMANI TCHAWA (Carole), « La gestion domaniale des collectivités territoriales décentralisées au Cameroun », Mémoire de Master II, Recherche en droit public, Université de Douala, 2019 ;

MEMONO, « L'acquiescement dans le contentieux administratif camerounais, Mémoire de DEA en droit public », Université de Yaoundé II (SOA), 2009-2010, 127p ;

MOUNCHEROU (Abdoul Aziz), « Le rôle de l'autorité des marchés publics dans la commande publique locale », Mémoire de Master II-recherche, Université de Dschang, 2021 ;

NKAKE EKONGOLO (David Bienvenu), « Le contrôle de l'exécution des marchés publics au Cameroun », Mémoire de DEA en droit public, Université de Douala, 2003-2004, 109p. ;

SIMAVA SIMAVA, « L'acquiescement en droit du contentieux administratif au Cameroun », Mémoire de Master II recherches, Université de Douala, année académique 2012-2013, 194p. ;

TEOLO NDEMMENOU, « La protection des soumissionnaires en droit camerounais des marchés publics », Mémoire de Master II, recherche en droit public, Université de Dschang, 2019-2020, 99p. ;

TINGUE FOPOSSI (Rodrigue Ditirlin), « Les conditions du désistement dans le contentieux administratif au Cameroun », Mémoire de DEA en droit public, Université de Yaoundé II-SOA, 2005-2006, 89p ;

TONGA, « Les politiques françaises et camerounaises face au défi de la mondialisation : une analyse comparée de la période 2007-2010 », Mémoire de Master 2 en affaires publiques, ENA/Paris Dauphine, 2011 ;

Cours

GAILLARD (E), Aspects philosophiques de l'arbitrage international, Recueil des cours de l'académique de droit international de la Haye, Leiden/Boston, Martinus, NIJ HOFF Publisher, 2008, p. 55 ;

BINYOUM (J), Contentieux administratif cours polycopié de 3e année de Licence, Université de Yaoundé, FDSE, 1991-1992, 216p.

Supports lexicologiques et méthodologie

« Réussir votre projet de recherche, motivation, méthodologie et guide pratique », Document réalisé par un groupe de chercheurs de la Faculté pluridisciplinaire d'Ettachidia, Université Moulay Ismaï, Maroc, Avril, 2016 ;

BERGEL (Jean Louis), *Méthodes du droit, théorie générale du droit*, Paris, Dalloz, 2e éd., 1989, 342p. ;

CORNU (Gérard), *Vocabulaire juridique*, Paris, PUF, 2000, 443p. ;

CORNU (Gérard), *Vocabulaire juridique*, Paris, PUF, 2012, 1095p. ;

CHAGNOLLAUD DE SABOURET, *Dictionnaire élémentaire du droit*, Paris, Dalloz, 2016 ;

GERARDIN, *Le Robert, dictionnaire de la langue française*, Paris, éditions France Loisirs, 2006 ;

GRAWITZ (Madeleine), *Méthodes des sciences sociales*, Paris, Dalloz, 11e éd., 2001, 1150p. ;

GUILLIEN (Raymond) et Jean Vincent, *Lexique des termes juridiques*, Paris, Dalloz, 25e édit, 2017-2018 (à jour) ;

GUINCHARD (Serge) et DEBARD (Thierry), *Lexique des termes juridiques*, Paris, Dalloz, 2e ed. 2017-2018 (à jour), 2158p. ;

KELSEN (Hans), *Théorie pure du droit*, Paris, Brylant, LGDJ, 1999, 368p. ;

MAGE, *Guide de l'élaboration d'un projet de recherche en sciences sociales*, Laval, PUL, 2000 ;

Petit Larousse, 2010, édition électronique ;

SALMON, *Dictionnaire de droit international public*, Bruxelles, Brulant, 2001 ;

SERIAUX (Alain), *Le commentaire de texte juridique : arrêts et jugements*, Paris, Ellipses, 1997 ;

TROPER (Michel), *Pour une théorie juridique de l'État*, Paris, PUF, 1994 ;

Documents, séminaires, rapports, études, cours, colloques et conférences, travaux, leçons inaugurales

Audit a posteriori des marchés publics au Cameroun, exercice 2003, rapport final, mars 2006 des cabinets 2AC/ACP, ARMP, 109 pages ;

BIAKAN (Jacques), Le secteur public camerounais à l'épreuve des contraintes d'ajustement structurel, travaux en vue de l'habilitation à diriger les recherches en droit, Université de Yaoundé, II (SOA), 2010 ;

Document www.minepat.gov.cam/index.php/fr/modules-menu/doc download/245-plan-d-urgence-pour-l'accélération de la croissance au Cameroun ;

GRIMALDI (C), *« La valeur normative des directives d'interprétation », in colloque « l'interprétation, une menace pour la sécurité des conventions »* ? *RDC*, 1er mars 2015 ;

LIET-VEAUX, JurisClasseur administratif, fascicule 106 ;

MOSTULSKY (H), *Écrits, études et notes sur l'arbitrage*, Paris, Dalloz, 1974 ;

ONDOA (Magloire), Textes et documents du Cameroun (1815-2012) vol. XLII : Marchés publics, organisme de passation de régulation, tome CLXVIII, les éditions le Kilimandjaro, 2013, 235p ;

PONDI (Emmanuel), Peut-on être en voie de développement pendant soixante ans ? Leçon inaugurale, 22 octobre 2021, Amphi théâtre du campus de l'IPD-AC-Douala-Ndogsimbi ;

VEDEL (Georges), *La Cour des comptes et le juge administratif de droit commun, in la Cour des Comptes d'hier à demain, actes des journées Cour des comptes*, Université Strasbourg, Paris, LGDJ, 13-14 Mai 1977, p. ;

Textes

Journal officiel de la République fédérale (JORF) du 15 avril 1972 ;

Loi constitutionnelle n° 96/06 du 18 janvier 1996 portant révision de la constitution du 2 juin 1972, modifiée et complétée par la loi n° 2008/001 du 14 avril 2008 ;

Accords

Accord de Marrakech du 15 avril 1994 instituant l'Organisation mondiale du commerce (OMC) ratifié par le Cameroun par le décret n° 5/194 du 26 septembre 1995.

Actes uniformes

Acte uniforme du 10 avril 1998 portant organisation des procédures collectives, d'apurement de passif.

Acte uniforme relatif au droit des sociétés commerciales et au groupement d'intérêt économique, 17 avril 1997, J. O. OHADA n° 2, 1er octobre 1997.

L'Acte uniforme du 23 novembre 2017, OHADA relatif au droit d'arbitrage.

L'Acte uniforme relatif à la Médiation Conakry, 23 novembre 2017.

Traité relatif à l'harmonisation du droit des affaires en Afrique du 17 octobre 1993 révisé le 17 octobre 2008.

Règlement de procédure de la CCJA

Règlement de procédure CCJA de 2017 intitulé « Absence de convention d'arbitrage », n° 116.

Note de jurisprudence

Jurisprudences nationales OHADA n° 2, déc. 2010, p.331. TGI de Yaoundé, n° 407 du 24 mai 1999, juridis périodique n° 37, p.21. note IPANDA ;

SIETCHOUA DJUITCHOKO (Célestin), Note sous Cour Suprême, Chambre des Comptes, 3e section, arrêt du 18 février 2009, compte de gestion de l'Université de Dschang (UDS), exercice 2004, juridis périodique, n° 84, 2010, pp.73-86 ;

TAMEKONG NGUEMO TSIDIE (S), note sous ordonnance n° 23818/DDA du 11 septembre 2018 Cour internationale d'arbitrage de la Chambre de Commerce international (CIA-CCI) de Paris, Arbitrage d'urgence entre SOGEA/SATOM SAS et SOLENTNACHE BACHY International SAS C/ République du Cameroun (ministère des Marchés publics et ministère des Travaux publics) in juridis périodique n° 118, avril-mai 2019, pp.78-79 ;

Directives et règlements CEMAC

Directive n° 02/08/UEAC/190/CM/17 portant règlement général de la comptabilité publique ;

Règlement n° 06/09/UEAC/201/CM/20 portant procédures de passation, d'exécution et règlement des marchés publics de la communauté.

Ordonnances

L'ordonnance n° 90/004 du 22 juin 1990 relative à la privatisation des entreprises publiques et parapubliques, et son décret d'application n° 90/1257 du 3 août 1990 ;

L'ordonnance n° 95/003 du 17 août 1995 portant statut général des entreprises du secteur public et parapublic ;

L'ordonnance n° 002/CDC/CSC du 20 février 2006 portant détermination des matières dont connaissent les différentes formations de la Chambre des Comptes ;

L'ordonnance n° 001/CDC/CSC du 30 décembre 2005 portant répartition des Magistrats dans diverses sections de la Chambre des Comptes ;

L'ordonnance n° 61/OF/6 du 4 octobre 1961 fixant la composition, les conditions de saisine et la procédure de la Cour fédérale de Justice ;

L'ordonnance n° 72/06 du 26 août 1972 portant organisation de la Cour Suprême ;

L'ordonnance n° 74/1 du 6 juillet 1974 fixant le régime foncier.

Lois

Loi n° 98/021 du 24 décembre 1998 modifié par celle n° 2001/004 du 14 avril 2001 relative au secteur portuaire ;

Loi n° 2013/010 du 24 juillet 2013 portant régime de l'aviation civile au Cameroun ;

Loi n° 91/018 du 12 décembre 1991 mettant en exergue les activités de recherches et d'exploitation menées dans le bassin de Douala ;

Loi n° 2019/024 du 24 décembre 2019 portant Code général des collectivités territoriales décentralisées ;

Loi n° 2016/007du 12 juillet 2016 portant Code pénal ;

Loi n° 2017/011 du 12 juillet 2017 portant statut général des entreprises du secteur public et parapublic ;

Loi n° 2010/023 du 21 décembre 2010 fixant le statut du groupement d'intérêt public ;

Loi n° 2006/012 du 29 décembre 2006 fixant le régime général des contrats de partenariat ;

Loi n° 2009/011 du 10 juillet 2009 portant régime financier des collectivités territoriales décentralisées ;

Loi n° 98/013 du 14 juillet 1998 relative à la concurrence ;

Loi n° 90/031 du 10 août 1990 régissant l'activité commerciale au Cameroun ;

Loi n° 2018/012 du 11 juillet 2018 portant régime financier de l'État et des autres entités publiques ;

Loi n° 2003/005 du 21 avril 2003 fixant les attributions, l'organisation et le fonctionnement de la Chambre des comptes de la Cour Suprême ;

Loi n° 2006/022 du 29 décembre 2006 fixant l'organisation et le fonctionnement des tribunaux administratifs ;

Loi n° 2002/004 portant charte des investissements du 19 août 2002 plusieurs fois modifiée ;

Loi n° 2007/001 du 19 avril 2007 instituant le juge du contentieux de l'exécution et fixant les conditions de l'exécution au Cameroun des décisions judiciaires et actes publics étrangers ainsi que les sentences arbitrales étrangères ;

Loi n° 2006/015 du 29 décembre 2006 portant organisation judiciaire au Cameroun ;

Loi n° 85/09 du 4 juillet 1985 relative à l'expropriation pour cause d'utilité publique et aux modalités d'indemnisation ;

Loi n°5 décembre 1974 relative au contrôle des ordonnateurs, gestionnaires et gérants de crédits publics et des entreprises d'État, telle que modifiée et complétée par la loi n° 76/4 du 8 juillet 1976.

Décrets

Décret n° 72-DF-201 du 17 avril 1972 relatif à l'organisation des ports du Cameroun ;

Décret n° 2008/0115/PM du 24 janvier 2008 fixant les modalités d'application de la loi fixant le régime des contrats de partenariat ;

Décret n° 2008/009 du 16 juillet 2008 fixant le régime fiscal, financier et comptable applicable au contrat de partenariat ;

Décret n° 94/125 du 14 juillet 1994 soumettant à la procédure de privatisation la Régie nationale des Chemins de fer ;

Décret n° 85/1208 du 6 septembre 1985 fixant l'organisation et le fonctionnement de la Régie ;

Décret du 14 avril 1932 relatif au paiement d'acomptes à des entrepreneurs de travaux promulgué par arrêté du 21 mai 1932 ;

Décret n° 2012/119 du 15 mars 2012 portant ouverture des tribunaux administratifs ;

Décret n° 2014/3863/PM du 21 novembre 2014 portant organisation de la maîtrise d'œuvre technique dans la réalisation des projets d'infrastructures ;

Décret n° 2018/355 du 12 juin 2018 fixant les règles communes applicables aux marchés des entreprises publiques ;

Décret n° 2001/048 du 23 février 2001 portant création et fonctionnement de l'Agence de régulation des marchés publics ;

Décret n° 2018355 du 12 juin fixant les règles communes applicables aux marchés des entreprises publiques ;

Décret n° 2012/075 du 8 mars 2012 portant organisation du Ministère des marchés publics ;

Décret n° 1995 portant règlementation des marchés publics ;

Décret n° 2004/275 du 24 septembre 2004 portant code des marchés publics ;

Décret n° 77/318 du 17 août 1977 portant application de la loi n° 75/15 du 8 décembre 1975 rendant obligatoire l'assurance des risques relatifs à la construction ;

Décret n° 2008/028 du 17 janvier 2008 du Président de la République et rattaché au Ministère délégué à la Présidence, chargé du contrôle supérieur de l'État ;

Décret n° 2005/374 DU 11 octobre 2005 portant organisation des services du contrôle supérieur de l'État ;

Décret n° 2008/028 du 17 janvier 2008 portant organisation et fonctionnement du Conseil de discipline budgétaire et financière ;

Décret n° 2013/16 du 15 mai 2013 portant règlement général de la comptabilité publique ;

Décret du 21 juin 1938 étendant aux marchés passés dans la métropole et dans les territoires sous mandant les dispositions du décret du 12 décembre 1936 concernant le financement des marchés de l'État et des collectivités publiques, promulgué par arrêté du 19 août 1938 ;

Décret du 6 septembre 1938 relatif au financement des marchés de l'État et des collectivités publiques passés dans les colonies autres que les Antilles et la Réunion, dans les pays de protectorat et territoires sous mandant du Togo et du Cameroun, promulgué par arrêté du 12 octobre 1938 ;

Décret du 19 décembre 1939 étendant aux colonies et pays de protection les dispositions de l'article 1er du décret du 19 octobre 1939, relatives aux marchés publics, promulgué par arrêté du 10 janvier 1940 ;

Décret du 9 avril 1940 relatif au régime disciplinaire et pénal des prestataires, étendu au Cameroun par décret du 14 avril 1944 ;

Décret du 15 avril 1941 modifiant le décret du 18 novembre 1882 relatif aux adjudications et marchés passés au nom de l'État ;

Décret du 11 avril 1979 portant application, pour les territoires relevant du Ministère de la France d'outre-mer du décret du 6 avril 1942 relatif aux marchés passés au nom de l'État ;

Décret n° 50-1052 du 17 août 1950 relatif aux marchés passés par les territoires relevant du Ministère de la France d'outre-mer sur le régime financier ;

Décret du 21 novembre 1952 relatif aux marchés passés au nom de l'État, exécutés dans les territoires relevant du Ministère de la France d'outre-mer et dans les États associés, modifiant et complétant le décret du 11 avril 1949 ;

Décret du 11 mai 1953 relatif au règlement des marchés de l'État et des établissements publics nationaux non soumis aux lois et usages du commerce ;

Arrêtés

L'arrêté n° 156/OM du 30 décembre 2005 portant création d'une brigade de contrôle de l'exécution phycofinancière des projets PPTE ;

Arrêté du 2 janvier 1930 relatif aux conditions générales et particulières imposées aux fournitures déliants hydrauliques ;

Arrêté du 13 décembre 1934 fixant les conditions d'exécution des travaux de bâtiment dans les territoires du Cameroun ;

Arrêté du 12 décembre 1935 portant promulgation du décret du 30 octobre 1935 instituant une taxe sur les marchés passés avec diverses collectivités publiques ;

Arrêté du 21 novembre 1936 promulguant le décret du 14 octobre 1936 relatif aux engagements par contrat ;

Arrêté du 30 juillet 1937 portant modification des clauses et conditions générales imposées aux entrepreneurs de travaux publics ;

Circulaire du 18 mai 1938 relative à la révision des marchés publics ;

Arrêté du 17 mars 1939 promulguant l'arrêté ministériel du 30 juillet 1937 portant modification des clauses et conditions générales imposées aux entrepreneurs de travaux publics ;

Arrêté du 25 avril 1940 promulguant le décret du 7 avril 1940 relatif aux marchés publics passés par les territoires d'outre-mer relevant du ministère des colonies ;

Arrêté du 28 juin 1948 précisant les conditions d'octroi et de remboursement des acomptes et avance sur approvisionnement et matériels qui peuvent être consentis aux entreprises titulaires des marchés de travaux publics ;

Arrêté du 24 février 1954 portant : 1) Promulgation de l'arrêt interministériel du 8 avril 1953 approuvant le cahier de clauses et conditions générales applicables aux marchés de fournitures et services de toute espèce passés par le ministre de la France d'outre-mer et le ministre des Relations avec les États associés ou pour leur compte ;

Application des dispositions du présent cahier des clauses et conditions générales aux fournitures et services de toutes espèces à exécuter sur place au compte des finances locales et des programmes d'exécution des plans d'action d'outre-mer in ONDOA (M), Textes et Documents du Cameroun (1815-2012) Vol. XVLL ; marchés publics op. cit.

Arrêté n° 289 du 5 mars 1958 promulguant le décret n° 58-15 du 5 janvier 1958 relatif au règlement des marchés de l'État et des établissements publics nationaux non soumis aux lois et usages du commerce passés ou exécutés dans les territoires d'outre-mer ;

Arrêté n° 243 du 26 juin 1958 portant modification des arrêtés n° 193 du 3 juin 1947 et n° 89 du 26 mars 1952 fixant l'organisation et le fonctionnement de la direction des travaux publics et des transferts ;

Arrêté n° 033/CAB/PM du 13 février 2007 portant cahier de clauses administratives générales applicables aux marchés publics de travaux de fournitures, de services et des prestations intellectuelles ;

Arrêté n° 413A/PR/MINMAP du 08 décembre 2020 portant organisation et fonctionnement du comité chargé de l'examen des recours résultant des marchés publics ;

Arrêté n° 0076/MINCOMMERCE du 17 janvier 2018 fixant les prix et tarifs de référence des équipements, fournitures et travaux et services divers destinés aux administrations publiques et parapubliques au titre de l'exercice 2008.

Instructions, décisions, correspondances, résolutions, circulaires et autres

Circulaire n° 002/CAB/PM du 3 janvier 2011 relative à l'amélioration de la performance du système des marchés publics ;

Décision n° 0006055/L/MINMAP/CERD/ST du 3 novembre 2015 suite à l'attribution irrégulière de l'appel d'offres n° 2015/011/CIPM/MAETUR du 20 juillet 2015 pour la réalisation des travaux de terrassement et de drainage partiel des eaux fluviales de la voirie du lotissement *« TALLA »* à Kribi ;

Décision n° 0010/D/MINMAP/CAB du 28 janvier 2013 portant création, organisation et fonctionnement du comité d'examen des différends relatifs à la passation des marchés publics ;

Décision n° 005508/L/MINMAP/SG/CERD du 5 août 2016 relative à l'offre des ETS TITANIC suite à l'appel d'offres national (GM/CIPM/2016 du 2 octobre 2013 ;

Décision n° 04631/D/MINMAP/CAB du 25 août 2015 portant réorganisation du comité d'examen des recours et des différends relatifs à l'attribution des marchés publics ;

Décision n° 2005/190/MINEFI/CTPL/P du 23 janvier 2006 fixant les modalités de clôture de certaines liquidations des entreprises du secteur public et parapublic, les liquidations de l'ex-Regifercam ont été formellement clôturées ;

Décision n° 94/262/CECA CA, Euratom du parlement européen- statut et conditions générales d'exercice des fonctions du médiateur ;

Déclaration stratégique urbaine du gouvernement approuvée par le Premier ministre par lettre n°B7/CAB/PM du 17 novembre 1999.

Documents contractuels et protocoles d'accord

Documents contractuels

L'appel public international à manifestation d'intérêt n° 2018/001/AP/MIPAD du 02 janvier 2018 en vue de la concession des activités de rénovation, de modernisation, d'exploitation et de maintenance du terminal à conteneurs du Port de Douala Bonabéri ;

Contrat de ville de Yaoundé 2006-2011 entre l'État d'une part et la Communauté urbaine de Yaoundé d'autre part ;

Marché n° 000203/M/MINMAP/CCPMAI/2014 du 14 avril passé après appel d'offres international ouvert n° 364/A010/MINMAP/CCPM A/2013 du 9 septembre 2012 in Cameroun Tribune, lundi 17 septembre 2010, p.16 ;

Marché n° 000019/M/CAMWATER/DG/DSCM/C/PM/219 du 19 juin 2019 pour la réalisation des travaux de réhabilitation de la station de Japoma ;

Marchés de travaux n° 155/AO/94-95 pour la construction de la route Bamenda-Mamfé-Ekok ;

Marchés de fournitures n° 1610/AO/95-96 entre Intelcam et Alcatel France ;

Protocoles d'accord

Protocole d'accord n° 0007/PA/MINTP/SG/CJ du 10 août 2010 relatif au règlement amiable du contentieux portant sur le marché n° 2016/M/MNTP/CPMER/2005 passé après appel d'offres national ouvert n° 2/AONO/MINTP/CPM-ER/2004 du 26 août 2004 pour l'exécution des travaux d'entretien courant et/ou périodique de certaines routes en terre de réseau prioritaire. Programme triennal 2005-2007 ;

Protocole d'accord de règlement à l'amiable ayant pour objet l'exécution des travaux de construction de la route Zoétélé-Nkollyop (27,4km) du marché n° 0465/M/MINTP/CPM-TN-2005 passé de gré à gré suivant autorisation n° 1368/d/CAB/PM du 05/08/2005 avec SOGEA SATOM Cameroun S.A.

Jurisprudences

Décisions de justice en matière administrative

CCA, arrêt n° 81 du 22 décembre 1951, RENUCCI c/ Administration du Territoire ;

CS/CA Jugement n° 50/84-85 du 1er février 1985, TAMEGHI Boniface, EMSECON c/ État du Cameroun ;

CS/CA jugement n° 44 du 31 août 2004, UM NTJAM François c/ État du Cameroun ;

CCA, arrêté n° 364/A du 3 septembre 1853 EBONGOM Philippe ;

CCA, décision n° 2010 du 5 décembre 1952, COMECA c/ Bourdin et Chausse ;

CS/CA, jugement n° 41/83-84 du 14 juin 19845, MELINGUI Benoît c/ ÉTAT DU Cameroun ;

CS/CA, jugement n° 26/84-85 du 31 janvier 1985, EBOKO Jacques c/ État du Cameroun ;

TA/Littoral/jugement n° 212/QD/18 du 5 juillet 2018 Guinness Cameroun c/ Commune d'Arrondissement de Douala IVe ;

Arrêt n° 82/A du 9 octobre 2008, État du Cameroun (ministère de la Fonction publique) c/ Compagnie Forestière Sangha Oubangui (CFSO) ;

Jugement n° 21/2001-2002 du 31 janvier 2002, Société Forestière Petra c/ État du Cameroun (MINEF), Société Cameroon United (CUF) (Intervention volontaire) ;

Arrêt n° 163/A/CFJ/CAY du 8 juin 1971, Compagnie commerciale et immobilière Africaine des Chargeurs réunis c/ État du Cameroun ;

CS/CA, jugement n° 26/91-92 du 28 février 1992, ONDOUA ATANGANA c/ État du Cameroun ;

CE ass, 24 novembre 1961, LETISSERAND : Rec. 661 réparant le préjudice moral in ROUALT (M.C), Droit administratif, Paris, Gualino, 5e édition 2009, p.40.

CCA, arrêt n° 83/A du 22 décembre 1951 Renucci c/administration du territoire

CCA, décision n° 72 décembre 1951, Michel CARRERE c/ Administration du Territoire.

Décision n° 70, du 28 décembre 1952, Société de Commerce et de Transport Est-Cameroun c/ Administration du Territoire.

CCA, décision n° 224 du 27 mars 1953, Dame Civra c/ Administration du Territoire.

CCA arrêt n° 273/A du 27 janvier 1954, Société des Batignolles c/ Administration du Territoire.

CCA, décision n° 584 du 27 mars 1954 TOKO Joseph c/ Administration du Territoire.

CCA, décision n° 310 du 3 septembre 1954, VITTORI Pierre c/ Administration du Territoire. EVINA Max c/ Administration du Territoire.

CCA arrêt n° 327/A du 10 décembre 1954, CFAO C/ Administration du Territoire.

CCA, arrêt n° 364/A du 3 septembre 1955 EBONGAM Philippe c/Administration du Territoire.

CCA affaire n° 1090 du 3 septembre 1958, EVINA Max c/ Administration du Territoire.

T. E, arrêt n° 107/A du 29 avril 1960, Sieur Gleigal Michel c/ Marie de Douala. T. E, affaire n° 153 du 9 juin 1961, Durisotti Attilio c/ État du Cameroun.

CFJ/AP, arrêt n° 15 du 16 mars 1967, Dame Ferrière Marie c/ République fédérale du Cameroun ;

CFJ/SCAY, arrêt n° 25 du 15 novembre 1969, Sieur TCHANY Jean Pierre c/État du Cameroun Oriental vidé par le juge n°113 du 2 décembre 1970.

CFJ/CAY, arrêt du 26 janvier 1971, Société SHELL c/État du Cameroun.

CFJ/CAY, arrêt n° 212 du 18 août 1972, NTSAMA Michel c/État du Cameroun.

CS/CA, jugement n° 72, 1988-1989 du 29 juin 1989, FOUDA ETAMA, c/État du Cameroun.

CS/CA, jugement du 28 décembre 1978, Société camerounaise du matériel industriel SOCONI c/État du Cameroun.

CS/CA, jugement n° 26/1976-1977, du 3 février 1977, MOLUH SEIDOU c/État du Cameroun.

CS/CA jugement n° 50/84-85 du 1er février 1985, TAMEGHI Boniface (AMSECOM-AMSECONCOM) c/État du Cameroun.

CS/CA, jugement n° 85/ASS, 1985-86 du 26 juin 1986, ANSECOM-ANSECONCOM c/État du Cameroun.

CS/CA, jugement n° 44/89-90 du 28 juin 1990, entreprise Camerounaise AMSECOM c/État du Cameroun.

CS/CA, jugement n° 55/ADD/85-86 du 26 juin 1986, ANMSECOM-AMSECONCOM.

CS/CA, jugement n° 110/90-91 du 30 mai 1991, entreprise ANSECOM-ANSECONCOM (TAMEGHI Boniface) c/État du Cameroun.

CS/CA, jugement 28/91-22 du 26 mars 1992, AMSECOM-AMSECONCOM c/État du Cameroun (MINFI).

CS/CA, jugement n° 86/ADD, 85-86 du 26 juin 1986, AMSECOM-AMSECONCOM c/État du Cameroun.

CS/CA, jugement n° 53/87-88 du 31 mars 1988, Groupement d'entreprises dragages-Satom c/État du Cameroun.

CS/CA, jugement n° 01/92-93 du 31 décembre 1992, Société Intercontinental Business c/État du Cameroun.

CS/CA, jugement n° 24/1989-1990 du 22 février 1990, Société VIANINI LAVORI c/État du Cameroun.

CS/CA, jugement n° 65/90-91 du 27 décembre 1990, Société FILLGER c/État du Cameroun.

CS/CA, jugement n° 93/88-89 du 2 août 1989 Société ECGT (DELMACAM) c/État du Cameroun.

CS/CA, jugement n° 79/96-97 du 31 juillet 1997, Société SOCANI c/État du Cameroun.

CS/CA, jugement n° 43/96-97, Société SOCANI c/État du Cameroun du 26 décembre 1996.

CS/CA, 86/87 jugement du 13 juillet 1987, OSSONGO ETEME François c/État du Cameroun.

19) CS/CA, jugement n° 62, 1994/1995 du 8 juin 1995, Big Brother Trading Company (BBTC) c/État du Cameroun.

CS/CA, jugement n° 41/1991-1992, du 30 avril 1992, Building Business Compagny c/État du Cameroun.

CS/CA, jugement n° 28/1991-1992 du 26 mars 1992, CHAUSCAM c/État du Cameroun.

CS/CA, jugement n° 70/1990-1991 du 27 septembre 1990, Entreprise ENCO c/Société régionale des zones d'action prioritaires (ZAPI).

CS/CA, jugement n° 46/2004-2005, du 2 novembre 2005 Établissements CENADIET c/État du Cameroun.

CS/CA, jugement n° 28/1993-1994 du 28 février 1994 Entreprise Fougerolle c/État du Cameroun.

25/CS/CA, jugement n° 51/2004-2005 du 23 mars 2005 Établissements LIPA Sport c/État du Cameroun.

CS/CA, jugement n° 27) CS-CA, ordonnance des référés, n° 012/CAB/PCA du 23 janvier 2003, ministère des Travaux publics c/Entreprise SOCAF TBF.

CS/CA, jugement n° 41/1996-1997, du 5 décembre 1996, NDZONGANG Albert c/État du Cameroun.

CS/CA, jugement n° 19, 1993-1994, du 24 février 1994, AMOUGOU Fidèle c/État du Cameroun (Société immobilière du Cameroun).

CS/CA, jugement n° 10, 1997-1998 du 24 février 1998, Agence de Gardiennage et de Sécurité c/Communauté urbaine de Yaoundé.

CS/CA, jugement n° 69/96-97 du 27 avril 1997, Société les Galeries de l'Habitat c/État du Cameroun.

CS/CA, jugement n° 139, 2004-2005 du 27 juillet 2005, Société SOTRACOME c/État du Cameroun.

CS/CA, jugement n° 30, 1996/1997 du 5 décembre 1996, TCHAKOUNTE MBAKOP c/État du Cameroun.

CS/CA, jugement n° 84/85-86 du 26 juin 1986 KOUNTCHOU Levi-Bord c/État du Cameroun.

CS/CA, 27 juillet 2000 : Les Établissements le Paysan c/État du Cameroun.

CS/CA, jugement n° 147/04-05/ADD du 31 août 2005 UM TJAM François c/État du Cameroun (MINEP).

CS/AP, arrêt n° 1 du 23 décembre 2000 ONDO OYONO c/ État du Cameroun ;

CFJ/CAY, arrêt ADD n° 25 du 15 novembre 1969 DZIETHAM Pierre c/ État du Cameroun ;

TA/Ydé jugement n° 96/2015 du 21 juillet 2015, SCIMPEX Afrique Sarl c/ État du Cameroun ;

CFJ/CAY/arrêt du 18 août 1972, ZE Edmond c/ État du Cameroun ;

TA/Ydé, jugement n° 123/2016 du 19 avril 2016 Société SOCANET Sarl c/ Aéroports du Cameroun S.A/ADC S.A ;

CS/CA, jugement n° 26/76-77 du 3 février 1977, MOLUH SYDOU c/ État du Cameroun ;

CS/CA, jugement n° 19/93-94 du 24 février 1994 MAOUGOU fidèle c/ Société immobilière du Cameroun (SIC) ;

CCA, décision n° 1090 du 27 septembre 1957, EVINA Max c/ État du Cameroun ;

Arrêt n° 85/A du 9 octobre 2008, État du Cameroun et SIC c/ AMSECOM-AMSECONCOM ;

CS/CA jugement n° 3, 85-86 du 31 octobre 1985, EDOU André c/ État du Cameroun (MINSANTE) ;

TA/DLA jugement n° 32/FF/2015 du 4 juin 2015, Société de Représentation camerounaise (SORECPCZA) c/ État du Cameroun (MINFI) ;

CS/CA, jugement n° 103/2009 du 25 mars 2009 MVENG ELLA Francis c/ État du Cameroun :

CS/CA, jugement n° 28/92-93 du 28 janvier 1993, Entreprise Fougerolles c/ État du Cameroun ;

CS/CA, jugement n° 31/90-91 du 31 janvier 1991, Entreprise Marplex International Limited c/ État du Cameroun ;

Jugement n° 33/20022003 du 26 septembre 2002 Établissements TONY c/ État du Cameroun (MINTP) ;

CS/CA, jugement n° 19/93-94 du 24 février 1994 AMOUGOU Fidèle c/ Société Immobilière du Cameroun ;

T.E, arrêt n° 350 du 8 août 1964 PECK PECKE Joseph, c/ État du Cameroun oriental ;

CS/CA, jugement n° 8/75/76 du 19 décembre 1975, TONKAM Pierre c/ État du Cameroun ;

CS/CA, jugement n° 147/04-05, du 31 août 2005, UM NTJAM c/ État du Cameroun (MINEF) ;

CS/CA, jugement n° 62 du 29 Juin 1995, The Big Brothers Trading Compagny c/ État du Cameroun (MINDIC) ;

CFJAY, arrêt n° 65 du 30 septembre 1968, EVINA ADA Christophe c/ État fédéral du Cameroun Oriental ;

CS/CA, jugement n° 55/2001-2002 du 29 août 2002, Établissements de Paysan c/ État du Cameroun (MINDEDUC) ;

CS/CA, jugement n° 14/94-95 du 26 février 1996 YAP Jean Emile c/ État du Cameroun :

CS/CA, jugement n° 254/2010 du 22 septembre 2010, Société TMI Sarl c/ État du Cameroun (Port autonome de Douala) ;

CFJ/AP, arrêt n° 15/A du 20 mars 1968, EKINDI Joël c/ État du Cameroun ;

Jugement n° 8/82-83 du 27 janvier 1983, NOMENY NGUISI Émile c/ État du Cameroun ;

CFJ/CAY, arrêt n° 137 du 26 janvier 1971 ACAÏ BELOBO Nestor c/ État du Cameroun oriental ;

CS/CA, Jugement n° 57 du 29 juin 1989, BITANDA Jean c/ État du Cameroun ;

T.A, jugement n° 022/CA/17 du 26 janvier 2017, MONTHE Lucas c/ Commune d'Arrondissement de Mbanga ;

CFJ/CAY, arrêt n° 202/A du 18 août 1972, Société DAVUM c/ État du Cameroun oriental ;

CS/CA, jugement n° 37/04-05 DU 29 décembre 2004, ACHENGUI c/ État du Cameroun (Communauté urbaine de Yaoundé) ;

CS/CA, jugement n° 97/04-05 du 27 avril 2005, TOUBA ESSANA Joseph c/ État du Cameroun (MINUH) ;

CS/CA, jugement n° 3/2002-2003 du 31 octobre 2002 ZINTCHEM BAROUNG Nicodème c/ État du Cameroun ;

CFJ/CAY, arrêt n° 178 du 29 mai 1972, EITEL MOUELLE KOULA c/ République fédérale du Cameroun ;

S/CA, jugement du 29 novembre 1979, Elites Banka (MBOVENDE Jean de Dieu) c/ État du Cameroun ;

CS/AP, arrêt n° 4/ADD du 16 décembre 1982, NDOUGSA Valentin c/ État du Cameroun (MINUH) ;

CS/CA, arrêt du 31 mars 1977, BIAKOLO Max c/ État du Cameroun ;

CFJ/CAY, arrêt du 28 mars 1972, WAMBA Télesphore Pascal c/ État fédéré du Cameroun Oriental ;

T.E, arrêt n° 107 du 29 avril 1960, sieur GLEIZAL Michel c/ Mairie de Douala ;

CS/CA, jugement n° 145/2012 du 12 septembre 2012, affaire Société CARMCO c/ État du Cameroun ;

CCA, arrêté n° 266 du 27 novembre 1953, OMBEDE Philippe Louis c/ Administration du Territoire ;

CS/CA, jugement n° 112/2009 du 3 juin 2009, Société Équatoriale c/ État du Cameroun ;

CCA, arrêt n° 702 du 13 juin 1958, MARINO Jacques c/ Territoire du Cameroun ;

CS/CA, jugement n° 49/2009 du 28 janvier 2009, Société Cameroun Plaques internationales (CPI) c/ État du Cameroun (MINTRANSPORT) ;

Arrêt n° 82/A du 9 octobre 2008, État du Cameroun c/ Compagnie Forestière ;

TA/YDE, jugement n° 291/2016 du 20 septembre 2016, CTT Cameroun c/ État du Cameroun Fonader/Minader/Minagri ;

CS/CA, jugement n° 140/2009 du 22 juillet 2009 ETS OPTIMA c/ État du Cameroun ;

T.A de l'Ouest, jugement n°7/TA/BFM/2016, Établissement ENACAM c/ État du Cameroun (MINADER) ;

Jugement n° 022/CA/17/TAL/DLA du 26 janvier 2017, MONTHE Lucas c/ Commune d'Arrondissement de Mbanga ;

TAL/DLA, jugement n° 066/CA/12 du 16 février 2017, Société TRACTAFRIC MOTORS CAMEROUN S.A c/ Université de Douala ;

CA/CS, jugement n° 17/2010 du 3 février 2010, ATANGANA Pascal c/ État du Cameroun ;

Arrêt n° 9/A/CS/CA du 26 décembre 1996, État du Cameroun (premier Ministère) c/ Société Renault-Cameroun ;

CFJ/CAY, arrêt n° 157 du 13 mars 1973, MEDOU Gaston c/ État du Cameroun ;

CFJ/CAY/AP, arrêt n° 10 du 17 octobre 1968, MVE NDONGO Abraham c/ État du Cameroun.

Matière civile

Jugement civil n° 277 du 9 février 2004, affaire Société Forestière Petra S.A c/ Sylvestre NAAH ONDOA, État du Cameroun ;

Cour d'appel du Centre, section civile et commerciale, arrêts n° 262/DE du 5 septembre 2014 et 128/DE du 7 août 2015 ;

Ordonnance n° 159/C du 4 mars 2014 et n° 160/C du 4 mars 2014, KETCH SARL c/ État du Cameroun (MINTP) ;

Jugement n° 258/Civ du 8 mars 2012, la Commercial Bank Cameroun S.A c/ Le Ministère des Travaux publics (MINTP) ;

TGI du Mfoundi, jugement n° 93/Crime du 28 novembre 2003, ministère public et État du Cameroun (MINPOSTEL) c/ MOUNCHIPOU Seidou et co-accusés ;

TGI du Mfoundi, jugement n° 680/CRIM du 27 septembre 2007, ministère public et Société immobilière du Cameroun (S.I.C) c/ BELINGA Gilles Roger et co-accusés ;

TGI du Mfoundi, jugement n° 270/CRIM du 12 juillet 2008 ;

TGI du Mfoundi, jugement du 9 février 2004, Société PETRA S.A c/ Sylvestre NAAH ONDOA ;

Jugement n° 258/Civ du 8 mars 2012, La Commercial Bank Cameroun S.A, Le Ministère des Travaux publics (MINTP) ;

Arrêt n° 56/CS/CC du 10 juillet 1986, Société Bourdin et Chaussée c/ NGAMENI Samuel ;

Arrêt n° 222/CA/CC du 5 avril 2000, Société KETCH c/ NKOUENDJIN YOTNDA ;

CS/CC, arrêt n° 26 du 23 octobre 1980, NJI MBOUE MBOUE Simon c/ Société ITINERA ;

Arrêt n° 25/CS/CC du 5 mars 1981 ; ASQUINI ENCORAD c/ EBONGUE Hubert ;

En matière pénale

TCS, arrêt n° 014/CRIM du 14 juin 2013, MP et État du Cameroun (ministère de la Santé publique) c/OLANGUENA OWONO Urbain, 29e rôle.

TCS, arrêt n° 022/CRIM du 30 août 2013 MP et État du Cameroun (Aéroports du Cameroun) c/NTONGO ONGUENE Roger, MONTI EKANI Gallus, 18e rôle.

TGI du Mfoundi, jugement n° 680/CRIM du 27 septembre 2007, MP et Société immobilière du Cameroun (SIC) c/BELINGA Gilles Roger et autres.

TGI du Mfoundi, jugement n° 270/CRIM du 12 juillet 2008, MP et Crédit foncier du Cameroun (CFC) c/BOOTO À NGON, EDOU Joseph, 22e rôle.

Marché n° 000203/M/MINMAP/CCPM-AI/2014 du 14 avril 2014 passé après appel d'offres international ouvert n° 364/A010/MINMAP/CCPM-AI/2013 du 9 septembre 2013. Voir Cameroon Tribune du 17 septembre 2010, p.16, in NGUEDIA MEIKEU (H), le juge et les critères du contrat administratif op. cit., p. 5 suiv.

TGI du Mfoundi, jugement n° 680/Crim du 27 septembre 2007, MP et Société immobilière du Cameroun (SIC) c/ BELINGA Gilles Roger et autres ;

TGI du Mfoundi, jugement n° 93/Crim du 28 novembre 2003, ministère public et État du Cameroun (MINPOSTEL) c/ MOUNCHIPOU Seidou et Co ;

TCS, arrêt n° 014/Crim du 14 juin 2013, MP et État du Cameroun (ministère de la Santé publique) c/ OLANGUENA OWONO Urbain ;

TGI du Mfoundi, jugement n° 371/Crim du 27 juin 2007, MP et FEICOM c/ ONDO NDONG Emmanuel et autres ;

C A du Littoral, arrêt n° 38/Crim du 11 juin 2009, MP et Port autonome de Douala (PAD) c/ SIYAM SIEWE Alphonse, ETONDE EKOTTO Édouard Nathanaël et autres ;

TGI du Wouri, jugement n° 196/ADD/Crim du 9 juin 2009, Chantier naval industriel du Cameroun (CNIC) c/ ZACCHAEUS MUNGWE FORJINDAM et autres ;

Arrêt n° 22/Crim/TCS du 30 août 2013, ministère public et État du Cameroun (Aéroports du Cameroun) c/ NTONGO ONGUENE Roger et MONTI EKANI Gallus ;

MINKOA SHE (Adolphe), *« Lutte contre les détournements »*, Cameroun Tribune n° 9983 du 5 décembre 2011, p. 9.

Juridiction des comptes

Arrêt n° 01/P/CSC/CDC/S2 du 5 juin 2008, Compte de gestion de la Caisse nationale de prévoyance sociale (CNPS), exercice 2004 et 2005 ;

CSCC, 1re section, arrêt n° 5/CSC/CDC/S1 du 13 septembre 2011, compte de gestion du Trésorier payeur général (TPG) de l'Extrême Nord à Maroua, exercice 2004 ;

Arrêt n° 53/D-CF/CSC/CDC/S3 compte de gestion de la Caisse de développement de la pêche maritime, exercice 2004 et 2005 ;

Arrêt n° 29/AD/S3/13 du 27 novembre 2013, Compte de Gestion de l'Hôpital général de Yaoundé (HGY), exercice 2006-2007-2008 ;

Arrêt n° 23/AD/CSC/SR du 13 décembre 2012, LEBONGO Blaise, régisseur de la Caisse nationale de prévoyance sociale (CNPS), exercice 2004 et 2005 ;

CS/CC, arrêt n° 1/D/SC/CDC/S2 du 8 avril 2009, compte de gestion de la Commune rurale de Ndop, exercice 2004 ;

CS/CC, 1re section, arrêt n° 5/CSC/CDC/S1 du 13 septembre 2011, compte de gestion du Trésorier-payeur général (TPG) de l'Extrême Nord à Maroua, exercice 2004 ;

CS/CC, 1re section, arrêt n° 6/CSC/CDC/S1 du 20 septembre 2011, compte de gestion du trésorier-payeur général (TPG) du Nord-ouest à Bamenda, exercice 2004 ;

Arrêt n° 72/D/CSC/CDC/S2 du 29 septembre 2011 sur le compte de gestion de la Commune urbaine de Garoua, exercice 2004 ;

CS/CC, arrêt n° 09/AD/CSC/S3 du 1er juillet 2011, compte de gestion de l'agent comptable de la Caisse de stabilisation des prix des hydrocarbures (CSPH), exercice 2004.

Jurisprudence étrangère

C.E 23 avril 1956, époux Bertin ;

C.E 20 avril 1956, consorts Grimouard ;

C.E 20 octobre 1950, l'arrêt STEIN ;

T.C 28 mars 1955, EFFIMIEFF ;

T.G 17 janvier 1972 SNF c/ Entreprise SOLON et BARRAULT note Duffeau ;

T.C 24 octobre 1972, Préfet des Bouches-du-Rhône ;

C.E 26 février 1960, n° 41. 391 et 41. 392, Société générale d'installation électrique, Rec, C.E, 1960, p.55 ;

C.E, 8 décembre 1995, n° 144029, Commune de Saint Tropez-Rec décembre 1995, p.431, AJDA, 1996, p.448, note Haïm ;

C.E 19 mars 1971, sieurs MERGUI, Leb, p.235, concl. Rougevid-Baville ;

T.C 17 mai 2010, INSER M/FONDATION LETTEN ;

Ouagadougou, 19 mai 2006, Affaire Tropic Karore Henriette c/ Société Sahel Compagnie (SOCACO) ;

T.C, 8 février 1873, arrêt Blanco ;

C.E. Ass., 16 juillet 2007, Société Tropic Travaux signalisation ;

C.E. ASS, 4 avril 2014, n° 358994, Département Tam-et Garonne, Rec. C.E. 2004 ;

C.E, 2 février 1983 affaire LITPUR A, n° 34027 Rec. P.33 ;

C.E 6 mai 1985, affaire ministre des PTT c/ Richard A. n° 47861, Rec. p.144.

C.E, 21 mars 1910, Compagnie générale française des Tramways, Gaja n° 25 ;

C.E. 10 janvier 1902, Compagnie du gaz de Deville-Les-Rouen, Gaja n° ;

C.E. Ass, 2 mai 1958, Distillerie de Magnac-Laval Rec. C.E. 1958 ;

C.E. 23 mai 1962, ministère des Finances et des Affaires économiques c/ Société Financière d'exploitation industrielle, A, n° 41 178 Rc. P.342 ;

C.E 2 février 1983, n° 34027, Union des Transports publics urbains et régionaux, Rec, C.E.E 1983, p. 33 ;

C.E, Sect. 27 janvier 1933, Le Loir, Rec. P.136, 1933 III, p.131, conclusions DETTON ;

C.E Sect. 20 octobre 2000, Société Citécable Est ;

C.E Sect. 14 avril 961, Société Sud aviation, Rec. P.236 ;

T.C. 8 avril 19835, Action française, Rec. Lebon 1935, p.1226, conl. JOSSE ;

Cour d'appel

Cour d'appel de Paris (1er ch. Sect. Urgences), 27 janvier 1993, Société Taylor Woodrow projects France (TWPF) c/ Société Atelier Perrault Frères, Rev. Arb. 1995, p.561 et S.

Conclusions du gouvernement

LATOUMELIE (RF), conl. Sur CE, 9 mars 1928, Compagnie des Scieries africaines, RDP, 1928, p.328 ;

C.E. 20 avril 1956, ville de Nice, RDP, 1956, p.580000, conclusion LONG ; AJDA, 1956 II, p.266, note Weil (p).

Ordonnances

Ordonnance de sursis à exécution n° 127/OSE/CCA 2010, Société Transnationale Industriels Cameroun (TIC-Le-Bus) c/ Communauté urbaine de Yaoundé (CUY) ;

Ordonnance de référé n° 21/ORD, 8 décembre 2011, Président du Tribunal de Première Instance de Dschang ;

Ordonnance de référé n° 791/ORD du 10 avril 2002, Aff. Deido Pharmacy, rendue par le Président du Tribunal de Première Instance de Douala ;

Ordonnance n° 19/ORD du 16 septembre 2009, dent du Tribunal de Première Instance de Dschang.

Sentences arbitrales / arbitrage international

Arbitrage international

CIA (CCI), Cour internationale d'arbitrage de la Chambre de Commerce international, Weimer D Trachte GMBH c/ République du Cameroun du 25 juin 2007 ;

Cour internationale d'arbitrage de la Chambre de commerce international n° 14422/EC/ND du 15 Juillet 2010-Coe Oci, Société UDECTO (Togo) c/ République du Cameroun.

Sentences arbitrales

Sentence arbitrale, affaire n° 7105 del 993, Une entreprise suisse c/ Une Émanation d'un État africain, Clunet 2000, pp.106-1069 Y.D (CCI et CIRDI) ;

Première affaire de l'OMC, États unis/Corée, OMC (groupe spécial), 1er mai 2000, chroniques, Clunet 2001, p.912 et S.

Webographie

LENOIR (Y), SAUVE (L) (Dir), Interdisciplinarité et formation à l'enseignement primaire et secondaire, Revue de science de l'éducation, vol. 24, 1998 disponible sur www.erudit.org. Consulté le 18 novembre 2021 à 9h26 ;

LENOIR (Y), L'interdisciplinarité dans l'enseignement primaire : pour des processus d'enseignement-apprentissage intégrateurs revue internationale en sciences de l'éducation et didactique, vol. 54, 2020, disponible en ligne sur https:/journals.openedition.org. Consulté le 18 novembre 2021.

TABLE DE MATIÈRES

Structures éditoriales du groupe L'Harmattan

L'Harmattan Italie
Via degli Artisti, 15
10124 Torino
harmattan.italia@gmail.com

L'Harmattan Hongrie
Kossuth l. u. 14-16.
1053 Budapest
harmattan@harmattan.hu

L'Harmattan Sénégal
10 VDN en face Mermoz
BP 45034 Dakar-Fann
senharmattan@gmail.com

L'Harmattan Cameroun
TSINGA/FECAFOOT
BP 11486 Yaoundé
inkoukam@gmail.com

L'Harmattan Burkina Faso
Achille Somé – tengnule@hotmail.fr

L'Harmattan Guinée
Almamya, rue KA 028 OKB Agency
BP 3470 Conakry
harmattanguinee@yahoo.fr

L'Harmattan RDC
185, avenue Nyangwe
Commune de Lingwala – Kinshasa
matangilamusadila@yahoo.fr

L'Harmattan Congo
219, avenue Nelson Mandela
BP 2874 Brazzaville
harmattan.congo@yahoo.fr

L'Harmattan Mali
ACI 2000 - Immeuble Mgr Jean Marie Cisse
Bureau 10
BP 145 Bamako-Mali
mali@harmattan.fr

L'Harmattan Togo
Djidjole – Lomé
Maison Amela
face EPP BATOME
ddamela@aol.com

L'Harmattan Côte d'Ivoire
Résidence Karl – Cité des Arts
Abidjan-Cocody
03 BP 1588 Abidjan
espace_harmattan.ci@hotmail.fr

Nos librairies en France

Librairie internationale
16, rue des Écoles
75005 Paris
librairie.internationale@harmattan.fr
01 40 46 79 11
www.librairieharmattan.com

Librairie des savoirs
21, rue des Écoles
75005 Paris
librairie.sh@harmattan.fr
01 46 34 13 71
www.librairieharmattansh.com

Librairie Le Lucernaire
53, rue Notre-Dame-des-Champs
75006 Paris
librairie@lucernaire.fr
01 42 22 67 13

www.ingramcontent.com/pod-product-compliance
Lightning Source LLC
LaVergne TN
LVHW011134061026
849535LV00003B/484
* 9 7 8 2 3 3 6 4 2 3 5 3 1 *